プリント形式のリアル過去問で本番の臨場感！

東京都

# 女子学院中学校

2025年春受験用

# 解答集

本書は，実物をなるべくそのままに，プリント形式で年度ごとに収録しています。
問題用紙を教科別に分けて使うことができるので，本番さながらの演習ができます。

## ■　収録内容

・解答集（この冊子です）

書籍ＩＤ番号，この問題集の使い方，最新年度実物データ，リアル過去問の活用，解答例と解説，ご使用にあたってのお願い・ご注意，お問い合わせ

・2024（令和６）年度　～　2019（平成31）年度　学力検査問題

JN132475

| ○は収録あり　年度 | '24 | '23 | '22 | '21 | '20 | '19 |
|---|---|---|---|---|---|---|
| ■ 問題収録 | ○ | ○ | ○ | ○ | ○ | ○ |
| ■ 解答用紙（算数は書き込み式） | ○ | ○ | ○ | ○ | ○ | ○ |
| ■ 配点 | | | | | | |

全教科に解説があります

注）国語問題文非掲載:2024年度の二，2023年度の二，2021年度の一と二，2019年度の一と二の一部

### 問題文の非掲載につきまして

著作権上の都合により，本書に収録している過去入試問題の本文の一部を掲載しておりません。ご不便をおかけし，誠に申し訳ございません。

本文の一部を掲載できなかったことによる国語の演習不足を補うため，論説文および小説文の演習問題のダウンロード付録があります。弊社ウェブサイトから書籍ＩＤ番号を入力してご利用ください。

なお，問題の量，形式，難易度などの傾向が，実際の入試問題と一致しない場合があります。

教英出版

## ■ 書籍ＩＤ番号

入試に役立つダウンロード付録や学校情報などを随時更新して掲載しています。
教英出版ウェブサイトの「ご購入者様のページ」画面で，書籍ＩＤ番号を入力してご利用ください。

書籍ＩＤ番号　116413

（有効期限：2025年9月30日まで）

**【入試に役立つダウンロード付録】**
「要点のまとめ(国語／算数)」
「課題作文演習」ほか

## ■ この問題集の使い方

年度ごとにプリント形式で収録しています。針を外して教科ごとに分けて使用します。①片側，②中央のどちらかでとじてありますので，下図を参考に，問題用紙と解答用紙に分けて準備をしましょう（解答用紙がない場合もあります）。

針を外すときは，けがをしないように十分注意してください。また，針を外すと紛失しやすくなりますので気をつけましょう。

① 片側でとじてあるもの

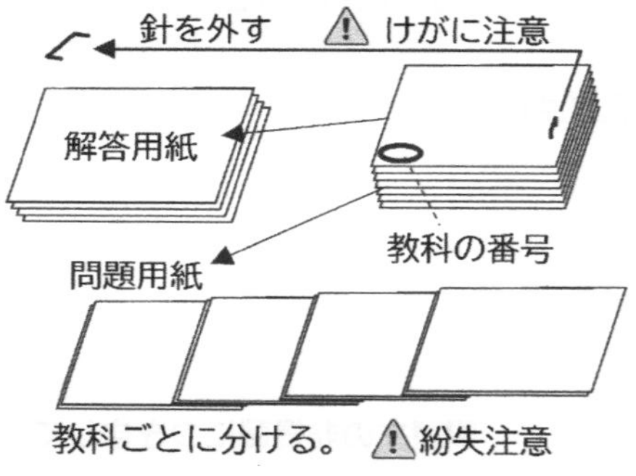


② 中央でとじてあるもの

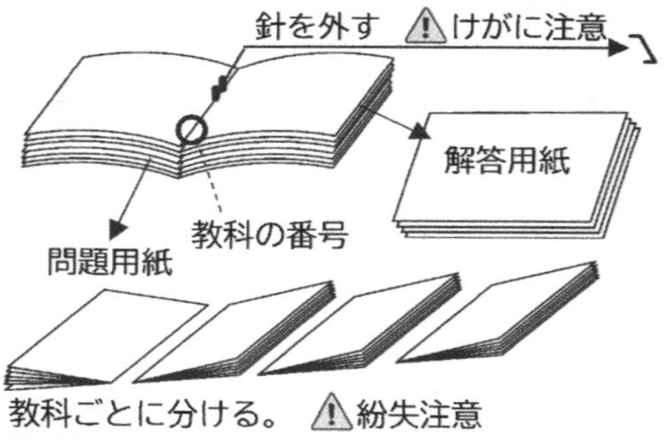


※教科数が上図と異なる場合があります。
解答用紙がない場合や，問題と一体になっている場合があります。
教科の番号は，教科ごとに分けるときの参考にしてください。

## ■ 最新年度 実物データ

実物をなるべくそのままに編集していますが，収録の都合上，実際の試験問題とは異なる場合があります。実物のサイズ，様式は右表で確認してください。

| | |
|---|---|
| 問題用紙 | Ｂ４片面プリント(算は書込み式)<br>国：Ａ４冊子(二つ折り) |
| 解答用紙 | Ｂ４片面プリント |

# リアル過去問の活用

～リアル過去問なら入試本番で力を発揮することができる～

## 本番を体験しよう！

問題用紙の形式（縦向き／横向き），問題の配置や余白など，実物に近い紙面構成なので本番の臨場感が味わえます。まずはパラパラとめくって眺めてみてください。「これが志望校の入試問題なんだ！」と思えば入試に向けて気持ちが高まることでしょう。

## 入試を知ろう！

同じ教科の過去数年分の問題紙面を並べて，見比べてみましょう。

**① 問題の量**

毎年同じ大問数か，年によって違うのか，また全体の問題量はどのくらいか知っておきましょう。どのくらいのスピードで解けば時間内に終わるのか，大問ひとつにかけられる時間を計算してみましょう。

**② 出題分野**

よく出題されている分野とそうでない分野を見つけましょう。同じような問題が過去にも出題されていることに気がつくはずです。

**③ 出題順序**

得意な分野が毎年同じ大問番号で出題されていると分かれば，本番で取りこぼさないように先回りして解答することができるでしょう。

**④ 解答方法**

記述式か選択式か（マークシートか），見ておきましょう。記述式なら，単位まで書く必要があるかどうか，文字数はどのくらいかなど，細かいところまでチェックしておきましょう。計算過程を書く必要があるかどうかも重要です。

**⑤ 問題の難易度**

必ず正解したい基本問題，条件や指示の読み間違いといったケアレスミスに気をつけたい問題，後回しにしたほうがいい問題などをチェックしておきましょう。

## 問題を解こう！

志望校の入試傾向をつかんだら，問題を何度も解いていきましょう。ほかにも問題文の独特な言いまわしや，その学校独自の答え方を発見できることもあるでしょう。オリンピックや環境問題など，話題になった出来事を毎年出題する学校だと分かれば，日頃のニュースの見かたも変わってきます。

こうして志望校の入試傾向を知り対策を立てることこそが，過去問を解く最大の理由なのです。

## 実力を知ろう！

過去問を解くにあたって，得点はそれほど重要ではありません。大切なのは，志望校の過去問演習を通して，苦手な教科，苦手な分野を知ることです。苦手な教科，分野が分かったら，教科書や参考書に戻って重点的に学習する時間をつくりましょう。今の自分の実力を知れば，入試本番までの勉強の道すじが見えてきます。

## 試験に慣れよう！

入試では時間配分も重要です。本番で時間が足りなくなってあわてないように，リアル過去問で実戦演習をして，時間配分や出題パターンに慣れておきましょう。教科ごとに気持ちを切り替える練習もしておきましょう。

## 心を整えよう！

入試は誰でも緊張するものです。入試前日になったら，演習をやり尽くしたリアル過去問の表紙を眺めてみましょう。問題の内容を見る必要はもうありません。どんな形式だったかな？受験番号や氏名はどこに書くのかな？…ほんの少し見ておくだけでも，志望校の入試に向けて心の準備が整うことでしょう。

そして入試本番では，見慣れた問題紙面が緊張した心を落ち着かせてくれるはずです。

※まれに入試形式を変更する学校もありますが，条件はほかの受験生も同じです。心を整えてあせらずに問題に取りかかりましょう。

# 女子学院中学校

## 《国　語》

一　問一．ウ　問二．1．一日千秋　2．一心不乱　3．心機一転　問三．区画が入り組んだ田植え前の田んぼの、それぞれ異なる色合いの水を湛えている様子。　問四．ウ　問五．Ⅰ．イ　Ⅱ．イ　問六．雪の多い長い冬が終わった解放感に満たされ、植えた苗が育っていくのを想像して準備を行う楽しく張り切った心情。　問七．ア　問八．エ　問九．エ　問十．筆者が疎開していた、東北地方の小さな村の上空。　問十一．筆者が疎開先の村で食べた、継ぎ足し継ぎ足しの田んぼでとれたお米は、今でも忘れられないほどおいしかった。写真に写っていた青森の水田は疎開先の田んぼに似ていたから。

二　問一．ア　問二．エ　問三．比率が正確で形はオリジナルに近いが、機械的で冷たい雰囲気がある。／形は若干歪でもオリジナルの感じに近く、温かい雰囲気がある。　問四．ア　問五．ウ　問六．遠近法により、絵が出っぱって見えるほどの立体感がある点。　問七．エ　問八．白　問九．イ

三　1．並行　2．合図　3．家庭　4．俵　5．操縦　6．潮時

## 《算　数》

1　(1)$\frac{5}{12}$　(2)角㋐…36　角㋑…132　角㋒…84　(3)$17\frac{29}{48}$　(4)①701　②286，142　(5)31，278

2　奇数／11

3　56.52，150.72

※4　335

5　(1)4　(2)11　(3)13，8

6　73

7　(1)5：4　(2)320，40，9600　(3)15，47

※の式は解説を参照してください。

## 《理　科》

Ⅰ　1(1)ア　(2)エ，ウ，ア，イ　(3)イ　(4)①天体が大気中で燃えつきるから。　②風化やしん食によって消えていくから。

2(1)夏至…カ　秋分…サ　(2)A．ウ　B．横から太陽の光が当たってかげができる　(3)385000

Ⅱ　1(1)イ，ウ，エ　(2)A．かん境が急変した　B．絶めつ　(3)切り方…ア／右図

(4)オ，キ，ク　(5)ウ

2(1)地上に熱がこもり，光合成の効率が悪くなる。　(2)A．すき間　B．空気　C．呼吸

(3)地下に水がたまり，根がくさったから。

Ⅲ　1(1)①A　②B，D　③D　(2)石灰水を入れてよくふると，白くにごる。　(3)ウ

2(1)ア，イ のうち1つ　(2)ウ　(3)ア　(4)エ　(5)①ア．0　イ．1.50　②8

Ⅳ　1(1)a，d　(2)50

2(1)①9.92，9.98　②D，B，C，A　(2)カ　(3)①ウ　②イ　③ア

3(1)エ　(2)イ　(3)エ

## 《社　会》

Ⅰ　問1．⑴ア　⑵エ　　問2．エ→ア→イ→ウ　　問3．イ，エ　　問4．⑴ア　⑵盆地に位置していて雨が少ないうえに，近くに大きな川がなかったから。　　問5．⑴イ，オ　⑵ア，エ　　問6．ウ　　問7．⑴肥料　⑵①イ　②A　　問8．①ア　②ウ

Ⅱ　問1．⑴ウ→エ→ア→イ→オ　⑵ア→ウ→エ→イ→オ　　問2．ウ　　問3．⑴ア　⑵エ　　問4．イ
問5．ウ，オ　　問6．調節池を設置して大雨の際の浸水を防ぎ，たまった雨水を再生水として利用する。
問7．イ，エ

Ⅲ　問1．⑴ちくご　⑵エ→カ→ア→ウ　　問2．ウ→ア→イ→エ　　問3．エ　　問4．イ，オ　　問5．A．ウ　B．ア　　問6．エ　　問7．イ　　問8．ウ，エ　　問9．⑴ウ　⑵自然環境面…富士山や赤石山脈などの山々に囲まれ，ミネラルを含んだ地下水が豊富に採れるから。　費用面…首都圏に含まれ，大消費地への輸送が便利であるから。　　問10．イ，オ

Ⅳ　問1．ニューヨーク　　問2．イ，カ　　問3．エ，オ　　問4．ア，オ　　問5．ウ，エ　　問6．記号…エ　理由…牛が飲む水に加え，えさとなる穀物などの生産にも多くの水を使うから。　　問7．ウ，オ　　問8．ア

# 女子学院中学校

## 《2024　国語　解説》

一　問三　ステンドグラスとは、着色されたたくさんのガラスを組み合わせて、絵や模様《もよう》などを表した板ガラスのこと。――③の４～５行後に、「一つ一つの田が、それぞれの色合いの水を湛《たた》えているように見える」とあるように、水が張られた田んぼ一つ一つの色が異なり、それらがたくさんならんでいる様子を「ステンドグラス」にたとえている。

問四　直後の一文に「田んぼと一体の親密な絵になっている」とあるので、赤い屋根の家と田んぼが一枚の絵のようになっていることがわかる。「親密な」という表現が使われているので、赤い屋根の家と田んぼは、どちらか一方が目立ったり美しかったりするのではなく、調和していることが読み取れる。よって、ウが適する。

問五Ⅰ　――⑤は、写真に写っている情景は、地上の現実的な部分を感じさせないということを表現している。よって、イが適する。　ア.「何を相談しているのかおぼろげにしか内容がわからない」が誤り。　ウ.「深刻な様子」「さざいなことに思われて」などが誤り。　エ.「二重写しの光景」が誤り。

問六　前の行に、「雪の多い、冬の長いその地方で」とあることから、一つは長い冬が終わった解放感である。もう一つは、２行後にある「楽しい張りに満ちた作業」から読み取れる、田植えに対する思いである。植えた苗《なえ》が育っていくのを想像しながら田植えの準備を行うことで、「楽しい張りに満ち」るのだと考えられる。

問七　筆者は、戦争末期の疎開《そかい》先で「お田植えの準備をしている様子」を見た。疎開してきた身であるために、田植えの作業には関わらないことから、「よそ目」と表現している。よって、アが適する。

問九　ここでの「及《およ》ぶ」は、かなう、匹敵《ひってき》するという意味。「及ぶべくもない」は、(まったく)及ぶことがないという意味なので、――⑨は「あの時の味には(まったく)かなわない」という意味になる。よって、エが適する。

問十　文章の最初にある「青森のある水田を、空から写した写真」には、手作りのステンドグラスのように、「それぞれの色合いの水を湛えている」水田が写っていた。――⑩の前で、筆者は疎開先で食べたお米や、疎開先の田んぼの様子にふれている。筆者は、青森の水田の写真を見て、疎開先の田んぼのことを思い出し、「もし飛行機であのへんを飛んだら」と想像したのである。よって、「あのへん」が指す場所は、疎開先の田んぼの上空である。

問十一　文章の最初にある「青森のある水田」と、筆者の疎開先の田んぼには、「継《つ》ぎ足し継ぎ足しの田んぼ」であるという共通点がある。筆者が疎開先で食べたお米の味は、「今も忘れることができない」ほどおいしかった。そのため、疎開先の田んぼと同じような「青森のある水田」でとれるお米は、味はちがうかもしれないが、きっとおいしいだろうと思ったのである。

二　著作権上の都合により文章を掲載《けいさい》しておりませんので、解説も掲載しておりません。ご不便をおかけし、誠に申し訳ございません。

## 《2024　算数　解説》

1　(1)　与式より，$\{\frac{67}{5}\times(\frac{1}{20}+\square)-\frac{7}{3}\}\div\frac{28}{11}=20.24-18.7$　　$\frac{67}{5}\times(\frac{1}{20}+\square)-\frac{7}{3}=1.54\times\frac{28}{11}$

$\frac{67}{5}\times(\frac{1}{20}+\square)-\frac{7}{3}=\frac{77}{50}\times\frac{28}{11}$　　$\frac{67}{5}\times(\frac{1}{20}+\square)=\frac{98}{25}+\frac{7}{3}$　　$\frac{67}{5}\times(\frac{1}{20}+\square)=\frac{294}{75}+\frac{175}{75}$　　$\frac{1}{20}+\square=\frac{469}{75}\times\frac{5}{67}$

$\square=\frac{7}{15}-\frac{1}{20}=\frac{28}{60}-\frac{3}{60}=\frac{25}{60}=\mathbf{\frac{5}{12}}$

⑵　**【解き方】右図のように記号をおく。角㋒については，ＢＡ＝ＢＣ，ＢＤ＝ＢＣより，三角形ＢＡＤがＢＡ＝ＢＤの二等辺三角形となることを利用して求める。**

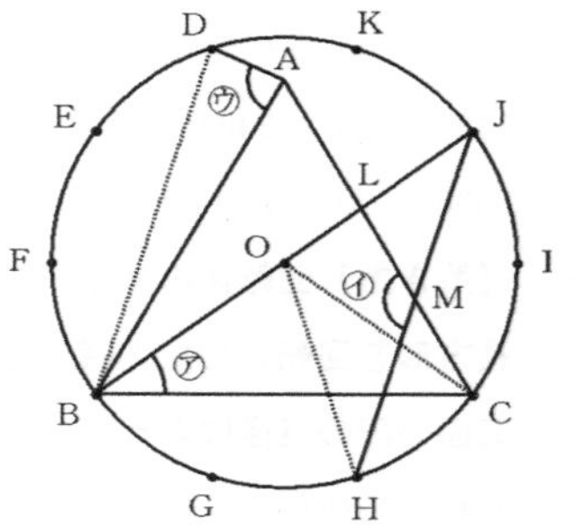


中心角の大きさは，対応する弧の長さに比例するから，

角ＢＯＣ＝$360° \times \frac{3}{10}$＝108°

三角形ＯＢＣの内角の和より，角㋐＝(180°－108°)÷２＝**36°**

角ＡＢＬ＝角ＡＢＣ－角㋐＝60°－36°＝24° だから，角ＪＬＭ＝角ＢＬＡ＝180°－(60°＋24°)＝96°　　三角形ＯＢＣと三角形ＯＨＪは合同な二等辺三角形だから，角ＨＪＯ＝36°

三角形ＬＭＪにおいて，三角形の１つの外角は，これととなり合わない２つの内角の和に等しいから，

角㋑＝角ＪＬＭ＋角ＨＪＯ＝96°＋36°＝**132°**

角ＤＢＯ＝角㋐＝36° だから，角ＤＢＡ＝36°－24°＝12°　　よって，角㋒＝(180°－12°)÷２＝**84°**

⑶　**【解き方】右図で，ＤからＢＣに垂線を引き，交わる点をＥとする。このとき，ＡＣとＢＤは平行だから，三角形ＡＢＣと三角形ＥＤＢは形が同じ三角形である。**

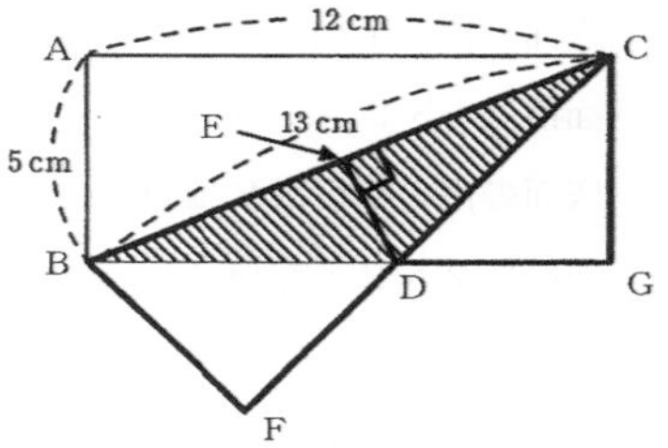


三角形ＡＢＣは３つの辺の長さの比が５：12：13 の直角三角形だから，

三角形ＥＤＢも３つの辺の長さの比が５：12：13 の直角三角形である。

三角形ＢＦＤと三角形ＣＧＤは合同なので，ＢＤ＝ＣＤ，

三角形ＢＤＣは二等辺三角形なので，ＥはＢＣの真ん中の点であり，ＢＥ＝ＢＣ×$\frac{1}{2}$＝$\frac{13}{2}$(㎝)となる。

よって，ＢＤ＝$\frac{13}{2}\times\frac{13}{12}=\frac{169}{24}$(㎝)だから，求める三角形ＢＤＣの面積は，$\frac{169}{24}$×５÷２＝$\frac{845}{48}$＝**$17\frac{29}{48}$**(㎠)

⑷①　右図のように，正三角形２個と正方形１個を作るときに使う棒は８本であり，さらに正三角形２個と正方形１個を作るたびに，８－１＝７(本)の棒が必要になる。

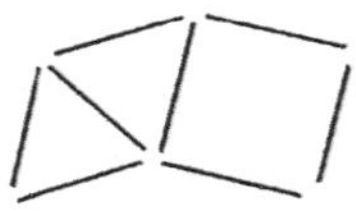

100 個目の正方形を作り終えたとき，使った棒は８＋７×(100－１)＝**701**(本)である。

②　①の解説をふまえる。棒が 1000 本あるとき，作ることができる正方形は，(1000－８)÷７＝141 余り５より，１＋141＝**142**(個)である。また，棒が 1000－５＝995(本)あれば 142×２＝284(個)の正三角形が作れるので，余った５本でさらに２個の正三角形を作れる。よって，正三角形は 284＋２＝**286**(個)作れる。

⑸　**【解き方】じゃんけんで負けた人５人を除いて考えることで，勝った人と負けた人の人数をそろえる。**

消しゴムを負けた５人以外に 10 個ずつ配ると，10×５－32＝18(個)余る。また，勝った人に 11 個，負けた人に５人を除いて７個ずつ配ると，９＋７×５＝44(個)余る。よって，５人を除いて，２人ずつ 10×２＝20(個)配る場合と，11＋７＝18(個)配る場合で，余った消しゴムの差は 44－18＝26(個)だから，このとき 26÷(20－18)＝13(組)の２人組に配ったことになる。

したがって，クラスの人数は 13×２＋５＝**31**(人)，消しゴムの個数は 10×31－32＝**278**(個)である。

２　**【解き方】買ったケーキの個数が偶数の場合と奇数の場合で分け，つるかめ算を利用して考える。**

買ったケーキが偶数個のとき，クッキーを 19 個買ったとすると，代金の合計は 180×19＝3420(円)となり，実際よりも 6290－3420＝2870(円)安くなる。クッキー２個の代金をケーキ２個と箱１箱の代金に置きかえると，代金の合計は 430×２＋20－180×２＝520(円)高くなるから，ケーキ２個と箱１箱を，2870÷520＝5.5…(セット)買ったことになるが，整数にならないので，適さない。

買ったケーキが奇数個のとき，代金の合計からケーキ１個と箱１箱を除くと，6290－430－20＝5840(円)となり，

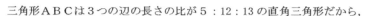

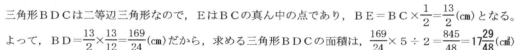

残りのケーキの個数は偶数個になる。このとき，クッキーを19－１＝18(個)買ったとすると，代金の合計は3420－180＝3240(円)となり，実際よりも5840－3240＝2600(円)安くなる。よって，ケーキ２個と箱１箱を，2600÷520＝５(セット)買ったので，買ったケーキの個数は２×５＋１＝11(個)で**奇数**である。

3　**【解き方】回転体の体積について，回転する前の長方形を上下に移動させることができるから，図１のように，長方形を回転させた体積と等しい。回転体の表面積について，(円柱の側面積)＝(円周の長さ)×(高さ)だから，底面の円の直径によって分けて考える。**

図１

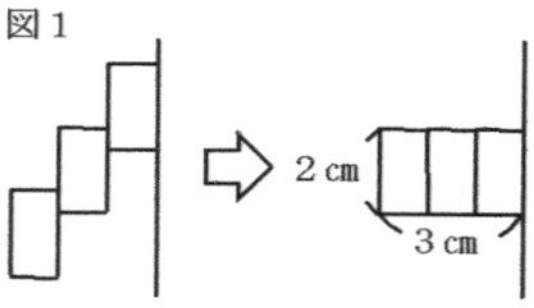


図２

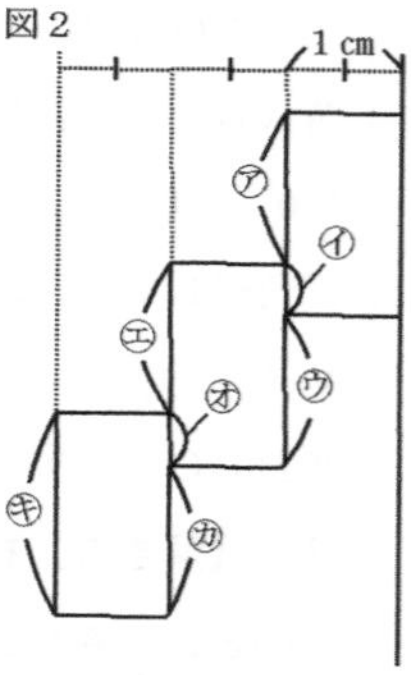


回転体の体積は，底面の半径が３cm，高さが２cmの円柱の体積に等しいから３×３×3.14×２＝**56.52**(㎤)である。

回転体を上下から見たときの面積はそれぞれ，半径３cmの円の面積と等しいから，３×３×3.14＝９×3.14(㎠)である。

回転体の側面について，図２の㋑＝㋔＝0.5cmだから，㋐＝㋒＝㋓＝㋕＝２－0.5＝1.5(cm)

底面の円の半径が１cmの円柱について，側面は㋐と㋒を回転させた部分だから，

面積は１×２×3.14×(1.5＋1.5)＝６×3.14(㎠)

底面の円の半径が２cmの円柱について，側面は㋓と㋕を回転させた部分だから，

面積は２×２×3.14×(1.5＋1.5)＝12×3.14(㎠)

底面の円の半径が３cmの円柱について，側面は㋖を回転させた部分だから，面積は３×２×3.14×２＝12×3.14(㎠)

以上より，求める表面積は，(９×3.14)×２＋６×3.14＋12×3.14＋12×3.14＝48×3.14＝**150.72**(㎠)

4　**【解き方】電車に乗る時間とバスに乗る時間から，自転車に乗る時間と歩く時間をそれぞれ求める。**

電車に乗る時間は20÷75×60＝16(分)，バスに乗る時間は18÷40×60＝27(分)である。電車に乗る時間と自転車に乗る時間は等しいから，自転車に乗る時間は16分となる。また，方法１と方法２のかかる時間は同じだから，歩く時間は自転車に乗る時間よりも27－16＝11(分)短い。よって，歩く時間は16－11＝５(分)である。

自転車の速さは，歩く速さよりも毎分116m速いから，16分自転車に乗ったとき，16分歩くよりも116×16＝1856(m)だけ多く進む。したがって，C駅から家までの道のりは，$(3263-1856)\times\frac{5}{16+5}$＝**335**(m)

5　(1)　操作をA→A→B→B→Aの順に行うと，１→２→４→３→２→**４**となる。

(2)　２を10回かけた数は1024であり，1024×２＝2048より，２を11回かけると2024より大きくなる。よって，操作を**11**回行ったときである。

(3)　**【解き方】2024から逆算していく。Aの逆は「２で割る」，Bの逆は「１を足す」となる。**

2024からくり返し２で割っていき，商が奇数になった場合のみ１を足すと，2024←1012←506←253←254←127←128←…となる。128は２を７回かけた数だから，できるだけ少ない操作をした場合，操作の回数は13回となり，初めてBの操作を行うのは７＋１＝**８**(回目)である。

6　**【解き方】右図のように補助線を引く。求める面積は①大きい正方形の面積１個分と，②合同な４個の直角二等辺三角形の面積と，③合同な４個の長方形の面積の和である。**

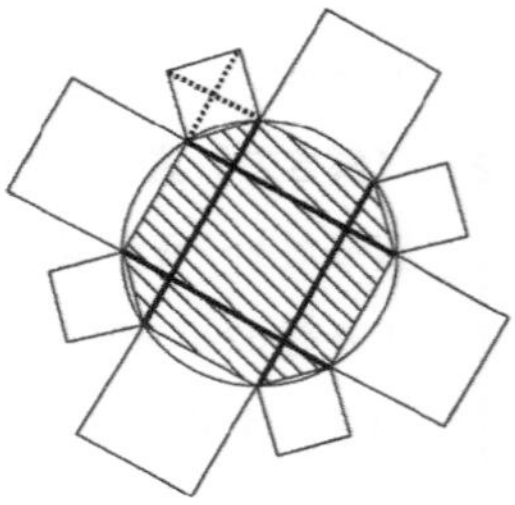

小さい正方形の面積は８㎠だから，対角線の長さをa cmとすると，a×a＝８×２よりa＝４となるので，対角線の長さは４cmである。

大きい正方形の面積は25㎠だから，１辺の長さは５cmである。

下線部②の直角二等辺三角形は，小さな正方形を図の点線部のように，２本の対角線によって，４等分したときに

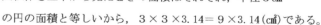

できる直角二等辺三角形と合同だから，直角二等辺三角形４個の面積は小さい正方形の面積と等しく８㎠である。

長方形の横の長さは大きい正方形の１辺の長さと等しく５㎝である。長方形の縦の長さは，小さい正方形の対角線の長さの$\frac{1}{2}$倍だから，$4\times\frac{1}{2}=2$(㎝)である。よって，長方形４個の面積は×５×４＝40(㎠)

したがって，斜線《しゃせん》部分の八角形の面積は，25＋８＋40＝**73**(㎠)

7 (1) **【解き方】流水算で必要になる計算をまとめると，次の表のようになる。**

| | |
|---|---|
| (上りの速さ)＝(静水での速さ)－(川の流れの速さ) | (静水での速さ)＝{(下りの速さ)＋(上りの速さ)}÷２ |
| (下りの速さ)＝(静水での速さ)＋(川の流れの速さ) | (川の流れの速さ)＝{(下りの速さ)－(上りの速さ)}÷２ |

ＪとＧの速さの差は，下りと上りで変わらない。下りと上りで，ＪとＧが進んだ道のりの差の比は1920：2400＝４：５であり，Ｊが下りと上りで進んだ道のりは等しいので，Ｊの下りと上りにかかる時間の比も４：５である。よって，Ｊの下りと上りの速さの比は４：５の逆比の**５：４**となる。

(2) **【解き方】①より，ＪとＧが同時にＡ地点を出発し，Ｊが初めてＢ地点に着いたときの道のりの差が1920mである。③より，ここから，Ｂ地点で折り返したＪがＧとすれ違《ちが》うのは，Ｊが960m，Ｇが1920－960＝960(m)進んだときだから，２隻《せき》の進んだ道のりは等しい。よって，Ｊの上りの速さとＧの下りの速さは等しい。**

ＪがＡ地点を出発してＢ地点に着いたとき，ＪとＧの進んだ道のりの比は５：４だから，比の数の差の５－４＝１が1920mにあたる。よって，Ａ地点とＢ地点は$1920\times\frac{5}{1}$＝**9600**(m)離《はな》れている。

よって，Ｇの下りの速さは，(9600－960)÷27＝320より，分速**320**mだから，Ｊの上りの速さも分速320mである。

Ｊの下りの速さは，$320\times\frac{5}{4}$＝400より，分速400mなので，川の流れの速さは(400－320)÷２＝40より，分速**40**mである。

(3) **【解き方】２隻の進む様子は右図のようにまとめられる。**

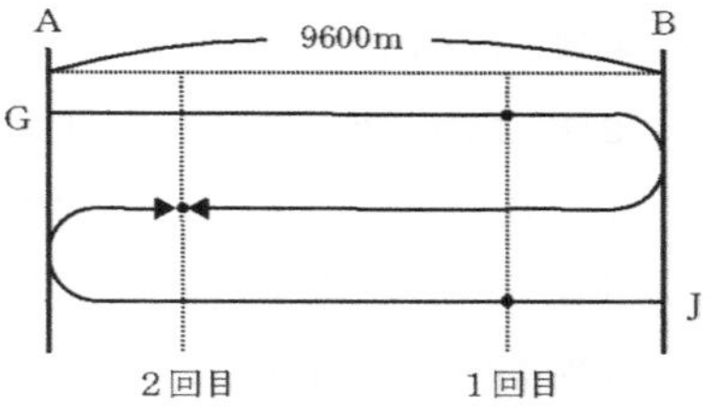


Ｇの上りの速さは，320－40×２＝240より，分速240m

よって，１回目にすれ違うのは，出発してから

9600÷(400＋240)＝**15**(分後)である。

Ｊが初めてＢ地点に着くのは，出発してから9600÷400＝24(分後)，

Ｇが初めてＡ地点に着くのは，出発してから9600÷240＝40(分後)

だから，ＧがＡ地点に着いたとき，ＪはＢ地点から320×(40－24)＝5120(m)進んだところにいる。

したがって，２回目にすれ違うのは，出発してから40＋(9600－5120)÷(320＋320)＝**47**(分後)である。

## ―《2024　理科　解説》―

Ⅰ　1(2)　下にあるように見えるものほど古い年代にできたものである。　(3)　小さいクレーターの数が，大きいクレーターができてからの時間に比例すると考えればよい。よって，大きいクレーターの面積が同じアとイ，ウとエでは，それぞれ小さいクレーターの数が多いイやエの方が古い時代にできたと考えられる。さらに，イとエでは，円の面積が(半径×半径)に比例することに注意すると，エの大きいクレーターの面積はイの大きいクレーターの面積の４倍であるが，エの小さいクレーターの数(16個)はイの小さいクレーターの数(５個)の４倍よりも少ないから，できた年代が最も古いのはイだと考えられる。　(4)　①地球には大気があるため，小さな天体は大気圏《けん》に突入《とつにゅう》すると，大気とのまさつによって陸地に届く前に燃えつきてしまうことが多い。　②地球には大気や水があり，また地震や火山活動なども活発なため，風化やしん食などの影響《えいきょう》を受けてクレーターが消えていく。

2(1)　地球の自転や公転の向きから，図３の地球は上が北半球，下が南半球になっている。よって，北極側の地軸《ちじく》

が太陽の方向にかたむいている左の地球が夏至の日の地球であり，そこから反時計回りに90度公転した位置にある下の地球が秋分の日である。また，満月になるのは，太陽，地球，月の順に一直線上に並んだときだから，夏至の日の満月はカ，秋分の日の満月はサである。　(3)　月と５円玉の穴について，直径の比と距離《きょり》の比が等しいため，同じ大きさに見える。つまり，3500㎞：５㎜＝(月までの距離)：55㎝が成り立つ。よって，55㎝→550㎜より，５円玉までの距離は５円玉の穴の直径の550÷５＝110(倍)だから，月までの距離は3500×110＝385000(㎞)である。

Ⅱ　１(4)　ア×…トマトはふつう春に種をまき，夏に収穫する。　イ×…１つの鉢には３～４個の種をまき，発芽後，成長がよい１本(または２本)の苗《なえ》を残す。　ウ×…午前中に１回，たっぷりの水を与《あた》えるとよい。　エ×…直射日光が当たるところで育てる。　カ×…トマトは根が深くまでのびるため，浅い鉢《はち》は適さない。

２(1)　ビルが建つことで，ビルからの排熱《はいねつ》が増えたり，風通しが悪くなったりすることで，地上付近の温度が上《じょう》昇《しょう》すると考えられる。　(3)　粘土《ねんど》層は１つ１つの粒《つぶ》が小さく，粒と粒の間にすき間ができにくいため，下に水が通りぬけにくい。このため，地下水は粘土層の上を流れる。図３のように建物が建つと，地下水はＢ地点の方へ流れていくことができず，Ａ地点の地下にたまる。このため，Ａ地点にある樹木は根が常に水につかった状態になり，根がくさって枯《か》れる。一方，Ｂ地点にある樹木は水が不足して枯れる。

Ⅲ　１(1)　①空気中でものが燃えるときには必ず酸素が使われる。なお，二酸化炭素が増えるのは炭素をふくむ有機物を燃やしたときであり，水素や鉄などの無機物が燃えても二酸化炭素は発生しない。　③赤色リトマス紙を青色に変えるのはアルカリ性の水溶液《すいようえき》である。ＡとＣの水溶液は中性，ＢとＥの水溶液は酸性を示す。　(3)　二酸化炭素を水酸化ナトリウム水溶液に溶《と》かすと，炭酸ナトリウムという物質ができ，水溶液の水を蒸発させても再び二酸化炭素を取り出すことができない。これと同様に，溶かした後の水溶液の水を蒸発させて，溶かした物質と同じ物質を取り出すことができないのはウである。

２(1)　酸性の塩酸にアルカリ性のアンモニア水を加えていくと，塩酸の酸性が弱まって中性になり，その後，アンモニア水が余ってアルカリ性になる。紫《むらさき》キャベツ液は強い酸性のときに赤色で，中性で緑色になった後，アルカリ性が強くなるにしたがって，青色→緑色→黄色と変化する。また，ＢＴＢ液は酸性で黄色，中性で緑色，アルカリ性で青色に変化する。　(3)　塩酸とアンモニア水は一定の体積比で反応するから，アのようなグラフになる。

(4)　アンモニア水の濃《こ》さが２倍，３倍，４倍…になると，反応に必要な体積は$\frac{1}{2}$倍，$\frac{1}{3}$倍，$\frac{1}{4}$倍…になるから，濃さと体積には反比例の関係がある。　(5)①　ア．Ａではアンモニア水を加えていないから，塩酸30㎤がそのまま残る。塩酸は水に気体の塩化水素を溶かした水溶液だから，水を蒸発させても白色の固体は出てこない。　イ．反応によってできる白色の固体の重さは，反応した塩酸またはアンモニア水の体積に比例する。ＢとＤの結果から，アンモニア水が10㎤反応すると白色の固体が0.75ｇでき，塩酸が30㎤反応すると白色の固体が1.80ｇできることがわかる。つまり，白色の固体が1.80ｇになるときのアンモニア水の体積が，塩酸30㎤と過不足なく反応するときの体積であり，$10\times\frac{1.80}{0.75}=24$(㎤)と求められる。よって，Ｃではアンモニア水20㎤がすべて反応するので，残った固体の重さはＢのときの２倍の1.50ｇになる。　②　①解説より，塩酸30㎤とアンモニア水24㎤が過不足なく反応して，最大で1.80ｇの白色の固体ができる。よって，塩酸の体積が30㎤の３分の１の10㎤になれば，白色の固体を最大量つくるのに必要なアンモニア水は24㎤の３分の１の８㎤になる。

Ⅳ　１(1)　ここで用いた液体の１㎤あたりの重さは700÷500＝1.4ｇであり，同様に求めると，ａは10÷20＝0.5(ｇ)，ｂは60÷40＝1.5(ｇ)，ｃは73÷50＝1.46(ｇ)，ｄは120÷100＝1.2(ｇ)である。よって，１㎤あたりの重さが液体よりも小さいａとｄは浮《う》く。　(2)　ａ～ｄのうち，１㎤あたりの重さが最も大きいｂが浮けばｃも浮くから，ｂが浮くときを考える。ｂが浮くのは液体の１㎤あたりの重さが1.5ｇよりも大きくなったときであり，Ｘを溶かしても液体の体積は500㎤のまま変わらないから，Xを溶かした後の液体の重さが1.5×500＝750(g)よりも大きくなればよい。よって，Xを少なくとも750－700＝50(g)より多く溶かせばよい。

2(1)① 表3より，Cは1㎤あたりの重さが，40℃の水よりも大きく，20℃の水よりも小さいことがわかる。Cの体積は10㎤だから，水の体積も10㎤にそろえて重さを考えればよい。よって，Cの重さは，40℃の水10㎤の重さ0.992×10＝9.92(g)よりも大きく，20℃の水10㎤の重さ0.998×10＝9.98(g)よりも小さい。 ② ①解説と同様に求めると，Aの重さは0.972×10＝9.72(g)よりも大きく，0.992×10＝9.92(g)よりも小さい。Bの重さは0.972×12＝11.664(g)よりも大きく，0.992×12＝11.904(g)よりも小さい。Dの重さは0.992×12＝11.904(g)よりも大きく，0.998×12＝11.976(g)よりも小さい。よって，重い順に並べると，D＞B＞C＞Aとなる。

(2) グラフでは縦軸《じく》が1gあたりの体積であることに注意する。例えば，10℃と6℃の水では，6℃の水の方が1gあたりの体積が小さいから，6℃の水の方が1㎤あたりの重さは大きいと考えればよい。つまり，6℃の水と1gあたりの体積が同じ物体を10℃の水に入れたとき，この物体は沈《しず》み，水の温度をゆっくり下げていくと，6℃よりも低くなったところで浮《う》き，さらに(1gあたりの体積が6℃の水と同じくらいになる)約2℃よりも低くなったところで再び沈む。 (3) ①氷の表面の温度は気温と同じ－10℃である。 ②氷のすぐ下にある水は氷によって冷やされるが，水の温度は0℃より低くなることはない。 ③湖底付近には1㎤あたりの重さが最も重い(1gあたりの体積が最も小さい)水がたまっているから，(2)のグラフより，4℃である。

3(1) 空気は水と同様に，あたためられると重さは変わらず体積が大きくなるから，1㎤あたりの重さは小さくなる。あたためられた空気がバルーンの上部からたまっていき，冷たい空気がバルーンの下部から押《お》し出され，熱気球全体の1㎤あたりの重さがまわりの空気よりも小さくなると，熱気球は浮く。 (3) バルーン内外の空気の1㎤あたりの重さの差が大きい方が熱気球にはたらく上向きの力(浮力《ふりょく》)が大きくなる。バルーン内の空気の温度を上げるのだから，バルーン外の空気の温度が低い方がバルーン内外の空気の温度の差(1㎤あたりの重さの差)が大きくなりやすい。

## 《2024 社会 解説》

I 問1(2) エ 縄文時代は，本格的な農耕が始まっていなかったので，ムラは水稲耕作に適した場所になくてもよかった。狩猟や採集が行いやすい場所で，飲み水を確保しやすい水源の近くが適していたと考えられる。

問2 エ→ア→イ→ウ エ(弥生時代)→ア(平安時代後期)→イ(室町時代)→ウ(戦国時代以降)

問3 イ，エ 斉明天皇は，天智天皇の母である皇極天皇が重祚したときの名である。ア．金貨が発行されたのは，奈良時代の開基勝宝だが，流通量は不明である。イ．中大兄皇子とともに大化の改新に着手した中臣鎌足は，内大臣の位と藤原の姓を与えられた。ウ．日本書紀が成立したのは奈良時代の720年のことである。エ．乙巳の変のあと，朝廷は蝦夷に対抗するため，647年に渟足柵，648年に磐舟柵を設置した。オ．律令が整備され，国ごとに役所が置かれたのは大宝律令(701年)以降である。

問4(1) ア 平安京の近くには鴨川などの河川があった。鎌倉には滑川などの河川があった。

問5(1) イ，オ アは江戸時代，ウは平安時代，エは江戸時代。 (2) ア，エ イとウは江戸時代，オは平安時代。

問6 ウ 室町時代になると，二毛作，鉄製農具，牛馬耕もさらに普及し，肥料も草木灰などとともに下肥(人の糞尿を熟成させ肥料としたもの)が広く使われるようになった。

問7(2) ①＝イ ②＝A 取水口が上流にあるAの方が，水を得やすかった。

問8　①＝ア　②＝ウ　①鎌倉幕府によって荘園や公領に設置された地頭は，荘園領主に納める年貢の取り立てを請け負い，土地の管理を行った。以降，地頭の支配権は拡大し，室町幕府でも引き続き置かれた。②江戸時代，村は名主や組頭・百姓代からなる村方三役を中心とする本百姓によって運営され，用水や山野の管理，治安や防災などの仕事を共同で自治的に担った。

Ⅱ　問1⑴ウ→エ→ア→イ→オ　ウ(日米和親条約・1854 年)→エ(日米修好通商条約・1858 年)→ア(戊辰戦争の終結・1869 年)→イ(廃藩置県・1871 年)→オ(ラジオ放送の開始・1925 年)

⑵　ア→ウ→エ→イ→オ　ア(ポーツマス条約・1905 年)→ウ(世界恐慌・1929 年)→エ(南部仏印進駐・1941 年)→イ(日米安全保障条約・1951 年)→オ(第一次石油危機・1973 年，貿易摩擦の深刻化・1980 年代)

問2　ウ　志賀潔は赤痢菌の発見，野口英世は黄熱病の研究，森鴎外は『舞姫』などで知られる小説家である。

問3⑴　ア　明治天皇は視察に行っていない。　⑵　エ　アジア太平洋戦争中，日本はオランダの植民地インドネシアを占領した。

問4　イ　上水道の管理には，維持費用がかかる。

問5　ウ，オ　ウ．上下水道の整備・運営・管理は地方自治体が担っている。オ．下水も検査が必要である。

問6　雨水を排除するのではなく，活用するための貯留浸透施設などの設置の取り組みを考える。

問7　イ，エ　ア．水道水の多くは関東北部を流れる利根川水系を水源としている。ウ．東京都内の火力発電所はわずかで，茨城県・千葉県・神奈川県などの火力発電所から供給されている電力が多い。

Ⅲ　問1⑴　ちくご　筑後川は，阿蘇山を水源とし，筑紫平野を通って有明海に注ぐ。

問2　ウ→ア→イ→エ　ウ(律令下の大宰府・飛鳥時代)→ア(元寇・鎌倉時代)→イ(朝鮮出兵・安土桃山時代)→エ(薩英戦争・江戸時代末)

問3　エ　沖縄県では稲作はさかんではないので，ため池に依存していない。

問4　イ，オ　海洋深層水の取水にはコストがかかるから，冷却するためや流すためだけに利用するのは，適当でない。

問5　A＝ウ　B＝ア　水田かんがい用に利用される農業用水が圧倒的に多いことは覚えておきたい。また，工業用水は，一度利用した工業用水の再利用が進んでいるため，使用量は減少傾向にある。

問6　エ　ため池は，降水量が少なく大きな河川が少ない瀬戸内地方に多い。

問7　イ　ため池の多くは江戸時代以前に造られたものである。

問8　ウ，エ　尾根にあるウ，ため池より標高の高い位置にあるエは被害を受けない。

問9⑴　ウ　雪が降り積もる高い山をもつ県が上位にあることから，南アルプスや富士山がある山梨県と判断する。

⑵　ミネラルウォーターの消費は，都市部で多いことから考える。

問10　イ，オ　ア．太陽光発電について述べた文である。ウ．火力発電について述べた文である。エ．原子力発電について述べた文である。カ．水力発電は再生可能エネルギーである。

Ⅳ　問1　ニューヨーク　国連本部は，アメリカ合衆国のニューヨークにある。

問2　イ，カ　イ．水道料金の値上がりを防ぐために，公企業が地方公共団体ごとに管理する。カ．地続きになっている国では，国内で確保せず，周辺国と協調して利用する姿勢が望ましい。

問3　エ．オ　エ．人権は国籍に関係なく保障されるべき権利である。オ．人権は，憲法に明記されていなくても保障される。実際に新しい人権として，プライバシーの権利や知る権利なども保障すべきと考えられるようになった。

問4　ア，オ　イ．すべての人が均等に水を利用できるようにすることが望ましい。ウ．世界人口は依然として増加を続け，水の利用量も増加していくと考えられている。エ．人口密度の低い地域では，水道の維持費を負担する人数が少なくなるので，水道料金は上がりやすい。

**問7**　ウ，オ　　ウ．条例の制定に国会の承認は必要ない。オ．環境保護団体に知事が解散を命じる権限はない。

**問8**　ア　　一人あたりのＧＤＰが多くなるほど，工業化が進み，人々の生活環境がよくなっていくので，一人あたりのＧＤＰと水の使用量は，正の相関関係にあると判断する。正の相関関係は，右上がりの分布になる。

# 女子学院中学校

## 《国　語》

一　問一．人間は、日食が太陽の手前を月が横切って日光をさえぎる現象だと科学的に知っていて、数分後には月が通り過ぎて再び太陽が顔を出すことがわかっているため、おどろいたりこわがったりせず、珍しいイベントとして楽しめるから。　問二．エ　問三．A．カレンダー　B．旅先で進む道がどっちか　C．種まきに良い土になる　問四．科学／便利　問五．イ　問六．ア　問七．ウ　問八．所属機関や国境や民族を超え、世界中で知識や情報や成果を共有することで危機的な状況に対処し、知恵のリレーで暮らしや命をつないでいくということ。

二　問一．エ　問二．A．息子　B．近所のおばあちゃん　C．水道工事の業者　問三．網の目のように張りめぐらされた、大勢の人々とのつながり。　問四．自分が新型コロナに感染していないことがわかり、直接会った人だけでなく間接的にも大勢の人に感染を広げたかもしれないと心配する必要がなくなって、目に見えない他者とのつながりを想像しなくなったということ。　問五．自分自身や自分の生活、消費や生産が、不可視の他者とつながっていること。　問六．イ　問七．新興住宅地でよそよそしい関係だったが、コロナ禍で他者に対する感覚が鋭くなり、近所の出来事に関心を持って、手を差しのべようとするようになった。

三　1．幼少　2．委　3．輸入　4．同窓　5．革新　6．治

## 《算　数》

1　(1) $\frac{23}{90}$　(2)15，7　(3)①4.95以上／5.05未満　②2001
(4)角㋐…75　角㋑…97　角㋒…53　(5)34，9，258，100

2　(1)6，16，4　※(2)116.18

3　(1)75　(2)A，B，C，E　(3)12

4　右グラフ

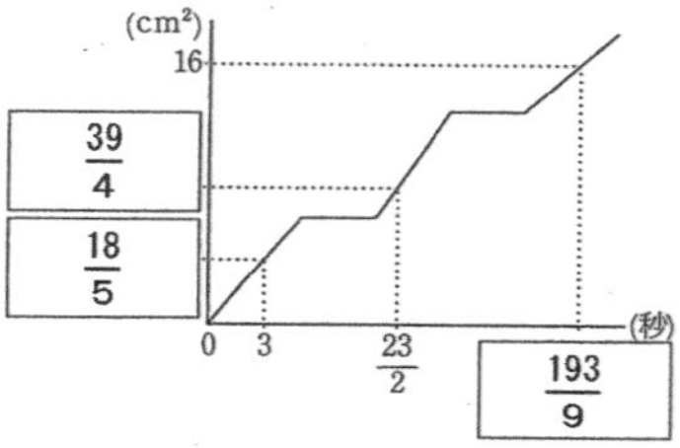


5　(1)1011　(2)31

6　(1)10　(2)22　(3)右図 のうち1つ

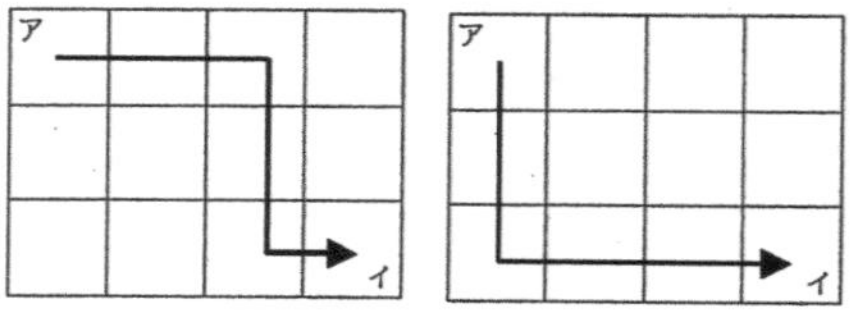


7　(1)18，28，10　(2)5，0，19，57，30

※の式は解説を参照してください。

## 《理　科》

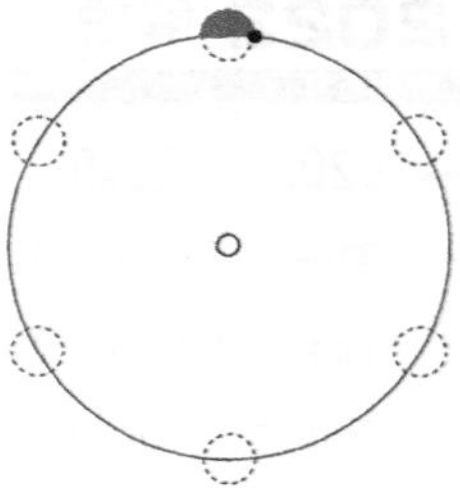

Ⅰ　1．⑴右図　⑵ウ　⑶2　　2．⑴115　⑵エ　　3．⑴土星にはクレーターのような基準となる模様がないから。　⑵公転周期が自転周期と比べて非常に長いから。

Ⅱ　1．⑴1．サケ　2．マイクロプラスチック　⑵ア．アオミドロ　イ．ボルボックス　ウ．ツリガネムシ　⑶ア，イ　⑷オ，エ，キ，ア　⑸栄養が不足する。

2．⑴ア　⑵⑤　⑶イ，ウ　⑷ア　⑸昼行性のカミキリムシ類の数が減ったことで，夜行性のカミキリムシ類のえさが増えたから。

Ⅲ　1．⑴エタノール　⑵固体…固体がしずんだりういたりしている。　液体…水と液体で2つの層に分かれている。　⑶イ，ウ，エ　⑷ア，オ　　2．⑴1．ア　2．オ　3．ウ　⑵C．イ　D．ア　⑶ア，エ　⑷17

Ⅳ　1．⑴ウ(イエオ)　⑵①向き…ア　明るさ…ア　②3，4，8，7〔別解〕8，7，3，4

2．⑴アとエ／エとオ　⑵アとウ／ウとオ　　3．⑴ア　⑵50　⑶ウ

## 《社　会》

Ⅰ　問1．鎌倉時代の遺跡から発見される遺物。　　問2．⑴イ→ア→エ→ウ　⑵ア，カ　　問3．ア，エ

問4．エ　　問5．イ，ウ　　問6．エ→オ→ウ→イ→ア　　問7．ウ　　問8．A．エ　B．イ　　問9．ク

問10．イ，エ　　問11．イ，オ　　問12．葉　　問13．⑴イ　⑵ウ　　問14．エ，オ

Ⅱ　問1．ウ，オ　　問2．⑴オ，キ　⑵ア，エ　　問3．⑴天皇　⑵職業選択の自由　⑶A．イ　B．ア　C．イ

問4．⑴ウ　⑵エ　　問5．A．イ　B．ウ　C．ア　　問6．A．ウ　B．ア　C．イ　　問7．男性と比べて有業率が低く，また，女性は職に就かなくても，家庭内で家事・育児を行えばよいと考えられていたから。

問8．⑴イ　⑵エ　　問9．ウ，オ

Ⅲ　問1．ア，オ　　問2．イ，ウ　　問3．⑴ウ　⑵会社の経営が悪化すると，常勤の労働者の解雇より日やとい労働者のやとい止めが優先されるため，日やとい労働者のほうが失業率とその増加率が高くなるから。　　問4．エ

問5．ア，エ　　問6．⑴国会／内閣／裁判所　⑵互いに権力を抑制し合い，つり合いを保つようにすること。

## 《2023　国語　解説》

一　問一　「異変を感じたのか、馬が何頭もヒヒーンといななき、鳥や蝶《ちょう》が忙《いそが》しそうに低空飛行していきます」「馬はもう声も出さずに、じっとしています。暗くて鳥や蝶の姿は見えませんが、気配が消えています」というのと対照的に、人間は「歓声《かんせい》が上がり～口笛を吹《ふ》き～シャッターを切り～抱《だ》き合っていました」という様子である。空の様子がおかしいのに、人間はなぜそのように楽しんでいられるのか。―①の２段落後に「人間も、もし数分後には月が通り過ぎて再び太陽が顔を出すことを知らなければ、本当にびっくりするだろうし、世にも恐《おそ》ろしいことが起きたと感じることでしょう」とあることに着目する。人間は、今起きていることが、「日食《にっしょく》」という「太陽の手前を月が横切って日光をさえぎる天体現象」で、すぐに元にもどることがわかっているのである。しかも「すっぽりと太陽をかくしてしまう皆既《かいき》日食は～珍《めずら》しいイベント」だから、その時を楽しみに待っているのである。

問二　皆既日食を体験し、胸がいっぱいになって泣いていた「私」に、「近くにいたご婦人」が「背中に手を置いてくれた」。「私」を気づかう婦人の優しさが感じられるので、エが適する。アの「はずかしかったから」、イの「『生かされている』という感覚を理解してくれる」、ウの「強い仲間意識が生まれていた」は適さない。

問三Ａ　「日の出入り」が「時計」のような役割である。では「月の満ち欠け」は何の役割か、と考える。

Ｂ　―③の３行後に「いつも同じ方角にある星は、旅をする人に進む道はどっちかを教えました」とあることから、下線部にあたる内容をまとめる。　　Ｃ　―③の４～７行後に「古代エジプトの人たち～『シリウス』～日の出直前に見えると、もうすぐナイル川が氾濫《はんらん》する季節だ～自然災害から身を守って、種まきのための栄養たっぷりの土がやってくるタイミングを星に教えてもらったのです」とあることから、下線部にあたる内容をまとめる。

問四　具体的には、―④の２段落前の「太陽の位置を知らなくても時刻がわかるし、カーナビを使えば～スマホやパソコンで検索《けんさく》すれば～教えてくれます」というような状態を指す。これらは、科学的な知識や技術によって生活がより便利になっていくことの例である。

問五　―⑤は、人間が世代を超《こ》えてリレーしている知恵《ちえ》(英知《えいち》＝すぐれた知恵)について言った「すごい」であるから、イがあてはまらない。

問六　「知らぬが仏」は、知ったら腹が立って悩《なや》み苦しんだり面倒《めんどう》なことになったりするが、知らないので腹も立たず、仏のように平静でいられるという意味。たとえば隕石《いんせき》の衝突《しょうとつ》について、「恐竜《きょうりゅう》」は、その可能性を分析《ぶんせき》したり、それを予測したりすることができなかったので、その時まで平然としていられたと考えられる。人間は、「たくさんのテストを重ねて、失敗するたびに工夫し、その経験や記録をもとにして～少しずつ前へと進んできた」とあるように、「知恵のリレー」によって、それを分析したり予測したりすることができるようになった。知ったら「知らぬが仏」ではいられない、つまり、対応せずにはいられなくなるということ。よって、アが適する。

問七　まず、―⑦の直後で「この世界では人類の英知を無視したり排除《はいじょ》したりということが、いとも簡単に起きてしまうからです」と端的《たんてき》に理由を述べ、このことについて、「ヒュパティア」「ブルーノ」の例で「すぐれた知恵のもち主～消されてしまい～知恵のリレーは～断ち切られてしまった」ということ、「焚書《ふんしょ》」「図書館～壊《こわ》されてしまいました」という例で「ようやく手にした英知～落としたりなくしたりしてきた」ということを、具体的に説明している。そのうえで、「知恵をリレーするためには～たくさんの人がその価値を知って、意識的に管理したり保管したりする『空気』が必要なのです」と主張している。よって、これらの内容をまとめているウが適する。

問八　―⑧の直前の「世界中で知識や情報や成果を共有して」、―⑨の直前の「所属機関や国境や民族を超え、情報を共有して」というのが、「一緒《いっしょ》に／共に」というあり方。新型コロナの例でいうと、「ウイルスの脅威《きょうい》によって、私たちは日々の何気ない暮らしだけでなく生命の危機にも直面してゴールの見えない状況《じょうきょう》に置かれました」という人類の危機に立ち向かおうと、つまり、「人間のピンチを前にして～命をなんとしても救うのだ」と、研究成果やデータを公開し合って国際的に共有しようとしたことにあたる。ここから読み取れるあり方をまとめる。

二　著作権上の都合により文章を掲載《けいさい》しておりませんので、解説も掲載しておりません。ご不便をおかけし、誠に申し訳ございません。

## 《2023　算数　解説》

1　(1)　「＝」の左側を整理すると，$\{(\frac{18}{4}-\frac{1}{4})\div\frac{3}{4}-1\frac{2}{15}\}\times(40\frac{3}{8}-35\frac{5}{12})\div(\square-\frac{11}{45})=$
$(\frac{17}{4}\times\frac{4}{3}-1\frac{2}{15})\times(39\frac{33}{24}-35\frac{10}{24})\div(\square-\frac{11}{45})=(\frac{85}{15}-\frac{17}{15})\times4\frac{23}{24}\div(\square-\frac{11}{45})=\frac{68}{15}\times\frac{119}{24}\div(\square-\frac{11}{45})=\frac{17\times119}{15\times6}\div(\square-\frac{11}{45})$
よって，$\frac{17\times119}{15\times6}\div(\square-\frac{11}{45})=2023$　　$\square-\frac{11}{45}=\frac{17\times119}{15\times6}\div2023$　　$\square=\frac{1}{90}+\frac{11}{45}=\frac{1}{90}+\frac{22}{90}=\mathbf{\frac{23}{90}}$

(2)　**【解き方】3：2で混ぜたときについて図1，1：3で混ぜたときについて図2のてんびん図がかける。a：b＝2：3であり，c：d＝3：1である。**

図1

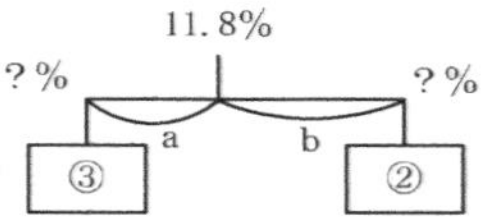


図2

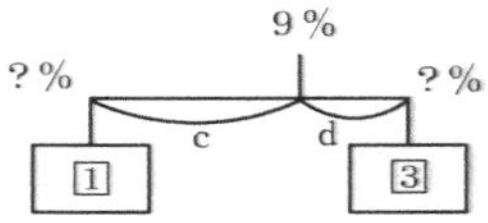


a：b＝2：3の比の数の和は2＋3＝5，
c：d＝3：1の比の数の和は3＋1＝4だから，これらを5と4の最小公倍数の20にそろえると，a：b＝8：12，c：d＝15：5となる。この比の数の15－8＝7が11.8－9＝2.8(%)にあたるから，1は2.8÷7＝0.4(%)にあたるので，a＝0.4×8＝3.2(%)，b＝0.4×12＝4.8(%)
よって，混ぜた食塩水の濃《こ》さは，11.8＋3.2＝**15**(%)と11.8－4.8＝**7**(%)である。

(3)②　**【解き方】ある整数をaとすると，a÷0.4の商は4995以上5005未満だから，aは4995×0.4以上，5005×0.4未満である。**
4995×0.4＝1998だから，5005×0.4＝1998＋(5005－4995)×0.4＝2002である。したがって，aは1998以上2002未満である。また，a÷6の商は333.5以上334.5未満だから，aは333.5×6＝2001以上，
2001＋(334.5－333.5)×6＝2007未満である。以上の条件を満たす整数aは，**2001**だけである。

(4)　右図のように記号をおく。三角形ＡＢＥはＡＢ＝ＡＥの二等辺三角形で，角ＢＡＥ＝90°－60°＝30°だから，角㋐＝(180°－30°)÷2＝**75°**
平行線の同位角は等しく，ＢＦとＣＧが平行だから，角ＣＧＨ＝角ＢＦＨ＝60°
三角形ＣＨＧの内角の和より，角㋑＝180°－23°－60°＝**97°**
ひし形の対角線は内角の二等分線になるから，
角ＣＧＩ＝角ＦＧＩ＝60°÷2＝30°で，ＣＧ＝ＦＧ，ＩＧ＝ＩＧなので，
三角形ＣＧＩと三角形ＦＧＩは合同である。

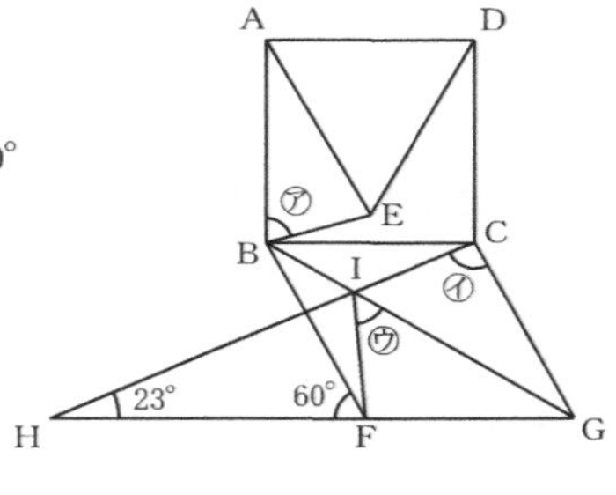


よって，角ＩＦＧ＝角㋑＝97°だから，三角形ＦＧＩの内角の和より，角㋒＝180°－30°－97°＝**53°**

(5)　**【解き方】表面積は，立体を前後上下左右それぞれから見たときに見える面の面積を足すと求められる。全部の立方体の個数は，1段積んだときは1＝1×1(個)，2段積んだときは1＋3＝4＝2×2(個)，3段積んだときは1＋3＋5＝9＝3×3(個)だから，n段積んだときはn×n(個)となる。**
3段積んだとき，立体を前後左右から見ると，それぞれ1＋2＋3＝6(面)見える。立体を上下から見ると，それ

ぞれ３＋３－１＝５(面)見える。したがって，表面積は，１×(６×４＋５×２)＝**34**(㎠)である。立方体が９個積んであるから，体積は**９**㎤である。

10段積んだとき，立体を前後左右から見ると，それぞれ１＋２＋３＋……＋10＝55(面)見える。立体を上下から見ると，それぞれ10＋10－１＝19(面)見える。したがって，表面積は，１×(55×４＋19×２)＝**258**(㎠)である。立方体が10×10＝100(個)積んであるから，体積は**100**㎤である。

2　⑴　**【解き方】うの１辺の長さをａcmとすると，あの１辺の長さは，ａ＋(12－10)＝ａ＋２(cm)，いの１辺の長さは，ａ＋12(cm)と表せる。**

(ａ＋２)＋(ａ＋12)＋ａ＝26より，ａ×３＝26－14　　ａ＝12÷３＝４

よって，正方形あ，い，うの１辺の長さはそれぞれ，４＋２＝**６**(cm)，４＋12＝**16**(cm)，**４**cmである。

⑵　正方形いの中の円は，右図のように中心角を８等分できるから，色がついたおうぎ形の面積は円の面積の$\frac{3}{8}$である。正方形あ，うの中のおうぎ形は円を$\frac{1}{4}$等分してできるおうぎ形である。よって，求める面積は，

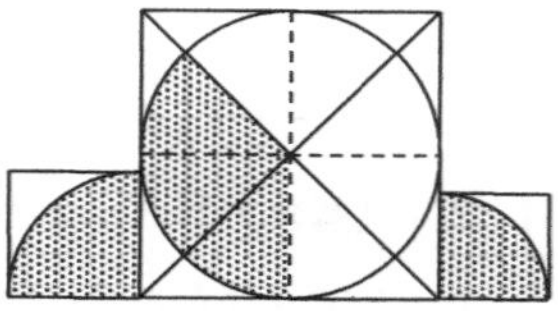

$6\times6\times3.14\times\frac{1}{4}+8\times8\times3.14\times\frac{3}{8}+4\times4\times3.14\times\frac{1}{4}=$

$(9+24+4)\times3.14=37\times3.14=$**116.18**(㎠)

3　⑴　**【解き方】Ｃが押されるのは，３回目，７回目，11回目，15回目，……である。**

Ｃが押されるのは，３回目以降は４回ごとだから，３回目に点灯したあとは４＋４＝８(回)ごとに点灯する。

よって，10回目の点灯をするのは，３＋８×(10－１)＝**75**(回)押したときである。

⑵　**【解き方】１回目からの５つのランプの点灯の様子を表にまとめ，周期を探す。**

ランプの点灯をまとめると右表のようになる(○が点灯を表す)。16回押すと最初と同じ状態になるから，16回が１つの周期である。

150÷16＝９余り６より，150回押すと６回押したときと同じ状態になる。

| 操作(回目) | 1 | 2 | 3 | 4 | 5 | 6 | 7 | 8 | 9 | 10 | 11 | 12 | 13 | 14 | 15 | 16 | … |
|---|---|---|---|---|---|---|---|---|---|---|---|---|---|---|---|---|---|
| A | ○ | ○ | ○ | ○ | ○ | ○ | ○ | ○ | | | | | | | | | … |
| B | | ○ | ○ | ○ | ○ | ○ | ○ | | | ○ | ○ | ○ | ○ | ○ | ○ | | … |
| C | | | ○ | ○ | ○ | ○ | | | | | ○ | ○ | ○ | ○ | | | … |
| D | | | | ○ | ○ | | | | | | | ○ | ○ | | | | … |
| E | | | | | ○ | ○ | ○ | ○ | ○ | ○ | ○ | ○ | | | | | … |

よって，点灯しているランプは，**Ａ，Ｂ，Ｃ，Ｅ**である。

⑶　**【解き方】⑵より，16回で１周期である。**

１回目の周期の中でＢとＣだけが点灯しているのは，14回押したときだけである。

200÷16＝12余り８より，200回押す間に12周期と，１回目から８目までと同じ状態が現れるから，ＢとＣだけが点灯しているのは全部で**12**回ある。

4　**【解き方】グラフが折れているところはＰが図形の頂点にきたところであり，その頂点の記号を書きこむと右の図１のようになる。**

図１

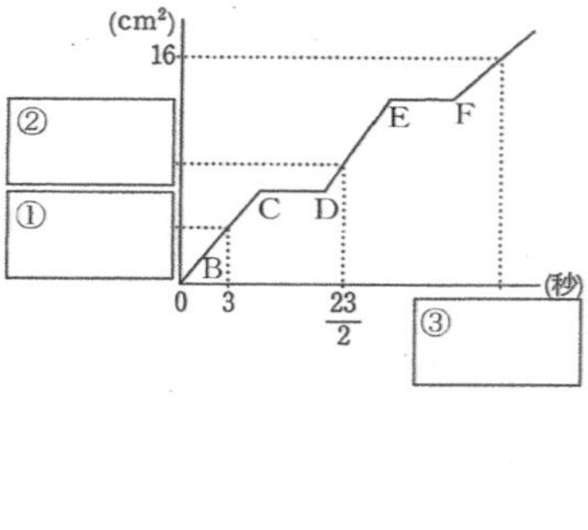


３秒後のとき，三角形ＡＢＰの面積は三角形ＡＢＣの面積の，

$\frac{BP}{BC}=\frac{3}{5}$(倍)だから，①＝$3\times4\div2\times\frac{3}{5}=\mathbf{\frac{18}{5}}$

ＰがＤを通るのは５＋４＝９(秒後)だから，$\frac{23}{2}$秒後のとき，

$DP=\frac{23}{2}-9=\frac{5}{2}$(cm)である。このとき，三角形ＡＢＰの底辺をＡＢとしたときの高さは，$AC+DP=4+\frac{5}{2}=\frac{13}{2}$(cm)だから，

②＝$3\times\frac{13}{2}\times\frac{1}{2}=\mathbf{\frac{39}{4}}$

ＰがＦを通るのは$5+4\times3=17$(秒後)だから，③は17秒後よりあとで，ＰはＦＧ上にある。このときＰがいる付近に，図２のように３辺の比が３：４：５の直角三角形ＦＰＱを作図する。このとき，三角形ＡＢＰの底辺をＡＢとしたときの高さは，
$16\times2\div3=\frac{32}{3}$(cm)だから，$\mathrm{FQ}=\frac{32}{3}-\mathrm{AC}-\mathrm{DE}=\frac{8}{3}$(cm)
したがって，$\mathrm{FP}=\frac{8}{3}\times\frac{5}{3}=\frac{40}{9}$(cm)　　よって，$③=17+\frac{40}{9}=\mathbf{\frac{193}{9}}$

図２

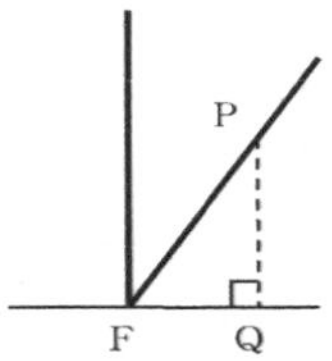


**5　【解き方】「Ｊ，Ｇ，Ｇ，Ｊ」の順に取ることをくり返すので，「Ｊ，Ｇ，Ｇ，Ｊ」を１周期と考える。**

(1)　１周期で取る枚数の合計は，$23\times4=92$(枚)である。$2023\div92=21$余り91より，あと１枚あれば22周期目までいける。したがって，最後に取るのは22周期目の最後のＪで，最後に取る枚数は23枚より１枚少ないから，Ｊがもらえる枚数の合計は，$23\times2\times22-1=$**1011**(枚)

(2)　**【解き方】Ｊがもらえる枚数は1023枚でＧがもらえる枚数は$2023-1023=1000$(枚)だから，ＪがＧより$1023-1000=23$(枚)多いことから，最後にとったのが「Ｊ，Ｇ，Ｇ，Ｊ」のうちどのタイミングかを考える。**

折り紙がなくなる最後の周期の「Ｊ，Ｇ，Ｇ，Ｊ」の取るタイミングをそれぞれ「①，②，③，④」とする。
①で折り紙がなくなると，もらえる枚数の合計はＪがＧより多くなる。②でなくなるとＪがＧより多くなるか，等しくなる。③でなくなるとＧがＪより多くなる。④でなくなるとＧがＪより多くなるか，等しくなる。
ＪがＧより多いのだから，最後は①か②である。
最後が①だとすると，①ではＪが23枚取ったから，１回に取る枚数は，$(2023-23)\div4=500$の約数のうち23より大きい素数である。$500=2\times2\times5\times5\times5$だから，500の約数のうちの素数は２と５だけなので，条件に合う数はない。
最後が②だとすると，①でＪが取った枚数と②でＧが取った枚数の差が23枚だから，全体に23枚を加えると２人が取った枚数が等しくなる。この場合，$(2023+23)\div2=1023$(枚)ずつ取るから，１回に取る枚数は，1023の約数のうち23より大きい素数である。$1023=3\times11\times31$だから，条件に合う数は31である。
以上より，求める枚数は**31**枚である。

**6**　(1)　**【解き方】さいころの移動は５回行い，そのうち右に３回，下に２回移動することになるから，下に移動するのが何回目かの選び方を数える。**

下に移動するのは，１回目と２回目(以下「回目」は省略《しょうりゃく》する)，１と３，１と４，１と５，２と３，２と４，２と５，３と４，３と５，４と５の10通りある。よって，さいころの転がし方は**10**通りある。
なお，５つの異なるものから２つ選び組み合わせの数となるから，$\frac{5\times4}{2\times1}=10$(通り)と求めることもできる。

(2)　**【解き方】それぞれの位置のさいころごとに，上の面の目を真ん中に書き，その上に奥の面の目を，下に正面の面の目を，右に右の面の目を，左に左の面の目を書くと，右図のようになる。**

| | | | |
|---|---|---|---|
| 6<br>4 2 3<br>1 | 6<br>5 4 2<br>1 | 6<br>3 5 4<br>1 | |
| | | 2<br>3 6 4<br>5 | 2<br>1 3 6<br>5 |
| | | | 4<br>1 2 6<br>3 |

上の面に現れる６つの目の和は，$2+4+5+6+3+2=$**22**

(3)　図３と共通する部分が多い方が考えやすいので，３回目までの転がし方は図３と同じで，４回目からを変更してみる。４回目に下，５回目に右に移動すると，４回目は２，５回目は３が上の面の目になるから，上の面に現れる６つの面の目の和は22になる。
よって，これが求める転がし方である。他には，下下右右右でもよい。

**7**　(1)　土曜日の10時40分は月曜日の18時00分の，４日＋６時間＋10時間40分後＝４日16時間40分後である。
Ａは４日で$6\times4=24$(分)遅れ，16時間40分$=16\frac{2}{3}$時間$=\frac{50}{3}$時間で，$\frac{6}{24}$分$\times\frac{50}{3}=\frac{25}{6}$分$=4\frac{1}{6}$分＝４分10秒遅れ

る。よって，月曜日の18時00分には，正しい時刻より24分＋4分10秒＝28分10秒進んでいたから，**18時28分10秒**を示していた。

⑵　水曜日の20時00分は月曜日の18時00分の，2日＋2時間後＝2日2時間後である。この間にAは6分×2＋$\frac{6}{24}$分×2＝12$\frac{1}{2}$分＝12分30秒遅れる。月曜日の18時00分の時点でAは正しい時刻より10分進んでいたので，水曜日の20時00分には12分30秒－10分＝2分30秒遅れていて，**19時57分30秒**を示した。

Bは，火曜日の8時00分に正しい時刻より10分遅れていたから，火曜日の8時00分から水曜日の20時00分までの1日12時間＝1$\frac{1}{2}$日＝$\frac{3}{2}$日で，10分－2分30秒＝7分30秒＝7$\frac{1}{2}$分＝$\frac{15}{2}$分進んだ。

よって，Bは1日に，$\frac{15}{2}$分÷$\frac{3}{2}$＝**5分0秒**の割合で速く進む。

## 《2023　理科　解説》

Ⅰ　**1⑴**　自転周期を60日，公転周期を90日とすると，45日では自転が360×$\frac{45}{60}$＝270(度)，公転が360×$\frac{45}{90}$＝180(度)である。　**⑵**　地球で考えた場合，太陽の光の当たり方と自転の向きから，図ｉのように4つの地点の時間帯が決まる。水星についても同様に考えればよいので，⑴で・で示した地点は夕方(太陽が地平線に沈《しず》むところ)である。　**⑶**　⑴⑵解説より，図のAの・で示した地点で考えた場合，45日で正午から夕方までの1日の4分の1が経過したことになる。よって，水星の1日は45×4＝180(日)であり，水星の公転周期は90日だから，180÷90＝2(回)が正答となる。

図ｉ

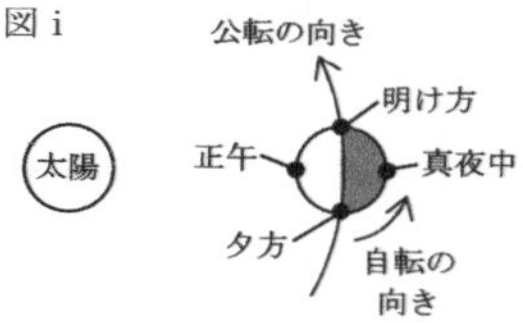


**2⑴**　図の金星で，図ｉの正午にあたる地点に着目する。金星の自転周期と公転周期がどちらも同じ(230日)とすると，図の位置から金星が90度公転したとき，自転も90度だから正午にあたる地点は真夜中になる(金星の自転の向きが図ｉの地球の自転の向きと逆であることに注意する)。さらに90度(合計で180度)公転すると正午になるので，金星の1日の長さは公転周期の半分の115日である。　**⑵**　自転の向きを逆にして⑴と同様に考えると，図ｉの正午にあたる地点は常に正午になる。つまり，ある地点から見た太陽の方向が変化しなくなるから，図中で・で示した地点では常に太陽を見ることができる。なお，このように自転周期と公転周期が同じで，自転と公転の向きが同じ天体として月がある。月はこのような運動をしているため，地球から月の裏側を見ることができない。

**3⑵**　自転周期が短く公転周期が長いと，公転周期による影響《えいきょう》が小さくなり，自転周期と1日の長さの差が小さくなる。地球も公転周期が自転周期と比べて非常に長いため，自転周期(約23時間56分)と1日の長さ(24時間)との差が小さい。

Ⅱ　**1⑶**　アとイは体内に緑色の粒《つぶ》(葉緑体)をもち，光を受けて二酸化炭素と水からでんぷんをつくり出す光合成を行う。　**⑷**　生物どうしの「食う食われるの関係」を食物連鎖《れんさ》という。食物連鎖のスタートは光合成を行う生物である。　**⑸**　栄養不足によって動物プランクトンの数が減ると，それをえさとするイワシや，さらにイワシを食べるイカの数も減る。このように，ある生物が減ると生態系全体に影響がおよぶ。

**2⑴**　ア×…ノヤギを食べる生物が増えれば，自然環境が大きな影響を受けるほどノヤギが増加することはない。

**⑵**　胃に含《ふく》まれていた生物は，草食の節足動物(バッタ類・カミキリムシ類・チョウ類)と肉食の節足動物(クモ類)だけだから，これらの2つだけを食べる⑤にあてはまる。　**⑶**　イやウのように，人間の活動によって外部から持ちこまれた生物を外来種(外来生物)という。　**⑷**　Aが母島に入ってくるころの1980年代では，昼行性と夜行性の数はほぼ等しかったが，Aが母島に定着したと考えられる1990年代では昼行性がほとんどいなくなり，夜行性ばかりになったことから，Aは昼行性で，昼行性のカミキリムシ類はほとんど食べられてしまったと考えられる。

(5)　ある生物の数が増えるのは，その生物を食べる生物の数が減ったときや，その生物が食べる生物の数が増えたときである。Ａに食べられることで昼行性のカミキリムシ類の数が減ったため，昼行性のカミキリムシ類が食べていたえさを夜行性のカミキリムシ類が食べられるようになったと考えられる。

Ⅲ　１(2)　体積１㎤あたりの質量を密度という。密度が異なるものを混ぜたとき，密度が大きいものは下へ，密度が小さいものは上へ移動する。よって，水よりも密度が大きい固体は底にしずみ，水よりも密度が小さい固体は水にうく。また，水よりも密度が大きい液体は水の下に，水よりも密度が小さい液体は水の上にくるように，２層に分かれる。　　(3)　ア×…酢酸《さくさん》と銅のさびた部分(酸化銅)が反応し，さびた部分がとける。　イ○…酢酸と卵の殻《から》の主成分である炭酸カルシウムが反応して二酸化炭素が発生する。　ウ○…生の魚に含まれるタンパク質が酢酸によって固まる。　エ○…ＢＴＢ液は酸性で黄色，中性で緑色，アルカリ性で青色に変化する。酢酸の水溶液《すいようえき》と塩酸はどちらも酸性だから，黄色のまま変化しない。　オ×…酢酸は液体だから，酢酸の水溶液を加熱して酢酸も水も蒸発すれば固体は残らない。　　(4)　冷やし始めからＡに達するまでは液体だけだからイは正しい。Ａでこおり始めると温度が上がっているから，液体から固体に変化するときには熱を放出していると考えられる(ウは正しい)。Ｂからしばらくの間，温度が一定になっている。これは，液体から固体に変化するときに放出される熱と冷蔵庫による冷却《れいきゃく》が打ち消し合っている状態であり，この状態は液体がすべて固体に変化するまで続くから，エは正しく，オは間違《まちが》っている。Ｂは液体が固体になる温度(17℃)であり，液体がすべて固体になった後はふたたび温度が下がっているから，17℃より低い温度の固体は存在する(アは間違っている)。

２(1)　操作１にはろ過が含まれる。また，ろ過によって，水溶液に溶《と》けていない固体(ろ紙上に残ったもの)をさらに分ける必要があるので，操作１にはアかイのどちらかがあてはまる(ウではうすい塩酸にアルミニウムの粉が溶けるため，ろ紙上に残るものがガラスの粉だけになる)。ろ液Ａに溶けているものを取り出すには水を蒸発させる必要があるので，操作２にはオがあてはまる。また，操作２によって１種類の白い粉Ｃが取り出せたから，操作１にはアがあてはまり，白い粉Ｃは食塩だとわかる(操作１がイだった場合，出てくる固体は食塩と石灰水に溶けている水酸化カルシウムの固体の２種類になる)。操作３にはろ過が含まれる。ろ紙上に残るものを１種類(白い粉Ｄだけ)にするには，うすい塩酸にアルミニウムの粉を溶かす必要があるので，操作３にはウがあてはまる。操作３によってうすい塩酸に溶けなかった白い粉Ｄはガラスの粉であり，ろ液Ｂにはうすい塩酸とアルミニウムの粉が反応してできた物質(塩化アルミニウム)が溶けているので，操作４でオを行えば，白い粉として取り出せる。塩化アルミニウムは泡《あわ》を出さずに塩酸(水)に溶ける。　　(2)(3)　(1)解説参照。　　(4)　白い粉Ｃ(食塩)は20℃の水100ｇに38ｇまで溶けて138ｇの水溶液になるから，ろ液Ａで1.0ｇの白い粉Ｃが沈殿した後の20ｇの水溶液に溶けている白い粉Ｃは$38\times\frac{20}{138}=\frac{380}{69}$(ｇ)である。また，操作３で得られた白い粉Ｄ(ガラス)の重さは3.5ｇだから，実験前に含まれていたアルミニウムの重さは$12.0-1.0-\frac{380}{69}-3.5=\frac{275}{138}$(ｇ)である。よって，その割合は$\frac{275}{138}\div12.0\times100=$ 16.6…→17％である。

Ⅳ　１(1)　アはＡとＢが直列つなぎになっているので，Ａをソケットから取り外すとＢはつかなくなる。イとエはどちらも１個の電池でＢを光らせるので同じ明るさであり，オは並列つなぎの２個の電池でＢを光らせるのでイやエと同じ明るさである。これに対し，ウは直列つなぎの２個の電池でＢを光らせるので他と比べて明るくなる。

(2)①　表の下の段の結果より，７と８には，１と２の間の電池と逆向きに電池が１個つながっていることがわかる(ウ)。さらに，表の上の段の結果より，３と４には，７と８の間の電池と逆向きに電池が２個つながっていることがわかる(エ)。電池の数は合計で４個だから，５と６には電池がつながっていないことがわかる(ア)。よって，①のように回路を作ったとき，３個の電池から検流計を右向きに流れる電流が流れ，１個の電池から検流計を左向きに流れる電流が流れるので，全体では２個の電池から検流計を右向きに流れる電流が流れることになり，電球の明るさは基準より明るくなる。　②　４個の電池が同じ向きで直列つなぎになるようにすればよい。

2(1)　モーターに流れる電流の大きさが同じで重さが異なる２つを比べる。モーターに流れる電流の大きさが同じになるのはアとエとオであり，電池が１個のエはアとオより軽い。　(2)　重さが同じでモーターに流れる電流の大きさが異なる２つを比べる。重さが同じになるのはアとウとオであり，２個の電池が直列つなぎになっているウではアとオよりも大きな電流が流れる。

3(1)　静止した状態からスタートしたから，はじめの速さは０である。また，日かげに入ると発電はできなくなるが，日かげに入った瞬間《しゅんかん》に止まることはない(だんだん遅《おそ》くなってから止まる)から，アが正答となる。　(2)　図ⅱ参照。太陽光と地面の間の角が30度のとき，設置角度は180－30－90＝60(度)であり，設置角度を０度にした場合，光電池(ＢＤ)に当たっていた光はＢＣに当たるようになる。三角形ＡＢＣが正三角形であることに着目すると，長さの比はＢＤ：ＢＣ＝１：２だから，光電池に当たる光の量は設置角度が60度のときの半分になる。　(3)　太陽光が光電池に垂直に当たると発電量が最も大きくなる。実際には季節によって設置角度を変えることが理想だが，設置角度を一定にする場合，設置場所の緯度と同じにすることで年間を通しての発電量が最も大きくなるとされている。よって，東京では35度であり，北海道では35度より大きくするとよい。

図ⅱ

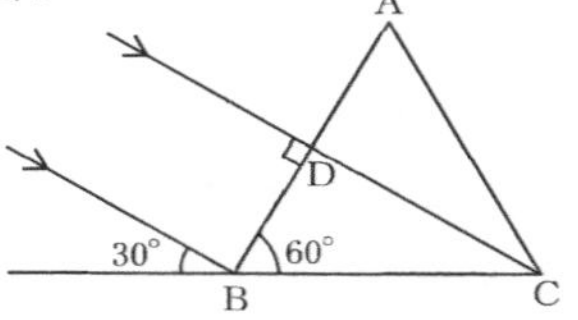


## 《2023　社会　解説》

Ⅰ　問１　文字で書かれた史料を主に研究するのが歴史学で，遺跡や遺物などの物質的な資料を使って歴史を研究するのが考古学である。考古学では，文字が登場する以前の時代や，文献に書かれることのない一般民衆の生活など，歴史学の手が届かない部分の研究も行うことができる。

問２(1)　イ(弥生時代)→ア(古墳時代中期)→エ(古墳時代後期)→ウ(飛鳥時代)　(2)　他の金属と比べた際の銅の特性として，柔らかくて加工がしやすいこと，熱伝導率が高いこと，重いことなどが挙げられる。そのため，硬さが必要な農具，軽くて丈夫な金属が適している飛行機の気体には使われない。

問３　アは６世紀，イは紀元前１世紀，エは５世紀の記述である。ウ．唐が成立したことで，７世紀に朝鮮半島の国々が初めて新羅によって統一された。

問４　武蔵国は，現在の東京都・埼玉県・神奈川県あたりにまたがって位置していた。律令制のもと，調や庸の税を納めるため，各地から都までの陸路を徒歩で運ぶ運脚の義務が課せられていた。古代の史料(＝延喜式)では，武蔵国は東海道に属し，のぼりと下りの日数に差があるのは，のぼりでは税物を運ぶので，手ぶらの下りより１日に進む距離が短かったためである。東海道の位置については右図。

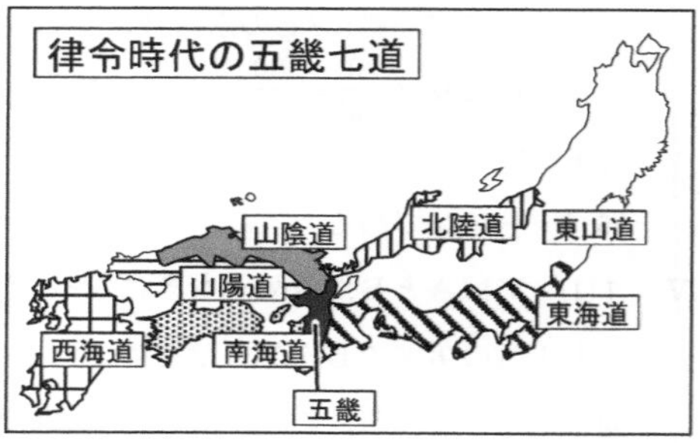


問５　ア．誤り。日本では岩塩がとれる場所がないため，古代より，海水を煮つめて製塩する方法がとられていた。エ．誤り。荘園は私有地であり，国営ではない。

問６　エ(平安時代前期)→オ(平安時代後期)→ウ(鎌倉時代)→イ(室町時代)→ア(安土桃山時代)

問７　世襲で政治を行うことができた＝政治的能力がなくてもよかった＝複雑な政治的判断を要する状況でなかっ

た，と考えることができる。ア．誤り。摂政・関白は天皇を補佐する役職であり，地方政治には深く関わらなかった。また，この時期は律令制がくずれてきた時期であり，国司による地方支配が進んだ時期である。イ．誤り。地方で武士が力を持ちはじめた時期であった。エ．貴族内での権力争いもあり，力を合わせて政治を行うこととはつながらない。

**問８**　Ａ．「祇園祭」などから，京都である。Ｂ．「貿易の拠点」「織田信長の支配下」などから，堺である。

**問９**　琵琶湖の東岸に築かれた安土城は，地下１階地上６階建ての巨大な山城であった。長篠の戦い以降，織田信長は安土城を築いて全国統一を目指し，安土城下で楽市・楽座などを行った。楽市・楽座によって，商人による自由な売買が可能になり，安土城下は活気にあふれたと言われている。

**問10**　応仁の乱は，細川氏と山名氏の幕府内での勢力争いや，８代将軍であった足利義政の跡継ぎ争いなどを理由として始まった。この戦いの後，京都は荒廃し，全国各地で下剋上の風潮が広まって戦国時代が始まった。ア．誤り。幕府と将軍の影響力は弱まった。ウ．誤り。金閣に象徴される，華やかな文化(＝北山文化)は，３代将軍足利義満の頃に開花した。オ．誤り。戦国大名は荘園領主の支配を否定し，領国内の荘園を次々に奪っていった。

**問11**　イ．誤り。米の値段は安定せず，幕府の財政も悪化していたので，江戸時代中期頃になると，徳川吉宗による享保の改革を初めとして，さまざまな改革が行われるようになった。オ．誤り。天明のききんや天保のききんが起こり，食料が不足して物価が上がったことから，農村では百姓一揆が，都市部では打ちこわしが多発した。

**問12**　葉をつみ，乾燥・発酵させ，臼でつき固めた後，藍玉という染料に加工された。

**問13(1)**　イ．誤り。現在の北関東工業地域では，自動車などの機械工業が盛んである。　**(2)**　群馬県前橋市は，冬に冷えこみ，年降水量が少ない内陸の気候であるから，ウを選ぶ。アは鳥取県米子市，イは東京都大島町である。

**問14**　エ．誤り。伝統工芸品は，伝統的な技術・技法で製造され，日常生活で使用されるものである。オ．誤り。伝統工芸品はデザインの良さや品質のよさから海外でも人気であり，大量にではないが，輸出もされている。

**Ⅱ**　**問１**　ウ．誤り。再び罪を犯す人(＝再犯者)の割合は減少していない。オ．誤り。高齢化が問題となっている日本において，受刑者の高齢化も問題となっている。

**問２(1)**　ア．誤り。版籍奉還では，大名の持つ土地と人民を朝廷に返させたが，大名を知藩事としてとどめたため，中央集権体制は確立されなかった。そのため，廃藩置県を行って中央から府知事・県令を派遣し，中央集権体制を確立していった。イ．誤り。北海道は藩として藩主が支配していた地域ではなかったため，1869年に北海道とされて開拓使が置かれ，廃藩置県は北海道には適用されなかった。もとは琉球王国であった沖縄は，廃藩置県の際には，鹿児島県の管轄とされた。その後，1872年に琉球藩が置かれ，1879年には琉球藩が廃止されて沖縄県が置かれた(琉球処分)。ウ．誤り。1872年に制定された学制によって全国に小学校が作られ，一般的に1886年の小学校令によって義務教育が始まったといわれるが，就学率が男女ともに９割を超えたのは明治時代後半の1900年代に入ってからである。エ．誤り。1873年の徴兵令によって，20歳以上の男子に兵役の義務が課されたが，さまざまな免除規定のために，農家の次男や三男が多く徴兵された。1877年の西南戦争において，徴兵制によって集められた平民を主体とする新政府軍に士族たちが敗れていることからも，士族たちが政府の兵士となったわけではないことがわかる。カ．誤り。板垣退助らが，1874年に民撰議院設立建白書を提出したことから自由民権運動が始まり，1881年に国会開設の勅諭が出された。　**(2)**　イ．誤り。日英同盟は1902年に結ばれたが，日本はイギリスを後ろだてとして日露戦争にのぞんだのであり，イギリスは参戦していない。ウ．誤り。1875年の樺太・千島交換条約で日本は樺太をロシア領として認めているので，樺太に対する勢力争いはなかった。オ．労働組合をつくる権利(団結権)が認められたのは，太平洋戦争後に制定された日本国憲法においてである。

**問3** (1) 日本国憲法第2条に「皇位は，世襲のものであって，国会の議決した皇室典範の定めるところにより，これを継承する。」とある。皇位とは天皇の地位のことをいう。 (2) 職業選択の自由は，日本国憲法第22条に規定されている。 (3) 1つの選挙区から1名を選出する小選挙区制では，大政党に属している人が当選しやすいため，与党もしくは最大野党の候補者が当選しやすい。そして，当選者以外に投じられた票はすべて死票となり，候補者数が同じ場合，落選者に投じられた票は，小選挙区制が一番多くなる。政党名や政党に属する候補者名を書いて投票する比例代表制の，特に拘束名簿式では，政党の知名度や支持層の数が影響を与え，世襲などによる個人の知名度はあまり影響を与えない。

**問4** (1) 現在，人口1人当たりの自動車保有率は61%程度であり，自動車が1960年代になって普及しはじめ，人口1人当たりの保有率が20%を超えたのは，1972年頃であった。 (2) ア．誤り。細かな部品は自動車工場の周りにある関連工場でつくられ，また別の関連工場でそれらの細かな部品がより大きな部品へと組み立てられ，自動車工場に納品される。イ．誤り。2019年の自動車生産台数は中国が世界第1位であり，日本は世界第3位である。ウ．誤り。日本国内で生産される自動車は国内で販売されるもののほうが多く，海外で販売される日本の自動車は主に，現地で生産されている。

**問6** Bの自動車工場は，中京工業地帯，北関東工業地域などに多く分布しているからア，Cの石油化学コンビナートは，太平洋ベルトに集中しているからイ，残ったAのＩＣ工場はウと判断する。

**問8**(1) イ．誤り。日本は原料の鉄鉱石を100%輸入している。 (2) エ．誤り。日本は原油の多くを西アジア諸国から輸入しており，2019年の日本の原油輸入先上位3か国は，1位がサウジアラビア，2位がアラブ首長国連邦，3位がカタールである。

**問9** 衆議院議員と市長は選挙での当選，国務大臣は内閣総理大臣による任命によって就くことができる。社長は，株式会社であれば株主総会で選任されるほかに，自ら起業をすればだれでもなれる。

**Ⅲ** **問1** イ．誤り。第一次世界大戦中，日本はヨーロッパからの輸出が途絶えたアジアに綿織物，ヨーロッパに軍艦などを輸出して好景気(大戦景気)となった。ウ．誤り。アメリカへ自動車などの工業製品の輸出が増加したのは，太平洋戦争後の1980年代のことである。エ．誤り。官営の製糸工場である富岡製糸場は，第一次世界大戦開戦(1914年)より前の1872年に開業し，1893年には払い下げられている。

**問2** ア・オ・カは好景気の時に一般的に見られる現象であり，エは，不景気の時に物価が上昇するスタグフレーションが起きた場合に見られる現象である。

**問4** エ．誤り。日本の労働者の労働条件は欧米に比べて良いとはいえない。

**問5** ア．誤り。雇用保険制度への加入は企業(事業主)の義務である。エ．誤り。毎月の保険料は企業も負担する。

**問6** 日本では，立法権・行政権・司法権において，三権分立の仕組みが採用されている。立法権を国会，行政権を内閣，司法権を裁判所が持つ。三権分立のそれぞれの役割は右図。

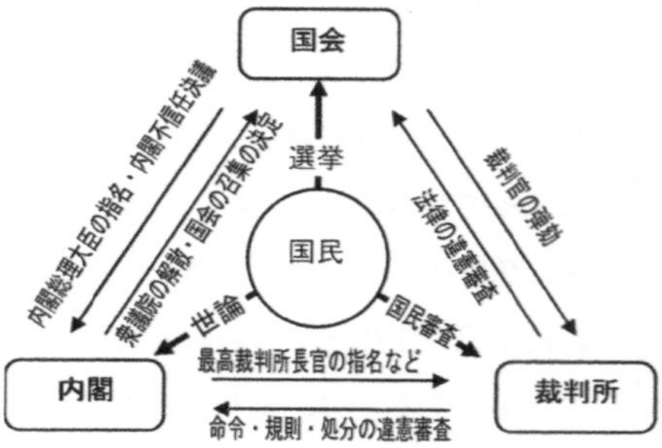

2022 解答例
令和4年度

# ★女子学院中学校

## 《国　語》

一　問一．ア　　問二．ウ　　問三．エ　　問四．学用品　　問五．(1)持ってきたものは全部出してみんなで使うという約束を破って、共用にするべき物をかくし持っていた点。　(2)お別れのプレゼントとしてオルガンの先生からもらったとてもきれいなものであり、色鉛筆がぜいたくの極であった当時に自分がはじめて手にしたものであるという、一番の宝ものであって、絶対に失いたくなかったから。　問六．エ　問七．(1)イ　(2)約束を～の記憶　問八．一九四五　問九．美しくもはかない、平和を象徴するもの。　問十．イ

二　問一．(1)イ　(2)もらいにきた　問二．(1)ア　(2)水を濁さずに汲むことができる／下流に住む人々の飲み水を汚さない／伝染病の蔓延をふせぐ　問三．A．オ　B．ウ　C．エ　問四．イ　問五．カムイに移動をお願いして空けてもらった　問六．あ．エ　い．ア　問七．人工　問八．ウ　問九．ウ　問十．ア
問十一．ためらわずにものを捨てる。　問十二．身の回りのあらゆるものは、人間と同じ精神の働き、つまり感覚や感情を持っていて、人間と同じように生活をし、共同社会を形成しているという考え方。　問十三．1．×　2．×　3．×　4．○　問十四．1．さす　2．ながす　問十五．a．**臨時**　b．**根底**　c．**飼料**

三　1．**浴**　2．**省**　3．**構**　4．**頂**

## 《算　数》

1　(1)$35\frac{49}{60}$　(2)8，$\frac{4}{9}$　(3)㋐15　㋑96　㋒54　㋓75　(4)107　(5)60　(6)50，5

2　(1)11　(2)A＝37　B＝47

3　4.5，3，5

4　け，こ，さ，ふ　18，4，5，15，59

5　※(1)毎分2.4　(2)A．18　B．66　C．44　D．52

6　3時間12分，2時間48分，4時間28分48秒

※の式は解説を参照してください。

## 《理　科》

Ⅰ　1．(1)A，D，E　(2)79.5　(3)X．C　Y．D　Z．F　(4)①G　②B　③B　(5)キ　(6)右図　(7)北極星のまわりを回っていて，地平線の下に沈まない。
2．(1)①イ　②エ　(2)ア，ウ

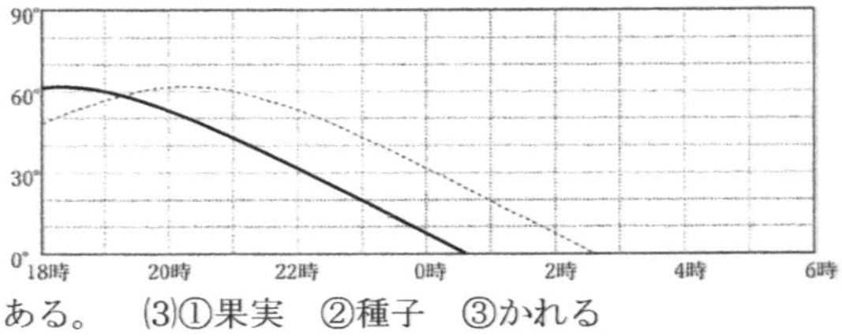


Ⅱ　1．(1)①イ　②ウ　③ウ　④ア，ウ　(2)はいしゅが子房の中にある。　(3)①果実　②種子　③かれる
2．(1)受精　(2)スライドガラス　(3)寒天がかわかないようにするため。　(4)2つの花粉の花粉管の伸びた長さが正しくはかれないから。　(5)ア　(6)BTB液の色　(7)①C　②C　③B　④A

Ⅲ　1．(1)ア，エ　(2)ウ，エ　2．(1)ア　(2)エ　(3)①○　②×　③×　④×　3．(1)ア．A　イ．気化　ウ．すす〔別解〕炭素　エ．白いけむり　オ．ろう　(2)メタン…9.5　水蒸気…21　(3)イ，ウ

Ⅳ　1．(1)A．イ　B．エ　C．キ　(2)①ア，オ　②2.01　(3)①エ(アウ)オイ　②ウ　(4)イ　理由…支点からペットボトルの重心までの長さが短くなるから。　2．(1)①5　②4　③20　(2)ク　(3)カイオア　(4)ア，オ

## 《社　会》

Ⅰ　問1．イ，オ，カ　　問2．ウ　　問3．ア，オ　　問4．⑴ア→エ→イ→ウ　⑵エ，オ
問5．エ→ウ→ア→イ　　問6．ア，エ　　問7．イ　　問8．ウ，オ，カ　　問9．⑴ウ，エ　⑵ア

Ⅱ　問1．オ，カ　　問2．イ，オ　　問3．⑴目的1…雨で増水した川の水を湿地や田ににがすため。
目的2…雨がやんだ時，川の外に分散した水が再び川に戻るため。　⑵エ　　問4．イ，ウ　　問5．ア，カ
問6．ウ　　問7．⑴イ，オ　⑵エ，オ

Ⅲ　問1．エ→ア→イ→ウ　　問2．イ，エ，キ　　問3．社会制度を整えることで，条約改正の交渉を少しでも有利に進めるため。　　問4．オ　　問5．朝鮮や中国などの外国人　　問6．⑴地域住民との交流の場としての役割。
⑵投票所・説明会等の会場としての役割。　　問7．エ　　問8．ア，オ　　問9．⑴①い　②か　⑵エ
問10．エ

←解答例は前のページにありますので，そちらをご覧ください。

## 《2022　国語　解説》

一　問二　「宝もの」である「学用品」のうち、「わけても(特に)筆箱は、毎晩抱《だ》いて寝《ね》たいほど気に入っていた」とある。「机のない時代はそれら私の財産を、夜は枕元《まくらもと》に並べて～眠《ねむ》りについた」とあるが、自分専用の机をもらって、自分が大切にしている物を置く場所ができたのである。いちばんのお気に入りである「筆箱」を最初に置き、続けて「ビーズのお財布」「南京玉《なんきんだま》の指輪」「水色の石けりの石」など、きれいな色の、宝らしい物を置いている。ここから、ウのような気持ちが読み取れる。

問三　「縁側《えんがわ》が、机の用をしていた」「机のない時代は～枕元に並べて～眠りについた」とあるとおり、机をもらうまで、「私」は自分専用の場所を持たなかった。初めてそれを持ったうれしさを感じているので、エが適する。

問四　３段落目に「母が所用で東京～学用品をねだった～どれもこれも宝ものであった」とあることから。

問五(1)　色鉛筆《いろえんぴつ》をかくしている自分が、人の物をぬすむ「泥棒《どろぼう》」のように思えるのは、この色鉛筆が、「ほんとうは出さなければいけない」(みんなで共用するべき)物だから。疎開先では「持ってきたものは全部出して～みんなで使うようにしましょう」という約束なのに、それを破ってかくしているので、罪の意識を感じていた。

(2)　戦争中で「色鉛筆は、ぜいたくのひとつの極《きわみ》だった」のだから、共用にしたら、大人気ですぐに使い果たされるだろう。「はじめての色鉛筆」とあるとおり、めったに手に入らない物であり、なくなったからといって買ってもらえるはずもない。本人にとっては唯一無二《ゆいいつむに》の、どうしても失いたくない宝ものだったのである。

問六　色鉛筆の入ったりんご箱が戻《もど》ってこなかった、つまり、あれほど大事にしていた色鉛筆がなくなってしまったのである。この出来事を「色鉛筆を約束を破ってかくした罪の、これが天罰《てんばつ》なのだ」と思い、「約束を守らなかった、裏切り者という恥の記憶《きおく》が、以後、消え難《がた》くしみついた」とある。そのような後ろめたさを感じる苦痛なので、エが適する。

問七(2)　「彼女《かのじょ》」(女友だち)の、色鉛筆にまつわる「傷」にあたる思い出のこと。

問八　本文後の注(※)に「第二次世界大戦中」とある。

問九　本文は「それは、机の上の小さな虹《にじ》である。色鉛筆」で始まり、―③の段落に「ブリキの薄型《うすがた》の箱におさまった十二色の色鉛筆は、神々《こうごう》しいまでに美しかった。私の小さな机にはじめて虹が立った」とあり、―⑨の段落に、今でも「宝のひとつである。さんらん～の虹である」とある。また、筆者自身の記憶ではないものの、「女友だち」の思い出は、色鉛筆が自分たちにとってどれほど価値をもつものだったかを示す話であり、戦時下で「学用品そのものが宝ものであり、わけても色鉛筆は、ぜいたくのひとつの極だった」という認識が共通していたことを伝えている。そして最後に、「ゆたかになって誰《だれ》も、色鉛筆を宝と思わなくなった」時代になっても、戦時中の感覚は覚えていて、だからこそ「この虹を再び失いたくない」と思っている。つまり、戦争を経験した者として、再び戦争が起きないように、強く願っているのである。これらの内容をふまえて、簡潔に表現する。

問十　「戦中派」とは、第二次世界大戦中に青少年期を過ごした世代のこと。学用品も自由に買えない、色鉛筆がぜいたくの極だった時代を知る筆者が、「ゆたかになって誰も、色鉛筆を宝と思わなくなった」時代にあって、「この虹を再び失いたくない」と述べている。この心情に、イが適する。問九の解説も参照。

二　問一　「いただき」と「まいり」が謙譲語《けんじょうご》、「まし」が丁寧語《ていねいご》。「いただく」は、「もらう」の謙譲語。「まいる」は「行く」「来る」の謙譲語。

**問二(2)**　まず直後で「水に精神がある～という気持ちで水を汲《く》めば、桶《おけ》を乱暴に水に突《つ》っ込《こ》むようなこともなくなり～水を濁《にご》さずに汲むことができるのだ」と述べている。それに続けて、「川にも精神がある～汚《よご》れたものを川に流すなどということはしない」ことが、「下流に住む人々の飲み水を汚さないということにつながる。伝染病の蔓延《まんえん》をふせぐことにももちろんつながる」と述べている。そして、これらを受けて「水を人と同じものと見るということが、社会生活を快適に営むための、こうした非常に合理的なシステムを支えている」とまとめている。

**問四**　「川にも精神がある～人間と同じ感覚を持っている」という考えから「汚れたものを川に流すなどということはしない」のである。これは、川がいやがるようなことはしない、つまり、川の気持ちを考えているということ。よって、イが適する。

**問五**　―④以降を読み進めると、「(カムイの)いないところなんてないんじゃないの」という疑問に対する答えが、「だからそういうときは、『これから水をまかす(捨てる)から、カムイがいたらちょっとそこをどいてください』といって、それからまかすのさ」とある。カムイに移動をお願いして、場所を空けてもらうということ。

**問七**　直前に「なにも自然物ばかりに敬意を払《はら》うわけではない」とあるから、自然物ではない「人工物」。

**問八**　「おばあさん」は「洋一少年が何にお供えしてきたか確認」するために「納屋《なや》へ見に」いったのである。洋一氏が「道具にも魂《たましい》があって、自分もその世話になっているという観念を、自然に体で覚えさせられた」と言っているとおり、そのような精神性を養う習慣として「お前が世話になったなと思っている神様に～あげておいで」という指示があったのである。それにかなう判断が自分なりにできたということが、洋一が置いた物を見てわかった「おばあさん」の気持ちなので、ウが適する。なお、この「道具にも魂があって～世話になっているという観念」は、カムイの観念に通じるものとして紹介され、最終段落の主張につながっていく。

**問九**　「同じような」とは、「カムイの観念」すなわち「アイヌの伝統的な精神」と同じような、という意味である。それは、本文を通して述べてきた「カムイ～人間と同じように生活している」「すべてのものに精神の働きを見る」「身の回りのあらゆるものに人間と同じ感情を見出す」「この世を動かしているすべてのものに人間と同じ精神の働きを認め～人間とともにひとつの共同社会を形成している」と考える精神性である。これにあてはまらないのは、ウの「役に立つので」という人間本位の発想である。

**問十**　―⑦とアは、強調的な例を挙げて他を類推させる働き。イとエは添加《てんか》(付け加える)、ウは限定。

**問十一**　直前に「ものの精神性が失われ」とあるので、ものに魂や感情があるとは考えないのである。筆者の「邪《じゃ》魔臭《まくさ》くなるとどんどん捨ててしまっている」という行動を参照。

**問十二**　「カムイの観念」は「アイヌの伝統的な精神」に基づく考え方である。具体的には、「カムイ～人間と同じように生活している」「すべてのものに精神の働きを見る」「身の回りのあらゆるものに人間と同じ感情を見出す」「この世を動かしているすべてのものに人間と同じ精神の働きを認め～人間とともにひとつの共同社会を形成している」というものである。これらの内容をまとめる。

**問十三1**　最後の段落に「日本の伝統文化もアイヌの伝統文化も、昭和四〇年代の高度成長期に壊滅的《かいめつてき》なダメージを受けたと考えている」とあるので、×。　**2**　(　D　)のある段落に「人間に害を及《およ》ぼせばウェンカムイ～『悪神』」とあるので、×。　**3**　汚れた水を捨てるときに「カムイがいたらちょっとそこをどいてください」と言うので、×。　**4**　本文の最後で「現代の都会生活の中でもカムイの観念を生かし、アイヌの伝統的な精神に即《そく》した生活をするのは、不可能ではないはずだ」「カムイという観念を見つめることによって、われわれが本来そうであったはずの精神にわれわれ自身を戻すということが、できるのではないか」と述べているので、〇。

## 《2022　算数　解説》

1　(1)　与式$=\frac{17}{3}\div\frac{17}{20}\times\frac{37}{4}\times\frac{17}{25}-(\frac{13}{15}+\frac{21}{4})=\frac{17}{3}\times\frac{20}{17}\times\frac{37}{4}\times\frac{17}{25}-(\frac{52}{60}+\frac{315}{60})=\frac{629}{15}-\frac{367}{60}=41\frac{14}{15}-6\frac{7}{60}=41\frac{56}{60}-6\frac{7}{60}=35\frac{49}{60}$

(2)　**【解き方】ａとの積が１になる数を，ａの逆数といい，$\frac{1}{a}$で表せる。**

0.125 を分数に直すと，$\frac{1}{8}$になるから，逆数は８，2.25 を分数に直すと$\frac{9}{4}$になるから，逆数は$\frac{4}{9}$である。

(3)　**【解き方】右図のように記号をおく。**

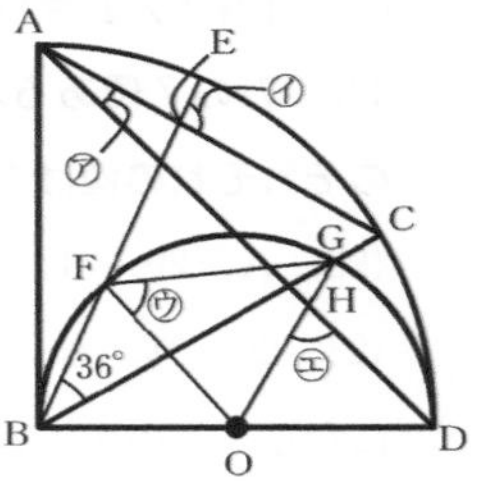


三角形ＡＢＣは正三角形だから，角ＢＡＣ＝角ＡＣＢ＝60°である。

三角形ＡＢＤはＡＢ＝ＤＢの直角二等辺三角形だから，角ＢＡＤ＝45°である。

よって，角㋐＝60°－45°＝15°

角㋑は，三角形ＢＣＥの角ＢＥＣの外角だから，角㋑＝36°＋60°＝96°

角㋒については，角ＦＯＧを中心角と円周角の性質を利用して求めれば容易に角度を求めることができるが，今回はその性質を使わないで求めてみる。

角ＧＢＤ＝90°－60°＝30°より，三角形ＢＯＦは，ＢＯ＝ＦＯ，角ＯＢＦ＝30°＋36°＝66°の二等辺三角形だから，角ＢＯＦ＝180°－66°×２＝48°

三角形ＢＯＧは，ＢＯ＝ＧＯの二等辺三角形だから，角ＢＯＧ＝180°－30°×２＝120°

三角形ＦＯＧは，ＦＯ＝ＧＯ，角ＦＯＧ＝120°－48°＝72°の二等辺三角形だから，角㋒＝(180°－72°)÷２＝54°

角ＨＯＤ＝180°－120°＝60°より，三角形ＨＯＤの内角の和から，角㋓＝180°－60°－45°＝75°

(4)　**【解き方】右図のように円の半径をｒとして，ｒ×ｒの値を求める。**

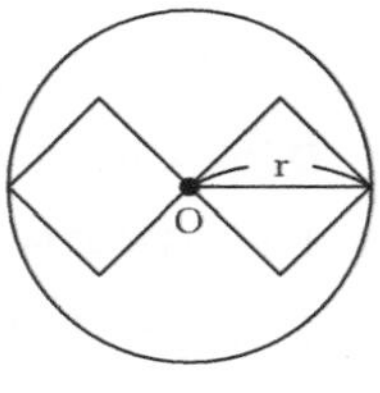


ｒ×ｒ÷２は，対角線の長さがｒの正方形の面積を表し，この正方形の面積は，５×５＝25(㎠)だから，ｒ×ｒ÷２＝25 が成り立つ。ｒ×ｒ＝50

半径がｒの円の面積はｒ×ｒ×3.14 で求められるから，影をつけた部分の面積は，

ｒ×ｒ×3.14－25×２＝50×3.14－50＝50×(3.14－１)＝50×2.14＝107(㎠)

(5)　**【解き方】右図のように記号をおいて，斜線部分の面積を求め，その面積を２倍すればよい。**

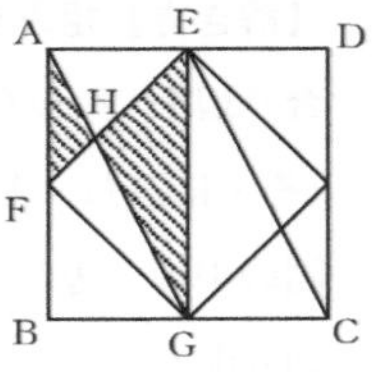


三角形ＦＧＥの面積は，12×(12÷２)÷２＝36(㎠)である。

ＡＦとＥＧは平行だから，三角形ＡＦＨと三角形ＧＥＨは同じ形の三角形であり，

ＦＨ：ＥＨ＝ＡＦ：ＧＥ＝１：２である。高さの等しい三角形の面積比は，底辺の長さの比に等しいから，三角形ＧＥＦと三角形ＧＥＨの面積比は，

ＦＥ：ＥＨ＝(１＋２)：２＝３：２より，三角形ＧＥＨの面積は，$36\times\frac{2}{3}=24$(㎠)

同じ形をした図形は，対応する辺の長さの比がａ：ｂならば，面積比は(ａ×ａ)：(ｂ×ｂ)になるので，

三角形ＡＦＨと三角形ＧＥＨの面積比は，(１×１)：(２×２)＝１：４より，

三角形ＡＦＨの面積は，$24\times\frac{1}{4}=6$(㎠)

よって，求める面積は，(24＋６)×２＝60(㎠)

(6)　**【解き方】(父が分速 80m で歩いた時間)→(Ｊ子さんが歩き始めた速さ)の順で求めていく。**

父が歩いていた時間の合計は，19 分－３分＋10 分 16 秒＝26 分 16 秒

分速 75m の速さで 26 分 16 秒歩くと，$75\times26\frac{16}{60}=1970$(m)になり，家と駅までの道のりより 1995－1970＝25(m)少ない。１分間を分速 80m で歩くと，分速 75m で歩くときより 80－75＝５(m)多く歩くから，父が分速 80m で歩いた時間は，25÷５＝５(分間)

父とＪ子が出会った地点は，家から$75\times10\frac{16}{60}=770$(m)の地点である。Ｊ子さんは，770m の地点までを 19－５＝

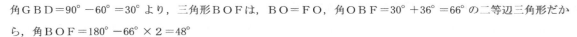

14(分)で歩いた。歩き始めてから４分間に歩いた道のりを④とすると，毎分７ｍ速い速さで，14－４＝10(分間)歩いたときの道のりは，④×$\frac{10}{4}$＝⑩より７×10＝70(m)多いから，④＋⑩＝⑭は，770－70＝700(m)にあたる。歩き始めてから４分間に歩いた道のりは，700×$\frac{4}{14}$＝200(m)だから，速さは，分速(200÷４)ｍ＝分速50m

2　(1)　10以上50未満の素数は，{11，13，17，19，23，29，31，37，41，43，47}だから，10★50＝11

(2)　**【解き方】条件から，20＜Ａ＜Ｂ＜50と判断できる。また，20以上50以下の素数は，{23，29，31，37，41，43，47}の７個あるから，20★Ａ，Ａ★Ｂ，Ｂ★50の値が９になることはない。よって，20★Ａ，Ａ★Ｂ，Ｂ★50のそれぞれの値は１，３，３のいずれかになる。**

{23，Ａ，29，31，37，Ｂ，41，43，47}，{23，29，31，Ａ，37，41，43，Ｂ，47}

{23，29，31，Ａ，37，Ｂ，41，43，47}の３つの大小関係が成り立つとき，(20★Ａ)×(Ａ★Ｂ)×(Ｂ★50)＝９になる。この中でＡとＢの値が最も大きくなるのは，{23，29，31，Ａ，37，41，43，Ｂ，47}である。

よって，ＡとＢの和が最も大きくなるのは，Ａ＝37，Ｂ＝47

3　**【解き方】条件から，３人の得点をしぼりこんでいく。**

「３回のうち２回以上同じ点数を取った人はいない」と「３人それぞれの最も低い点数は異なる」ことから，３人それぞれの最も低い点数は，１点，２点，３点である。

「Ｋ子の１回目の点数は１点」からＫ子の最も低い点数は１点である。

「３人の最終得点の平均は４点」から，３人の最終得点の和は４×３＝12(点)だから，３人の高い２回の点数の合計は12×２＝24(点)である。

「最終得点は，Ｊ子の方がＧ子よりも１点高い」から，Ｊ子の高い２回の点数の合計は，Ｇ子の高い２回の点数の合計より，１×２＝２(点)高い。

Ｊ子とＧ子の高い２回の点数は，３点，４点，５点のいずれかだから，和が２点高くなる２つの点数の組を考えると，Ｊ子は(４点，５点)，Ｇ子は(３点，４点)になる。Ｊ子の最終得点は，(４＋５)÷２＝4.5(点)

このとき，Ｋ子の高い２回の点数の合計は，24－(４＋５＋３＋４)＝８(点)だから，Ｋ子は(３点，５点)である。

4　**【解き方】組み立てたときに，どの辺とどの辺が合うかを考える。**

合う辺を(ア・イ)のように表すことにする。まず短い辺だけで考えると，(か・う)(く・あ)(し・ひ)(せ・の)(そ・に)(ち・と)が合う辺だから，短い辺であいているのは，「辺こ」，「辺ふ」である。

図の中の「辺ね」と「辺ぬ」のように，２つの長方形がとなりあっているとき，「辺ね」と「辺ぬ」を合わせて切り開く辺を変えることができるから，長方形Ⓐを「辺こ」の位置におくと，となりにある長方形の辺，「辺け」や「辺さ」と合わせることができるとわかる。よって，つける辺は，「け・こ・さ・ふ」である。

三角柱には，三角形が２個，長方形が３個あるから，辺の数の和は，３×２＋４×３＝18であり，図２を見れば，４組の辺をつけたことがわかる。三角柱の展開図を作るときに切る辺の数は，18÷２－４＝５である。

以上のことから，ｎ面体の展開図を作るときに切る辺の数は，(辺の総数÷２)－(ｎ－１)で求められるとわかる。

八角柱は，八角形が２つと長方形が８つの10面体だから，辺の総数は，８×２＋４×８＝48，展開図を作るときに切る辺の数は，48÷２－(10－１)＝15

三十角柱は，三十角形が２つと長方形が30個の32面体だから，辺の総数は，30×２＋４×30＝180，展開図を作るときに切る辺の数は，180÷２－(32－１)＝59

5　(1)　**【解き方】㋐を底面で，高さが36㎝の三角柱の部分に３分間で水が入っていることがグラフから読み取れる。**

㋐は，直角をはさむ２辺の長さが40÷２＝20(㎝)の直角二等辺三角形だから，面積は，20×20÷２＝200(㎠)

底面積が 200 ㎠で高さが 36 ㎝の三角柱の体積は，200×36＝7200(㎤)＝7.2(L)

グラフから，３分間で 7.2Ｌの水が入ったことがわかるから，その割合は，毎分(7.2÷３)Ｌ＝毎分 2.4Ｌ

**(2)　【解き方】一番外側の容器の底面積は 40×40＝1600(㎠)，２番目の容器の底面積は 1600÷２＝800(㎠)，一番内側の容器の底面積は 800÷２＝400(㎠)である。**

Ａは，一番外側と２番目の容器の深さ 36 ㎝まで水を入れるのにかかる時間である。一番内側の容器を除いた部分の底面積は 1600－400＝1200(㎠)で，この部分に深さ 36 ㎝まで水を入れたときの体積は，1200×36＝43200(㎤)

毎分 2.4Ｌ＝毎分 2400 ㎤より，かかる時間は，Ａ＝43200÷2400＝18(分)

Ｂは，33 分間に入れた水が，底面積が 1200 ㎠の部分にたまるときの高さである。33 分間に入れた水の体積は，

2400×33＝79200(㎤)だから，高さは，Ｂ＝79200÷1200＝66(㎝)

33 分からＣまでは，底面積が 400 ㎠の部分に深さ 66 ㎝の水がたまるまでの時間である。この時間は，

400×66÷2400＝11(分)だから，Ｃ＝33＋11＝44(分)

排水をしないとき，61 分間に入る水の体積は 2400×61＝146400(㎤)

水を入れ始めてから 61 分後のたまった水の体積は，1600×87＝139200(㎤)

排水した水の量は，146400－139200＝7200(㎤)だから，毎分 0.8Ｌ＝毎分 800 ㎤の割合で排水したときにかかる時間は，7200÷800＝９(分)　　よって，Ｄ＝61－９＝52

6　**【解き方】Ａ，Ｂ，Ｃがそれぞれ仕事を終わるまでの時間を考える。**

ＡとＢが仕事の$\frac{1}{4}$を終えるまでにかかった時間の差が６分だから，仕事全部を終えるまでにかかる時間の差は，$6\div\frac{1}{4}$＝24(分)である。ＡとＣが仕事の$\frac{2}{3}$を終えるまでにかかった時間の差が 12 分だから，仕事全部を終えるまでにかかる時間の差は，$12\div\frac{2}{3}$＝18(分)である。したがって，Ｂが仕事全体を終えた 24＋18＝42(分後)にＣは仕事を終える。仕事を終えるまでにかかる時間の比は，作業の速さの逆比に等しいから，ＢとＣが仕事を終えるのにかかる時間の比は４：５になる。比の数の差の５－４＝１が 42 分にあたるから，Ｂが仕事を終えるのにかかる時間は，42×４＝168(分)＝２時間 48 分

また，Ａが仕事を終えるのにかかる時間は，168＋24＝192(分)＝３時間 12 分

１人がする仕事の量を 168 と 192 の最小公倍数の 1344 にすると，３人がした仕事の量の合計は 1344×３＝4032 になる。Ａは１分間に 1344÷192＝７，Ｂは１分間に 1344÷168＝８の仕事をするから，4032 の仕事を終わるまでに，4032÷(７＋８)＝268.8(分)かかる。268 分は４時間 28 分，0.8 分は 0.8×60＝48(分)だから，２台同時に作業を始めてから，４時間 28 分 48 秒で作業が終わる。

## 《2022　理科　解説》

Ⅰ　１(1)　冬のダイヤモンドをつくる６つの星のうちＤ(プロキオン)とＥ(シリウス)は，Ａ(ベテルギウス)と冬の大三角をつくる星である。　(2)　46＋54.5＝100.5(度)より，180－100.5＝79.5(度)となる。　(3)　図１で西側(右側)にある星ほど，高度が最も高くなる時刻が早い。また，上にある星ほど最も高くなるときの高度が高い。よって，最も高くなるときの高度がＡと同じＹはＤ，Ｙとほぼ同じ時刻に高度が最も高くなるＸはＣ，Ａよりも早く高度が最も高くなり，最も高くなるときの高度がＡよりも低いＺはＦである。　(4)①　図１で一番右側にあるＧである。　②③　図１で高度が最も高いＢが，最も北寄りの位置で地平線に沈《しず》み，高度が最も高くなってから地平線に沈むまでの時間が一番長い。　(5)　①×…高度が高いＢの方が最も高くなってから地平線に沈むまでの時間が長いので，Ｂの方が地平線に沈む時刻がおそい。　②×…ＦはＥよりも先に地平線に沈む。　③○…最も高い高

度がほぼ同じＡとＤは，ほぼ同じ位置に沈む。　(6)　１ヵ月後に同じ星座が同じ位置に見える時刻は２時間前である。　(7)　Ｈは高度が変わらない北極星，Ｉは高度が最も低くなる３時ごろでも0°より大きいので，地平線より下に沈まない，北極星のまわりを回る北の空の星である。

２(1)　④が真冬日の日数(オ)，②が雪日数(エ)である。残りのイとウのうち，新潟市の数値が最も小さい①が日照時間(イ)，新潟市の数値が最も大きい③が降水量である。　(2)　千代田区では，梅雨期の７月の数値が１月のものよりも大きくなるのは，アの雲量とウの降水量である。

Ⅱ　１(1)　①アサガオとヘチマは支柱が必要である。　②最も種子が大きいのはヘチマ，最も種子が小さいのはアブラナである。　③ヘチマはめしべのもとより上にがくがついている。アサガオ，アブラナはめしべのもとより下にがくがついている。　④アサガオ，ヘチマは花びらどうしがつながっている合弁花《ごうべんか》，アブラナは花びらどうしがはなれている離弁花《りべんか》である。　(2)　アサガオ，アブラナ，ヘチマはすべてはいしゅが子房につつまれている被子《ひし》植物である。　(3)　受粉すると，めしべのもとにある子房は果実になり，子房の中にあるはいしゅは種子になる。

２(1)　ヒトなどの動物は精子と卵が受精することで受精卵ができる。　(4)　図６より，花粉管の全体が観察できない方向に伸びているものが２つある。これらは１mm以上伸びているかどうかわからないので，もとの数にふくめなかったと考えられる。　(5)　複数の独立したデータどうしを比べるときは棒グラフを用いる。　(6)　横軸はＢＴＢ液の色，縦軸は発芽率である。　(7)　①Ｃ…花粉管の長さについては，この結果からは判断できない。②Ｃ…ＢＴＢ液の色が少し緑がかった黄色になる寒天液を用いて実験を行っていないので，発芽率はわからない。③Ｂ…ＢＴＢ液は酸性で黄色，中性で緑色，アルカリ性で青色に変化する。発芽率が最も高かったのは，ＢＴＢ液の色が少し緑がかった青色のときだから，強いアルカリ性ではない。　④Ａ…図６より正しいと言える。

Ⅲ　１(1)　集気びんの中でろうそくを燃やすと，酸素が減って二酸化炭素が増えるが，酸素はなくならず，ちっ素の量は変わらない。また，水蒸気が発生するので壁《へき》面がくもる。　(2)　木や石油を燃やすと二酸化炭素と水が発生するが，水素を燃やしても水しか発生せず，スチールウールを燃やしても何も発生しない(酸化鉄ができる)。

２(1)　酸素は水にとけにくい気体だから，水上置換法で集めるとよい。アのように空気を集気びんの 75%まで入れた状態にし，残りの 25%の部分に酸素を入れていく。　(2)　75%の空気の約 20%は酸素だから，25＋75×0.2＝40(%)となる。　(3)　①○…グラフで，酸素ボンベから入れた酸素の割合が０%のとき，集気びんの容積が２倍，３倍になると，ろうそくの火が消えるまでの時間は２倍，３倍になる。　②×…ろうそくが消えるまでの時間は集気びんの容積と酸素の量によって決まるので正しくない。　③×…ボンベからの酸素が 50%のとき，ろうそくが消えるまでの時間は20秒だが，空気にも約20%酸素がふくまれるから，集気びんの中の酸素の割合が50%のとき(ボンベからの酸素は 50%より少ない)のろうそくが消えるまでの時間は 20 秒より短くなる。　④×…ボンベからの酸素が 75%，空気 25%のときの酸素の割合は 75＋25×0.2＝80(%)だから，Ａ(150mL)では 150×0.8＝120(mL)の酸素が入っている。また，ボンベからの酸素が 25%，空気 75%のときの酸素の割合は，(2)より 40%だから，Ｂ(300mL)では 300×0.4＝120(mL)の酸素が入っている。これらの酸素の量は同じだが，グラフよりろうそくの火が消えるまでの時間はＢの方が長いことがわかる。

３(1)　ア．まわりの空気(酸素)とふれやすいＡの部分の温度が最も高い。　(2)　混合気体 10Ｌがすべてプロパンだとすると３×10＝30(Ｌ)の二酸化炭素が生じ，これは実際に生じた二酸化炭素より 30－11＝19(Ｌ)多い。プロパン１Ｌをメタン１Ｌに変えると生じる二酸化炭素は３－１＝２(Ｌ)減る。よって，プロパン 19÷２＝9.5(Ｌ)をメタンに変えると，11Ｌの二酸化炭素が生じる。水蒸気は 9.5×２＋0.5×４＝19＋２＝21(Ｌ)生じる。

(3)　ア×…マッチの火を近づけてからガス調節ねじを開く。　エ×…ガスバーナーでは，青色の炎で加熱する。オ×…高温で加熱したいときでも，空気の量が多くなりすぎないように調節する。

Ⅳ　1(2)①　ふりこが１往復する時間はふりこの長さによって変わるが，おもりの重さやふれはばによって変わらない。よって，ふりこの糸の長さを短くしてしまったオを選ぶ。また，アでも数値が小さくなる。　②　４班以外の４つの結果の平均値を求める。(2.005＋1.997＋2.024＋2.009)÷４＝2.00875→2.01 秒となる。　(3)①　球をたてにつなぐとふりこの長さが長くなるので，エのふりこの周期が最も長い。ア，ウのふりこの周期は同じで，オは２つの球のつなぎ方から，ア，ウよりも短く，イが最も短い。　②　最高点と最下点の高さの差が大きいほど，最下点でのおもりの速さが速くなる。よって，ふれはばが最も大きいウである。　(4)　ふりこの長さとは，天井などに固定した点(支点)から，おもり(ここではペットボトル)の重さがかかる点(重心)までの長さのことである。よって，水の量を増やすとペットボトルの重心が高くなって，ふりこの長さが短くなるので，周期は短くなる。

２(1)　①ア，イより，Ｐの高さが５倍になると，最高点の高さも５倍になるので，ウ，エでも同様に考えて５㎝である。　②ア，ウより，糸の長さが４倍になっても最高点の高さは変わらないので，オ，キでも同様に考えて４㎝である。　③４×５＝20(㎝)　(2)　糸の長さが長く，最高点の高さも高いクを選ぶ。　(3)　アと糸の長さが同じイ，オ，カは，衝突してからおもりが最高点に達するまでの時間がアと同じである。最高点の高さが高いほど，衝突直後のおもりの速さが速いので，カ，イ，オ，アの順である。　(4)　表のアとイを比べると，Ｐの高さを高くするほど最高点の高さは高くなることがわかり，表のアとオを比べると，鉄球の重さを重くするほど最高点の高さは高くなることがわかる。

## ―《2022　社会　解説》―

Ⅰ　問１　イとオとカが誤り。　イ．日本海側では 1983 年の日本海中部地震や 1993 年の北海道南西沖地震で津波が発生した。　オ．津波は湾の奥に進んでいくほど水深が浅くなるので津波の高さが高くなる。　カ．１時間に 50 ミリ以上の降水量の発生件数は，2011～2020 年が約 300 回で，1976～1985 年の約 1.5 倍に増加した。

問２　ウ．地震によって地層が切断されて，そこを境に段差が生じた。

問３　アとオが正しい。　イ・エ．男性も女性も，首長の棺にはまじないに使用した鏡や玉が入れられていた。
ウ．女性の首長が単独で埋葬された古墳がある。

問４(1)　ア．奈良時代→エ．平安時代(９世紀)→イ．平安時代(12 世紀始め)→ウ．平安時代(12 世紀末)

(2)　エとオは秋田県なので誤り。

問５　エ．1338 年→ウ．14 世紀後半→ア．15 世紀→イ．16 世紀

問６　アとエが正しい。　ア．明征服の通り道となる朝鮮に二度にわたって出兵した(1592 年文禄の役・1597 年慶長の役)。　エ．太閤検地では予想される収穫量を米の体積である石高で表したため，年貢を確実に集めることができるようになった。イとオは織田信長，ウは徳川家光。

問７　イが誤り。千歯こきは脱穀する農具である。

問８　ウとオとカが誤り。　ウ．城内への延焼を防ぐため，郭内に残っていた寺院が堀の外側に移転された。
オ．逃げやすくするために隅田川に両国橋や永代橋などの架橋が行われた。　カ．大火の直後に備蓄米を放出するなどの救済を行った。

問９(1)　ウとエが誤り。　ウ．耕地の再開発費用は幕府が負担した。　エ．近隣の有力な百姓が工事を行った。

(2)　石見には銀山，佐渡島には金山があったので，アがふさわしい。

Ⅱ　**問１**　オとカが正しい。　ア．「警察庁」ではなく「警察」である。警察庁は国家公安委員会が管理する。　イ．不正行為を行った裁判官をやめさせるのは「弾劾裁判所」であり，国会に設置される。　ウ．法律の制定は国会が持つ権限であり，その地方にだけ適用されるのは条例である。　エ．紙幣の発行は中央銀行である日本銀行が行う。

**問２**　イとオが正しい。　ア．輪中がつくられたのは愛知県・岐阜県・三重県である。　ウ．伊勢湾台風の高潮で輪中に大被害がもたらされた。　エ．輪中では，稲作の他に畑作も行われている。

**問３⑴**　堤防に切り込みをつくり，増水した川の水を湿地や田に流す仕組みになっている。また，切り込みが斜めになっているので，雨がやむと川の外に分散した水は再び元の川に戻る。　**⑵**　エが誤り。河川敷に見られるのは水田ではなく，荒地である。

**問４**　イとウが誤り。　イ．全都道府県に消防本部や消防署が常備化されている。　ウ．都道府県知事が自衛隊への災害派遣を要請し，防衛大臣またはその指定する者の命令で派遣する。

**問５**　アとカが誤り。　ア．東日本大震災では途上国からも義援金が送られた。　カ．防災行政無線が未整備である市町村もあり，地域ごとに放送内容は異なる。

**問６**　ウが正しい。　ア．火山噴火は予想できない。　イ．右図参照　エ．富士山などの活火山の山頂に登ることができる。　オ．常時観測火山は50ある。

日本の火山帯

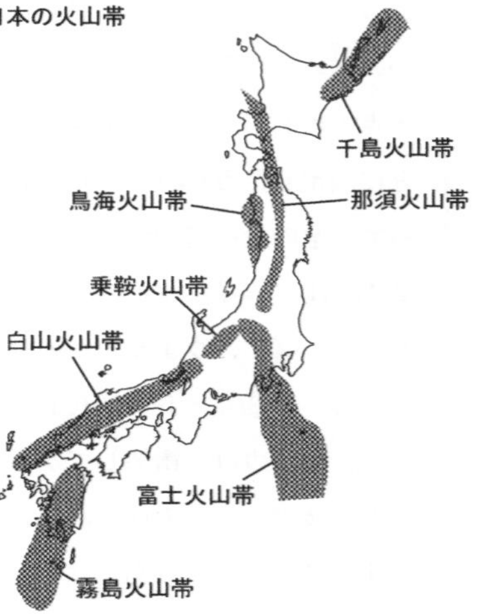


**問７⑴**　イとオが誤り。　イ．河川堤防は津波の河川遡上による被害が考えられるので避難場所に適さない。　オ．避難誘導は警戒レベル４の発令で開始する。　**⑵**　エとオが誤り。　エ．避難時は，渋滞や交通事故を避けるために車は利用しないようにする。　オ．豪雨時は地下街が浸水する危険があるので，避難場所に適さない。

Ⅲ　**問１**　エ．学制の公布(1872年)・徴兵令の発布(1873年)→ア．西南戦争(1877年)→イ．国会開設の勅諭(1881年)→ウ．大日本帝国憲法の発布(1889年)

**問２**　イとエとキが誤り。　イ．ラウンドアバウトは，交通量が１日１万台未満の条件で効果を発揮する。　エ．自動車が同じ方向に進行するので，衝突事故は起こりにくい。　キ．信号制御がないため，交差点での停止時間が短く，発進時の急加速も抑えられることから二酸化炭素の排出量を抑制できる。

**問３**　「1880年代の外交上の問題解決」は，幕末に欧米諸国と結んだ不平等条約の改正である。日本の法整備が進んでいなかったために．不平等条約の改正は失敗した。不平等条約改正の責任者だった外務大臣の井上馨は，条約改正の交渉を有利にしようと鹿鳴館で舞踏会を開くなどの極端な欧化政策をとった。その後，1894年に外務大臣陸奥宗光がイギリスとの間で領事裁判権(治外法権)の撤廃に成功し，1911年に外務大臣小村寿太郎がアメリカとの間で関税自主権の完全回復に成功した。

**問４**　1920年代は大正時代～昭和時代初期にあたるので，オを選ぶ。アとイは明治時代，ウは昭和時代(戦後)，エは昭和時代の1930年代以降。

**問５**　関東大震災の混乱時に，朝鮮人が暴動をおこすといううわさが流れたことがきっかけであった。

**問６⑵**　「国民の政治参加」より，選挙に関する役割と導ける。

**問７**　エが誤り。太平洋戦争中は気象情報が重要な軍事機密であったため，日本の天気予報はなくなった。

**問８**　アとオが誤り。　ア．2022年１月時点の国際連合の加盟国数は193ヵ国である。　オ．日本は，国際連合で採択された死刑廃止条約を批准せず，今でも実際に刑が執行されている。

**問９**(1)①　治安維持法の制定は 1925 年なので，(い)を選ぶ。普通選挙法の制定で政治体制の変革につながる思想が広まることを懸念した政府は，同時に治安維持法を制定し，社会主義の動きを取り締まった。　②　治安維持法の廃止は 1945 年なので，(か)を選ぶ。戦後のＧＨＱによる日本の民主化政策の１つで，政治活動の自由が認められた。

(2)　エが誤り。思想の自由や身体の自由は日本国憲法で保障されている基本的人権なので，制限されるはずがない。

**問10**　エが誤り。差別的発言やヘイトスピーチなどは表現の自由の適応範囲外である。

# ★女子学院中学校

## 《国　語》

一　問一．１．止まった空気の中で滑り出す時の、自分めがけて集まってくる風の中に飛び込む感覚。　２．エ
問二．ア　問三．スケートの刃でけずられたリンクの表面を平らにすること。　問四．㋑
問五．１．すぐ近く　２．ウ　問六．風船スケーターとして開会式に出たいと強く思ったが、自分はスケートの経験が浅いので、本番で転んではいけないと思い、あきらめた。　問七．エ　問八．転ばないで滑ることが風船スケーターの条件だったはずなのに、実際には転んだ子がほめられるような結果となり、約束に反するではないかと思う、いかりとくやしさと悲しみが入りまじった気持ち。

二　問一．人間が生き残れない　問二．ア　問三．ア　問四．ウ　問五．人間の都合しか考えていない／他の生物を守り、共存しようとしている　問六．イ　問七．㋑，㋓　問八．人間が生き残るために、必要最低限のラインで資源や環境を守ろう／自分が見てきた風景が失われないように、滅びゆく生物種を守ろう

三　１．補　２．首脳　３．寒暖　４．貯蔵　５．観劇

## 《算　数》

**1**　(1)$\frac{397}{400}$　(2)220　(3)㋐19　㋑38　㋒45　(4)7300　(5)24，25，31，110，112　(6)33.8

**2**　240，336

**3**　12，10

**4**　(1)188.4　(2)①75　②7.536

**5**　2，4，5

**6**　(1)①，20　(2)30　(3)54　(4)186

## 《理　科》

Ⅰ　１．(1)0.9Ａ　(2)電流の流れにくさ　(3)エナメル線の巻き数を多くし，巻いてある部分の長さを短くする。
(4)ア，オ，カ　２．(1)Ｎ　(2)①エ　②イ　(3)エ　(4)イ，エ　(5)ａ．Ｎ　ｂ．Ｓ　ｃ．Ｓ　向き…ア

Ⅱ　１．(1)エ　(2)キ　(3)③22.5　④16　⑤１　(4)オ　(5)右図　(6)イ
(7)ア　２．(1)地球の自転と同じ向きに，24時間に１周の割合で周回すればよい。　(2)ウ　(3)①ウ　②オ　③イ

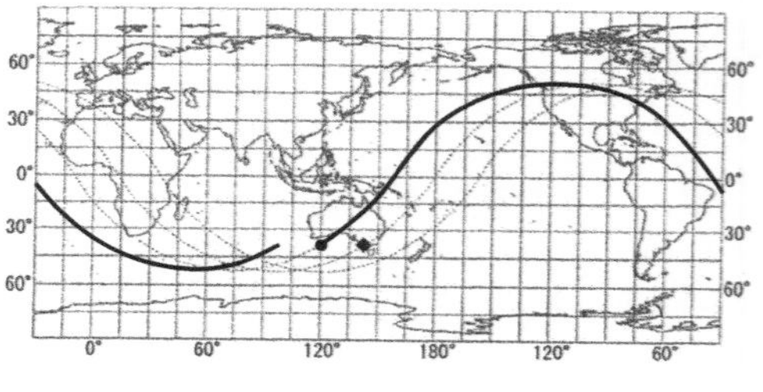


Ⅲ　１．イ，エ，オ　２．ア，イ，カ　３．エ　４．イ
５．ア，エ，オ　６．(1)①ア　②イ，ウ　③イ　(2)ウ

Ⅳ　１．水素　２．イ，オ　３．0.63　４．㋔，㋕，㋖
５．㋕，㋖　６．①×　②イ　③ア，イ　④イ，ウ　⑤ア，イ，エ　７．①ケ　②エ　８．2457

## 《社　会》

Ⅰ　問1．大鋸で板材を作ることができるようになると，床，壁，屋根に板材を使った木造住宅が建てられるようになった。　問2．しょうゆ　問3．ウ　問4．イ，エ　問5．都に特産物を納める調という税があったから。　問6．イ　問7．ウ，オ　問8．ウ→ア→エ→イ　問9．(1)エ　(2)ウ　問10．(1)ウ　(2)エ　問11．ポルトガル　問12．エ　問13．ウ　問14．オ　問15．イ→ウ→エ→ア

Ⅱ　問1．(1)イ　(2)イ，エ　問2．エ，カ　問3．イ，オ　問4．ア，オ　問5．ウ　問6．イ　問7．のり

Ⅲ　問1．(1)沖縄県　(2)イ→エ→ア→ウ　問2．イ　問3．(1)アメリカ合衆国　(2)ウ→ア→エ→イ　問4．エ　問5．ウ　問6．エ　問7．ア，イ　問8．(1)ウ，カ　(2)露地栽培で出荷できない時期に出荷することで高値で取引される点。　問9．イ　問10．エ　問11．イ，ウ

Ⅳ　問1．(1)エ，オ　(2)エ　問2．(1)ア，キ　(2)エ　問3．ア，エ　問4．(1)ア，イ　(2)ア，ウ，エ　問5．イ，ウ，オ，キ　問6．社会保障

# 女子学院中学校

## ←解答例は前のページにありますので，そちらをご覧ください。

## 《2021　国語　解説》

一　著作権に関係する弊社《へいしゃ》の都合により本文を非掲載《ひけいさい》としておりますので、解説を省略させていただきます。ご不便をおかけし申し訳ございませんが、ご了承《りょうしょう》ください。

二　著作権に関係する弊社の都合により本文を非掲載としておりますので、解説を省略させていただきます。ご不便をおかけし申し訳ございませんが、ご了承ください。

## 《2021　算数　解説》

1　(1)　与式 $=\frac{37}{5}\div\frac{12}{5}\times\frac{3}{4}-(\frac{233}{50}-\frac{156}{50})\times\frac{6}{7}=\frac{37}{5}\times\frac{5}{12}\times\frac{3}{4}-\frac{77}{50}\times\frac{6}{7}=\frac{37}{16}-\frac{33}{25}=\frac{925}{400}-\frac{528}{400}=\frac{397}{400}$

(2)　「＝」の左側は，$2\div(1.4+0.3)=2\div1.7=2\times\frac{10}{17}=\frac{20}{17}$で，分母と分子の差が $20-17=3$ である。

「＝」の右側は分母と分子の差が 33 だから，$\frac{20}{17}$の分母と分子を $33\div3=11$(倍)すればよいので，

$\frac{20}{17}=\frac{20\times11}{17\times11}=\frac{220}{187}=\frac{220}{220-33}$　　よって，(あ)＝220

(3)　**【解き方】二等辺三角形を利用して等しい角を見つける。**

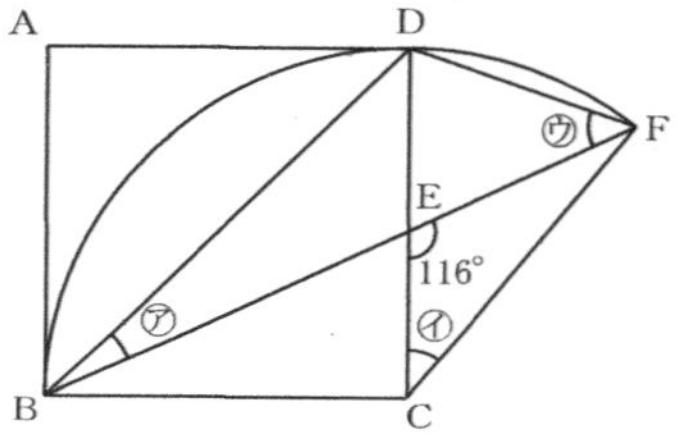


右図のように記号をおく。

三角形の外角の性質より，三角形ＢＣＥにおいて，

角ＣＢＥ＝116°－90°＝26°　　角㋐＝45°－26°＝19°

三角形ＢＣＦはＣＢ＝ＣＦの二等辺三角形だから，

角ＣＦＢ＝角ＣＢＦ＝26°なので，角ＢＣＦ＝180°－26°×２＝128°　　角㋑＝128°－90°＝38°

三角形ＣＦＤはＣＦ＝ＣＤの二等辺三角形だから，角ＣＦＤ＝(180°－38°)÷２＝71°なので，

角㋒＝71°－26°＝45°

(4)　**【解き方】原価を $\boxed{100}$ 円とし，Ａ店とＢ店の特売日の価格をそれぞれ求める。**

Ａ店の特売日の価格は，$\boxed{100}\times(1+\frac{10}{100})\times(1-\frac{20}{100})=\boxed{88}$(円)

Ｂ店の特売日の価格は，$(\boxed{100}+1620)\times(1-\frac{30}{100})=\boxed{70}+1134$(円)

したがって，$(\boxed{70}+1134)+180=\boxed{70}+1314$(円)が$\boxed{88}$円と等しいから，$\boxed{88}-\boxed{70}=\boxed{18}$(円)が 1314 円にあたる。

よって，原価は，$1314\times\frac{\boxed{100}}{\boxed{18}}=7300$(円)

(5)　図１では，白２個，黒２個，…と並んでいて，最後に置いた黒の直前が黒だった場合，並んでいる白と黒の個数は同じである。この場合，白は黒より <u>24</u> 個多い。最後に置いた黒の直前が白だった場合，並んでいる白は並んでいる黒より１個多い。この場合，白は黒より 24＋１＝<u>25</u>(個)多い。

図２で最後に黒を置くと，最後の黒をふくめなければ並んでいる白は並んでいる黒の２倍である。したがって，白の数は黒の数から 30＋１＝<u>31</u> を引いた数の２倍である。

黒の個数をｂ個とすると，[1]から白の個数はｂ＋24(個)またはｂ＋25(個)と表せる。

また，[2]から(ｂ－31)×２＝ｂ×２－62＝ｂ＋ｂ－62(個)と表せる。

白がｂ＋24(個)の場合，ｂ＋ｂ－62 とｂ＋24 が等しいので，ｂ－62＝24 より，ｂ＝24＋62＝86

したがって，黒が 86 個だから，白は 86＋24＝<u>110</u>(個)

白がｂ＋25(個)の場合，ｂ＋ｂ－62 とｂ＋25 が等しいので，ｂ－62＝25 より，ｂ＝25＋62＝87

したがって，黒が 87 個だから，白は 87＋25＝112(個)

⑹　**【解き方】右のように作図すると，三角形ＡＤＦの面積は，長方形ＡＣＥＦの面積の$\frac{1}{2}$であり，長方形ＨＤＦＧの面積の$\frac{1}{2}$でもある。したがって，三角形ＡＨＢと三角形ＡＦＧの面積の和は，三角形ＤＣＢと三角形ＤＥＦの面積の和に等しく，その値がわかれば，太線で囲まれた図形の面積を求められる。**

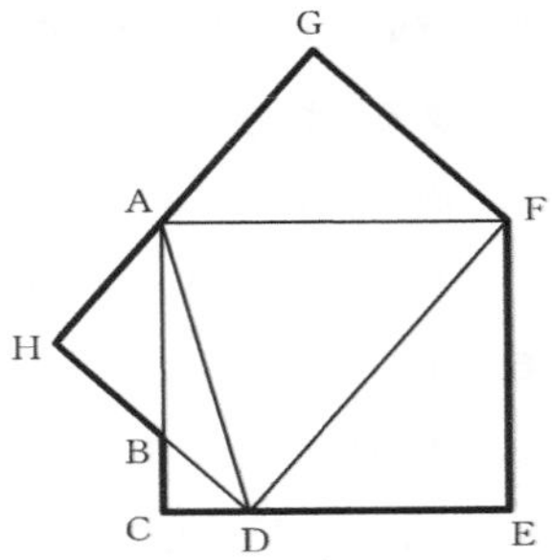


三角形ＡＤＦの面積を①とする。ＡＦ：ＤＥ＝(１＋３)：３＝４：３だから，

(三角形ＤＥＦの面積)＝(三角形ＡＤＦの面積)×$\frac{3}{4}$＝$\textcircled{\frac{3}{4}}$

ＣＤ：ＤＥ＝１：３だから，(三角形ＡＣＤの面積)＝(三角形ＤＥＦの面積)×$\frac{1}{3}$＝$\textcircled{\frac{3}{4}}$×$\frac{1}{3}$＝$\textcircled{\frac{1}{4}}$

ＡＢ：ＡＣ＝11：(11＋４)＝11：15 だから，(三角形ＡＢＤの面積)＝(三角形ＡＣＤの面積)×$\frac{11}{15}$＝$\textcircled{\frac{1}{4}}$×$\frac{11}{15}$＝$\textcircled{\frac{11}{60}}$

したがって，①＋$\textcircled{\frac{11}{60}}$＝$\textcircled{\frac{71}{60}}$が 14.2 ㎠にあたるから，①は，14.2÷$\frac{71}{60}$＝12(㎠)

長方形ＡＣＥＦの面積は，①×２＝②＝12×２＝24(㎠)だから，三角形ＤＣＢと三角形ＤＥＦの面積の和は，

24－14.2＝9.8(㎠)なので，求める面積は，9.8×２＋14.2＝33.8(㎠)

2　**【解き方】ａとｂを共通の素因数をもたない整数とすると，$\textcircled{\text{あ}}$＝48×ａ，$\textcircled{\text{い}}$＝48×ｂと表せる。**

$\textcircled{\text{あ}}$と$\textcircled{\text{い}}$の和が 384 だから，48×ａ＋48×ｂ＝48×(ａ＋ｂ)は 384 になる。したがって，ａ＋ｂ＝384÷48＝８

条件に合う(ａ，ｂ)の組は，(５，３)，(７，１)だから，$\textcircled{\text{あ}}$にあてはまる数は，48×５＝240 と 48×７＝336 である。

3　**【解き方】20 分で追加されるケーキははじめにあった数の５×20＝100(％)だから，20 分ではじめの数の２倍になったとわかる。**

１人が１分でかたづけるケーキを①個とすると，20 分でかたづけるケーキは①×３×20＝$\textcircled{60}$(個)である。

したがって，はじめにあったケーキは$\textcircled{60}$÷２＝㉚(個)だから，１分ごとに追加される個数は，㉚×$\frac{5}{100}$＝$\textcircled{\frac{3}{2}}$(個)

４人で作業すると，１分ごとに①×４－$\textcircled{\frac{3}{2}}$＝$\textcircled{\frac{5}{2}}$(個)のケーキが減るから，㉚÷$\textcircled{\frac{5}{2}}$＝12(分)でケーキがなくなる。16 分でケーキがなくなった場合について，もし４人で 16 分作業をすると，$\textcircled{\frac{5}{2}}$×16＝㊵(個)のケーキがなくなるので，㉚個より㊵－㉚＝⑩(個)多くなってしまう。４人での作業１分を３人での作業１分に置きかえると，なくなるケーキの個数は，④－③＝①(個)減るから，３人で作業した時間は，⑩÷①＝10(分間)

4　⑴　**【解き方】柱体の側面積は，(底面の周の長さ)×(高さ)で求められる。**

底面の周の長さが６×２×3.14＝12×3.14(㎝)だから，側面積は，12×3.14×５＝60×3.14＝188.4(㎠)

⑵①　**【解き方】正十二角形の対角線が交わる点をＯとし，右図の三角形ＯＡＣがどのような三角形か考える。**

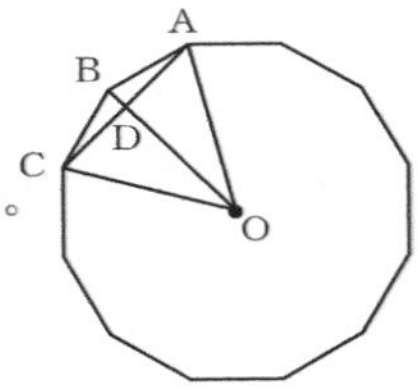


角ＡＯＢ＝角ＢＯＣ＝360°÷12＝30°で，ＯＡ＝ＯＣだから，三角形ＯＡＣは正三角形である。

これより，ＯＡ＝ＡＣ＝５㎝だから，ＯＢ＝ＯＡ＝５㎝

ＯＢはＡＣを垂直に二等分しているから，ＡＤ＝５÷２＝$\frac{5}{2}$(㎝)，角ＡＤＯ＝90°

したがって，三角形ＯＡＢの面積は，ＯＢ×ＡＤ÷２＝５×$\frac{5}{2}$×$\frac{1}{2}$＝$\frac{25}{4}$(㎠)

正十二角形の面積は三角形ＯＡＢの面積の 12 倍だから，$\frac{25}{4}$×12＝75(㎠)

②　水の体積は，６×６×3.14×５＝180×3.14(㎤)

この水を容器Ｂに入れたときの水面の高さは，180×3.14÷75＝$\frac{12}{5}$×3.14＝7.536(㎝)

5　**【解き方】面(い)は面(あ)と向かい合う面だから，「1」「6」以外の数が入る可能性がある。面(い)の数で場合を分けて考える。**

面(い)は右表のように２，４，５を条件に合うように入れられるので，面(い)は，２，４，５のいずれかである。３は条件に合う入れ方がない。

| 面(い) | 向かい合う面の数 | 和 |
|---|---|---|
| 2 | 6と2 | 8 |
| | 5と4 | 9 |
| | 3と1 | 4 |
| 4 | 6と4 | 10 |
| | 5と3 | 8 |
| | 2と1 | 3 |
| 5 | 6と5 | 11 |
| | 4と2 | 6 |
| | 3と1 | 4 |

6　(1)　兄は右端との距離が０ｍになるごとに10秒休むのだから，正しいグラフは①か③である。①と③のちがいは，妹が兄と同じように右端から出発した(①)のか，兄とは反対に左端から出発した(③)のかである。兄が５往復したとき妹は４往復したので，兄の方が泳ぐ速さは速いのだから，向かい合って出発したとすると，妹がプールの半分(10m)を泳ぐ前に１回目にすれちがうことになる。実際は，妹が16m泳いだときに１回目にすれちがったので，妹は兄と同じく右端から出発したとわかる。よって，正しいグラフは①である。㋐はプールの左端で折り返したときの右端からの距離だから，20mである。

(2)　**【解き方】２人の速さの比がわかれば，もし兄が休まないで泳いだ場合に，妹が４往復したときに泳ぐ道のりがわかる。実際に泳いだ道のり(５往復分)との差を泳ぐのにかかる時間は，休んだ時間と同じである。**

１回目にすれちがうまでに２人が進んだ道のりの和は，右端から左端までの長さの２倍に等しく，20×２＝40(m)だから，兄は40－16＝24(m)泳いだとわかる。速さの比は同じ時間に進んだ道のりの比と等しいので，兄と妹の速さの比は，24：16＝３：２である。これより，もし兄が休まないで泳ぐとすると，妹が４往復したとき兄は$4\times\frac{3}{2}=6$(往復)するので，実際に休んだ時間である10×(５－１)＝40(秒)で６－５＝１(往復)するとわかる。

したがって，兄の速さは，秒速$\frac{20\times2}{40}$m＝秒速１ｍだから，妹の速さは，秒速$(1\times\frac{2}{3})$m＝秒速$\frac{2}{3}$m

よって，妹が20mを泳ぐのにかかる時間は，$20\div\frac{2}{3}=30$(秒)

(3)　**【解き方】兄が２往復目を泳ぎ始めたときの２人の間の道のりから考える。**

(2)より，兄が２往復目を泳ぎ始めるのは，40÷１＋10＝50(秒後)である。このとき妹は$\frac{2}{3}\times50=\frac{100}{3}$(m)泳いでいるから，２人は$40-\frac{100}{3}=\frac{20}{3}$(m)はなれている。よって，このあと$\frac{20}{3}\div(1+\frac{2}{3})=4$(秒後)にすれちがうから，２回目にすれちがうのは，50＋４＝54(秒後)

(4)　**【解き方】２回目にすれちがった地点をＰとする。まずプールの右端からＰまでの道のりを求め，兄と妹それぞれがこのあとＰ地点を通過するのが何秒後かを調べ，それが重なるときを探す。**

(3)より，Ｐはプールの右端から１×４＝４(m)の位置にある。２回目にすれちがってから兄が左端まで泳いでＰにもどってくるまでにかかる時間は，(20－４)×２÷１＝32(秒)であり，そのあと右端まで泳いで10秒休んでからＰにもどってくるまでの時間は，４×２÷１＋10＝18(秒)である。つまり，兄は54秒のあとは，32秒経過したときと18秒経過したときにＰにもどってくることをくり返す。

２回目にすれちがってから妹が右端まで泳いでＰにもどってくるまでにかかる時間は，$4\times2\div\frac{2}{3}=12$(秒)であり，そのあと左端まで泳いでＰにもどってくるまでの時間は，$(20-4)\times2\div\frac{2}{3}=48$(秒)である。つまり，妹は54秒のあとは，12秒経過したときと48秒経過したときにＰにもどってくることをくり返す。

よって，右表のようにまとめられるから，求める時間は，186秒後である。

Ｐにもどってくる時間(秒後)

| 兄 | 妹 |
|---|---|
| 54 | 54 |
| 86 | 66 |
| 104 | 114 |
| 136 | 126 |
| 154 | 174 |
| 186 | 186 |
| 204 | 234 |
| ⋮ | ⋮ |

## 《2021　理科　解説》

Ⅰ　1(1)　－端子は５Ａを使ったので，図１の最大目もりは５Ａであり，0.9Aを示していることがわかる。

(2)　エナメル線が長いほど電流が流れにくくなるので，エナメル線の長さを同じにして，電流の流れにくさを同じにする。　(3)　ある条件が結果にどのような影響を与えるかを調べるとき，その条件以外を同じにして結果を比べる。ＡとＢを比べることで，巻き数が多いと電磁石が強くなることがわかり，ＡとＣを比べることで，エナメル線を巻いてある部分の長さが短いと電磁石が強くなることがわかる。　(4)　ア○…ＡとＤを比べることで，エナメル線の長さが長いと電磁石が弱くなることがわかるので，電磁石を強くするために，エナメル線の長さを短くする。　オ○…ＡとＥを比べることで，鉄心が細いと電磁石が弱くなることがわかるので，電磁石を強くするために，鉄心の太さを太くする。　カ○…直列につなぐ電池の数を増やすと，エナメル線に流れる電流が大きくなるので，電磁石が強くなる。

2(1)　北を指していた方位磁針のＮ極が西を指したので，図２で上が北，左が西だとわかる。したがって，電磁石のａ側には方位磁針のＳ極がひきつけられたので，電磁石のａ側はＮ極である。　(2)①　エ○…電池２個を直列につなぐと，電磁石が強くなるが，電磁石の極は変わらないので，方位磁針のＮ極は西を指す。　②　イ○…電池のつなぐ向きを変えると，電流の向きが反対になるので，電磁石の極も反対になり，方位磁針のＮ極は東を指す。

(3)　エ○…図２のとき，ａ側がＮ極になったので，図２と電流の向きが反対の図３では，ａ側がＳ極になる。したがって，棒磁石のＮ極とひきつけあい，反時計回りに回転し始める。　(4)　イ，エ○…電磁石と棒磁石がひきつけあい，最も近づいたときに電流の向きが変わって電磁石の極が反対になれば，しりぞけあう力が発生し，電磁石が回転を続ける。　(5)　ア○…図３のａ側がＳ極だったことから，図５のａはＮ極，ｂ，ｃはＳ極である。ａはＳ極とひきつけあい，ｂはＳ極としりぞけあい，ｃはＮ極とひきつけあうので，電磁石は時計回りに回転する。

Ⅱ　1(1)　エ○…地球の半径は6350㎞だから，高度400㎞のＩＳＳが周回する円の半径は6350＋400＝6750(㎞)，円周は 6750×２×3.14＝42390(㎞)となる。したがって，ＩＳＳが地球を１周するのにかかる時間は 42390÷28000＝1.51…(時間)となるので，1.5×60＝90(分)となる。

(2)(3)　１周で90分ずれるので，地球の自転周期が24時間→1440分であることから，１周につき $360\times\frac{90}{1440}$＝22.5(°)ずつ西にずれていき，360÷22.5＝16(周)，つまり 16×90＝1440(分)→24時間→１日後，もとの地点の上空に戻る。

(4)　オ×…図２のように西に22.5°ずつずれていくとすると，南極大陸の上空を飛行することはない。

(5)　◆の位置にＩＳＳがあったときから，１周後のＩＳＳの位置は，◆から 22.5°西の点線上である。そこから点線上を東へ進み，右はしと同じ緯度で左はしから出てくる。そこからは一番左の点線の軌道を 22.5°西に移動した曲線をえがき，●より22.5°西の地点に達する。

(6)　イ○…星座をつくる星が動かないで，地球の自転によって，24時間で 360°回転するように見えるのに対し，ＩＳＳは90分で地球を１周するので，ＩＳＳの方が星座をつくる星より速く動いて見える。

2(1)　地球は１日(24時間)に１回(360°)自転しているので，この動きに合わせて地球を周回すれば，常に同じ位置の上空に居続けることができる。　(2)　ウ○…ひまわりは東経140°の赤道上空にあり，地球の自転に合わせて周回するので，日没から日の出まで南の空から動かず，一晩中見える。　(3)①　ウ○…太平洋高気圧に覆《おお》われ，太平洋から日本列島にかけて雲が少ないが，日本列島で局地的に雲が発生しているところがある。　②　オ○…日本海にすじ状の雲があるので，大陸から北西の季節風が吹いて，日本海側や北日本で雪になる冬の雲画像である。　③　イ○…東北地方から北海道に厚い雲がかかっているので，発達した低気圧が本州の南岸から三陸へ進んだと考えられる。

Ⅲ　1　ア×，イ○…トノサマバッタは卵，よう虫，成虫の順に成長する不完全変態のこん虫である。　ウ×…トノサマバッタは数回脱皮する。　エ○…トノサマバッタなどの昆虫の体は頭・胸・腹に区別できる。　オ○…トノサマバッタの幼虫と成虫の食べ物は同じで，イネ科の植物の葉を食べる。　カ×…トノサマバッタの幼虫は，からだが大きくなってくると，はねの部分がわかるようになってくる。

2　ア，イ，カ○…カブトムシ，クワガタムシ，モンシロチョウなどは卵，よう虫，さなぎ，成虫の順に成長する完全変態の昆虫である。

4　イ○…群生相は孤独相と比べE/F値が大きいので，Eは群生相の方が長い。また，群生相は孤独相と比べF/C値は小さいので，Cも群生相の方が長い。

5　ア○…図3より正しい。　イ×…ふ化時の体重の平均値が最も大きいのは，図2より体色が5(黒色)のグループである。この幼虫グループを集団飼育すると，単独飼育した時と比べ成虫のF/C値は小さいが，半分以下にはなっていない。　ウ×…体色が5の幼虫グループを単独飼育したときのF/C値は，体色が1の幼虫グループを集団飼育したときのF/C値よりわずかに大きく，孤独相的な成虫となる。　エ○…単独飼育でふ化時の体重の平均値が大きい幼虫グループほど，F/C値が小さく，群生相的な成虫となる。　オ○…どの体色の幼虫グループでも，集団飼育すると単独飼育した時よりもF/C値が小さく，群生相的な成虫となる。　カ×…F/C値は体色と飼育方法で決まる。

6(2)　ウ○…図4より，接触の条件がことなると，大きい卵を産んだメスの割合が大きくことなることがわかる。

Ⅳ　1　アルミニウムに塩酸を加えると水素が発生する。

2　ア×…二酸化炭素の性質である。　ウ×…酸素の性質である。　エ×…アンモニアなどの性質である。
カ×…二酸化炭素や水蒸気などである。

3　表より，0.1gのアルミニウムから130 $cm^3$の気体が発生することがわかる。アルミニウム0.75gがすべて反応すると $130\times\frac{0.75}{0.1}=975$ ($cm^3$)の気体が発生するので，このとき塩酸がすべて反応し，アルミニウムが残っている。したがって，30 $cm^3$の塩酸と過不足なく反応するアルミニウムは，$0.1\times\frac{819}{130}=0.63$ (g)となる。

4　お，か，き○…酸性の塩酸とアルカリ性の水酸化ナトリウム水溶液を混ぜると互いの性質を打ち消し合う中和が起こる。アルカリ性の水溶液を赤色リトマス紙につけると青色に変化するので，水酸化ナトリウム水溶液が残っているものを選ぶ。グラフより，水酸化ナトリウム水溶液を15 $cm^3$加えたとき，気体が発生していないので，実験1でアルミニウムの重さが0.75gのとき，塩酸と水酸化ナトリウム水溶液が過不足なく中和したと考えられる。したがって，水酸化ナトリウム水溶液が15 $cm^3$より多いお，か，きのとき，水酸化ナトリウム水溶液が残ってリトマス紙が青色になる。

5　か，き○…3解説より，アルミニウム1gから $130\times\frac{1}{0.1}=1300$ ($cm^3$)の気体が発生するので，発生した気体の体積が1300 $cm^3$のとき，アルミニウムは残らない。

6①　×…塩酸は気体の塩化水素がとけた水溶液だから，加熱して水を蒸発させると何も残らない。
②　イ○…塩化水素と，中和によってできた食塩が水にとけているので，食塩だけが残る。　③　ア，イ○…水酸化ナトリウムと，中和によってできた食塩が水にとけているので，水酸化ナトリウムと食塩が残る。
④　イ，ウ○…塩酸にアルミニウムがとけて水にとける固体ができるので，中和によってできた食塩と，塩酸にアルミニウムがとけてできたものが残る。　⑤　ア，イ，エ○…水酸化ナトリウム水溶液にアルミニウムがとけて

水にとける固体ができ，水酸化ナトリウム水溶液が残るので，水酸化ナトリウム，中和によってできた食塩，水酸化ナトリウム水溶液にアルミニウムがとけてできたものが残る。

**7**① ケ○…アルミニウムを鉄にかえると，塩酸とは反応するが，水酸化ナトリウム水溶液とは反応しない。したがって，水酸化ナトリウム水溶液が 15 ㎤になるまで一定の割合で発生する気体の体積が減少し，15 ㎤以降は気体が発生しない。 ② エ○…水酸化ナトリウム水溶液をBの２倍の濃度にすると，水酸化ナトリウム水溶液が 10 ㎤(塩酸は 20 ㎤)のときに過不足なく中和し，水酸化ナトリウム水溶液が 15 ㎤(塩酸は 15 ㎤)のときには，水酸化ナトリウム水溶液が 15÷２＝7.5(㎤)残っている。この水酸化ナトリウム水溶液はBの２倍の濃度だから，もとの水酸化ナトリウム水溶液が7.5×２＝15(㎤)残っているのと同じであり，アルミニウムを加えると気体が$819\times\frac{15}{10}$＝1228.5(㎤)発生する。

**8** 表とグラフより，おで残った水酸化ナトリウム水溶液 10 ㎤で 819 ㎤の気体が発生するので，30 ㎤の水酸化ナトリウム水溶液がすべて反応すると，$819\times\frac{30}{10}$＝2457(㎤)の気体が発生する。また，５解説より，アルミニウム２gがすべて反応すると，1300×２＝2600(㎤)の気体が発生するので，ここでは水酸化ナトリウム水溶液がすべて反応して，2457 ㎤の気体が発生する。

## 《2021 社会 解説》

Ⅰ **問１** 絵２の大鋸での製材の様子から，材料の変化に着目する。絵１の平安時代の竪穴住居は草ぶきの屋根でおおっているのに対し，絵３の室町時代には木材住宅が建ち並んでいるので，大鋸によって板材の生産性が上がったことがわかる。

**問２** しょうゆの材料となる，大豆・小麦・塩などが，江戸川と利根川の水運を利用して銚子に運び込まれた。

**問３** ウが誤り。平安時代は食べる際に自分で味付けしていたが，つくだ煮は醤油と砂糖で煮つけた料理である。

**問４** ４世紀から６世紀は古墳時代にあたるから，弥生時代のイと奈良時代のエが誤り。

**問５** 税は租(稲の収穫高の３％を地方の国に納める)・調(絹，麻や地方の特産品などを都に納める)・庸(都での10日間の労役に代えて，都に布を納める)からなり，地方からもたらされる特産物を役人が木簡に記録していた。

**問６** イを選ぶ。七夕は奈良時代，ぼんおどりと能は室町時代，歌舞伎と人形浄瑠璃は江戸時代から行われていた。

**問７** ウとオが正しい。 ア．守護は御家人の取りしまりや軍事・警察の仕事，地頭が年貢の取り立てや土地の管理をした。 イ．奉公は，御家人が京都や幕府の警備につき命をかけて戦ったことである。 エ．石垣(石塁)は御家人たちによってつくられた。 カ．鎌倉幕府が弾圧したのは日蓮の日蓮宗(法華宗)である。

**問８** ウ．六波羅探題の滅亡(1333 年)→ア．南北朝の動乱(1336～1392 年)→エ．日明貿易の開始(1404 年)→イ．銀閣の建立(1489 年)

**問９(1)** エ．国内の昆布のほとんどが北海道産である。 **(2)** ウ．静岡県の焼津港はかつおの漁獲量日本一である。

**問 10(1)** ウ．ところてんは，海藻のテングサを煮溶かしてつくられる。 **(2)** エ．そうめん・ひやむぎ・うどんは小麦からつくられる。

**問 11** ポルトガルとの南蛮貿易は，キリスト教布教を目的にした宣教師や貿易商人と行われた。

**問 12** エが誤り。日本産の砂糖の大半は北海道で生産されるテンサイを原料としている。

**問 13** ウが誤り。武家諸法度に違反した場合，屋敷は幕府に没収されたので商人に売り渡されていない。江戸時代は身分に応じた職業ごとに分かれて生活していたため，城下町に商人は住んでいなかった。

**問 14** オが誤り。明治政府は豊作のときに税率を下げなかった。地租改正では，土地の所有者に税の負担義務を負わせて地券を交付し，課税の対象を収穫高から地価の３％に変更して現金で税を納めさせた。

**問15**　イ．欧化政策(明治時代)→ウ．第一次世界大戦(大正時代)→エ．太平洋戦争(昭和時代前期)→ア．冷凍食品の普及(昭和時代後期)

Ⅱ　**問１⑴**　イを選ぶ。宮沢賢治は農学校の教師をしながら詩や童話を書いた。石川啄木は「一握の砂」などを書いた詩人，金子みすずは「大漁」などを書いた詩人，新美南吉は「ごんぎつね」などを書いた童話作家。　**⑵**　昭和恐慌は1929年だから，イとエを選ぶ。アメリカの対日石油輸出禁止は1941年，二・二六事件は1936年，米騒動は1918年，足尾銅山鉱毒事件は19世紀後半，韓国併合は1910年，全国水平社の結成は1922年。

**問２**　エとカが誤り。　エ．学校給食用米穀が値引きされたため，米飯が給食で頻繁に出されるようになった。

カ．学校給食では地元の産物を積極的に使う地産地消の取り組みが進められている。

**問３**　イとオが正しい。　ア．配給制は，東京・横浜・名古屋・京都・大阪・神戸の６大都市から始まった。

ウ．配給する作業は隣組が行った。　エ．疎開先での食事は主に野菜で動物性たんぱく質が不足していた。

カ．酒や米などの配給制は戦後も続けられた。　キ．戦後の家計に占める食費の割合は減少している。

**問４**　アとオが誤り。　ア．隠岐諸島は島根県にある。　オ．幕末に欧米諸国と結んだ修好通商条約は，日本に関税自主権がない，日本にとって不平等な内容であった。よって，鎖国政策下の貿易と同じ制限ではなかった。

**問５**　ウが正しい。八代海は熊本県南西岸，熊野灘は紀伊半島東岸，玄界灘は福岡県の西岸，島原湾は島原半島の東岸にある。

**問６**　イが誤り。扇状地の扇央部分は水はけがよいため稲作に向かず，果樹などの栽培が行われている。

**問７**　有明海は遠浅の海で，干潮時に大きな干潟があらわれることから，のりの養殖に適している。

Ⅲ　**問１⑴**　沖縄県は琉球王国時代に中継貿易などで栄えた。伝統料理には豚肉でつくるラフテーなどがある。

**⑵**　イ．大宝律令の制定(飛鳥時代)→エ．藤原道長の全盛期(平安時代)→ア．徳川吉宗の享保の改革(江戸時代)→ウ．開拓使の設置(明治時代初期)

**問２**　イを選ぶ。「∨」は牧草地や畑，「Q」は広葉樹林，「Ⅱ」は田，「ılı」は荒地の地図記号である。

**問３⑴**　アメリカの農業の特徴として，企業的農業と適地適作を覚えておこう。　**⑵**　穀物の自給率は，中華人民共和国が97%，サウジアラビアが８%，カナダが179%，日本が31%だから，高い順にウ→ア→エ→イとなる。

**問４**　エが誤り。すべての水田を活用するため，国産の飼料用米の生産が推進されている。

**問５**　ウが誤り。米の消費量は下がり続けているため，米余りが深刻な問題になっている。

**問６**　エ．みかんは温暖な気候を好むため，関東より西の南向きの斜面で栽培される。

**問７**　アとイが正しい。雑穀の生産が減っている原因として，雑穀の収量が米の半分程度であること，作業時間が長くなること，使える農薬が少ないことなども挙げられる。

**問８⑴**　ウとカが誤り。促成栽培では，冬でも暖かい気候を利用してナスやキュウリなどの夏野菜がつくられる。ごぼうやさつまいもなどの根野菜は冬野菜で自然条件下での露地栽培に適している。

**問９**　イ．自給率が100%近い鶏卵と判断する。

**問10**　エが誤り。飼料自給率を反映した自給率が豚は牛よりも低いため，輸入品の飼料の割合が高いとわかる。

**問11**　イとウが正しい。イはイギリス，カナダなど，連続した上昇ではないが上昇傾向が続いている。ウは国連食糧農業機関(ＦＡＯ)などがある。　ア．フランスやアメリカなどの食料自給率は 100%以上である。　エ．アラブ首長国連邦などの穀物の自給率はゼロである。

**Ⅳ** **問1**(1)　エとオが正しい。　ア．各議院の本会議は公開を原則としているため，傍聴することができる。

イ．衆議院は任期途中で解散されることがある。　ウ．国会は弾劾裁判で裁判官を辞めさせることができる。

(2)　エが誤り。給食を残さず食べるために，ゆっくり味わって食べることがすすめられている。

**問2**(1)　アとキが誤り。　ア．長野県や群馬県で行われる抑制栽培や，高知県や宮崎県で行われる促成栽培である。

キ．北海道で行われる大規模栽培である。　(2)　エ．法案は，議長→委員会→本会議の順に提出される。

**問3**　アとエが誤り。　ア．植物の生長途中に二酸化炭素が吸収されるため，地球温暖化を抑制する効果がある。

エ．アメリカ人の半分以上がキリスト教徒であるが，牛肉を食べることが禁じられているのはヒンドゥー教徒である。

**問4**(1)　ア・イ．消費税は，すべての消費者が平等に負担するため，低所得者ほど税負担の割合が高くなる。

**問5**　イは少子高齢化による後継者不足，ウは連作障害，オは地球温暖化の進行，キは農薬による大量生産で，今後数十年にわたって起こりうる。

**問6**　社会保障制度での支給額が不十分であったり，申請から支給までに時間がかかったりするため，低所得層のためのフードバンクが必要となる。

# ★女子学院中学校

## 《国　語》

一　問一．ウ　問二．園庭の満開の桜から落ちた一枚の花びら。　問三．イ　問四．楽器　問五．葉っぱや小枝をクルクルと回したときの音を聞いて笑うなど、身の周りで奏でられる音すべてを音楽として楽しむ。／建築中の家から聞こえるトンカチの音にあわせて飛び跳ねるなど、聴いた音を聴いたままに受け入れ、全身で自由に表現する。　問六．エ　問七．ア　問八．体を横たえ、目と口を閉じて、鼻で息をしながら昼寝をしている子どもの　問九．大人…知識や概念をもとに、上手いか下手かを気にしながら、「もの」を描こうとする。
子ども…知識や概念にとらわれず、上手いか下手かも気にしないで、「こと」を表そうとする。　問十．ウ

二　問一．イ　問二．エ　問三．A．たがやし　B．こね　問四．文字のまちがいをチェックする仕事／印刷した紙をとじて本の形にする仕事　問五．ウ　問六．イ，オ　問七．買う　問八．エ　問九．イ
問十．いのちを繋ぐために世代から世代へと伝えられてきた技がすっかりとだえ、生きていくために必要なことが自分ではできなくなってしまった状態。　問十一．ア　問十二．エ　問十三．イ

三　1．元祖　2．散策　3．博学　4．設

## 《算　数》

1　(1) $\frac{19}{64}$　(2)40.5　(3)㋐75　㋑14　(4)65　(5)9，23　(6)㋐○　㋑×　㋒○　㋓○　㋔×

2　(1) $3\frac{9}{17}$　※(2)12.6

3　(1)素数　(2)積／1　(3)円周／直径

4　ア．40.71　イ．32.87　ウ．13.71

5　(1)4，44　(2)9，13　(3)17，5

6　(1)45，35　(2)9時52分／10分40秒／9時58分

※の式は解説を参照してください。

# 《理　科》

Ⅰ　1．ウ　2．B，D　3．液体の量　4．ア　5．一度高温にすると，はたらきを失う。

6．ア　理由…発芽には酸素が必要だから。　7．ア，ウ

Ⅱ　1．(1)ウ　(2)①X　②冬至　(3)D，H，I　(4)①ア　②オ　③ア　④エ　⑤ア　⑥カ　(5)イ

(6)①方角…北　向き…イ　②右図　③右図　2．(1)イ

(2)日食が起こり，太陽光が月によってさえぎられたから。

Ⅲ　1．(1)ウ　(2)エ　(3)白色固体を見やすくするため。　(4)ア，エ

(5)22.74　(6)②エ　③ア　(7)ウ

2．(1)食塩…A　石灰石…D　ろう…C　(2)水素　(3)エ

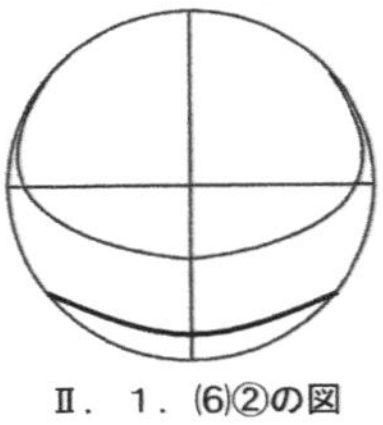

Ⅱ．1．(6)②の図

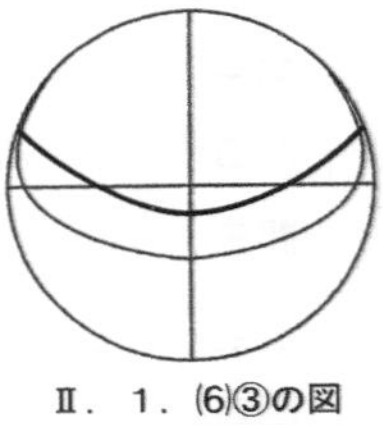

Ⅱ．1．(6)③の図

Ⅳ　1．①8　②60　③120　④240　2．グラフ2…ア．C　イ．A　ウ．B　グラフ3…ア．B　イ．A　ウ．C

3．15　4．C，A，B　5．①24　②21　③18　6．9　7．(1)長さ…18　重さ…240　(2)左

(3)3：2　8．長さ…21　重さ…330

# 《社　会》

Ⅰ　問1．(1)エ　(2)すべての人々が和歌をよめたのではなく，和歌は表現を誇張している可能性もあるから。　(3)ウ

(4)ア，ウ　問2．オ→エ→イ→ア→ウ　問3．(1)ア，オ　(2)イ，エ　問4．ウ　問5．ウ

問6．(1)ウ　(2)エ　(3)ア

Ⅱ　問1．(1)ア，カ　(2)冬の積雪時にも通れるようにするため。　(3)北陸…イ　九州・沖縄…ウ　問2．イ，カ

問3．(1)ウ→イ→ア→エ　(2)イ　問4．ア　問5．イ　問6．(1)ひきゃく　(2)検閲によって多くの手紙が没収されたり，都市部に住む家族は疎開して住所が変わったりしたこと。　問7．ウ　問8．ウ，エ

問9．(1)東横百貨店の経営／住宅地の分譲販売　(2)住宅地と消費地を鉄道でつなぐことで，鉄道利用者を増やすため。　問10．総務　問11．イ　問12．イ→オ→ウ→エ→ア

Ⅲ　問1．エ　問2．イ，カ　問3．イ　問4．ウ　問5．エ，カ　問6．輸送　問7．ウ　問8．エ

問9．世界貿易機関〔別解〕WTO　問10．ア　問11．ウ，オ

# 2020 解説 令和２年度 女子学院中学校

←解答例は前のページにありますので，そちらをご覧ください。

## 《2020　国語　解説》

一　問二　少し後に「それ(＝女の子が拾ったもの)は一枚の桜の花びらだった」とある。「園庭の桜が満開だった」とあるので、その桜の木から落ちた花びらだったと考えられる。

問三　驚《おどろ》いて目を見開くという意味の、「目を丸くする」という表現がある。また、少し後でこの女の子が「これすごくきれいだから」と言っている。よって、「あまりの美しさに驚いている」とあるイが適する。

問四　子どもたちは、葉っぱや小枝をクルクルと回し、その音を聞いて楽しんでいる。これは、葉っぱや小枝を楽器にして、それらが奏《かな》でる音楽を楽しんでいると言える。

問五　設問に「具体例をあげて」とあることに注意する。一つは、葉っぱや小枝を回し、その音を聞いて楽しんでいること。もう一つは、トンカチの音にあわせて飛び跳《は》ねていることである。

問六　幼稚園《ようちえん》に登園する前の筆者は、「積み重なった仕事が心配で憂鬱《ゆううつ》な気分になることもある」のに、子どもたちと遊んだ後は「無条件に人生が満たされているような気分に」なる。これはつまり、子どもたちが夢中で遊ぶので筆者の頭がカラッポになり、「心配で憂鬱な気分」がなくなってしまうということ。よって、エが適する。

問七　――⑦の後に「子どもには時間という概念《がいねん》が希薄《きはく》で、常に『今』だけを生きていると言われている～過去や未来を考えず～今楽しければ笑う」「大人になるにつれて～『次はこれしなきゃ』～と時間にとらわれて、今必要ではない別のことをあれこれ考えて深刻になってしまう～頭の中は先のことばかり」とある。アは、今ペンが欲しいという思いで、「地面に絵を描《か》」こうとしているので、過去や未来といった時間にとらわれていない。よって、適する。イとウは未来のことを考えているので適さない。エも過去のことにとらわれているので適さない。

問八　この絵を描いた子どもは、自分の「おひるね」している様子を描いたと言っている。また、少し後に「この幼児は～寝《ね》ていたという『こと』を表そうとして」いるとある。したがって、この子どもが自分の「おひるね」について言ったこと(横向けになって、目と口を閉じ、鼻で息をしながら寝ているという内容)をまとめればよい。

問九　直前の３段落の内容を読み取る。「この幼児は、顔という『もの』を描こうとしているのではなく、寝ていたという『こと』を表そうとしている」や、「大人の絵はつい知識や概念が先行してしまう」「この子どもが描いた絵は、似てる似てない、上手い下手という次元を超《こ》えて～ここに大人と子どもの世界の越《こ》えられない大きな壁《かべ》がある」などから、大人と子どもの絵のちがいをまとめる。

問十　「次の絵」について書かれた部分から判断する。「なぜ白目なの？」「それだから体が横に伸《の》びている」「鼻でちゃんと息をしてる」より、白目で体が横長で鼻が描かれているウが適する。白目ではないアとエ、鼻が描かれていないイは適さない。

二　問一　「身の置きどころがない」とは、いたたまれなさやはずかしさ、苦しさなどから、その場からにげ出したい気持ちであること。このことから、「身の置きどころ」とは、落ち着ける場所といった意味になる。よって、イが適する。

問二　後の方で、「人は『つくる』ことの手間を省いて『つくられた』ものを買うほうに、関心を移していった」「『つくる』という、生きる基本となる能力を損《そこ》なってしまった」とある。また、「いとなみ」とは、何かをすることである。これらを合わせて考えると、――②は、人は「つくる」ことをしなくなったという意味である。よって、エが適する。

問三Ａ　直後に「米や豆や野菜を作り」とあるので、水田や畑の土をたがやしてそれらを作るのだとわかる。

Ｂ　直後に「何かの形にしたり」とあるので、土やねんどをこねて何かを作るのだとわかる。

**問五**　直前にある「人との繋《つな》がり」は、２つ前の段落の内容を指している。同様に、――④は前の段落の「いずれの職人も（包丁を）作るにあたって材料となる木や鉄がどのような性質をもっているかを知りつくしていないといけない～性質も熟知していなければならない」の部分を指している。物の性質をよく知るためには、物を作る人が材料などに直接ふれてたしかめる必要があると考えられるので、ウが適する。

**問六**　――⑤にあるようになる理由は、その２行前の「こうした人との繋がり、物との対話、用途の連なり」があるからだと述べられている。アは「人との繋がり」、ウは「用途の連なり」、エは「物との対話」にふれている。イとオはこれらと関係のないことを言っているので、本文の流れに合わない。よって、イとオが正解。

**問七**　現代の日本では、家や車を作る人はほとんどいないため、大半の人々はそれらを買う、または借りることで手に入れたり利用したりする。料理を借りることは考えにくいので、［　Ｃ　］には「買う」「購入する」などが入る。

**問八**　「座」は、地位という意味で用いられている。「人は『つくる』ことの手間を省いて『つくられた』ものを買うほうに、関心を移していった～日用の道具も料理も、作るのではなく買うようになった」「便利に、快適になった。が～『つくる』という、生きる基本となる能力を損なってしまった」とある。人々は「つくる」能力を失い、身の回りのものはほとんど買うことですませる消費者となって、便利で快適な暮らしをするようになったことが説明されているので、エが適する。

**問十**　「根絶やし」とは、根まですべて取って絶やすこと、またはものごとを根本からなくしてしまうことである。人々がすっかり失ってしまった「技」とは、直前に書かれている「いのちを繋ぐために世代から世代へと伝えられてきた技」である。その結果、生きるために必要なことが「みずからの手ではできなくなってしまった」。

**問十一**　同じ段落に、「『つくる』ことは『ものづくり』へと純化され～匠《たくみ》の技として、道具が工芸品や美術品にまつりあげられる」とある。「つくる」ことは、一般《いっぱん》の人々の手をはなれ、特別な、すぐれた技術を持つ人（＝匠）が行うものになったということなので、アが適する。イは「つくる」方ではなく、つくられた「もの」の方について説明しているので、適さない。

**問十二**　直前に「簒奪《さんだつ》や搾取《さくしゅ》ばかりではない」とあるので、奪ったり、不当に手に入れたりする関係ではないことがわかる。おんぶしてもらったり、もたれさせてもらったりするのは、相手に助けてもらったり頼ったりすることである。よって、エが適する。イは「強いものが弱いものを」と限定しているのが誤り。

**問十三**　――⑤をふくむ段落で、「つくる」といういとなみによって得られる「人との繋がり、物との対話、用途の連なり」があるから、「じぶんが生きる場の広がりを実感するようになる」と述べられている。しかし、「つくる」ことをしなくなった人は、人や物との繋がりやふれあいを失い、「じぶんが生きる場」を広げることができない状態におちいってしまったのである。よって、イが適する。

## 《2020　算数　解説》

1　(1)　与式より，$20\div\{(\square+\frac{5}{16})\div\frac{13}{40}\}=4+6\frac{2}{3}$　　$20\div\{(\square+\frac{5}{16})\div\frac{13}{40}\}=\frac{32}{3}$　　$(\square+\frac{5}{16})\div\frac{13}{40}=20\div\frac{32}{3}$

$(\square+\frac{5}{16})\div\frac{13}{40}=\frac{15}{8}$　　$\square+\frac{5}{16}=\frac{15}{8}\times\frac{13}{40}$　　$\square+\frac{5}{16}=\frac{39}{64}$　　$\square=\frac{39}{64}-\frac{5}{16}=\frac{39}{64}-\frac{20}{64}=\frac{19}{64}$

(2)　ひし形の向かい合う角は等しく，内角の和は360度だから，角ＡＢＣ＝(360－150×２)÷２＝30(度)である。そこで，右のように作図すると，三角形ＡＢＥは１辺が９cmの正三角形になるから，ＡＨ＝９÷２＝4.5(cm)になる。

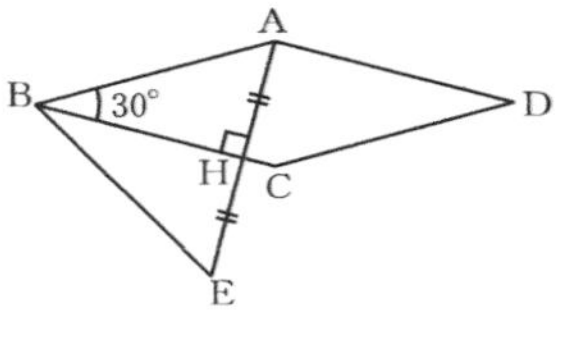

ひし形の面積を平行四辺形の面積の公式を使って求めると，９×4.5＝40.5(㎠)

(3)　右のように作図する。三角形ＡＢＥは正三角形だから，角ＢＡＥ＝60度なので，角ＥＡＤ＝90－60＝30(度)である。三角形ＡＥＤは，ＡＥ＝ＡＤの二等辺三角形だから，角ＡＤＥ＝角ＡＥＤ＝(180－30)÷２＝75(度)である。

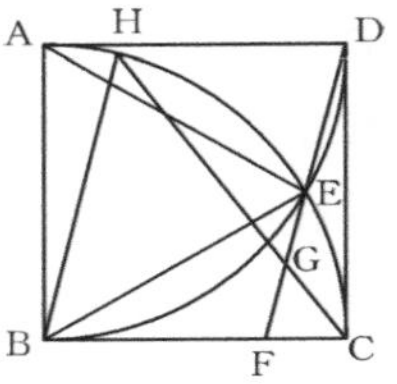


平行線の錯《さっ》角《かく》は等しいから，角㋐＝角ＡＤＥ＝75度

三角形ＧＦＣの内角の和から，角ＧＣＦ＝180－75－53＝52(度)である。

三角形ＢＣＨは，ＢＣ＝ＢＨの二等辺三角形だから，角ＨＢＣ＝180－52×２＝76(度)である。

よって，角㋑＝90－76＝14(度)

(4)　ジャガイモ１個の値段を⑩とすると，１袋の値段は⑩×４×(１－0.10)＝㊱になる。ニンジン３本の値段は，ジャガイモ１袋の値段に等しく㊱だから，ニンジン１本の値段は㊱÷３＝⑫になる。ジャガイモ２個と１袋，ニンジンを５本の値段の合計は，⑩×２＋㊱＋⑫×５＝(116)になるから，①＝754÷116＝6.5より，ジャガイモ１個の値段は6.5×10＝65(円)である。

(5)　Ａさんは２日に１回，Ｂさんは３日に１回，Ｃさんは４日に１回活動するから，３人が一緒に活動するのは，２と３と４の最小公倍数の12日に１回の割合になる。土曜日は７日に１回の割合でくるから，３人が一緒に土曜日に活動するのは，12と７の最小公倍数の84日に１回である。７月２日を１日目として，７月は30日，８月は31日あるから，次に３人が土曜日に一緒に活動するのは，９月の，84－30－31＝23(日)である。

(6)　右のように記号をおく。三角形ＦＢＧにおいて，角ＢＧＦ＝180－90－46＝44(度)だから，対頂角は等しいので，角ＡＧＥ＝角ＢＧＦ＝44度である。

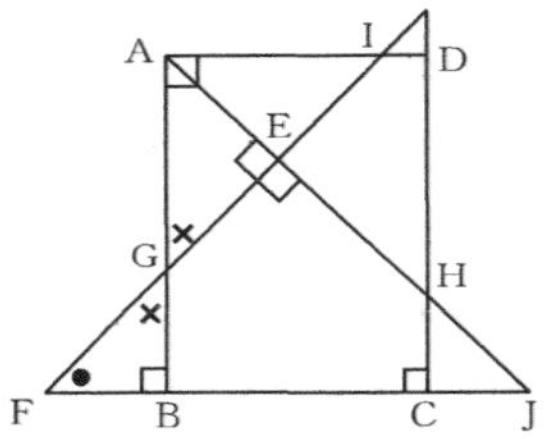


三角形ＡＧＥにおいて，角㋐＝180－90－44＝46(度)

角㋑＝90－角㋐＝90－46＝44(度)

三角形ＡＧＩにおいて，角㋒＝180－90－44＝46(度)

三角形ＡＢＪにおいて，角㋔＝180－90－46＝44(度)

三角形ＨＣＪにおいて，角㋓＝180－90－44＝46(度)　　よって，角㋐，角㋒，角㋓が46度である。

**2**　(1)　右のように作図する。三角形ＥＦＣと三角形ＡＦＢは同じ形で，

ＥＣ：ＦＣ＝５：12だから，ＡＢ：ＦＢ＝５：12

ＢＣ＝ＡＢより，ＢＣ：ＦＢ＝５：12だから，

ＢＣ＝ＦＣ×$\frac{5}{17}$＝12×$\frac{5}{17}$＝$\frac{60}{17}$＝$3\frac{9}{17}$(cm)　　よって，ＡＢ＝ＢＣ＝$3\frac{9}{17}$cm

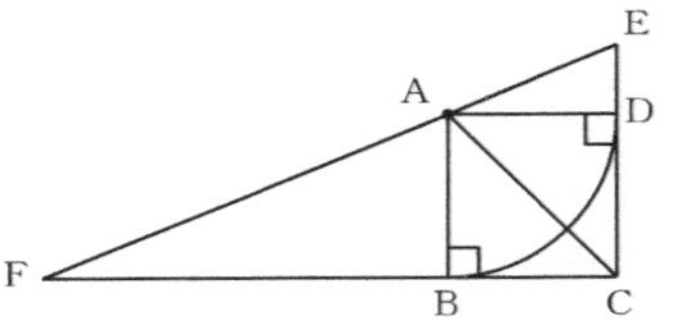


(2)　直線部分は$\frac{60}{17}$×２＝$\frac{120}{17}$(cm)で，曲線部分は，$\frac{60}{17}$×２×3.14×$\frac{90}{360}$＝$\frac{94.2}{17}$(cm)だから，周の長さは，

$\frac{120}{17}$＋$\frac{94.2}{17}$＝$\frac{214.2}{17}$＝12.6(cm)

**3**　(1)　素数は，１とその数字自身しか約数がない数，言いかえれば，約数が２個だけの数である。

(2)　$\frac{b}{a}$の逆数は$\frac{a}{b}$である。

(3)　(直径)×(円周率)＝(円周)から考える。

**4**　ア．移動距離《きょり》の和が入る。３cmの辺を４回，６cmの辺を４回，３×２×3.14×$\frac{90}{360}$＝4.71(cm)の曲線部分を１回通るから，ア＝３×４＋６×４＋4.71＝40.71(cm)

イ．グラフより，５→６→７→８→９→１と動くのに，16.71－9.21＝7.5(秒)かかっていることがわかる。この

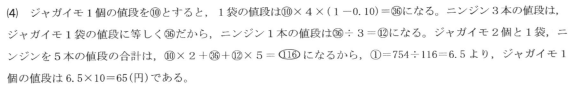

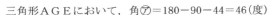

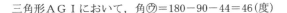

部分には曲線部分がなく，６cmの辺上を動くときの速さは，３cmの辺上を動くときの速さの２倍だから，この５区間の時間の間かくは同じであり，１つの区間を7.5÷５＝1.5(秒)ずつ進んでいることがわかる。

出発してから14秒後の点Ｐの位置をＸとする。９→１の間の３cmを1.5秒間で進んだから，点Ｐが９の位置に到着したのは出発してから，16.71－1.5＝15.21(秒後)である。Ｘ→９の間の15.21－14＝1.21(秒)で進む距離は，$6\times\frac{1.21}{1.5}$＝4.84(cm)だから，Ｘ→９→１の移動距離の和は，4.84＋３＝7.84(cm)になる。

よって，イ＝40.71－7.84＝32.87(cm)

ウ．４→５→６→７→８→９→１の６区間の移動距離の和は，６＋３＋６＋３＋６＋３＝27(cm)だから，

ウ＝40.71－27＝13.71(cm)

**5** (1) ①を行うと１個の数字に○がつき，②を２回行うと２個の数字に○がつく。③を行うと残った１個の数字に○がつくから，全部で４個の数字に○がついている。一部に数字が入っている表を見ると，Ｂ，Ｈ，Ｉ，Ｏの４点は，行数と列数がかぶらないことから，①から③の作業をしたときに残ることができる４つの点の組のうちの１つとわかる。よって，それらの数の和は，Ｂ＋Ｈ＋Ｉ＋Ｏ＝12＋９＋８＋15＝44である。

(2) 行数と列数がかぶらないＡ，Ｆ，Ｋ，Ｐの４点は，①から③の作業をしたときに残ることができる４つの点の組のうちの１つである。よって，Ａ＝44－Ｆ－Ｋ－Ｐ＝44－15－９－11＝９

Ｇと行数と列数がかぶらないのは，Ｂ，Ｉ，Ｐだから，Ｇ＝44－12－８－11＝13

(3) (2)と同様に考えてＡ～Ｐまでにあてはまる数を考えると，右のようになる。

いちばん大きい数は，Ｎ＝44－Ａ－Ｈ－Ｋ＝44－９－９－９＝17

いちばん小さい数は，Ｌ＝44－Ａ－Ｆ－Ｏ＝44－９－15－15＝５

| | | | |
|---|---|---|---|
| 9 | 12 | 10 | 6 |
| 12 | 15 | 13 | 9 |
| 8 | 11 | 9 | 5 |
| 14 | 17 | 15 | 11 |

**6** (1) (下りの速さ)＝(静水での速さ)＋(川の流れの速さ)，(上りの速さ)＝(静水での速さ)－(川の流れの速さ)より，姉と妹の出発点が入れ替わっても，２人が進む速さの和は一定であるため，かかった時間は同じとわかる。川の流れの速さが毎分15mだから，姉の上りと下りの速さの差は，毎分(15×２)m＝毎分30mである。２人が出会うのにかかった時間だけ姉がボートをこぐと，下りで1.8km＝1800m，上りで2.4－1.5＝0.9(km)，つまり900m進むから，２人が出会うまでの時間は，出発してから，(1800－900)÷30＝30(分後)である。よって，姉の静水での速さは，毎分(1800÷30－15)m＝毎分45m，妹の静水での速さは，毎分(1500÷30－15)m＝毎分35mである。

(2) 姉が上るときの速さは，毎分(45－15)m＝毎分30mだから，上るのに2400÷30＝80(分)かかる。妹が下るときの速さは，毎分(35＋15)m＝毎分50mだから，下るのに2400÷50＝48(分)かかる。

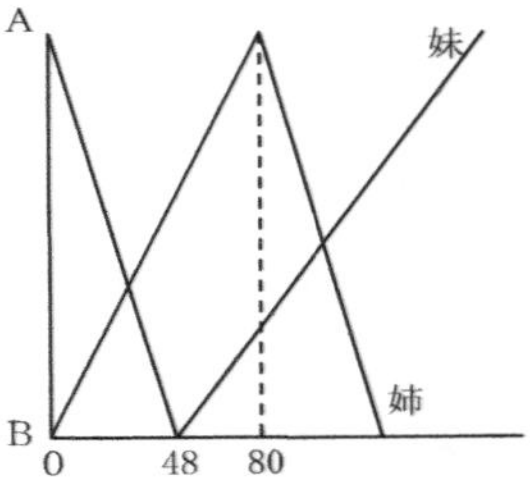


８時10分を０分として，姉と妹がボートをこぎ続けたときのＢ地点からの距離《きょり》をグラフにすると，右のようになる。妹が上るときの速さは，毎分(35－15)m＝毎分20mだから，姉がＡ地点に到着《とうちゃく》するまでに，妹は20×(80－48)＝640(m)上っているので，姉がＡ地点を折り返すとき，２人は2400－640＝1760(m)離れている。２人の速さの和は，毎分(45＋35)m＝毎分80mだから，1760m近づくのに，1760÷80＝22(分)かかるので，２人が２回目に出会うはずの時間は，８時10分＋80分＋22分＝９時52分である。妹は，Ｂ地点から2400－1200＝1200(m)上るのに1200÷20＝60(分)かかるから，実際に２人が出会った時間は，８時10分＋48分＋60分＝９時58分である。姉が下った時間は，48＋60－80＝28(分間)で，下った距離は1200mである。28分間をこいで下ると(45＋15)×28＝1680(m)下ることになってしまい，実際より1680－1200＝480(m)多い。１分間をこがないようにすると，下る距離は45m少なくなるから，ボートをこがずに川の流れだけで進んだ時間は，$480\div45=\frac{32}{3}=10\frac{2}{3}$(分)，つまり，10分40秒間である。

## 《2020　理科　解説》

Ⅰ　1　でんぷんは，低温の水にはほとんど溶《と》けないが高温の水には溶ける。

2　ヨウ素液はでんぷんに反応して青むらさき色に変化する。したがって，ヨウ素液の反応が見られなかった試験管ではでんぷんがなくなっている(消化されている)から，BとDが正答となる。

3　このようにすることで，だ液以外のすべての条件を同じにすること(対照実験)ができ，だ液の有無が結果にどのような影響《えいきょう》をあたえるのか確かめることができる。

4　ア○…だ液についての対照実験を行っているのだから，だ液の有無以外の条件を変えてはいけない。

5　だ液は，ヒトの体温と同じくらいの温度でよくはたらく。Cではだ液を入れたのにでんぷんが消化されなかったから，一度高温にすると，室温に戻してもでんぷんを消化するはたらきが失われたと考えられる。これは，だ液に含《ふく》まれるでんぷんを消化する酵素《こうそ》(アミラーゼ)がタンパク質でできていて，熱によってタンパク質が変質してしまうためである。

6　ふつう，発芽に必要な条件は水，空気(酸素)，適当な温度の３つである。イのように種が水中にしずんだ状態になると，種が酸素にふれることができない。

7　ア○，イ×…切断された種でも，胚があればアミラーゼがはたらき，でんぷんが消化されたことがわかる。ウ○…断片Xをのせた寒天に着目すると，点線の外側でもでんぷんが消化されたことがわかる。　エ，オ×…図3からは，断片に含まれるでんぷんの量はわからない。

Ⅱ　1(1)　図２で，南中高度が最も小さいAとFが冬至の日，最も大きいDとHが夏至の日で，その間にあるCとGが春分の日，EとJが秋分の日である。したがって，ある日(図２のグラフの左端《はし》の日)は，秋分の日～冬至の日の間にある。　(2)　図Ⅰに，Y地点の太陽の移動経路についてまとめた。同じ日の南中高度はX地点の方が大きいから，AはX地点の冬至の日の南中高度を表している。　(3)　日の出の位置は，春分・秋分の日が真東で，夏至の日が最も北寄り，冬至の日が最も南寄りになる。したがって，春分の日から秋分の日の間(春分・秋分の日は含めない)で，日の出の位置が真東より北寄りになるから，D，H，Iが正答となる。　(4)　①③⑤．(2)解説のとおり，同じ日の南中高度はX地点の方が大きい。　②④⑥図１の太陽の移動経路が昼の長さを表していると考えればよい。春分・秋分の日では，どちらも昼と夜の長さがほぼ等しくなる。　(5)　図１の半球上で，太陽が南中する位置が同じになるとき，Y地点の方が日の出の位置が北寄りになるので，昼の長さはY地点の方が長くなる。　(6)①　アは，太陽が南中する方角と反対の方角だから北である。また，北を向いたときは右手側が東だから，太陽の移動の向きはイである。　②　書かれている経路に対して，日の出・日の入りの位置，南中の位置をいずれも南寄りにすればよい。　③　書かれている経路に対して，日の出・日の入りの位置を南寄り，南中の位置を北寄りにすればよい。

図Ⅰ

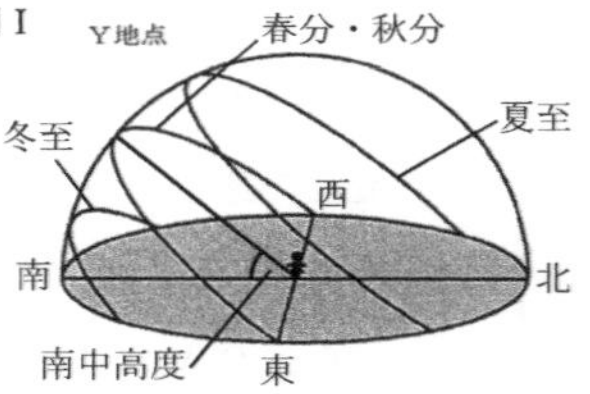


2(1)　晴れていたにもかかわらず，月を見ることができないのは，その日の月が新月だからである。新月になるのは，太陽，月，地球の順に一直線に並ぶときだから，太陽からは月が手前にあるように見える。

Ⅲ　1(4)　ア○…塩化マグネシウムは73.3－54.6＝18.7(g)で最大である。　イ×…硫酸《りゅうさん》カルシウムは20℃のときの方が水に溶ける量が多い。　ウ×…食塩と硫酸カルシウムは，20℃と100℃のときで，水に溶ける量の差はあまりない。　エ○…食塩と硫酸マグネシウムに着目すると，100℃のときは硫酸マグネシウムの方が水に溶ける量が多

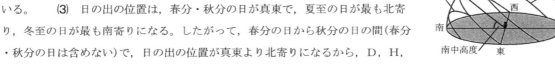

いが，20℃のときは硫酸マグネシウムの方が水に溶ける量が少ないので，グラフにした場合，２つのグラフが交わり，その点で水に溶ける量が同じになると考えられる。　オ×…表から０℃の水に溶ける量を考えることはできない。　(5)　海水１kg→1000ｇのうち，96.6%→966ｇが水で，1000－966＝34(ｇ)が白色固体である。34ｇの白色固体のうち，78%の 34×0.78＝26.52(ｇ)が食塩である。食塩は 20℃の水 100ｇに 37.8ｇまで溶けるから，20℃の水 10ｇには 37.8ｇの$\frac{1}{10}$の 3.78ｇまで溶ける。したがって，出てくる食塩は 26.52－3.78＝22.74(ｇ)である。

(6)　海水１kg中の量を(5)解説と同様に求めると，塩化マグネシウムは 34×0.1＝3.4(ｇ)，硫酸マグネシウムは 34×0.06＝2.04(ｇ)，硫酸カルシウムは 34×0.04＝1.36(ｇ)である。液量がはじめの$\frac{1}{10}$ほどになったときの水の量は約 100ｇだから，煮詰めているときの温度である 100℃での水 100ｇに溶ける量に着目すると，硫酸カルシウムだけが溶けきれずに固体となって出てくることがわかる。さらに液量が$\frac{1}{2}$ほど(水の量が約 50ｇ)になると，食塩の溶ける量は約 41.1÷２＝20.55(ｇ)になり，約 26.52－20.55＝5.97(ｇ)の食塩が出てくることになる。　(7)　溶けたものは液全体に一様に広がっていて，時間がたってもどこか一部が濃《こ》くなったりうすくなったりすることがない。

２(1)(3)　水に浮《う》かび，火がついたＣはろうである。ろうが燃えるときに発生する気体は二酸化炭素だから，うすい塩酸に加えて二酸化炭素が発生したＤは石灰石であり，Ｄ以外で水に溶けずに沈《しず》んだＥはアルミニウムである。また，水に溶けて酸性を示す二酸化炭素(水溶液《すいようえき》は炭酸水)は，アルカリ性の水酸化ナトリウム水溶液と中和が起こることで，水(食塩水)よりも水酸化ナトリウム水溶液によく溶けるから，Ａは食塩，Ｂは水酸化ナトリウムである。

(2)　うすい塩酸と金属が反応したときに発生する気体は水素である。

**Ⅳ**　１　表より，おもりの重さが 60ｇのときＡとＢが交わり，おもりの重さが 120ｇのときＢとＣが交わることがわかる。また，30ｇごとのばねののびは，Ａが２cm，Ｃが 1.5 cmだから，ＡとＣが同じ長さになるのは，おもりの重さが 240ｇで，ばねの長さが 24 cmになるときである。したがって，②が 60ｇ，③が 120ｇ，④が 240ｇであり，60ｇと 240ｇのときに他のばねと同じ長さになるのはＡだから，①はＡの元の長さである 10－２＝８(cm)があてはまる。

２　グラフ２は，おもりの重さが縦軸《じく》，ばねののびが横軸になっていることに注意する。おもりの重さが同じとき，のびが小さいものから順に並べるとア，イ，ウとなるから，アはＣ，イはＡ，ウはＢである。また，おもりの重さを 30ｇ増やしたときのばねののびは，Ａが２cm，Ｂが３cm，Ｃが 1.5 cmでそれぞれ一定だから，グラフ３のアはＢ，イはＡ，ウはＣである。

３　Ａは 30ｇで２cmのびるから，１cmのばすには 30ｇの半分の 15ｇのおもりが必要である。

４　同じ重さのおもりをつるしたとき，かたいばねほどのびにくい。したがって，２解説より，かたい順にＣ，Ａ，Ｂである。

５　例では，どちらのばねにも 30ｇのおもり２個分の重さ 60ｇがかかり，それぞれが 15 cmになることで，長さの和が 30 cmになった。①では，ＡとＢのそれぞれに 60ｇの重さがかかり，12＋12＝24(cm)になる。②では，Ａに 60ｇ，Ｂに 30ｇの重さがかかり，12＋９＝21(cm)になる。③では，Ａだけに 60ｇの重さがかかり，Ｂは元の長さ ９－３＝６(cm)のままだから，12＋６＝18(cm)になる。

６　棒の真ん中につるしたおもりの重さは，両端に等しく分かれて 15ｇずつかかる。Ａの元の長さは８cmで，15ｇで１cmのびるから，８＋１＝９(cm)が正答となる。

７(1)　ＢとＣに同じ重さがかかって同じ長さになるのは，１解説より，重さが 120ｇ，長さが 18 cmのときである。ここでは，おもりの重さが両端に等しく分かれていることに注意して，おもりの重さは 120×２＝240(ｇ)になる。

(2)　表より，おもりの重さが 120ｇより大きくなるとＢの方が長くなることがわかるから，Ｂ(左)側が下がる。

(3)　600ｇのおもりを棒の左端につるすと，重さはすべてＢにかかり，Ｂは$3\times\frac{600}{30}$＝60(cm)のびて，６＋60＝66(cm)になる。このときＣは元の長さ 13.5－1.5＝12(cm)のままで，その差は 66－12＝54(cm)である。この状態から，Ｂにかかる重さが 570ｇ，Ｃにかかる重さが 30ｇになるようにすると，Ｂは３cm短くなり，Ｃは 1.5 cm長くなる。つまり，２つのばねの長さの差は３＋1.5＝4.5(cm)小さくなる。したがって，２つのばねの長さの差がなくなる（２つのばねが同じ長さになる）のは，Ｃに $30\times\frac{54}{4.5}=360$（ｇ）の重さがかかるようになるときである。ＢとＣにかかる重さの比が（600－360）：360＝２：３になるのは，おもりからの距離がその逆比の３：２になるときである。

**8**　おもりからの距離の比が６：５になるとき，ＢとＣにかかる重さの比は５：６である。おもりの重さが 30ｇのとき，Ｂには $30\times\frac{5}{5+6}=\frac{150}{11}$（ｇ），Ｃには $30-\frac{150}{11}=\frac{180}{11}$（ｇ）の重さがかかる。このとき，30ｇで３㎝のびるＢののびは $3\times(\frac{150}{11}\div 30)=\frac{15}{11}$（㎝），30ｇで 1.5 ㎝のびるＣののびは $1.5\times(\frac{180}{11}\div 30)=\frac{9}{11}$（㎝）であり，Ｂの方が $\frac{15}{11}-\frac{9}{11}=\frac{6}{11}$（㎝）大きい。元の長さはＣの方が 12－６＝６（㎝）長いから，この差がなくなる（２つのばねが同じ長さになる）のは，おもりの重さが $30\times(6\div\frac{6}{11})=330$（ｇ）のときであり，Ｂには $330\times\frac{5}{5+6}=150$（ｇ）の重さがかかるから，ばねの長さは 21 ㎝になる。なお，表をもとに，おもりの重さが 180ｇのときのＣの長さが 19.5＋1.5＝21（㎝）であることに着目すれば，２つのばねの長さが 21 ㎝になるときに，重さの比がＢ：Ｃ＝150（ｇ）：180（ｇ）＝５：６になることがわかる。

## 《2020　社会　解説》

Ⅰ　**問１⑴**　風土記は元明天皇の命令で編さんされた日本の地誌だから，エを選ぶ。なお，奈良時代には神話や伝説をまとめた古事記や，日本最古の歌集である万葉集などもつくられた。

**⑵**　万葉仮名を使える知識層は都の貴族や官人などの一部の人々に限られていた。また，山上憶良の貧窮問答歌によく似た漢詩が唐代の詩の中に見られることから，貧窮問答歌を誇張された表現と指摘する声もある。

**⑶**　ウ．租以外の調・庸・雑徭・兵役などの税は，女性や高齢者には課せられなかった。そのため，律令制がくずれつつあった頃，税負担を逃れることを目的として，男性を女性や高齢者と偽って戸籍に登録した。

**⑷**　アとウが正しい。中央から派遣された国司の中には，地方に住みついて勢力を伸ばす者も現れるようになった。イは豪族についての記述である。エの都で警備を行ったのは検非違使である。

**問２**　オ．壇ノ浦の戦い（1185 年）→エ．承久の乱（1221 年）→イ．元寇（1274 年 文永の役・1281 年 弘安の役）→ア．応仁の乱（1467 年～）→ウ．桶狭間の戦い（1560 年）

**問３⑴**　アとオが正しい。田楽から発展した能は観阿弥・世阿弥親子によって室町時代に大成された。　イ．座は，公家や寺社などに税を納めて保護を受け，営業を独占していた。　ウ．江戸時代についての記述である。　エ．足利義満が建てたのは金閣（鹿苑寺）である。　**⑵**　イとエが正しい。中世に活躍した運送業者には，馬借のほか，荷車を牛に引かせて物資を運ぶ車借や，運送業と倉庫業を兼ねる問などもいた。　ア・ウ．通行税の負担や借金苦に耐えかねた馬借や農民たちが団結して正長の土一揆を起こした。

**問４**　五街道は，幕府安泰のために江戸を防衛することを目的としてつくられたから，ウを選ぶ。なお，参勤交代は大名を江戸と領地に１年おきに住まわせる制度で，将軍と大名の主従関係の確認という意味合いを持った

**問５**　ウが誤り。松前藩は，アイヌの人々がもたらす大量のサケなどをわずかな米や日用品と交換して富を得ていた。このことにアイヌの人々は不満を持ち，シャクシャインを中心に反乱を起こした（シャクシャインの戦い）。また，北海道で米作りが行われるようになったのは明治時代以降である。

**問６⑴**　ウは知床についての記述だから誤り。夏の南東季節風が寒流の千島海流（親潮）上をわたるときに冷やされて太平洋側で濃霧を発生させるため，釧路は夏でも日照時間が少なく冷涼である。　**⑵**　エが誤り。北海道で生鮮食品である牛乳よりも加工した乳製品向けの処理量が多いのは，大消費地から距離が離れているためである。

**⑶**　アが誤り。「宗谷岬」が「襟裳岬」であれば正しい。宗谷岬は北海道の最北端にある。

Ⅱ　**問１⑴**　アとカが誤り。　ア．中央を流れる川の下（13ｍ）の方が中央（5.5ｍ）よりも標高が高いから，川は南から北に向かって流れている。　カ．高田駅の線路沿いには工場（⚙）がある。　**⑵**　冬の北西季節風は，暖流の対

馬海流の上空で大量の水蒸気をふくんだ後，越後山脈にぶつかって，日本海側に大量の雪を降らせる。　(3)　北陸は水田単作地帯だから米の割合が高いイ，九州・沖縄は豚や肉用牛などの飼育が盛んだから畜産の割合が高いウである。アは四国，エは東北。

**問2**　イとカが誤り。　イ．薩摩半島にリアス海岸は少なく，火山灰のシラス台地が広がっている。　カ．九州でもっとも漁業生産額が多いのは長崎県である。

**問3(1)**　ウ．ノルマントン号事件(1886 年)→イ．領事裁判権の撤廃(1894 年)→ア．日英同盟の締結(1902 年)→エ．日英の国際連合の常任理事国就任(1920 年)　**(2)**　イが誤り。アメリカ大統領は国会議員との兼職が禁止されているため，連邦議会から不信任されることがなく，大統領も議会の解散権を持たない。

**問4**　アが誤り。国家予算は前年度の納税額の範囲内で決めず，一会計年度における歳入と歳出を見積もってつくる。

**問5**　官営工場は，近代産業の育成を目ざし，西洋の知識や技術を取り入れること(殖産興業)を目的としてつくられたから，イを選ぶ。

**問6(1)**　飛脚《ひきゃく》は馬と駆け足を手段とした。　**(2)**　空襲が激しくなると，都市の小学生は農村に集団で疎開して集団生活を送った。

**問7**　ウを選ぶ。アは世界保健機関(ＷＨＯ)，イは国際原子力機関(ＩＡＥＡ)，エは国連食糧農業機関（ＦＡＯ）が取り組んでいる。

**問8**　ウとエを選ぶ。民撰議院設立の建白書提出から自由民権運動が始まると，大隈重信は立憲改進党を結成し，国会の開設に備えた。アは福沢諭吉，イは伊藤博文についての記述である。

**問9**　東急や阪急といった鉄道会社は，郊外に住宅地，ターミナル駅付近に百貨店を建設し，人の移動を鉄道で行うことを計画した。東急百貨店ができた渋谷は，駅を中心とした繁華街となり，その後も発展していった。

**問10**　総務省は，通信事業の他，地方自治制度の管理や行政組織の管理も担当している。

**問11**　イを選ぶ。国営時代から現代まで，日本郵政と日本郵便には郵便と金融の全国一律サービス義務がある。

**問12**　イ．ラジオ放送の開始(1925 年)→オ．太平洋戦争の勃発(1941 年)→ウ．財閥の解体(1945 年～1952 年)→エ．テレビ放送の開始(1953 年)→ア．東京オリンピックの開催(1964 年)

**Ⅲ**　**問1**　エが誤り。労働基準法では，使用者が労働者に対して，少なくとも毎週１日の休日か，４週間を通じて４日以上の休日を与えなければならないと定めている。

**問2**　イとカが正しい。　ア．グローバル化が進んでいる大手企業では，外国人労働者数が多い。　ウ．外国人労働者に対しても日本人と同様の最低賃金法が適用されている。　エ．建設現場や介護施設で働く外国人労働者は増加し続けている。　オ．家族滞在の在留資格は配偶者と子どものみ認められるので，父母や兄弟などは滞在できない。

**問3**　イを選ぶ。アは日本国憲法第 14 条，ウとエは日本国憲法第 21 条で認められている。

**問4**　ウ．アメリカではかつて日本車を大量に輸入しており，貿易摩擦が起きていた。その解消のため，自動車工場が日本からアメリカに移され，現地での生産量が増やされた。

**問5**　エとカが誤り。近年は労働力が豊富で賃金の安い中国や東南アジアに工場を移し，そこで生産された機械類を日本に輸入することが増えてきている。

**問7**　保護貿易についての記述であるウを選ぶ。

**問8**　エを選ぶ。イラン以外の国はＡＳＥＡＮ加盟国であり，ＡＳＥＡＮ諸国とはＥＰＡ(経済連携協定)が結ばれている。

**問9**　世界貿易機関は，関税および貿易に関する一般協定(ＧＡＴＴ)を発展させて設立された。

**問10**　ア．1500 円の商品をドルに換算した場合，１ドル＝150 円では 1500÷150＝10(ドル)，１ドル＝100 円では 1500÷100＝15(ドル)(円高ドル安)となる。

**問11**　ウとオを選ぶ。　ウ．日本を訪れる外国人にとって円高ドル安は不利となる。　オ．外国人観光客が最も多い東京都の物価は世界的に見ても高い。

# ★女子学院中学校

## 《国　語》

一　問一．さまざまな種類の樹木が生える森　　問二．ア　　問三．ウ　　問四．エ　　問五．１．木々がまばらに立つ森で、どんどん光合成をして糖分を蓄えた木。　２．まわりに木がないため、日光と風が直接入り込み、湿った冷たい空気が失われる状態が続いて、木が病弱になってしまうから。／まわりに木がないため、弱ったときに近くの強い木から養分や水分を分けてもらえず、害虫や菌類の攻撃を受けやすくなるから。　　問六．１．イ　２．同じ量の光合成ができるように、木々が互いに補い合うこと。　　問七．樹皮をはがされ糖分が根に届かないブナが生きつづける　　問八．参加できるように、お互いを助け合う

二　問一．イ　　問二．ア　　問三．収穫のタイミングが早朝の数時間に限られるアスパラガスの、今朝の分を薹が立つ前に刈り入れるため。　　問四．ア　　問五．オ　　問六．エ　　問七．１．イ　２．病気を治すほうが大事だ。　問八．イ　　問九．１．エ　２．明日の朝も、アスパラを収穫するために病院から家に帰ることを認めてもらおうと、医者に採れたてのおいしいアスパラをあげること。　　問十．ウ　　問十一．体のためには許可しないほうが良いが、意思を尊重しますという思い。　　問十二．１．ア…俳句　イ…季節　２．ウ

問十三．１．顔　２．腹　３．筆

三　１．指針　２．会心　３．差額　４．姿勢　５．敬

## 《算　数》

1　(1) $\frac{134}{2019}$　　(2)6.3　　(3)① $\frac{3}{2}$　② $\frac{5}{11}$　　(4)角㋐…15　角㋑…74　角㋒…29　　(5) $3\frac{1}{8}$ ， $12\frac{1}{2}$

2　※(1)18.9　　(2)右図

3　(1)9　　(2)右図

4　130，8，20

5　834，67，2

6　3，17，35

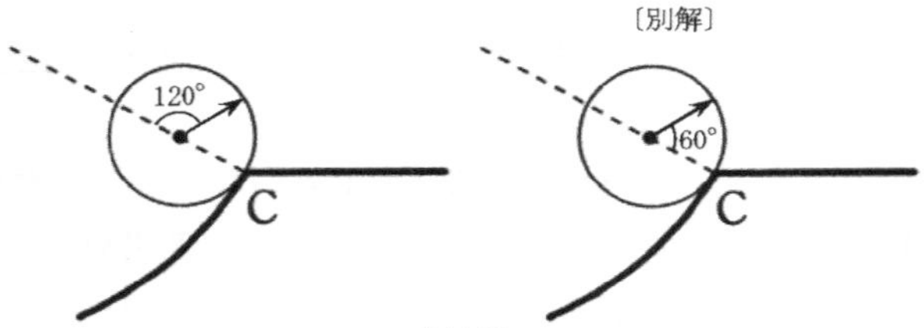


2(2)の図

| | | | |
|---|---|---|---|
| ① | ② | 3 | 4 |
| 5 | ⑥ | ⑦ | ⑧ |
| 9 | ⑩ | 11 | 12 |

〔別解〕

| | | | |
|---|---|---|---|
| 1 | 2 | ③ | ④ |
| ⑤ | ⑥ | ⑦ | 8 |
| ⑨ | 10 | 11 | 12 |

3(2)の図

※の式は解説を参照してください。

## 《理　科》

Ⅰ　1．(1)二酸化炭素　(2)イ　(3)①イ，ウ　②ア，エ　③オ　(4)名前…石灰水　反応の様子…白くにごる。
(5)①イ　②ウ　③イ　④ア　(6)(イ　ケ)，(イ　コ)，(ウ　ケ)　　2．ウ，カ　　3．他の物質を混ぜない。
4．1 cm³の重さがペットボトルより重くアルミニウムより軽い液体をつくり，その液体に小さなかけらを加える。

Ⅱ　1．①11.0　②ウ　③ウ　　2．④ア　⑤ア　⑥ア　⑦イ　⑧イ　　3．⑨ア　⑩イ　⑪イ　　4．地表付近の気温と上空の気温の差

Ⅲ　1．(1)[良い方／理由]　①[B／ウ]　②[A／イ]　③[A／イ]　(2)受精　(3)オ　(4)ウ　(5)イ　(6)めすの方がはらがふくらんでいる。／おすの方が口が上を向いている。などから1つ　(7)イ
2．(1)①ア　②ウ　(2)0.6　(3)ウ　(4)60

Ⅳ　1．(1)1　(2)①35　②(5，5，25)，(5，10，20)，(5，15，15)，(10，10，15)
2．(1)①イ　②ウ，エ　③ア　(2)①0　②400　(3)①ウ　②ア　(4)A．ア　B．ウ　　3．①ウ，エ　②ア　③イ

## 《社　会》

Ⅰ　問1．貝塚　　問2．奈良県　　問3．木簡　　問4．イ，エ　　問5．イ→エ→ア→ウ
問6．ウ→ア→エ→イ　　問7．版画の技術を使って大量に刷られたから。　　問8．オ
問9．[記号／どのように再利用したか] [ア，エ／修理して再利用]，[イ，カ／加工して別製品として再利用]，[ウ，オ／捨てずに再利用]　　問10．エ　　問11．イ

Ⅱ　問1．(1)豊臣秀吉　(2)ウ→エ→ア→イ　(3)エ，オ　(4)記号…ア／農民の所有物の中に武器や武具がないこと。
問2．エ→イ→オ→ア→ウ　　問3．イ　　問4．自動車　　問5．ウ→イ→ア→エ　　問6．家事にかかる時間が短縮されたから。　　問7．(1)ウ　(2)ア，エ

Ⅲ　問1．(1)ウ　(2)エ　　問2．〇　　問3．エ　　問4．イ，オ　　問5．ア，ウ　　問6．(1)イ，ウ　(2)ウ
(3)千代田区は，官庁街や多くの学校や会社があるので，他区域からの通勤・通学者が多いから。　　問7．エ
問8．(1)ウ　(2)エ　(3)ア　　問9．火事　　問10．ア→ウ→イ　　問11．エ

Ⅳ　問1．X．水銀　Y．持続可能　　問2．健康で文化的な最低限度の生活を営む権利。　　問3．内閣
問4．エ　　問5．ア，ウ，オ　　問6．ウ　　問7．イ　　問8．環境　　問9．発展途上国でつくられた製品が適正な価格で取り引きされていること。

# 女子学院中学校

←解答例は前のページにありますので，そちらをご覧ください。

## 《2019　国語　解説》

一　著作権に関係する弊社《へいしゃ》の都合により本文を非掲載《ひけいさい》としておりますので、解説を省略させていただきます。ご不便をおかけし申し訳ございませんが、ご了承《りょうしょう》ください。

二　問二　「所見」は、見たところ、見た結果という意味。Ｘ線検査、血液検査の結果が、派手なものであったということ。医者から見て派手ということは、検査の結果が健康な状態とはかけ離《はな》れたものだったと思われる。続く文に「当然入院して治療《ちりょう》すべき病状」、前の文に「検査の結果は立派な肺炎《はいえん》であった」とあるから、検査の結果はとても悪かったということになる。したがって、アが適する。

問三　直後に「アスパラガス」とある。そして２段落後に、「農家にとっては～農作業が、生活における最優先事《じ》項《こう》」であり、患者《かんじゃ》たちが農作業のために治療をおろそかにしてしまうことが書かれている。さらに、その優先される農作業の一つに「アスパラガスの収穫《しゅうかく》」があり、「収穫のタイミングが早朝の数時間に限られている」こと、「二時間遅《おく》れただけでも一気に薹《とう》が立」ってしまうために「刈《か》り入《い》れ時期は～入院などしている場合ではない」ことが、続く段落に書かれている。これらの部分から、老婦人が家に帰ろうとしたのは、数時間刈り入れが遅れただけでも薹が立ってしまう、アスパラガスの収穫をするためだったということが読みとれる。

問五　五月の農作業がいそがしい時期になると、患者たちが病気の話ではなく農業の話ばかりをするようになること、次の段落に書かれている患者の行動「外来を無断で休み～お構いなしに作業に勤《いそ》しむようになる」、アスパラガスの収穫をしたい老婦人が、入院して治療すべき状態だったのに家に帰らせてくれと頼《たの》んだことを合わせて考えると、オが適する。患者たちが農作業を優先して、治療について医者が言うことを聞かなくなるのである。

問六　「難物」は、取りあつかいの難しいことがら。直前の「そうした中でも」は、（問五で見たように）農作業がいそがしく治療より優先される状況《じょうきょう》の中でも、ということ。アスパラガスは「収穫のタイミングが早朝の数時間に限られている～二時間遅れただけでも一気に薹が立つ」野菜で、収穫は時間との戦いである。そのため、重い病気でも「入院などしている場合ではない」ということになり、特に治療にとってやっかいな障害になるのである。したがって、エが適する。医者の立場から「難物」と言っているのだから、農家の立場から言ったアの「医師との対決」は適さない。

問七２　医者が「命よりもアスパラが大事ですか」と問いかけ「なんとか宥《なだ》めようと」して、時に喧嘩《けんか》にまでなったのは、とにかく患者に治療を受けてほしいからである。

問八　治療よりも、アスパラガスの収穫を優先してもよい状況だから、イが適する。

問九２　（すぐにでも入院して治療すべき）老婦人はアスパラの収穫から戻《もど》ってくると「（アスパラの束を）さし出しつつ『明日の朝も（収穫に）行ってきていいかね？』と問うて」きた。そうされた医者も「気難《きむずか》しい顔をしてみるのだが、採れたてのアスパラの魅力《みりょく》に抵抗《ていこう》することは容易でない」ので、「ため息とともに苦笑」した（仕方なく明日も収穫に出かけることを許した）。老婦人は、収穫に行く許可をもらうためにアスパラをさし出したのである。

問十　医者としては治療すべき患者を収穫に行かせることは本来ならしたくない。本当は反対であるという気持ちを示すためにウ「気難しい顔」をして見せた。

問十一　「ため息」は、本当は収穫に行くのは反対だが、仕方がないなぁとあきらめる気持ちを表すもの。しかし、無理をして笑って見せること（苦笑）で、収穫に行くという老婦人の意思を認めることを示した。

## 《2019　算数　解説》

1　(1)　与式＝$(\frac{35}{185}+\frac{2}{185})\times(\frac{1}{2}-\frac{9}{50}\times\frac{25}{27}-\frac{1}{673})=\frac{37}{185}\times(\frac{1}{2}-\frac{1}{6}-\frac{1}{673})=\frac{1}{5}\times(\frac{1}{3}-\frac{1}{673})=\frac{1}{5}\times(\frac{673}{2019}-\frac{3}{2019})=$
$\frac{1}{5}\times\frac{670}{2019}=\frac{134}{2019}$

(2)　右のように作図できるので，影をつけた部分の面積は，

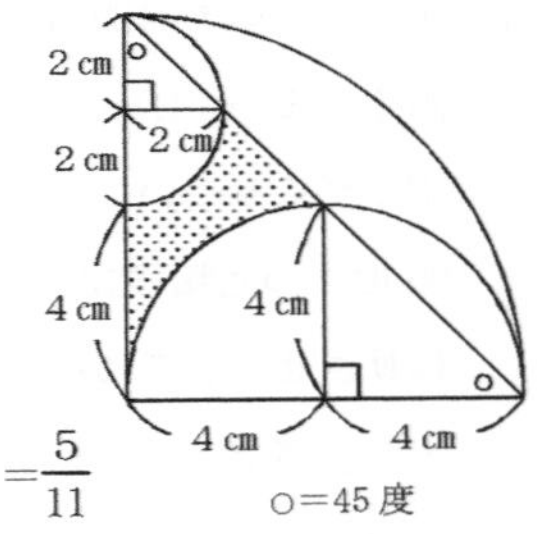


$8\times8\div2-2\times2\div2-4\times4\div2-2\times2\times3.14\times\frac{1}{4}-4\times4\times3.14\times\frac{1}{4}=$
$32-2-8-3.14-4\times3.14=22-(1+4)\times3.14=22-15.7=6.3$(cm²)

(3)①　両辺の分母と分子を逆にすると，$1-[A]=\frac{1}{3}$　　$[A]=1-\frac{1}{3}=\frac{2}{3}$
よって，$A=\frac{3}{2}$

②　$[B]=1+\frac{1}{1-[6]}=1+1\div(1-\frac{1}{6})=1+1\div\frac{5}{6}=1+\frac{6}{5}=\frac{11}{5}$　　よって，$B=\frac{5}{11}$

(4)　右図のように，点ＯのＥＦに対して対称な点をＩとすると，
ＩＦ＝ＯＦになり，またＯＩ＝ＯＦだから，三角形ＯＩＦは正三角形になるとわかる。よって，角ＦＯＩ＝60 度である。
また，ＯＩとＤＡは平行になるから，同位角は等しく，
角ＢＯＩ＝角ＢＤＡ＝45 度である。よって，角㋐＝60－45＝15(度)である。
ＡとＣはＢＤについて線対称だから，角ＡＪＢ＝角ＣＪＢ＝角㋑なので，
角㋑＝(180－32)÷２＝74(度)

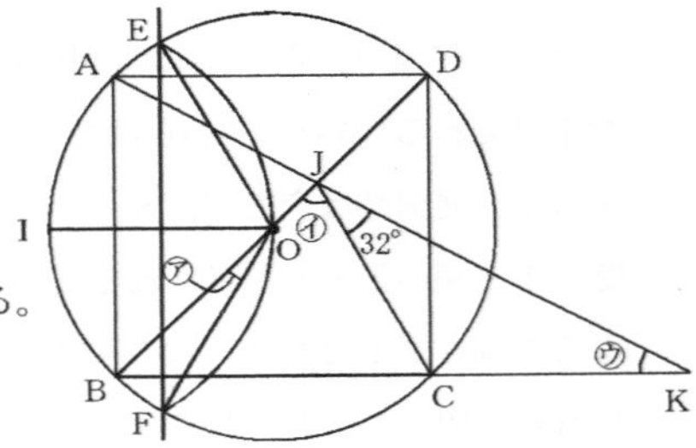


角ＡＪＢ＝74 度，角ＪＢＣ＝45 度だから，三角形ＢＪＫで外角の性質より，角㋒＝74－45＝29(度)

(5)　赤の円柱と，白の上に青をのせたものを比べるとわかりやすくなる。青の高さを⑤とすると，右図Ⅰは赤の円柱の方が低い場合，右図Ⅱは赤の円柱の方が高い場合である。

図Ⅰ

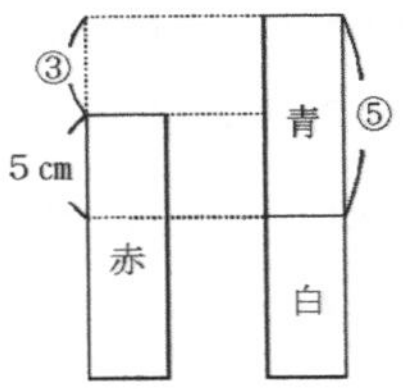


図Ⅱ

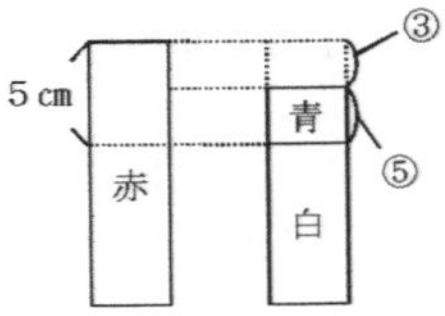


図Ⅰでは⑤－③＝②が５cmにあたるから，青の円柱の高さは，
$5\times\frac{⑤}{②}=\frac{25}{2}=12\frac{1}{2}$(cm)
図Ⅱでは⑤＋③＝⑧が５cmにあたるから，青の円柱の高さは，
$5\times\frac{⑤}{⑧}=\frac{25}{8}=3\frac{1}{8}$(cm)

2　(1)　円の中心が動いてできる線は右図の太線である。ＥＦ＝ＩＪ＝５cmである。三角形ＯＢＣは二等辺三角形だから，角ＯＣＢ＝(180－120)÷２＝30(度)なので，角ＨＣＩ＝180－90－30＝60(度)である。おうぎ形ＢＧＦとおうぎ形ＣＩＨを合わせると，半径１cm，中心角 90＋60＝150(度)のおうぎ形ができるから，曲線ＦＧと曲線ＨＩの長さの和は，

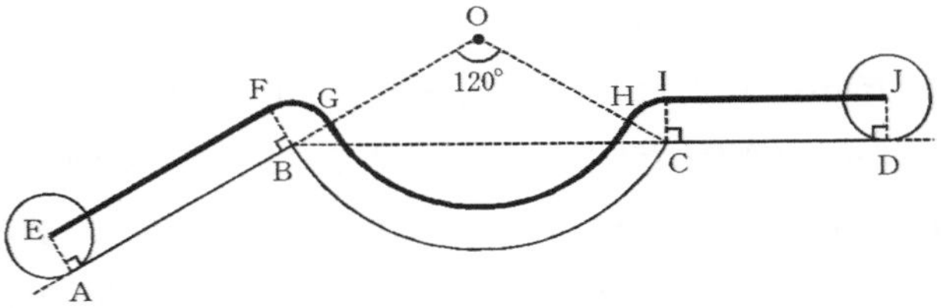


$1\times2\times3.14\times\frac{150}{360}=\frac{5}{6}\times3.14$(cm)である。おうぎ形ＯＧＨは半径４－１＝３(cm)，中心角 120 度だから，曲線ＧＨの長さは，$3\times2\times3.14\times\frac{120}{360}=2\times3.14$(cm)
よって，円の中心が動いてできる線の長さは，$10+\frac{5}{6}\times3.14+2\times3.14=10+\frac{17}{6}\times3.14=18.89\cdots$より，18.9 cm である。

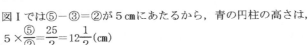

(2) 円は，円の中心が円周の長さだけ動くと１回転する。

(1)より，曲線ＧＨの長さは$2\times3.14$(cm)で，半径１cmの円の円周は$2\times3.14$(cm)だから，この円はＰからＱまで転がると$(2\times3.14)\div(2\times3.14)=1$(回転)するとわかる。Ｐにきたとき BC と矢印が重なっているのだから，Ｑにきたときの矢印と点線との角度は，OB と OC との角度に等しく 120 度(または60 度)である。

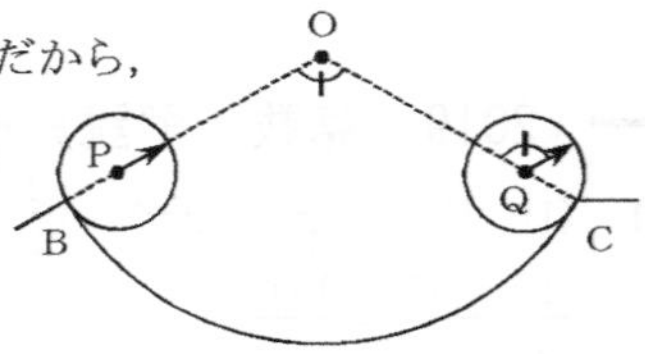


**3** (1) 立方体の展開図は右図の①～⑪の 11 種類ですべてなので，覚えておくとよい。①～⑥のように，４つの面が１列に並び，その上下に１面ずつがくっついている形が基本的な形である。立方体の展開図では面を 90 度ずつ回転移動させることができるので，⑤の右端《みぎはし》の面を下に回転移動させると⑦になる。⑦の一番上の面を左に回転移動させていくと，⑧と⑨ができる。⑩と⑪は覚えやすい形なので，そのまま覚えるとよい。この問題で，⑫を使ってできる展開図は①～④，⑦～⑩の８通りだが，⑨だけは右図の状態から 180 回転させると別の展開図ができる(使われる数字が変わる)ので，⑨からは２通りの展開図ができる。

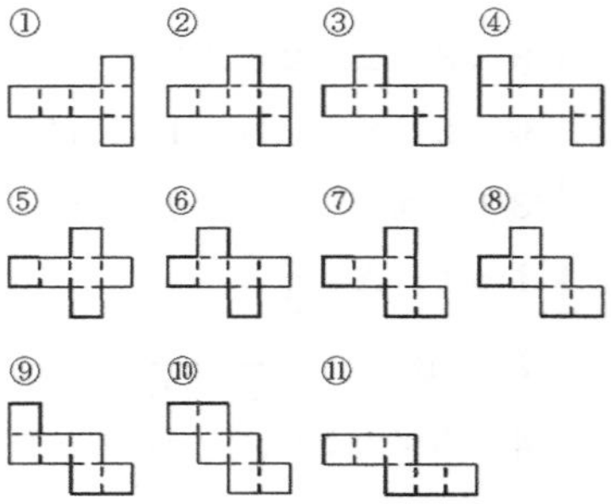


よって，展開図は全部で，$8+1=9$(通り)できる。

(2) (1)の図の①～⑥から作れる展開図のうち，数の和が最も小さくなるのは右図Ⅰであり，数の和は 36 になる。(1)の図の⑦～⑨から作れる展開図のうち，数の和が最も小さくなるのは図Ⅱか図Ⅲであり，数の和はともに 34 になる。(1)の図の⑩から作れる展開図のうち，数の和が最も小さくなるのは図Ⅳか図Ⅴであり，数の和はともに 39 になる。よって，図Ⅱか図Ⅲの数の和が最も小さくなる。

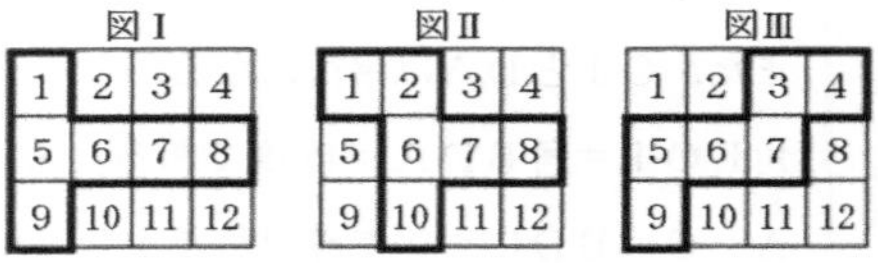


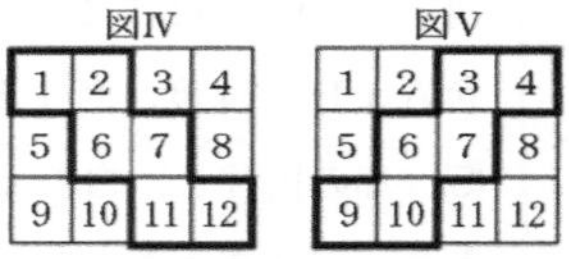


**4** １分で進む角度は，長針が$360\div60=6$(度)，短針が$360\div12\div60=\frac{1}{2}$(度)だから，１分ごとに長針は短針より$6-\frac{1}{2}=\frac{11}{2}$(度)多く進む。したがって，$56\frac{4}{11}$分$=\frac{620}{11}$分だと，$\frac{11}{2}\times\frac{620}{11}=310$(度)多く進む。310 度多く進むことで間の角度が 180 度になるのだから，今，長針が短針の$310-180=130$(度)前にあるとわかる。

となりあう数字同士の間の角度は$360\div12=30$(度)だから，長針が仮に右図のように 12 を指していると考えると，$130=30\times4+10$より，短針は長針より数字４つ分と 10 度先の位置にあることになる。短針がちょうど数字の位置から 10 度進んだときの時刻の分を表す数は$10\div\frac{1}{2}=20$だから，長針は 20 分の位置，つまり「４」を指していることになるので，短針は長針より数字４つ分進んだ「８」から 10 度進んだ位置にあるとわかる。よって，今の時刻は午前８時 20 分である。

**5** 12 個入りは１個あたり$1500\div12=125$(円)であり，15 個入りは１個あたり$1800\div15=120$(円)である。あと６個菓子があれば，12 個入りだけの場合も 15 個入りだけの場合もさらに１箱作ることができ，余りが出ない。このとき全部が売れたとすると，売り上げの比は，１個あたりの値段の比に等しく，$125:120=25:24$になる。12 個入りだけの方が売り上げが高く，実際より１箱ずつ余分に売ったと仮定しているので，比の数の差である$25-24=1$は，$4500-(1800-1500)=4200$(円)にあたる。つまり，12 個入りは$4200\times\frac{25}{1}\div1500=70$(箱)になるから，実際には$70-1=69$(箱)売れたとわかる。よって，菓子は$12\times70-6=834$(個)あった。

この 834 個をなるべく 12 個入りを多くして余りが出ないように売ると，売り上げが最大になる。
12 個入りだけだと 69 箱売れて 6 個余るから，12 個入りの箱をいくつか減らして余りが 15 の倍数になる最初のところを探すと，２箱減らして余った 12×２＋６＝30(個)を 15 個入り２箱にすればよいとわかる。よって，売り上げが最大になるのは，12 個入りが 67 箱，15 個入りが２箱のときである。

**6**　右のようなベン図で考える。(ア)より，サッカーの丸と卓球の丸が重ならないようにする。また，３つの競技に参加する生徒はいないので，斜線《しゃせん》部分に入る生徒はおらず，全員が競技に参加したので，どの丸の中にも入らない生徒もいない。

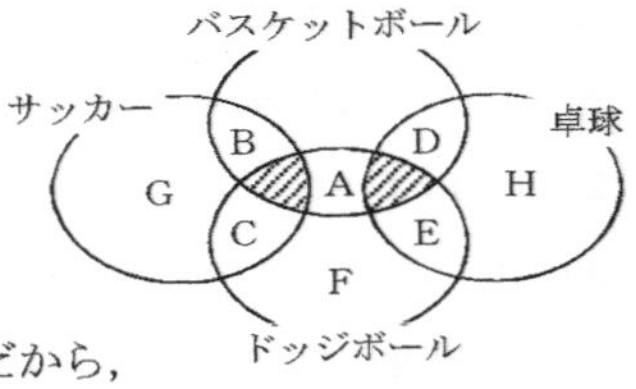


Aの人数を①とすると，(ウ)より，ドッジボールに参加した人数は①÷$\frac{1}{4}$＝④だから，
$_{a}$C＋E＋F＝③である。(オ)より，B＋D＝F－３だから，$_{b}$F＝B＋D＋３である。
a，bより，C＋E＋(B＋D＋３)＝③　$_{c}$B＋C＋D＋E＋３＝③
(イ)より，A＋B＋C＋D＋E＝９　①＋B＋C＋D＋E＝９　$_{d}$B＋C＋D＋E＝９－①
c，dより，(９－①)＋３＝③　12－①＝③　①＋③＝12　④＝12　①＝12÷４＝３(人)
したがって，バスケットボールとドッジボールの両方に出場する生徒(A)は，３人である。
(エ)より，$_{e}$C＋E＋F＋G＋H＝20だから，bとeより，C＋E＋(B＋D＋３)＋G＋H＝20
B＋C＋D＋E＋G＋H＝20－３＝17(人)　よって，サッカーまたは卓球に出場する生徒は，17 人である。
バスケットボールに出場する人数は，(ウ)より，A×５＝３×５＝15(人)だから，このクラスの人数は，
(バスケットボールに出場する人数)＋(バスケットボールに出場しない人数)＝15＋20＝35(人)

## 《2019　理科　解説》

**I**　**1(1)**　ペットボトルのペット(ＰＥＴ)は，ポリエチレンテレフタラートの略称である。ＰＥＴはプラスチックの一種であり，炭素が含《ふく》まれているので燃やすと空気中の酸素と結びついて二酸化炭素が発生する。　**(2)**　二酸化炭素を水に溶《と》かしたものが炭酸水である。気体はふつう，水の温度が低いほどよく溶ける。　**(3)**　①酢《す》は酢酸《さくさん》などが溶けている酸性の水溶液《すいようえき》，塩酸は塩化水素が溶けている酸性の水溶液である。②せっけん水は脂肪酸ナトリウムが溶けているアルカリ性の水溶液，水酸化ナトリウム水溶液は水酸化ナトリウムが溶けているアルカリ性の水溶液である。③アンモニア水はにおいを持つアルカリ性の水溶液である。なお，酢や塩酸もにおいを持つ。
**(5)**　①火が二酸化炭素におおわれて，燃焼を助ける気体(＝酸素)が遮断《しゃだん》される。②水の温度上昇《じょうしょう》に熱が使われるため紙の温度が燃えるときの温度まで上がらない。③アルコールランプにふたをすると酸素が遮断される。④とけて液体になったろうが芯《しん》を伝わって上に移動し，その先で気体となったものが燃える。したがって，芯をつまんでろうが上に移動できなくなると，燃えるものがなくなって火が消える。

**2**　燃料が必要なウやカでは，燃料を燃やすときや，燃やして残ったものに有害なものが含まれていることがある。これに対し，燃料を必要としないア，イ，エ，オでは，有害なものが排出《はいしゅつ》されない。

**3**　他の物質が混ざっていると，リサイクルするときに，その物質を取り除くという作業が増える(その物質を取り除くのが不可能だったり，費用がかかりすぎたりする可能性も考えられる)。

**4**　解答例の方法では，アルミニウムが沈《しず》み，ペットボトルは浮《う》くので，それぞれに分けることができる。固体が液体に浮くかどうかは，同じ体積あたりの重さ(＝密度)によって決まる。固体の密度が液体より大きければ固体は沈み，固体の密度が液体より小さければ固体は浮く。

Ⅱ　1　①100m持ち上げるたびに１℃温度が下がるので，１km→1000mであれば10℃下がって 21.0－10＝11.0(℃)になる。②高度１kmでは，風船の中の空気の温度(11.0℃)が，周囲の空気の温度(14.5℃)より低い。③空気は，温度が高くなると体積が大きくなり，このとき重さは変わらないから，密度は小さくなる。つまり，風船の中の冷たい空気は，周囲のあたたかい空気より密度が大きいから，風船は落ちてくる。

2　④⑤高度１kmでは，風船の中の空気の温度は 30.0－10＝20.0(℃)で，周囲の空気の温度は 18.5℃なので，風船の中の空気の方が密度が小さく，風船は自然に上昇する。⑥高度０kmと１kmでの気温差は，Ａの日が 21.0－14.5＝6.5(℃)，Ｂの日が 30.0－18.5＝11.5(℃)で，Ｂの日の方が大きい。⑦地表付近の空気の温度は30.0℃と高く，高度１kmの空気の温度は 18.5℃とそれほどあたためられていない。⑧高度１kmでは，風船の中の空気の温度は20.0℃で，周囲の空気の温度は18.5℃だから，風船の中の持ち上げられた空気の温度の方が高いことがわかる。

3　⑨⑪高度１kmでは，風船の中の空気の温度は 13.5－10＝3.5(℃)で，周囲の空気の温度は０℃なので，風船は自然に上昇する。⑩空気が熱を伝えにくいのは２⑦と同様である。

4　ＢやＣのような日に，空気が自然に上昇することから考える。

Ⅲ　1⑵　メダカなどの魚類の多くは，めすが産んだ卵におすが精子をかけることで受精が行われる。　⑹　おすとめすの背びれとしりびれのちがいは右図の通りである。

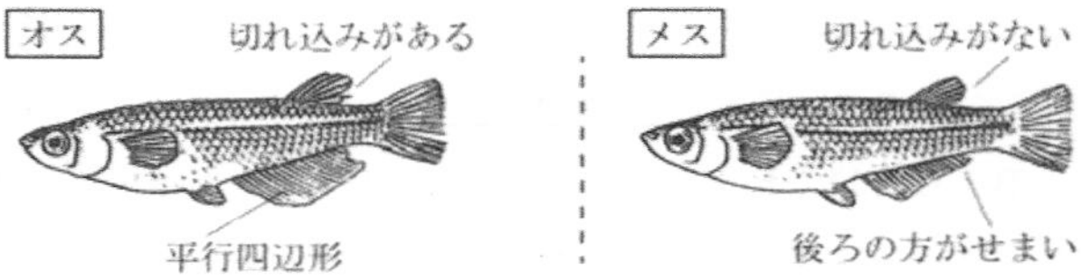


⑺　メダカが泳ぐときにうろことうろこの境目(図１の表面に出ている部分と被覆部の境目)に水が入ってくると前に進みにくくなるから，この部分に水が入ってこないように，メダカはＡの向きと逆向きに泳いでいると考えられる。

2⑴　図３より，ふ化後０日の全長は約３mm，20日の全長は約7.5mm，50日の全長は約23mm，70日の全長は約36mmと読み取れる。①Ｘが 7.5÷３＝2.5，Ｙが 36÷23＝1.56…→1.6 となり，Ｘ＞Ｙである。②20日での全長の増加量はＸが 7.5－３＝4.5，Ｙが 36－23＝13 で，１日あたりで考えても大小関係は変わらないから，Ｘ＜Ｙである。

⑵　ふ化後50日の全長は約23mmで，図４より全長23mmのときのうろこの大きさは約0.6mmと読み取れる。

⑶　図４で，全長が大きくなると，うろこの大きさが一定の割合で大きくなっている。また，図５で，全長が大きくなると，隆起線の数が一定の割合で多くなっている。したがって，うろこの大きさが大きくなると，隆起線の数が一定の割合で多くなると考えることができる。　⑷　図５より，隆起線の数が15本になるのは全長が30mmのときであり，図３より，全長が30mmになるのはふ化後60日のときだと読み取れる。

Ⅳ　1⑴　支点の左右で棒を傾《かたむ》けるはたらき〔おもりの重さ×支点からの距離《きょり》〕が同じとき，つり合う。ここではおもりの重さをおもりの数，支点からの距離を支点からの穴の数に置きかえて考える。棒を反時計回りに傾けるはたらきは２×２＋１×１＝５だから，棒を時計回りに傾けるはたらきも５になるように，右のうでの支点から25cm→支点から５個目の穴に５÷５＝１(個)のおもりをつるせばよい。　⑵①　棒を反時計回りに傾けるはたらきは３×２＋１×１＝７だから，右のうでには１個のおもりを支点から７÷１＝７(個目)→５×７＝35(cm)の穴につるせばよい。　②　①と同様に，３個のおもりによる棒を時計回りに傾けるはたらきが７になればよい。つまり，３個のおもりをつるした支点からの穴の数の合計が７になる組み合わせを考えればよいから，(１，１，５)，

(1，2，4)，(1，3，3)，(2，2，3)の4通りがある。したがって，支点からの距離にすると，(5cm，5cm，25cm)，(5cm，10cm，20cm)，(5cm，15cm，15cm)，(10cm，10cm，15cm)となる。

2(1)　(あ)と(い)は，重さが同じで，支点からの距離も同じで，たがいにつり合っているから，この2つの部分が棒を傾けるはたらきは考えなくてよい。したがって，皿が棒を反時計回りに傾けるはたらきと，(う)と(え)が棒を時計回りに傾けるはたらきが同じになればよい。　(2)　①皿をAにつるすと，おもりをつるさなくても棒は水平になったから，支点の位置の目盛りは0gである。②支点から右に40cmの位置に100gのおもりをつるすと，棒を時計回りに傾けるはたらきが100(g)×40(cm)＝4000大きくなる。これとつり合うのは支点から左に10cmの位置につるした皿に 4000÷10(cm)＝400(g)のものをのせたときである。　(3)　①皿をBにつるすと，皿から支点までの距離が大きくなるので，皿が棒を反時計回りに傾けるはたらきが大きくなって傾いてしまう。そのため，皿に何ものっていない状態にもかかわらず，100gのおもりを支点の右につるして，棒を時計回りに傾けるはたらきを大きくしなければならない。このとき，100gのおもりをつるした位置が0gの目盛りになる。②皿をBにつるしたときの支点からの距離はAより大きいから，皿に同じ重さのものをのせたときの棒を反時計回りに傾けるはたらきは，皿をBにつるしたときの方が大きくなるため，それとつり合わせるために支点の右につるす100gのおもりの位置はより支点から遠くなる。つまり，皿をBにつるしたときの方が目盛りの間隔《かんかく》が広くなるということである。

(4)　皿をAにつるしたときは，100gごとの目盛りの間隔がせまいので棒の右端《みぎはし》までに目盛りを多くとることができ，より重いものまではかることができる(はかれる範囲《はんい》が広い)。一方，皿をBにつるしたときは，はかれる範囲はせまい(あまり重いものははかれない)が，100gごとの目盛りの間隔が広いので，その間をさらに細かく分けることができ，軽いものをはかるときにより精密にはかることができる。

## 《2019　社会　解説》

Ⅰ　問1　貝塚には貝殻のほか，石器や土器，動物の骨なども出土しており，ここから当時の生活を知ることができる。

問2　藤原京は天智天皇の死後，皇后の持統天皇がつくった。平城京は，710 年に元明天皇が藤原京から遷都してつくり，長安の都制にならって碁盤の目状に区画された。

問3　律令制では，税は租(稲の収穫高の3％を地方の国に納める)・調(絹，麻や地方の特産品などを都に納める)・庸(都での 10 日間の労役に代えて，都に布を納める)からなり，地方からもたらされる特産物を役人が木簡に記録した。

問4　イ・エ．鉄器は，稲作とともに弥生時代中期の紀元前後に広まった。漢字は，古墳時代の4世紀ごろ，大陸から日本列島に移り住んだ渡来人によって伝わった。禅宗は 12 世紀，宋銭は 10 世紀，木綿は8世紀に伝わった。

問5　イ．仏教の伝来(古墳時代)→エ．遣隋使の派遣(飛鳥時代初め)→ア．大化の改新(飛鳥時代中ごろ)→ウ．日本書紀(奈良時代)

問6　ウ．古墳時代→ア．平安時代→エ．鎌倉時代→イ．戦国時代

問7　江戸時代，上方(京都・大阪)や江戸で町人による文化が生まれ，役者絵や美人画など町人の姿をえがいた浮世絵が木版画で大量に刷られて売り出された。

問8　オが誤り。歌舞伎は京都でも上演された。京都に現存する南座には「歌舞伎発祥の地」の石碑がある。

問9・問10　鎖国体制下の江戸時代は，限られた資源を最大限に活かして経済を維持する循環型社会であった。新しい品物は高価で簡単には手に入らなかったので，ほとんどすべてのものがごみにならずに使われ続けた。人の排出物も肥料として農家に買い取られ，「肥料を作るのはその農作物を食べる消費者」というような，消費と生産が循環する社会が営まれていた。

問11　イが誤り。武士には特権があり，名字・帯刀などが許されていた。

Ⅱ　問1(1)　史料の「百姓たちが…武器武具を所有することを厳しく禁止する」から，安土桃山時代に豊臣秀吉が進めた刀狩令を導く。　(2)　ウ．長篠の戦い(1575年)→エ．本能寺の変(1582年)→ア．文禄・慶長の役(1592～1598年)→イ．関ヶ原の戦い(1600年)　(3)　エとオが誤り。　エ．「百姓は農耕・養蚕にはげむこと」とある。　オ．「一揆をくわだて，けしからぬ行為をなす者たちは，もちろん厳しい罰を受けるだろう」とある。　(4)　解答例のほか，「オ」を選び，「1587年と比較して，1603年に起こった一揆の回数が減っていること」とまとめてもよい。

問2　エ．江戸時代→イ．明治時代(1872年)→オ．明治時代(1901年)→ア．昭和時代→ウ．平成時代

問3　イが正しい。1925年制定の普通選挙法により，一般の労働者や農民も選挙権を持つようになったことで，彼らに政治体制の変革につながる思想が広まることを懸念した政府は，普通選挙法と同時に治安維持法を制定し，社会主義の動きを取り締まった。　ア．労働時間の延長などに対する労働運動が起こった。　ウ．第二次世界大戦前にも労働組合はあった。　エ．「経済産業省」でなく「厚生労働省」ならば正しい。

問4　石油を燃料とする自動車は，燃料を一度入れてしまえば一定の距離を走ることができたので急速に広まった。その後，石油を使った飛行機などが開発され，20世紀は石油を中心に工業化が進展していった。

問5　ウ．弥生時代→イ．飛鳥時代→ア．明治時代→エ．昭和時代

問6　三種の神器(白黒テレビ・電気冷蔵庫・電気洗濯機)の普及は，家事にかかる時間の短縮のほか，家事労働に従事することが多かった女性の社会進出にも貢献した。

問7(1)　ウが誤り。所得税の減税は，物価上昇により増大する税負担を調整するため行われ(物価調整減税)，商品の値上がりを防ぐ効果はない。　(2)　アとエが正しい。阪神・淡路大震災は1995年，東京オリンピックの開催は1964年，朝鮮戦争の勃発は1950年，日中平和友好条約の締結は1978年のできごとである。

Ⅲ　問1(1)　「日の出町役場」は人が多く集まるウと判断する。　(2)　「工場が一番多くある地域」は高速道路やインターチェンジ，道路(都道)などが集まるエと判断する。

問3　エ．消防署(Y)は図1に見当たらない。

問4　イとオが誤り。　イ．廃棄物処分場の斜面の標高は，北側が341m，南側が268mだから，南向きである。オ．神社(標高280m)と廃棄物処分場の間に標高350mの山があるので，見わたすことはできない。

問5　アとウが正しい。　イ．燃えるごみには，リサイクルに回されるものもある。　エ．テレビやエアコンの回収は家電リサイクル法の対象で有料である。　オ．一般廃棄物の自区内処理は原則であり，義務ではない。

問6(1)　イとウが誤り。昼夜間人口比率は，千代田区が 853068÷58406×100＝1460.6(%)，世田谷区が 856870÷903346×100＝94.9(%)，練馬区が 605084÷721722×100＝83.8(%)となる。　イ．世田谷区は，昼間人口と常住人口が千代田区よりも高いが，昼夜間人口比率は千代田区よりも下位である。　ウ．世田谷区と練馬区の昼夜間人口比率は 100 を下回る。　(2)　ウ．(1)の解説参照。　(3)　大都市の周辺には，昼間は大都市で働いていたり学んだりして，夜間に家に帰ってきて生活する人々が多くいて，このような人々が住む町を「ベッドタウン」と呼ぶ。

問7　エが誤り。墨は，煤《すす》や膠《にかわ》，香料などからつくられる。

問8(1)　ウ．森林面積の割合世界一はフィンランドの約73%で，ついで日本の約68%となる。　(2)　森林面積の割合は，大阪府と千葉県が約31%，香川県が約47%，秋田県が72%，沖縄県が46%なので，エを選ぶ。

(3)　アが誤り。1980年代後半以降，日本の人工林の面積はほとんど変動してない。

問9　江戸は木造長屋が密集していたため，いったん火がつくと燃え広がった。特に冬は，空気が乾燥していて風も強いので大火事となった。

問10　ア．自由民権運動の開始(1874年)→ウ．国会開設の勅諭(1881年)→イ．憲法案の完成(1888年)

問11　エ．(X)の前の「石灰石」からセメント工場を導く。

Ⅳ　問1　X．有機水銀が海に流れこんだ結果，魚介類を常食していた水俣市付近の人々の神経がおかされ，手足のまひや言語などの障害がおこり，死亡者も多く出た。

問2　社会権のうちの生存権について規定した条文(25条)の「健康で文化的な最低限度の生活」という文言はそのまま暗記しよう。

問3　条約の締結は内閣が行い，締結の前または後に国会が承認する。

問5　アとウとオが正しい。中国は，2017年にプラスチックごみの輸入を禁止した。　イ．「海洋プラスチック憲章」では，日本とアメリカが署名しなかった。　エ．プラスチックは分解されないので溶けない。　カ．日本の一人当たりのプラスチックごみ排出量は，アメリカについで世界2位である。

問6　ウが循環型社会の実現につながらない。循環型社会とは，ゴミの発生を抑制する「リデュース」，そのままの形体で繰り返し使用する「リユース」，資源として再び利用する「リサイクル」の3Rを進め，新たな天然資源の使用を減らす社会のことである。

問7　イが誤り。循環基本法では，製品の生産者が製品の再利用や処理についても責任を負うという拡大生産者責任の原則が規定されている。

問9　発展途上国でつくられた農産物や製品を適正な価格で取り引きし，それを買うことで，生活者の生活を支えようというしくみを「フェアトレード」と呼ぶ。

## ■ ご使用にあたってのお願い・ご注意

（１）問題文等の非掲載

著作権上の都合により，問題文や図表などの一部を掲載できない場合があります。

誠に申し訳ございませんが，ご了承くださいますようお願いいたします。

（２）過去問における時事性

過去問題集は，学習指導要領の改訂や社会状況の変化，新たな発見などにより，現在とは異なる表記や解説になっている場合があります。過去問の特性上，出題当時のままで出版していますので，あらかじめご了承ください。

（３）配点

学校等から配点が公表されている場合は，記載しています。公表されていない場合は，記載していません。

独自の予想配点は，出題者の意図と異なる場合があり，お客様が学習するうえで誤った判断をしてしまう恐れがあるため記載していません。

（４）無断複製等の禁止

購入された個人のお客様が，ご家庭でご自身またはご家族の学習のためにコピーをすることは可能ですが，それ以外の目的でコピー，スキャン，転載（ブログ，ＳＮＳなどでの公開を含みます）などをすることは法律により禁止されています。学校や学習塾などで，児童生徒のためにコピーをして使用することも法律により禁止されています。

ご不明な点や，違法な疑いのある行為を確認された場合は，弊社までご連絡ください。

（５）けがに注意

この問題集は針を外して使用します。針を外すときは，けがをしないように注意してください。また，表紙カバーや問題用紙の端で手指を傷つけないように十分注意してください。

（６）正誤

制作には万全を期しておりますが，万が一誤りなどがございましたら，弊社までご連絡ください。

なお，誤りが判明した場合は，弊社ウェブサイトの「ご購入者様のページ」に掲載しておりますので，そちらもご確認ください。

## ■ お問い合わせ

解答例，解説，印刷，製本など，問題集発行におけるすべての責任は弊社にあります。

ご不明な点がございましたら，弊社ウェブサイトの「お問い合わせ」フォームよりご連絡ください。迅速に対応いたしますが，営業日の都合で回答に数日を要する場合があります。

ご入力いただいたメールアドレス宛に自動返信メールをお送りしています。自動返信メールが届かない場合は，「よくある質問」の「メールの問い合わせに対し返信がありません。」の項目をご確認ください。

また弊社営業日（平日）は，午前９時から午後５時まで，電話でのお問い合わせも受け付けています。

2025春

株式会社教英出版

〒422-8054　静岡県静岡市駿河区南安倍３丁目12-28

TEL　054-288-2131　　FAX　054-288-2133

URL　https://kyoei-syuppan.net/

MAIL siteform@kyoei-syuppan.net

## 神奈川県

①[県立] 相模原中等教育学校
　　　　平塚中等教育学校
②[市立]南高等学校附属中学校
③[市立]横浜サイエンスフロンティア高等学校附属中学校
④[市立]川崎高等学校附属中学校
✿⑤聖光学院中学校
✿⑥浅野中学校
⑦洗足学園中学校
⑧法政大学第二中学校
⑨逗子開成中学校(1次)
⑩逗子開成中学校(2·3次)
⑪神奈川大学附属中学校(第1回)
⑫神奈川大学附属中学校(第2·3回)
⑬栄光学園中学校
⑭フェリス女学院中学校

## 新潟県

①[県立] 村上中等教育学校
　　　　柏崎翔洋中等教育学校
　　　　燕中等教育学校
　　　　津南中等教育学校
　　　　直江津中等教育学校
　　　　佐渡中等教育学校
②[市立]高志中等教育学校
③新潟第一中学校
④新潟明訓中学校

## 石川県

①[県立]金沢錦丘中学校
②星稜中学校

## 福井県

①[県立]高志中学校

## 山梨県

①山梨英和中学校
②山梨学院中学校
③駿台甲府中学校

## 長野県

①[県立] 屋代高等学校附属中学校
　　　　諏訪清陵高等学校附属中学校
②[市立]長野中学校

## 岐阜県

①岐阜東中学校
②鶯谷中学校
③岐阜聖徳学園大学附属中学校

## 静岡県

①[国立]静岡大学教育学部附属中学校(静岡·島田·浜松)
② [県立]清水南高等学校中等部
　 [県立]浜松西高等学校中等部
　 [市立]沼津高等学校中等部
③不二聖心女子学院中学校
④日本大学三島中学校
⑤加藤学園暁秀中学校
⑥星陵中学校
⑦東海大学付属静岡翔洋高等学校中等部
⑧静岡サレジオ中学校
⑨静岡英和女学院中学校
⑩静岡雙葉中学校
⑪静岡聖光学院中学校
⑫静岡学園中学校
⑬静岡大成中学校
⑭城南静岡中学校
⑮静岡北中学校
⑯ 常葉大学附属常葉中学校
　 常葉大学附属橘中学校
　 常葉大学附属菊川中学校
⑰藤枝明誠中学校
⑱浜松開誠館中学校
⑲静岡県西遠女子学園中学校
⑳浜松日体中学校
㉑浜松学芸中学校

## 愛知県

①[国立]愛知教育大学附属名古屋中学校
②愛知淑徳中学校
③ 名古屋経済大学市邨中学校
　 名古屋経済大学高蔵中学校
④金城学院中学校
⑤椙山女学園中学校
⑥東海中学校
⑦南山中学校男子部
⑧南山中学校女子部
⑨聖霊中学校
⑩滝中学校
⑪名古屋中学校
⑫大成中学校
⑬愛知中学校
⑭星城中学校
⑮名古屋葵大学中学校
　(名古屋女子大学中学校)
⑯愛知工業大学名電中学校
⑰海陽中等教育学校(特別給費生)
⑱海陽中等教育学校(Ⅰ·Ⅱ)
⑲中部大学春日丘中学校
新刊⑳名古屋国際中学校

## 三重県

①[国立]三重大学教育学部附属中学校
②暁中学校
③海星中学校
④四日市メリノール学院中学校
⑤高田中学校
⑥セントヨゼフ女子学園中学校
⑦三重中学校
⑧皇學館中学校
⑨鈴鹿中等教育学校
⑩津田学園中学校

## 滋賀県

①[国立]滋賀大学教育学部附属中学校
②[県立] 河瀬中学校
　　　　守山中学校
　　　　水口東中学校

## 京都府

①[国立]京都教育大学附属桃山中学校
②[府立]洛北高等学校附属中学校
③[府立]園部高等学校附属中学校
④[府立]福知山高等学校附属中学校
⑤[府立]南陽高等学校附属中学校
⑥[市立]西京高等学校附属中学校
⑦同志社中学校
⑧洛星中学校
⑨洛南高等学校附属中学校
⑩立命館中学校
⑪同志社国際中学校
⑫同志社女子中学校(前期日程)
⑬同志社女子中学校(後期日程)

## 大阪府

①[国立]大阪教育大学附属天王寺中学校
②[国立]大阪教育大学附属平野中学校
③[国立]大阪教育大学附属池田中学校

④[府立]富田林中学校
⑤[府立]咲くやこの花中学校
⑥[府立]水都国際中学校
⑦清風中学校
⑧高槻中学校（A日程）
⑨高槻中学校（B日程）
⑩明星中学校
⑪大阪女学院中学校
⑫大谷中学校
⑬四天王寺中学校
⑭帝塚山学院中学校
⑮大阪国際中学校
⑯大阪桐蔭中学校
⑰開明中学校
⑱関西大学第一中学校
⑲近畿大学附属中学校
⑳金蘭千里中学校
㉑金光八尾中学校
㉒清風南海中学校
㉓帝塚山学院泉ヶ丘中学校
㉔同志社香里中学校
㉕初芝立命館中学校
㉖関西大学中等部
㉗大阪星光学院中学校

## 兵庫県

①[国立]神戸大学附属中等教育学校
②[県立]兵庫県立大学附属中学校
③雲雀丘学園中学校
④関西学院中学部
⑤神戸女学院中学部
⑥甲陽学院中学校
⑦甲南中学校
⑧甲南女子中学校
⑨灘中学校
⑩親和中学校
⑪神戸海星女子学院中学校
⑫滝川中学校
⑬啓明学院中学校
⑭三田学園中学校
⑮淳心学院中学校
⑯仁川学院中学校
⑰六甲学院中学校
⑱須磨学園中学校(第1回入試)
⑲須磨学園中学校(第2回入試)
⑳須磨学園中学校(第3回入試)
㉑白陵中学校
㉒夙川中学校

## 奈良県

①[国立]奈良女子大学附属中等教育学校
②[国立]奈良教育大学附属中学校
③[県立] 国際中学校
　　　　 青翔中学校
④[市立]一条高等学校附属中学校
⑤帝塚山中学校
⑥東大寺学園中学校
⑦奈良学園中学校
⑧西大和学園中学校

## 和歌山県

①[県立] 古佐田丘中学校
　　　　 向陽中学校
　　　　 桐蔭中学校
　　　　 日高高等学校附属中学校
　　　　 田辺中学校
②智辯学園和歌山中学校
③近畿大学附属和歌山中学校
④開智中学校

## 岡山県

①[県立]岡山操山中学校
②[県立]倉敷天城中学校
③[県立]岡山大安寺中等教育学校
④[県立]津山中学校
⑤岡山中学校
⑥清心中学校
⑦岡山白陵中学校
⑧金光学園中学校
⑨就実中学校
⑩岡山理科大学附属中学校
⑪山陽学園中学校

## 広島県

①[国立]広島大学附属中学校
②[国立]広島大学附属福山中学校
③[県立]広島中学校
④[県立]三次中学校
⑤[県立]広島叡智学園中学校
⑥[市立]広島中等教育学校
⑦[市立]福山中学校
⑧広島学院中学校
⑨広島女学院中学校
⑩修道中学校
⑪崇徳中学校
⑫比治山女子中学校
⑬福山暁の星女子中学校
⑭安田女子中学校
⑮広島なぎさ中学校
⑯広島城北中学校
⑰近畿大学附属広島中学校福山校
⑱盈進中学校
⑲如水館中学校
⑳ノートルダム清心中学校
㉑銀河学院中学校
㉒近畿大学附属広島中学校東広島校
㉓AICJ中学校
㉔広島国際学院中学校
㉕広島修道大学ひろしま協創中学校

## 山口県

①[県立] 下関中等教育学校
　　　　 高森みどり中学校
②野田学園中学校

## 徳島県

①[県立] 富岡東中学校
　　　　 川島中学校
　　　　 城ノ内中等教育学校
②徳島文理中学校

## 香川県

①大手前丸亀中学校
②香川誠陵中学校

## 愛媛県

①[県立] 今治東中等教育学校
　　　　 松山西中等教育学校
②愛光中学校
③済美平成中等教育学校
④新田青雲中等教育学校

## 高知県

①[県立] 安芸中学校
　　　　 高知国際中学校
　　　　 中村中学校

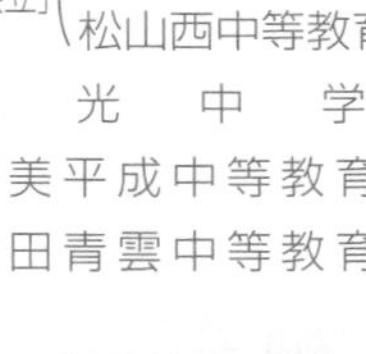

## 福岡県

- ①[国立]福岡教育大学附属中学校（福岡·小倉·久留米）
- ②[県立]
  - 育徳館中学校
  - 門司学園中学校
  - 宗像中学校
  - 嘉穂高等学校附属中学校
  - 輝翔館中等教育学校
- ③西南学院中学校
- ④上智福岡中学校
- ⑤福岡女学院中学校
- ⑥福岡雙葉中学校
- ⑦照曜館中学校
- ⑧筑紫女学園中学校
- ⑨敬愛中学校
- ⑩久留米大学附設中学校
- ⑪飯塚日新館中学校
- ⑫明治学園中学校
- ⑬小倉日新館中学校
- ⑭久留米信愛中学校
- ⑮中村学園女子中学校
- ⑯福岡大学附属大濠中学校
- ⑰筑陽学園中学校
- ⑱九州国際大学付属中学校
- ⑲博多女子中学校
- ⑳東福岡自彊館中学校
- ㉑八女学院中学校

## 佐賀県

- ①[県立]
  - 香楠中学校
  - 致遠館中学校
  - 唐津東中学校
  - 武雄青陵中学校
- ②弘学館中学校
- ③東明館中学校
- ④佐賀清和中学校
- ⑤成穎中学校
- ⑥早稲田佐賀中学校

## 長崎県

- ①[県立]
  - 長崎東中学校
  - 佐世保北中学校
  - 諫早高等学校附属中学校
- ②青雲中学校
- ③長崎南山中学校
- ④長崎日本大学中学校
- ⑤海星中学校

## 熊本県

- ①[県立]
  - 玉名高等学校附属中学校
  - 宇土中学校
  - 八代中学校
- ②真和中学校
- ③九州学院中学校
- ④ルーテル学院中学校
- ⑤熊本信愛女学院中学校
- ⑥熊本マリスト学園中学校
- ⑦熊本学園大学付属中学校

## 大分県

- ①[県立]大分豊府中学校
- ②岩田中学校

## 宮崎県

- ①[県立]五ヶ瀬中等教育学校
- ②[県立]
  - 宮崎西高等学校附属中学校
  - 都城泉ヶ丘高等学校附属中学校
- ③宮崎日本大学中学校
- ④日向学院中学校
- ⑤宮崎第一中学校

## 鹿児島県

- ①[県立]楠隼中学校
- ②[市立]鹿児島玉龍中学校
- ③鹿児島修学館中学校
- ④ラ・サール中学校
- ⑤志學館中等部

## 沖縄県

- ①[県立]
  - 与勝緑が丘中学校
  - 開邦中学校
  - 球陽中学校
  - 名護高等学校附属桜中学校

# もっと過去問シリーズ

## 北海道

北嶺中学校
7年分(算数・理科・社会)

## 静岡県

静岡大学教育学部附属中学校
(静岡·島田·浜松)
10年分(算数)

## 愛知県

愛知淑徳中学校
7年分(算数・理科・社会)
東海中学校
7年分(算数・理科・社会)
南山中学校男子部
7年分(算数・理科・社会)
南山中学校女子部
7年分(算数・理科・社会)
滝中学校
7年分(算数・理科・社会)
名古屋中学校
7年分(算数・理科・社会)

## 岡山県

岡山白陵中学校
7年分(算数・理科)

## 広島県

広島大学附属中学校
7年分(算数・理科・社会)
広島大学附属福山中学校
7年分(算数・理科・社会)
広島学院中学校
7年分(算数・理科・社会)
広島女学院中学校
7年分(算数・理科・社会)
修道中学校
7年分(算数・理科・社会)
ノートルダム清心中学校
7年分(算数・理科・社会)

## 愛媛県

愛光中学校
7年分(算数・理科・社会)

## 福岡県

福岡教育大学附属中学校
(福岡·小倉·久留米)
7年分(算数・理科・社会)
西南学院中学校
7年分(算数・理科・社会)
久留米大学附設中学校
7年分(算数・理科・社会)
福岡大学附属大濠中学校
7年分(算数・理科・社会)

## 佐賀県

早稲田佐賀中学校
7年分(算数・理科・社会)

## 長崎県

青雲中学校
7年分(算数・理科・社会)

## 鹿児島県

ラ·サール中学校
7年分(算数・理科・社会)

※もっと過去問シリーズは
国語の収録はありません。

教英出版
〒422-8054
静岡県静岡市駿河区南安倍3丁目12−28
TEL 054-288-2131
FAX 054-288-2133
詳しくは教英出版で検索
教英出版 検索
URL https://kyoei-syuppan.net/

受験番号〔　　　〕

氏名〔　　　〕

二〇二四年度

# 女子学院中学校入学試験問題（国語）

（40分）

一　次の文章を読んで後の問いに答えなさい。　※本文中の〈 〉内の注は出題者による。

青森のある水田を、空から写した写真を見ていて、☆この田んぼで穫《と》れるお米は、きっとおいしい、と思った。

だいいち田んぼ自体が手作りの感じである。それも相当不器用な手で、一つ一つ組み、並べ、継《つ》いでいったような按配《あんばい》で、あじわいがある。

①ここはもともと狭《せま》い谷あいの村里ではなかったかと思う。平地というものはいくばくもないところを、少しずつ拓《ひら》いて田んぼにしていったのではないかと思われる。木立《こだち》や茂《しげ》みを残したりして、あまり自然に逆らわず遠慮《えんりょ》がちなところがいい。

だから区劃《くかく》〈区画〉は入り組んで、②一望千里とはいかないが、ガラス絵のようにロマンチックでさえある。この③手作りのステンドグラスに囲まれて、④赤い屋根の家は、まさに「田守《たも》りの舎《や》」とでも名付けたいたたずまいである。こんもりとした木立に寄り添《そ》われて、田んぼと一体の親密な絵になっている。

田んぼはお田植え前で、きれいな水が張られているらしく、ア東北の空の色を映して紫色に緊張《きんちょう》している。一つ一つの田が、それぞれの色合いの水を湛《たた》えているように見えるのは、それぞれ水の深浅《しんせん》によるのか、底の泥のたちによるのか、水も手作りの趣《おもむ》きなのである。

赤い屋根の下にも、お田植え前の緊張があるであろう。人々は、家々を行き交《か》い、相談事もしているであろう。⑤空から見れば、それはお伽話《とぎばなし》の世界のことのように、地上的な現実を超《こ》えさせてしまう。

この田んぼを眺《なが》めていると、近頃は、田植えも機械化されているということを忘れさせられる。イ一束一束、ひとびとが心を籠《こ》めて苗を植えつけるに違《ちが》いないと、思われてくる。

私は戦争末期に東北地方に疎開《そかい》していたが、雪の多い、冬の長いその地方で、夏前の季節、⑥人々の心がいちばん明るくひらくのを知った。ウ人々がいそいそと、お田植えの準備をしている様子は、我々よそ者の入る場のない所であるが、⑦よそ目にも、楽しい張りに満ちた作業に見えた。

収穫《しゅうかく》までの⑧いちぶしじゅうを、とにかく、すぐ近い所にいて知ることが出来た年、貰《もら》って食べたお米の味は今も忘れることができない。何というコクのあるごはんであったであろう。あまく、しっかりした味わい、その後東京住まいで、どんな有名な銘柄《めいがら》のお米を食べても、⑨あの時の味には及ぶべくもない。

あのあたりの田んぼも、継ぎ足し継ぎ足しの田んぼだった。エ曲りくねった畦《あぜ》道を、私も朝夕歩いた。やはり山裾《すそ》の小さな村だったのだ。

だからこの写真を見て、☆「この田んぼはきっとおいしいお米が……」と真先に思ったのだ。

もし飛行機で⑩あのへんを飛んだら、深い色をたたえた田んぼが見えるであろうか。

〈篠田桃紅『その日の墨』より「水田の写真に」〉

問一　―①「ここはもともと狭い谷あいの村里ではなかったかと思う」とありますが、同じ意味になるものを次から選びなさい。

ア　ここはもともと狭い谷あいの村里だったはずなのに。
イ　ここはもともと狭い谷あいの村里であったはずがない。
ウ　ここはもともと狭い谷あいの村里だったのだろう。
エ　ここはもともと狭い谷あいの村里ではなかっただろう。

問二　―②「一望千里」のように、「一」を使った四字熟語を以下に挙げました。解答欄《らん》の空欄に適切な漢字を入れて、読みと意味にあうように完成させなさい。

1　一ジツセンシュウ（とても待ち遠しいこと）
2　一シンフラン（一つのことに集中して取り組むこと）
3　シンキ一テン（何かがきっかけとなって気持ちが前向きになること）

問三　―③「手作りのステンドグラス」とは、何のどのような様子を表現してい

問四　――④「赤い屋根の家は、まさに「田守りの舎」とでも名付けたいたたずまいである」とありますが、どのような様子ですか。最も適切なものを次から選びなさい。

ア　美しく広がる田んぼに対して家が遠慮がちに寄り添っている様子
イ　ロマンチックな赤い屋根の家が素朴《そぼく》な田んぼを引き立てている様子
ウ　赤い屋根の家と田んぼが一枚の絵のように調和している様子
エ　落ち着いたたたずまいの家が真新しい田んぼと対比されている様子

問五　――⑤とありますが、

Ⅰ　「空から見れば、それはお伽話の世界のことのように、地上的な現実を超えさせてしまう」とはどういうことだと考えられますか。最も適切なものを次から選びなさい。

ア　現実には人々が具体的な相談を行っているだろうが、空からではその様子をうかがえず、何を相談しているのかおぼろげにしか内容がわからないということ。
イ　実際にはそこに住んでいる人々が現実的なやりとりをさまざまに行っているはずだが、空から見るとまるでそんなことは感じられず、幻想《げんそう》的な世界に見えるということ。
ウ　現実として田植え前の人々は深刻な様子であるが、空という大きな視点から見るとたんにささいなことに思われて、現実を超越《ちょうえつ》した視野を獲得《かくとく》できるということ。
エ　実際の人々は田植え前に緊張感をもって生活しているが、空から見ると穏《おだ》やかな光景が広がっており、その二重写しの光景がいかにも物語的な世界を生み出しているということ。

Ⅱ　本文中の波線部ア～エの中から、ここでの「お伽話の世界のこと」にあたるものを一つ選びなさい。

問六　――⑥「人々の心がいちばん明るくひらく」とありますが、どういう心情か、説明しなさい。

問七　――⑦「よそ目」とありますが、ここではどういう人の視点か、最も適切なものを次から選びなさい。

ア　疎開してきたために、田植えの作業には関わらない人
イ　疎開してきたために、その地域で仲間はずれになっている人
ウ　疎開してきたために、すぐそこを離《はな》れることになっている人
エ　疎開してきたために、初めて間近で田植えの様子を見た人

問八　――⑧「いちぶしじゅう」の意味として正しいものを次から選びなさい。

ア　ある物事の始めと終わり部分の詳《くわ》しい事情
イ　ある物事の始めから終わりまでの中で一部の事情
ウ　ある物事の始めから終わりまでのおおよその事情
エ　ある物事の始めから終わりまで全ての詳しい事情

問九　――⑨「あの時の味には及ぶべくもない」とはどういうことか、最も適切なものを次から選びなさい。

ア　あの時の味にかなり近いものがある
イ　あの時の味と比較《ひかく》することはできない
ウ　あの時の味とは全く違っている
エ　あの時の味の方がはるかに良い
オ　あの時の味よりずっと優《すぐ》れている

問十　――⑩「あのへん」とはどこのことか、説明しなさい。

問十一　太線部☆「この田んぼで穫れるお米は、きっとおいしい、と思った」「「この田んぼはきっとおいしいお米が……」と真先に思ったのだ」とありますが、筆者がこのように思ったのはなぜか、説明しなさい。

二　次の文章を読んで後の問いに答えなさい。　※本文中の〈　〉内の注は出題者による。

お詫び

著作権上の都合により、文章は掲載しておりません。
ご不便をおかけし、誠に申し訳ございません。

教英出版

お詫び

著作権上の都合により、文章は掲載しておりません。
ご不便をおかけし、誠に申し訳ございません。

教英出版

# 2024年度　女子学院中学校入学試験問題　（算数１）

受験番号(　　　　　)　氏名[　　　　　　　　　　]

| 得点 | 1 |
|---|---|
| | |

(40分)

＜注意＞計算は右のあいているところにしなさい。円周率は3.14として計算しなさい。

1．□にあてはまる数を入れなさい。

(1) $18.7+\left\{13.4\times\left(\frac{1}{20}+\square\right)-2\frac{1}{3}\right\}\div 2\frac{6}{11}=20.24$

(2) 図のように，円周を10等分する点をとりました。
点Oは円の中心，三角形ABCは正三角形です。

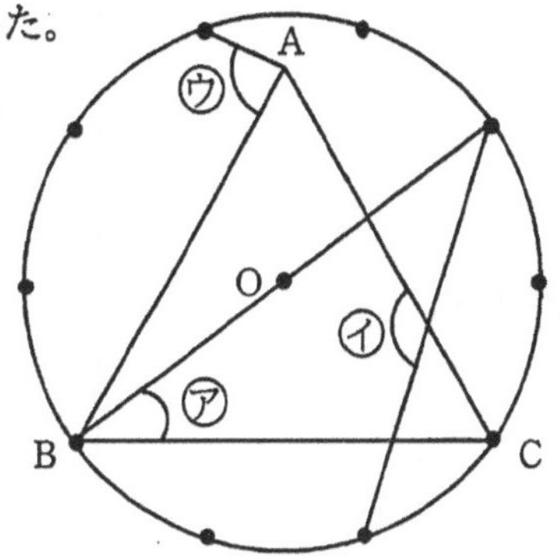


角㋐は□度

角㋑は□度

角㋒は□度

(3) 図のように，長方形の紙を対角線を折り目として折りました。

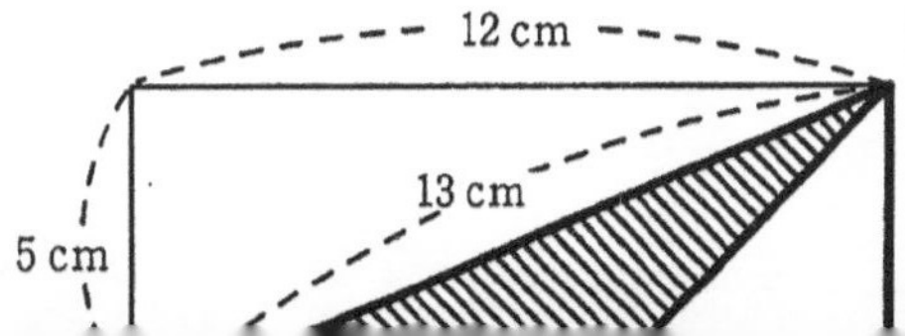

# 2024年度　女子学院中学校入学試験問題　（算数2）

受験番号(　　　　　)　氏名[　　　　　　　　　　　　　　　　　]

| 小　計 |
| --- |
| |

| 得点 | 2・3 |
| --- | --- |
| | |

2，3について □ にあてはまる数を入れ，〔　〕内はいずれかを○で囲みなさい。

**2．** 1個430円のケーキと1個180円のクッキーを買います。ケーキは必ず箱に入れ，箱は1箱20円で2個まで入れることができます。ケーキとクッキーを合わせて19個買ったとき，箱代を含めた代金の合計は6290円でした。買ったケーキの個数は

〔　偶数　，　奇数　〕で，□個です。

**3．** 図のように，縦2 cm，横1 cmの長方形3個を合わせた図形を，直線ABのまわりに1回転させて立体を作ります。

この立体の体積は□$cm^3$，表面積は□$cm^2$ です。

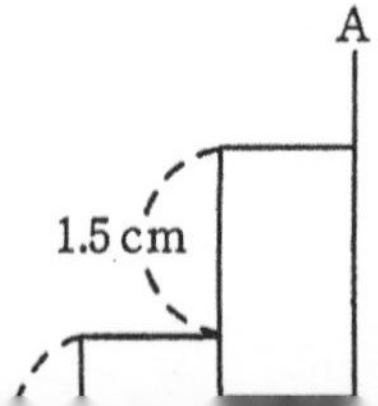

# 2024年度　女子学院中学校入学試験問題　（算数3）

受験番号(　　　　)　氏名[　　　　　　　　　　　　　　]

| 合　計 |
| --- |
| ※100点満点<br>（配点非公表） |

| 得点 | 5・6・7 |
| --- | --- |
| | |

5，6，7について□にあてはまる数を入れなさい。

**5．** ある数を2倍する操作をA，ある数から1を引く操作をBとします。
はじめの数を1として，A，Bの操作を何回か行います。

(1) 操作をA→A→B→B→Aの順に行うと，数は□になります。

(2) Aの操作だけを□回行うと，数は初めて2024より大きくなります。

(3) できるだけ少ない回数の操作で，数を2024にします。

このとき，操作の回数は□回で，初めてBの操作を行うのは□回目です。

**6．** 大きさの異なる2種類の正方形と円を図のように組み合わせました。
小さい正方形1つの面積は8 $cm^2$，
大きい正方形1つの面積は25 $cm^2$です。

の八角形の面積は□$cm^2$です。

# ２０２４年度　女子学院中学校入学試験問題　（理　科）

受験番号　（　　　　　　）　　氏名［　　　　　　　　　　］

（答えは解答用紙に書きなさい。選択《たく》肢《し》の問題の答えが複数ある場合は、すべて答えなさい。）

（40分）

## I　地球の衛星である「月」に関する以下の問いに答えよ。

1　月の表面には、図１の写真のような円形のくぼ地である大小の「クレーター」が多数見られる。

（１）月のクレーターのでき方として最も ふさわしいものを次のア～エから選びなさい。

　ア　岩石や氷からなる天体の衝《しょう》突によってできた。
　イ　水によって地表がけずられてできた。
　ウ　大地震《しん》により土地がかん没《ぼつ》してできた。
　エ　かつて存在した湖が干上がってできた。

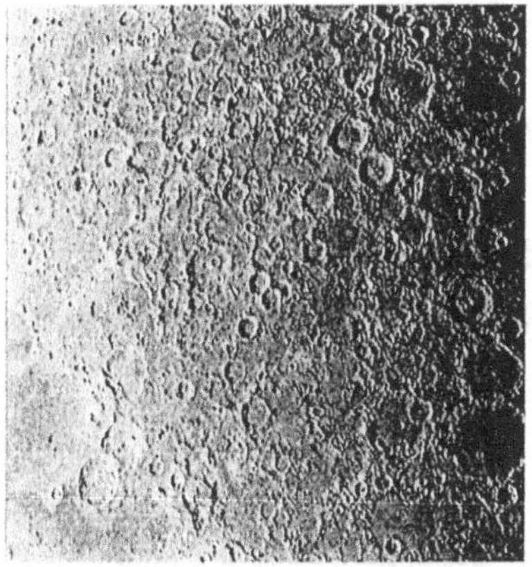

図１　（国立天文台）

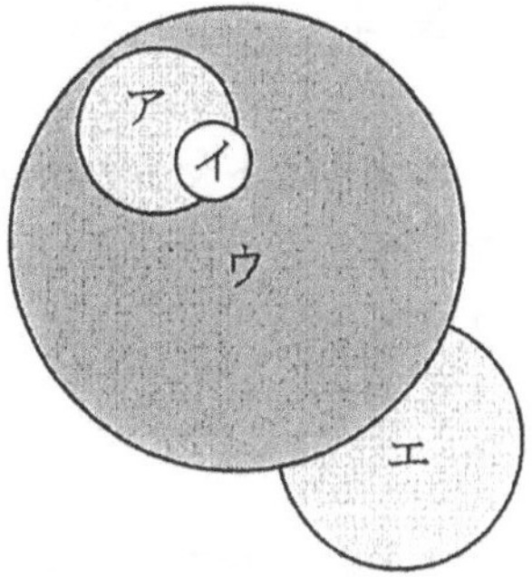


図２

（２）図２のア～エのクレーターはできた年代が異なる。クレーターができた順に並べなさい。

（３）次のア～エの大きいクレーターのうち、できた年代が最も古いと考えられるものを選びなさい。ただし、これらの大きいクレーターは比較的新しいもので、ウ、エの大きいクレーターの半径はア、イの大きいクレーターの２倍である。

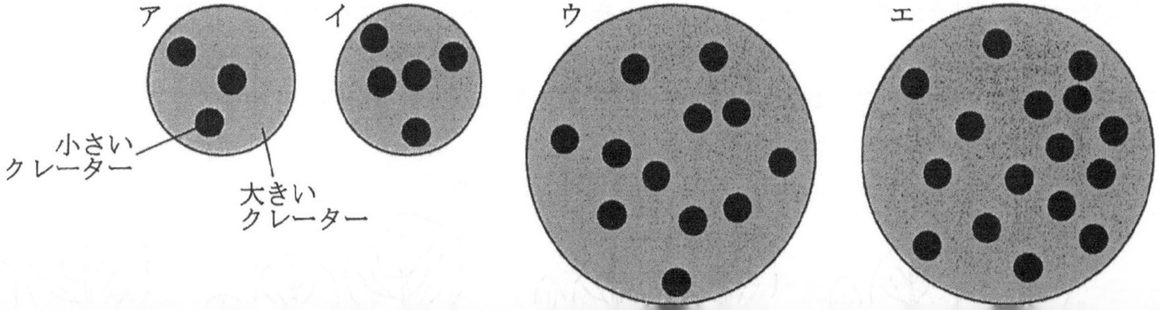

# Ⅱ

1　以下の問いに答えよ。

（1）種が発芽するのに必要なものを次のア～オから３つ選びなさい。

　ア　土の中の養分　　イ　水　　ウ　空気　　エ　適切な温度　　オ　光

（2）一部の植物の種は、十分に成熟して発芽に適した環《かん》境においても、数ヶ月から数年発芽しないことがある。このような種の状態を休眠《みん》という。休眠する種があることで同じ植物からつくられた種でも発芽の時期にばらつきが生まれる。これは植物にとってどんな利点となるか、次の文中の［　A　］に入る語句を10字以内で述べ、［B］に入る言葉を答えなさい。

　発芽後に［　A　］場合でも、発芽の時期にばらつきがあることで［B］する可能性が低くなる。

（3）図１のようなトマトの切断面が見られるのはトマトをどの向きで切ったときか、次のア～ウから選びなさい。また、解答用紙のトマトの切断面に種（●）を６つかき入れなさい。

　ア　Aで切ったとき　　イ　Bで切ったとき　　ウ　Aで切ってもBで切っても同じ

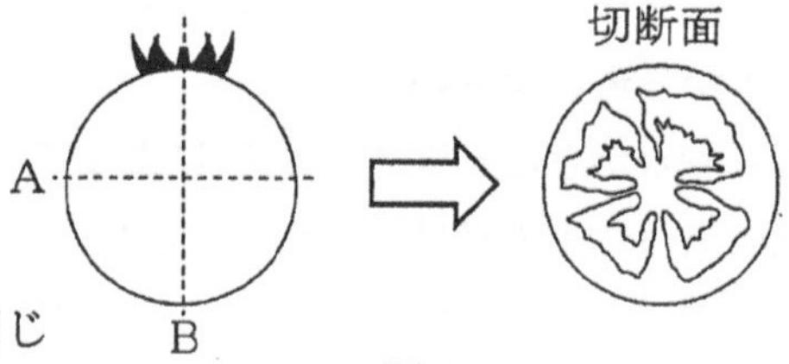


図１

（4）トマトを鉢《はち》で育てるとき、育て方としてふさわしいものを次のア～クから選びなさい。

　ア　日照時間の長い夏に種をまく。
　イ　種はできる限り密にまく。
　ウ　鉢の下からもれる程度の水を１日に５回与える。
　エ　直射日光が当たらないところで育てる。
　オ　ある程度の大きさになったら追加で肥料を与える。
　カ　ある程度の大きさになったら水はけが良いように浅い鉢に植えかえる。
　キ　ある程度の大きさになったら支柱をつけて支える。
　ク　ある程度の大きさになったら大きさに余裕《ゆう》のある鉢に植えかえる。

（5）キャベツは葉が何層にも重なり合った葉球をつくる（図２）。キャベツの葉の形は外側から内側に向かってどのようになっているか、次のア～エから選びなさい。

ア　イ　ウ　エ

# Ⅲ

1　次の気体A～Eに関する以下の問いに答えよ。

A　酸素　　B　塩化水素　　C　水素　　D　アンモニア　　E　二酸化炭素

（1）次の①～③にあてはまる気体を、A～Eから選びなさい。

①空気中でどんな物質を燃やしたときでも、燃やした前後で量が変わる気体

②においがある気体

③水溶《よう》液を赤色リトマス紙につけると青色に変える気体

（2）A～E の気体がそれぞれ入っているびんがある。二酸化炭素がどれに入っているかを調べる方法とその結果を合わせて答えなさい。

（3）二酸化炭素は水よりも水酸化ナトリウム水溶液に多く溶《と》ける。このことと原因が最も似ている現象を次のア～エから選びなさい。

ア　ミョウバンは、水温を上げた方が水に多く溶ける。

イ　室温では、同量の水にミョウバンより食塩の方が多く溶ける。

ウ　鉄は、水には溶けないが塩酸には溶ける。

エ　二酸化炭素は、水温を下げた方が水に多く溶ける。

2　うすい塩酸 5 $cm^3$ に液 A を 1 滴加えた後、ピペットを使ってうすいアンモニア水を 0.5$cm^3$ ずつ加え、液の色が青色に変わったときのアンモニア水の体積を調べた。

（1）液 A は何か、次のア～エから選びなさい。

ア　紫《むらさき》キャベツ液　　イ　BTB 液　　ウ　ヨウ素液　　エ　水酸化ナトリウム水溶液

（2）ピペットの使い方として正しいものを次のア～エから選びなさい。

ア　ピペットを使うときにはゴム球の部分だけを持つ。

イ　ピペットの先をとりたい液に入れてゴム球を押して、ゴム球への力をゆるめ、液をゆっくり吸い上げる。

## Ⅳ

ある物体が液体に浮《う》くか沈《しず》むかは、物体と液体の1 cm³あたりの重さの関係により決まる。液体の1 cm³あたりの重さより、物体の1 cm³あたりの重さが小さいと浮き、大きいと沈む。

1　表1の4つの球a～dが、ある液体に浮くか沈むかを調べた。
この液体の体積は500cm³で、重さは700 gであった。

表1

| 球 | a | b | c | d |
|---|---|---|---|---|
| 重さ〔g〕 | 10 | 60 | 73 | 120 |
| 体積〔cm³〕 | 20 | 40 | 50 | 100 |

（1）この液体に浮いた球をa～dから選びなさい。

（2）この液体に粉末Xを溶かすと、浮き沈みの結果も変化する。
すべての球を浮かせるには粉末Xを少なくとも何gより多く溶かせばよいか求めなさい。
ただし、粉末Xを溶かしても液体の体積は変わらないものとする。

2　水は温度を変化させると体積は変化するが、重さは変わらない。表2は水の温度と1 cm³あたりの重さの関係をまとめたものである。

表2

| 温度 | 1 cm³あたりの重さ |
|---|---|
| 20℃ | 0.998 g |
| 40℃ | 0.992 g |
| 80℃ | 0.972 g |

表3

| 物体 | | A | B | C | D |
|---|---|---|---|---|---|
| 体積 | | 10 cm³ | 12 cm³ | 10 cm³ | 12 cm³ |
| 水の温度 | 20℃ | 浮く | 浮く | 浮く | 浮く |
| | 40℃ | 浮く | 浮く | 沈む | 沈む |
| | 80℃ | 沈む | 沈む | 沈む | 沈む |

（1）4つの物体A～Dが20℃、40℃、80℃の水に浮くか沈むかを調べた。
表3はその結果をまとめたものである。ただし、AとB、CとDはそれぞれ同じ材質である。

①Cの重さは何gより大きく何g未満と考えられますか。

②A～Dを重い順に並べなさい。

（2）10℃以下の水では、温度と1gあたりの体積の関係は右図のようになる。
10℃の水にある物体を入れた。この物体の1gあたりの体積は温度によって変化せず、
6℃の水1gあたりの体積と同じである。水の温度を10℃から0℃までゆっくり下げていったときの物体の様子として正しいと考えられるものを次のア～カから選びなさい。

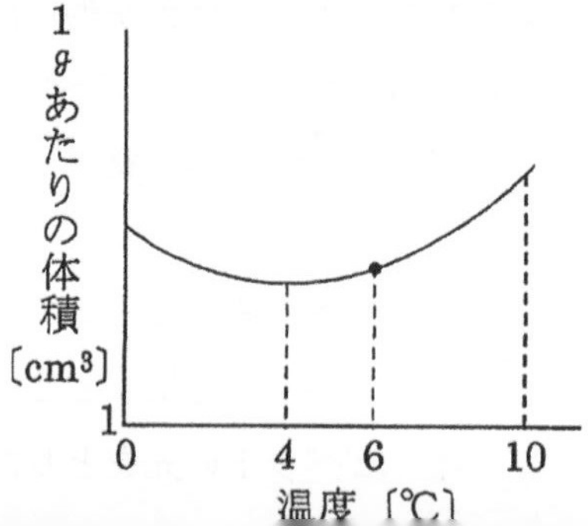


ア　浮いたままである。　　　　イ　沈んだままである。

ウ　はじめは浮いていたが、途中で沈む。　　　　エ　はじめは沈んでいたが、途中で浮く。

# ２０２４年度　女子学院中学校入学試験問題（社会）

受験番号（　　　　　　　　）氏名［　　　　　　　　　　　　　　　　　　　］（語句はできるだけ漢字で書きなさい。）

水について問いに答えなさい。

(40分)

## I

問１　縄《じょう》文時代の遺跡《せき》からは井《い》戸は見つかっておらず、縄文時代には井戸がつくられていなかったと考えられています。

（１）縄文時代の人が井戸をつくらなかった理由を考えるためには何を調べればよいですか。最も ふさわしいものを１つ選び、記号で答えなさい。

ア　縄文時代の遺跡周辺の地形がわかる地図　　　　イ　縄文時代に使用されていた大工道具

ウ　縄文時代の遺跡の海抜《ばつ》（海面からの高さ）　　　エ　縄文時代の平均気温と降水量の変化

（２）（１）で選んだものからわかる、井戸をつくらなかった理由として、最もふさわしいものを１つ選び、記号で答えなさい。

ア　水は重く、くみ上げるのが大変だったから。

イ　井戸をつくる技術が不足していたから。

ウ　気候が安定していたから。

エ　井戸をつくらなくても水が得られる場所に住んでいたから。

問２　次の事がらを古い順に記号で並べかえなさい。

ア　博多では宋《そう》の影響を受けたと考えられる、底部に結桶《ゆいおけ》（木を曲げてつくった桶）を使用した井戸が現れた。

イ　茶の湯が流行し始め、茶人の中には名水が出る所に屋敷《しき》を建てる者が現れた。

ウ　大路には側溝《こう》（排《はい》水路）がつくられ、城下町の大路沿いにある武家屋敷に井戸が設置された。

エ　増え始めた環濠《かんごう》集落では、直径２～３メートルの井戸が見られるようになった。

問３　飛鳥時代の政治の中心地である飛鳥京の遺跡から、斉明《さいめい》天皇（天智天皇の母）がつくったと言われる運河が見つかっています。

問７　次の資料１と２は室町時代、資料３は江戸時代の農業用水に関するものです。(いずれも資料の内容を一部改変してあります。)

（１）　資料１の下線部は、灰にして何に使われましたか。

（２）　資料２について

①　川が流れる方向はア、イのどちらですか。記号で答えなさい。

②　Ａの集落とＢの集落のどちらが水を得るのに有利だったと考えられますか。記号で答えなさい。

問８　用水の管理権を持っていたのはどのような立場の人だったと考えられますか。

①資料１の時代　②資料３の時代　それぞれについて１つずつ選び、記号で答えなさい。

ア　幕府の役人　　イ　領地を持つ貴族　　ウ　村人たち　　エ　天皇

資料１　1348 年に現在の兵庫県にあった荘《しょう》園（貴族の領地）の代官（管理人）が、隣《となり》の土地の代官と結んだ契《けい》約書

「用水を分けてもらう見返りとして草木を提供してきましたが、提供できなくなったので、荘園の土地の一部（約 1.5 ヘクタール）をそちらの荘園に譲《ゆず》ります。ただし用水が止められてしまった場合には、その土地は返してもらいます。　代官　僧頼尊」

資料２　桂《かつら》川の両岸にあった集落の水争いに際して室町幕府に提出された、川と用水路を示す絵図

（○と●は集落をさします）

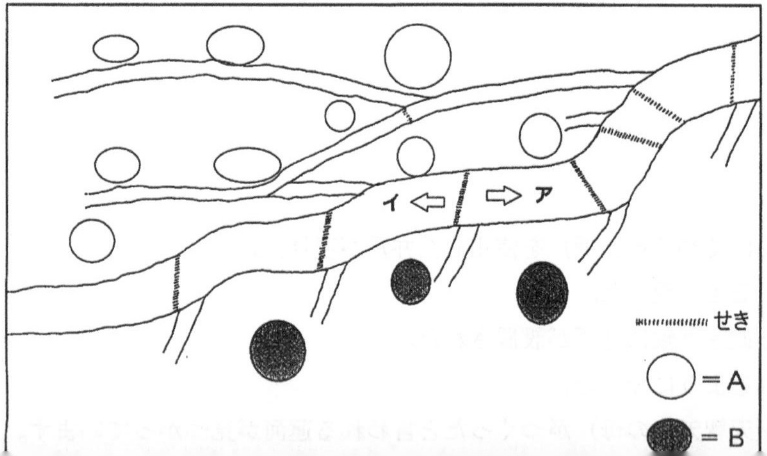


（資料１と２は「東寺百合文書」による）

問３　東京における近代水道の構想は、明治政府に雇《やと》われたオランダ人技術者が意見書を提出したことに始まります。

（１）明治政府が近代化のために行った政策について述べた文として、まちがっているものを１つ選び、記号で答えなさい。

ア　明治天皇を始めとする政府の中心人物が欧米へ視察に行った。　イ　西洋の学問を学ばせるために、留学生を海外に派遣した。

ウ　西洋の制度を取り入れて、近代的な軍隊をつくった。　エ　欧米の機械を導入した工場を設立した。

（２）オランダと日本との関わりについて述べた文として、正しいものを１つ選び、記号で答えなさい。

ア　戦国時代、オランダはポルトガルやスペインよりも早い時期から日本での貿易を始めた。

イ　オランダはキリスト教を伝えるため、イエズス会の宣教師を日本に派遣した。

ウ　東アジアでのロシアの勢力拡大を恐れたオランダは、20 世紀の初めに日本と軍事同盟を結んだ。

エ　アジア太平洋戦争中、日本は東南アジアにあったオランダの植民地を占《せん》領した。

問４　東京では、上水道と下水道の両方を同時に整備することが難しく、上水道整備が優先されました。上水道整備が優先された理由として、ふさわしくないと考えられるものを１つ選び、記号で答えなさい。

ア　上水はすぐ人の口に入るものなので、下水より影《えい》響が大きいから。

イ　上水は一度整備すれば、維《い》持費用がかからないから。

ウ　上水は火事が起こった際の、水道消火栓《せん》としても利用できるから。

エ　上水は利用料金をとることに理解が得やすいから。

問５　現在の水道について述べた文として、まちがっているものを２つ選び、記号で答えなさい。

ア　家庭の蛇《じゃ》口から出てくる上水は、川や湖からとった水を浄《じょう》化してつくられている。

イ　上水の水質は、安全基準が法律で定められている。

ウ　上下水道とも、その整備・運営・管理は一括《いっかつ》して環境省が担っている。

エ　生活排水は、下水処理場（水再生センター）で浄化された後、河川《せん》に流されている。

オ　上水の水質は、浄水場で検査されるが、下水については検査されることはない。

カ　震《しん》災が起きた際、下水道管につながるマンホールは、トイレの代わりとして使われる。

問６　高度経済成長期以降、都市部で地下水の減少が進みました。その一方で、大雨の後、処理しきれない雨水によって土地や建物が浸《しん》水する現象が起きやすくなっています。この２つの現象の共通の原因を考えた上で、改善策を１つ答えなさい。

問７　現在の東京都の一般《ぱん》家庭のくらしについて述べた文として、正しいものを２つ選び、記号で答えなさい。

ア　使用される水道水のほとんどは、都内を水源としている。　イ　家庭から出る下水のほとんどは、都内で処理されている。

問５　次の表は、全国の用途《と》別の水使用量（淡《たん》水のみ）を表しています。A・Bにふさわしいものをそれぞれ選び、記号で答えなさい。

ア　工業用水　　イ　生活用水　　ウ　農業用水

| 用途 | 1980年 | 1990年 | 2000年 | 2010年 | 2019年 |
|---|---|---|---|---|---|
| A | 580 | 586 | 572 | 544 | 533 |
| B | 152 | 145 | 134 | 117 | 103 |
| C | 128 | 158 | 164 | 154 | 148 |
| 計 | 860 | 889 | 870 | 815 | 785 |

（単位　億㎥／年　　日本国勢図会 2023/24 より作成）

問６　次の表は、ため池の数が多い上位５県のため池の数を表しています。上位５県にあてはまる県の組み合わせを、ア～オから１つ選び、記号で答えなさい。

| 順位 | 県名 | ため池の箇《か》所数 |
|---|---|---|
| １位 | A県 | 22,047 |
| ２位 | B県 | 18,155 |
| ３位 | C県 | 12,269 |
| ４位 | D県 | 9,373 |
| ５位 | E県 | 7,702 |
| 全国計 | | 152,151 |

（令和４年 12 月　農林水産省 HP 資料より作成）

ア　A広島　　B長野　　C山梨　　D香川　　E奈良
イ　A香川　　B徳島　　C岡山　　D愛知　　E和歌山
ウ　A岡山　　B香川　　C新潟　　D岩手　　E福島
エ　A兵庫　　B広島　　C香川　　D岡山　　E山口
オ　A山口　　B香川　　C鳥取　　D愛媛　　E福井

問７　ため池についての文として、まちがっているものを１つ選び、記号で答えなさい。

ア　東京都のため池の数は、全国の中でも少ない方に入る。
イ　ため池は、戦後、日照り対策として急速に数が増えた。
ウ　ため池の水は、主に農業用に使用されている。

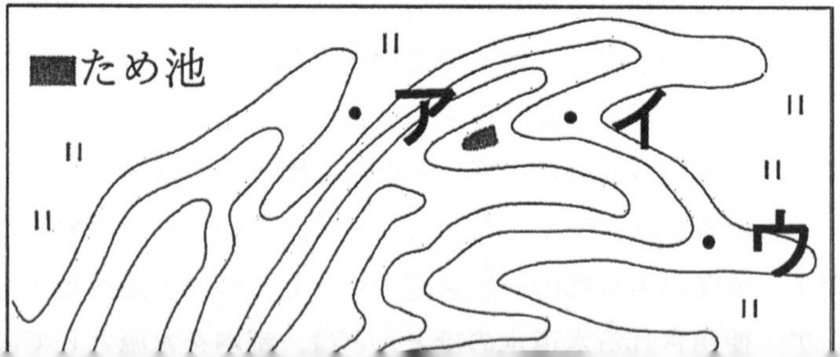

## Ⅳ

2015年、(　　)の国連本部で「国連持続可能な開発サミット」が開催され、「持続可能な開発のための2030アジェンダ(計画)」が採択《たく》されました。そのなかに盛り込まれたSDGsには17の目標があり、目標6は、「安全な水とトイレを世界中に」です。人々が安心して水を利用できる未来をつくることが各国の目標となっています。

問1　(　　)に都市名を書きなさい。

問2　下線部を実現するために、ふさわしくないものを2つ選び、記号で答えなさい。

ア　すべての人々が安全な飲料水を利用でき、適切な下水施設を使えるようにする。

イ　水道料金の値上がりを防ぐために、民間の大企業が国全体の水道施設を効率的に管理する。

ウ　現地に合った技術を用いて、給水設備やトイレを設置するODAを実施する。

エ　山地、森林、湿《しつ》地、河川、湖を含む水に関連する生態《たい》系の保護を行う。

オ　学校教育や保健所を通して、衛生習慣を普《ふ》及する。

カ　それぞれの国ごとに水を国内で確保し、使用を国内に限る。

キ　川への有害物の投棄《き》を禁止し、有害な化学物質が流れ出る量を最小限に抑《おさ》える。

問3　下線部は、「水は人権」と国際的に認識されるようになったことを意味します。人権は、どのような権利としてとらえるべきですか。あてはまらないものを2つ選び、記号で答えなさい。

ア　生まれながらに持っている権利　　　　イ　国家によって侵害されない権利

ウ　人間が人間らしく生きていくための権利　　　　エ　その国の国籍を持たない人には保障されない権利

オ　憲法に明記されることで保障される権利　　　　カ　現在だけでなく、将来にわたって保障されるべき権利

問4　次の文のうち、正しいものを2つ選び、記号で答えなさい。

ア　途《と》上国では、水汲《く》みは子どもや女性の仕事とされているため、子どもの教育と女性の社会進出の機会が奪《うば》われている。

イ　河川の上流地域は、量に関係なく水をくみ上げる権利を持っていると国際的に決められている。

ウ　国連は将来に向かって世界人口が減少すると予測しており、水の消費量は世界的に安定していく。

エ　日本では、人口密度の低い地域においては、水道料金は下がりやすい。

オ　気候《こう》変動が進むと、干ばつにより水不足が進行し、死亡率を引き上げる危険性がある。

問5　水は、国民の共有資源として管理するという考え方があります。その考え方に合うものを2つ選び、記号で答えなさい。

二

問一

問二

問三

友達の絵は

自分の絵は

問四

問五

問六

問七

問八

問九

三

1

2

3

4

5

6

1

2

3

4

5

6

問七

問八

問九

問六

問四

問五

問三

自分の論旨

文章の論旨

問一

問二

# 解答用紙（理科）

## Ⅰ

1

(1)　(2)　(3)

(4) ①

②

2

(1) 夏至　秋分

(2) A

B　15　20　25

(3) km

## Ⅱ

1

(1)

(2) A　10　B

(3) 切り方

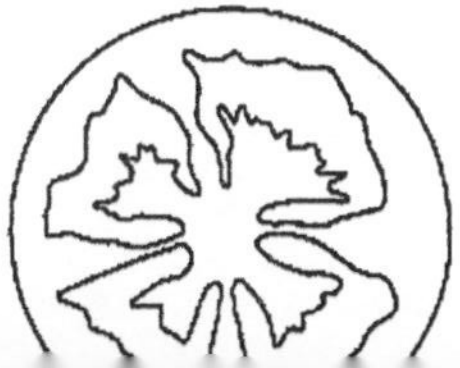

(4)

(5)

【解答用

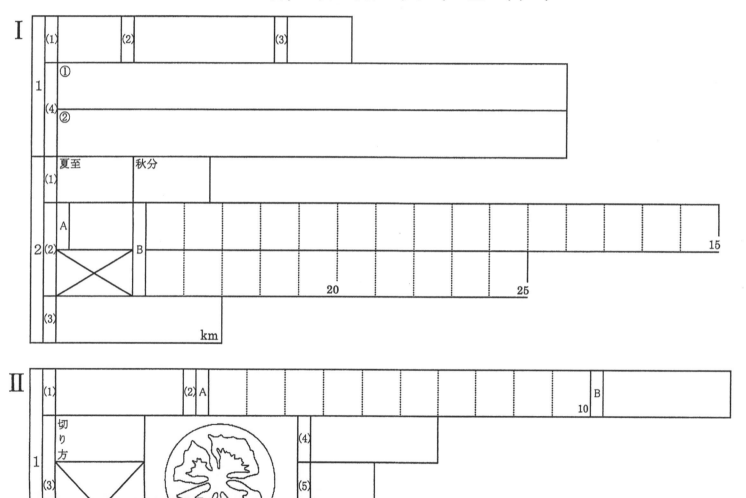

# 解　答　用　紙　（社　会）

## Ⅰ

| | | | | | | | | | |
|---|---|---|---|---|---|---|---|---|---|
| 問1 | (1) | | (2) | | 問2 | → → → | 問3 | | |

| | | | | |
|---|---|---|---|---|
| 問4 | (1) | | (2) | |

| | | | | | | | | | | | | | | | | | |
|---|---|---|---|---|---|---|---|---|---|---|---|---|---|---|---|---|---|
| 問5 | (1) | | | (2) | | | 問6 | | 問7 | (1) | | (2) | ① | | ② | | |

| | | | | |
|---|---|---|---|---|
| 問8 | ① | | ② | |

## Ⅱ

| | | | | |
|---|---|---|---|---|
| 問1 | (1) | → → → → | (2) | → → → → |

| | | | | | | | | | | | |
|---|---|---|---|---|---|---|---|---|---|---|---|
| 問2 | | 問3 | (1) | | (2) | | 問4 | | 問5 | | |

| | | | | |
|---|---|---|---|---|
| 問6 | | 問7 | | |

## Ⅲ

問

| | | | | | | | | | |
|---|---|---|---|---|---|---|---|---|---|
| 2 | | 3 | | 4 | | 5 | A | | B |

| | | | | | | | | |
|---|---|---|---|---|---|---|---|---|
| 問6 | | 問7 | | 問8 | | 問9 | (1) | |

| | | |
|---|---|---|
| 問9 | (2) | 自然環境面 |
| | | 費用面 |

| | | |
|---|---|---|
| 問10 | | |

# IV

| | | | | | | | | | | | | | |
|---|---|---|---|---|---|---|---|---|---|---|---|---|---|
| 問1 | | 問2 | | | 問3 | | | 問4 | | | 問5 | | |

| | | |
|---|---|---|
| 問6 | 記号 | 理由 |

| | | | | |
|---|---|---|---|---|
| 問7 | | | 問8 | |

受験番号（　　　）氏名［　　　　　　　　　　　　　　　　］

| | |
|---|---|
| 得点 | ※100点満点<br>（配点非公表） |

| | | |
|---|---|---|
| 2 | (1) | |
| | (2) | A / B / C |
| | (3) | |

## Ⅲ

| | | |
|---|---|---|
| 1 | (1) | ① / ② / ③ |
| | (2) | (3) |
| 2 | (1) | (2) / (3) / (4) / (5) ①ア g / イ g / ② $cm^3$ |

## Ⅳ

| | | |
|---|---|---|
| 1 | (1) | (2) g |
| 2 | (1) | ① g より大きく g 未満 / ② |
| | (2) | (3) ① / ② / ③ |
| 3 | (1) | (2) / (3) |

受験番号（　　　　）　氏名〔　　　　〕

※100点満点
（配点非公表）　点

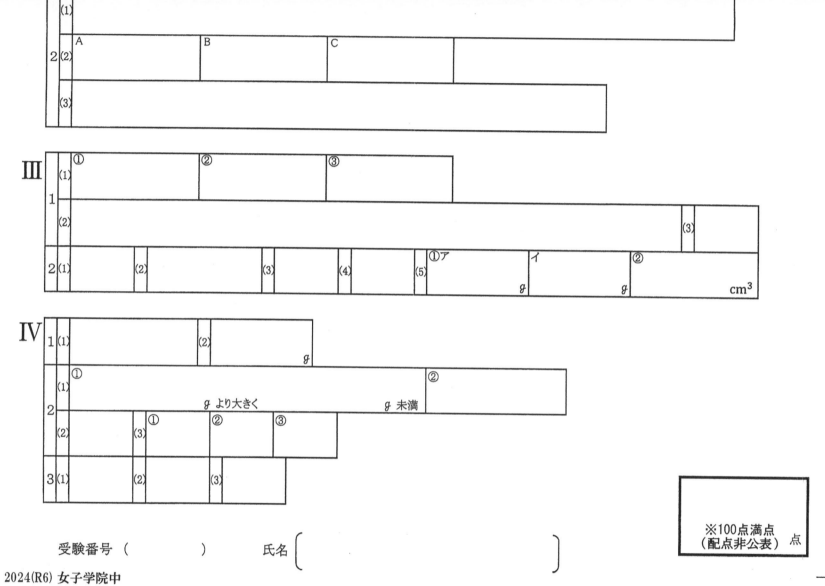

# 解答用紙（国語）

受験番号〔　　〕

氏名〔　　〕

句読点は字数に入れること。

一

問一

問二

1 一

2 一

3 一

問三

問四

問五

Ⅰ

Ⅱ

問六

問七

問八

問九

問十

問十一

※100点満点
（配点非公表）

ウ　行政だけに任せるのではなく、住民も参加して、水道事業の内容を決める。

エ　人口減少の自治体は、近隣《りん》の自治体と共同で水道事業を維《い》持する。

オ　水が不足した時には水道料金が上がり、使用できる家庭が限られるため、断水することはない。

問６　次のうち、水資源を一番必要とするのはどれですか。１つ選び、記号で答えなさい。
また、それが水資源を必要とする最大の理由を具体的に説明しなさい。

ア　浴槽《そう》に湯をはり、15 分間のシャワー使用　　イ　小麦 200 グラムの生産

ウ　ホースによる庭への１時間の水まき　　エ　ステーキ用の牛肉 200 グラムの生産

問７　京都では 2007 年、鴨《かも》川の環境を守るために京都府鴨川条例が制定されました。これに関して述べた文として、まちがっているものを２つ選び、記号で答えなさい。

ア　条例は、市民からの意見公募《ぼ》（パブリックコメント）を経て制定された。　イ　条例は、府議会で話し合われ、決定された。

ウ　条例の制定は、国会の承認を経て認められた。　エ　条例は、京都府により執《しっ》行（実施）された。

オ　条例が制定され、川辺の環境保護に取り組んできた市民の会に知事が解散を命じた。

問８　経済規模がさまざまな国を挙《あ》げ、一人あたりのＧＤＰと水の使用量の関係を図に表すとしたら、どのような分布になると考えられますか。横軸《じく》は一人あたりのＧＤＰ、縦軸は一人あたりの年間の工業用水と生活用水の使用量とします。各国のデータを点で表した図として、最も適当なものを１つ選び、記号で答えなさい。ＧＤＰ（国内総生産）は、ＧＮＰのように各国の経済規模を表すものです。

ア

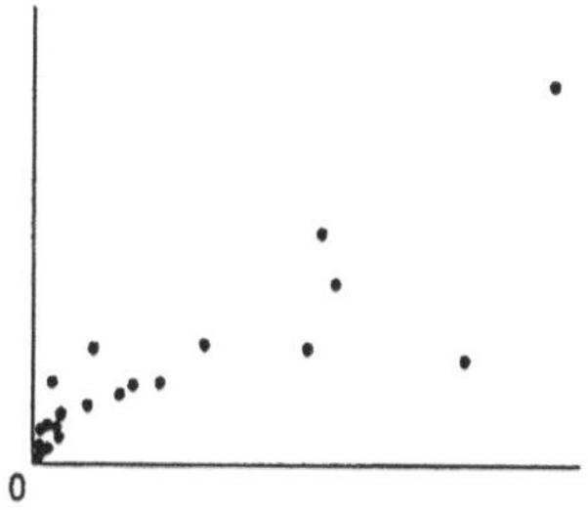

イ

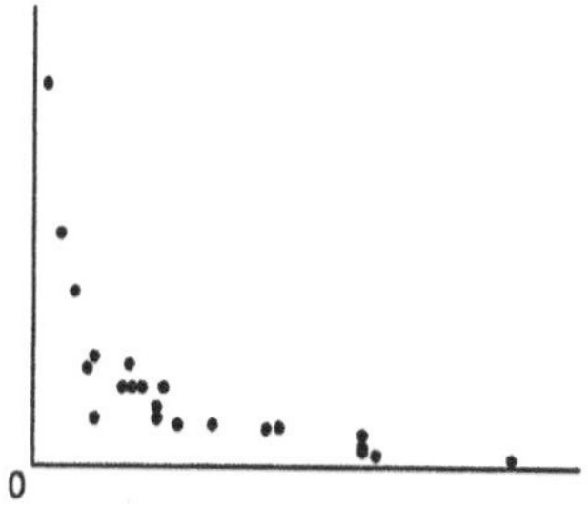

ウ

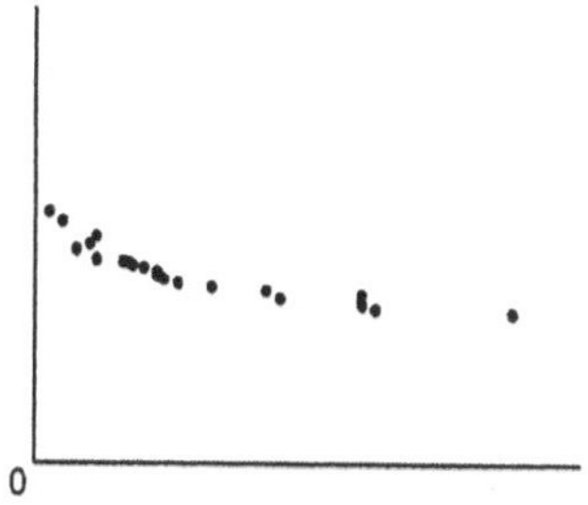

エ

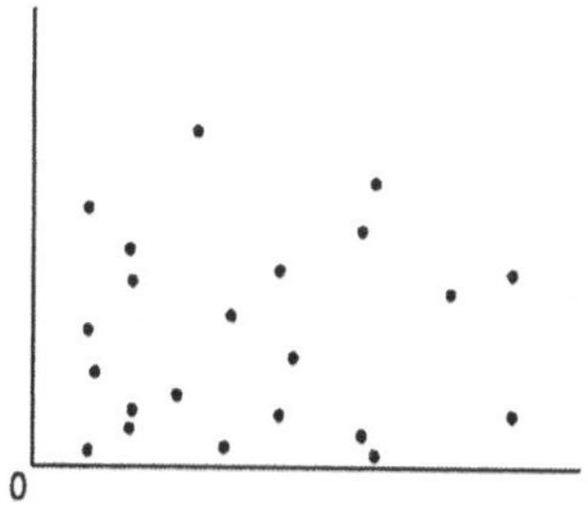

問８　ため池は、大雨や地震《しん》などによって決壊《かい》し、浸水被害が出ることがあります。右の地形図で、いずれのため池が決壊しても被害を受けないと考えられる場所をア～オからすべて選び、記号で答えなさい。

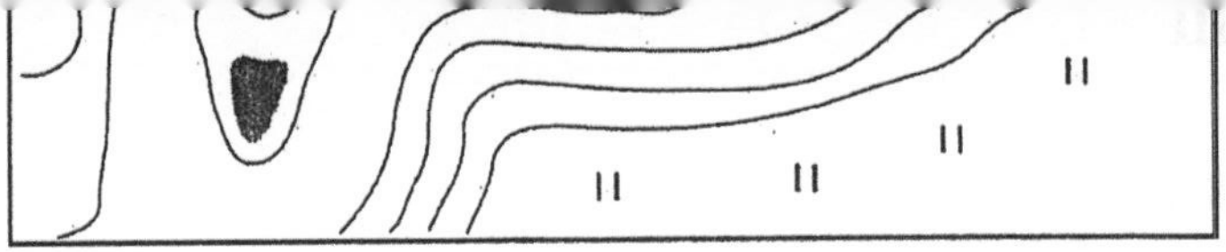

問９　日本では飲み水として、水道水以外にもミネラルウォーターが広く生産・販《はん》売されています。

（１）次の表は、ミネラルウォーターの生産が多い都道府県と生産の割合を表しています。（　　）にあてはまるものを１つ選び、記号で答えなさい。

ア　滋賀　　イ　奈良　　ウ　山梨　　エ　三重　　オ　北海道

| 順位 | 都道府県名 | 生産の割合(%) |
|---|---|---|
| 1位 | （　　） | 35.4 |
| 2位 | 静岡 | 12.1 |
| 3位 | 鳥取 | 9.4 |
| 4位 | 長野 | 7.3 |
| 5位 | 岐阜 | 6.3 |

(2022年　日本ミネラルウォーター協会資料より作成)

（２）なぜ（１）で選んだ場所で生産が多いと考えましたか。「自然環境面」と「費用面」の理由をそれぞれ１つずつ答えなさい。

問10　水力発電について述べた文として、正しいものを２つ選び、記号で答えなさい。

ア　夜間は発電できないので、安定性に課題が大きい。

イ　発電所を建てられる場所が限られる。

ウ　将来なくなるおそれのある化石燃料を使用しており、持続可能性が低い。

エ　事故が起きた場合、大規模な環境汚染を引き起こすことがある。

オ　日本では、水力発電によってまかなわれているエネルギーは、全体の10%以下である。

カ　川の水を汚すことから、再生可能エネルギーにはふくまれない。

## III

問１

（１）阿蘇《あそ》山付近を水源とする、九州最大の河川の名前をひらがなで答えなさい。

（２）（１）の流域の４県を次から選び、水源から河口に向けて順に記号で並べかえなさい。

ア　福岡　　イ　長崎　　ウ　佐賀　　エ　熊本　　オ　宮崎　　カ　大分

問２　九州に関わる次の事がらを、古い順に記号で並べかえなさい。

ア　外国軍勢の再度の来襲《しゅう》に備え、幕府は博多湾《わん》の海岸線に石を積み上げて防壁《へき》を築いた。

イ　九州に巨大な城を築き、そこを拠《きょ》点として二度にわたって朝鮮に向けて兵を出した。

ウ　九州一帯の政治のほか、外交に当たる地方官庁が、瓦《かわら》をふいた大陸風の建物として整備された。

エ　鹿児島の町の一部が焼失する被《ひ》害も出た外国との戦争をきっかけに、外国の科学技術導入の動きが起こった。

問３　沖縄県は、水不足に悩まされることが多いため、水を確保するさまざまな工夫をしてきました。沖縄県の水について述べた文として、まちがっているものを１つ選び、記号で答えなさい。

ア　屋根の上に給水タンクを設置し、利用してきた。

イ　海水を飲み水にする施《し》設がつくられた。

ウ　地下水をせき止めて、水をためる地下ダムがつくられた。

エ　農業用水は、ため池に依《い》存してきた。

オ　山間部にダムをつくって水を確保している。

問４　沖縄には、海洋深層水の研究が行われている施設があります。海洋深層水の利用法や加工品として、ふさわしくないものをすべて選び、記号で答えなさい。

ア　食用の塩　　イ　製鉄所の冷却水　　ウ　飲料水　　エ　化粧《しょう》水　　オ　水洗トイレの水

2　図３は１年間における太陽、地球、月の位置関係を示したものである。

（１）東京で夏至の日と秋分の日に満月だったときの月の位置を図３のア～タからそれぞれ選びなさい。

（２）図４は地球から望遠鏡で見た満月と半月の写真である。次の文中の［ A ］に入る記号を図４中のア～エから選び、［ B ］に入る語句を 20 字程度で述べなさい。

クレーターの輪かくが最もくっきり見えるのは、［ A ］のあたりである。なぜなら、クレーターに［ B ］ためである。

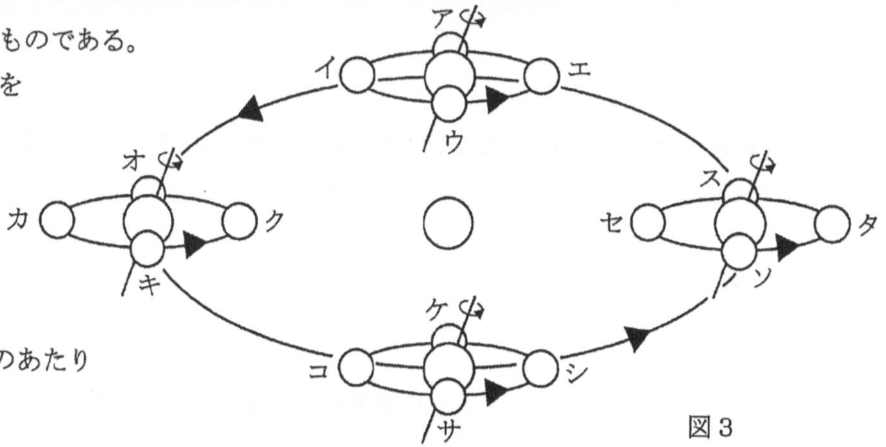


図３

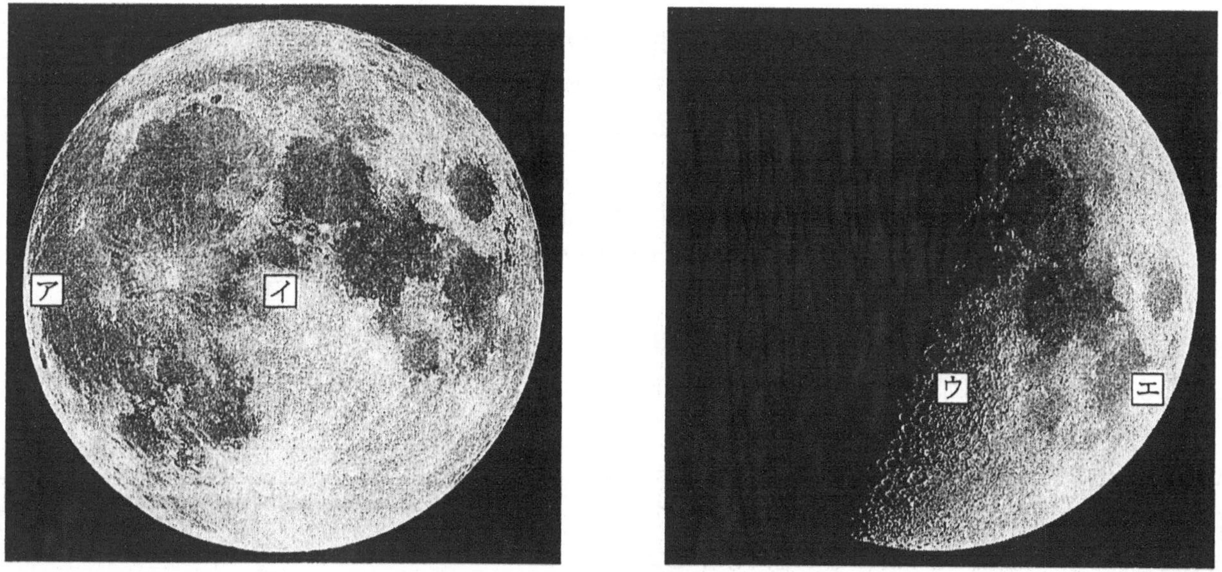


図４
(国立天文台)

（３）月の大きさ（直径）は 3500km である。５円玉を目から 55cm離《はな》して月を見ると、月と５円玉の穴（直径 5mm）は同じ大きさに見えた。月までの距離《きょり》は何 km ですか。

2　Ｊ子さんの家の近くにある大きな公園の北端には、樹齢《れい》100年のイチョウ（高さ約28m）の並木があります。Ｊ子さんは、その並木の北側に、並木に沿って高さ200mのビルが３つ建つことを知りました。

（１）ビルが建つことは、地上の環境にどのような変化をもたらし、それがイチョウにどのような被《ひ》害を与えるか。考えられることを１つ答えなさい。

（２）Ｊ子さんは友達のG子さんとイチョウ並木を見に行きました。以下は、そのときの会話です。［ A ］～［ C ］に入る言葉を答えなさい。

Ｊ子：そう言えば、このイチョウの周りの立ち入り禁止のロープは何のためにあるのかしら。

G子：人が地面を踏《ふ》みしめることで、土壌《じょう》の中の［ A ］がなくなってしまうのを防ぐためよ。
［ A ］が多いと土壌は水や［ B ］を多く含《ふく》むことができるのよ。

Ｊ子：どうして［ B ］を多く含む方がよいの？

G子：それは、根も［ C ］をしていて［ B ］中の酸素を必要とするからよ。
３つのビルは地下５階まであるそうよ。地下水の流れにも影響《えいきょう》が出そうね。

Ｊ子さんは建物が地下に与える影響について調べたところ、地下に建物を作ったことで地下水の流れが変化してしまう「地下水流動阻《そ》害」という問題を見つけました。

（３）図３のように、A地点側からB地点側に向かって地下水の流れがある所で、建物（　）を建てたところ、A地点とB地点にあった樹木はやがて、どちらも枯《か》れた。なぜA地点の樹木は枯れたのか、その理由を答えなさい。

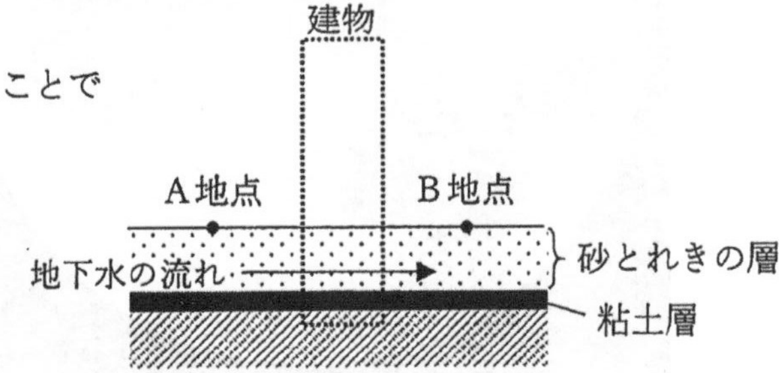

図３

（3）様々な体積のうすい塩酸を用意して上と同じ実験を行った。うすい塩酸の体積を横軸《じく》、色が変わったときのアンモニア水の体積を縦軸にしたときのグラフを次のア～エから選びなさい。

ア

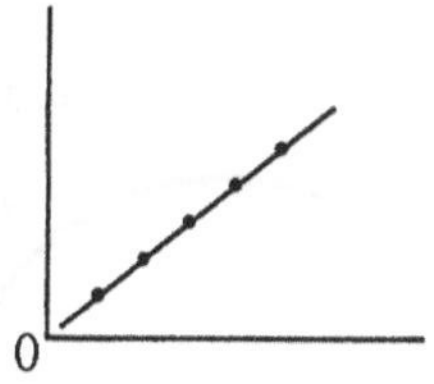

イ

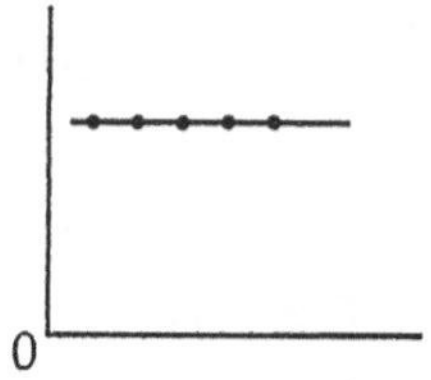

ウ

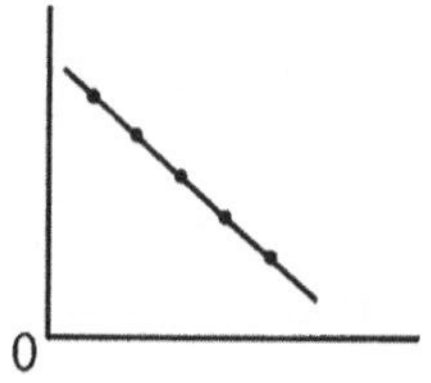

エ

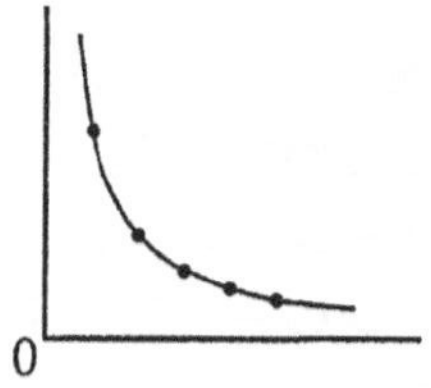

（4）うすい塩酸の体積は変えずに、様々な濃《こ》さのアンモニア水を用意して上と同じ実験を行った。アンモニア水の濃さを横軸、色が変わったときのアンモニア水の体積を縦軸にしたときのグラフを（3）のア～エから選びなさい。

（5）うすい塩酸にうすいアンモニア水を加えた液を蒸発皿にとって加熱すると、白色の固体が残る。
そこで、うすい塩酸 30 cm³ を入れたA～Eの5つのビーカーに、異なる体積のうすいアンモニア水を加え、この液を加熱した。
加えたアンモニア水の体積と加熱後に残った固体の重さは下の表のようになった。

| | A | B | C | D | E |
|---|---|---|---|---|---|
| うすいアンモニア水の体積〔cm³〕 | 0 | 10 | 20 | 30 | 40 |
| 残った固体の重さ〔g〕 | ア | 0.75 | イ | 1.80 | 1.80 |

①表のア、イにあてはまる固体の重さは何gですか。

②うすい塩酸 10 cm³ で白色の固体を最大量つくるには、うすいアンモニア水を少なくとも何 cm³ 加えたらよいですか。

下のア～ウから選びなさい。

①氷の表面　　②氷のすぐ下にある水　　③湖底付近の水

ア　4℃　　イ　0℃　　ウ　−10℃

3　空気中でも、液体中と同じ原理で浮き沈みが起こる。熱気球（右図）はバーナーの炎《ほのお》をつけたり消したりして、上昇させたり降下させたりすることができる。

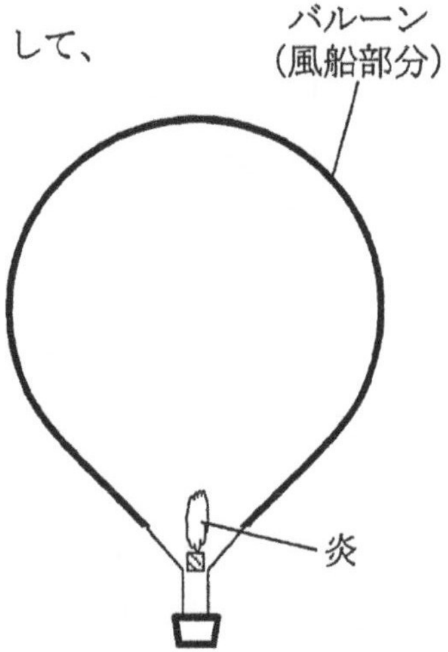


（1）熱気球が上昇するときのバルーン内の空気の様子として正しいものを次のア～エから選びなさい。

ア　熱せられた空気がバルーンの中央部を通って上部に移動し、バルーンに沿って下部へ向かい、バーナーの炎で再び熱せられて、中央部を通って上部に移動するような対流が発生する。

イ　熱せられた空気がバルーンに沿って上部に移動し、バルーンの中央部を通って下部へ向かい、バーナーの炎で再び熱せられて、バルーンに沿って上部に移動するような対流が発生する。

ウ　バルーンの下部の空気が熱せられ、その熱が徐々に上部の空気まで伝わっていく。

エ　熱せられた空気がバルーンの上部にたまっていき、バルーンの下部の空気を追い出す。

（2）バルーンの上部には開閉ができる穴がついている。バーナーの炎を消した後、この穴を開くと、熱気球をよりはやく降下させることができる。その説明として正しいものを次のア～エから選びなさい。

ア　上部の穴からあつい空気が逃げ、バルーンがしぼむから。

イ　上部の穴からあつい空気が逃げ、バルーンの下部から冷たい空気が入ってくるから。

ウ　上部の穴から冷たい空気が入ってきて、バルーンが膨《ふく》らむから。

エ　上部の穴から冷たい空気が入ってきて、バルーンの下部からあつい空気を追い出すから。

（3）同じ気球でも、乗ることができる人数は季節によって異なる。人数をより増やすことのできる季節とその理由として正しいものを次のア～エから選びなさい。

| | 季節 | 理由 |
|---|---|---|
| ア | 夏 | 気温が高く、バルーン内外の空気の1 $m^3$ あたりの重さの差が、より小さくなるから。 |
| イ | 夏 | 気温が高く、バルーン内外の空気の1 $m^3$ あたりの重さの差が、より大きくなるから。 |
| ウ | 冬 | 気温が低く、バルーン内外の空気の1 $m^3$ あたりの重さの差が、より小さくなるから。 |
| エ | 冬 | 気温が低く、バルーン内外の空気の1 $m^3$ あたりの重さの差が、より大きくなるから。 |

エ　東北の蝦夷に兵を派遣した。　　　オ　律令が整備され、国ごとに役所が置かれた。

問４　飲料水の入手について

（１）政治の中心地となった次の３つの都市のうち、最も飲料水が得にくかったのはどこだと考えられますか。１つ選び記号で答えなさい。

ア　奈良時代の平城京　　　　イ　平安時代の平安京　　　　ウ　鎌倉時代の鎌倉

（２）（１）の都市を選んだ理由を述べなさい。

問５　室町時代について

（１）村のようすとしてあてはまるものを２つ選び、記号で答えなさい。

ア　備中《びっちゅう》ぐわや千歯こきなどの農具の使用が広まり、新田開発も進んだ。

イ　戦乱が続く中で田畑の荒廃《はい》に直面した農民たちは、生活のきまりを作り、自分たちの手で村を治めた。

ウ　戸籍《せき》に登録された農民は割り当てられた土地を耕していたが、豪《ごう》族や大寺院のもとへ逃げ出す人もいた。

エ　大きなききんが何度もあり、幕府に年貢《ぐ》引き下げを求める百姓《しょう》一揆《き》が各地で起こった。

オ　大名同士の争いが続いた京都の南部では、村に住む武士と農民が大名の軍を引きあげさせた。

（２）室町時代の事がらを２つ選び、記号で答えなさい。

ア　雪舟は明《みん》から帰国後、各地を旅して、風景の水墨画を数多くえがいた。

イ　西まわり航路や東まわり航路がひらかれ、特産品の売買が広がった。

ウ　有田焼や薩摩焼などの陶《とう》器が作りだされ、各地で用いられるようになった。

エ　石や砂を用いて水の流れを表現する石庭がつくられるようになった。

オ　各地に阿弥陀《あみだ》堂がつくられるようになり、貴族や皇族が武士を従えて熊野もうでをおこなった。

問６　都市ではある時期から、し尿《にょう》を垂れ流さず、くみ取り式に変わっていきました。いつ頃、どのような背景で変化したかについて述べた文として、最もふさわしいものを１つ選び、記号で答えなさい。

ア　平安時代に街の見た目をきれいに保ち、悪臭《しゅう》を防ぐ観点から、し尿の処理に規則をもうけるようになった。

イ　鎌倉時代に各地に陶器が広く流通するようになり、し尿を大きな壺《つぼ》に溜《た》めておくようになった。

ウ　室町時代に、し尿が農業の肥料として使われ、捨てずに活用されるようになった。

エ　江戸時代に城下町に人口が集中するようになり、幕府や藩《はん》が住宅密集地に公衆便所を設置するようになった。

「他村と共同で利用している用水や土地に関しては、前々からのしきたりを守り、しきたりを記録しておくこと。…水争いが起こったときは、訴訟《そしょう》の経過を初めから詳《くわ》しく記録しておくこと。」（小野武夫編『近世地方経済史料』第七巻　吉川弘文館 1969年より）

## Ⅱ

問１　日本における近代水道は、1887年の横浜を第１号として、その後1898年までに、函《はこ》館、長崎、大阪、広島でもつくられました。

（１）これら５つの都市で起こった次の事がらを、古い順に記号で並べかえなさい。

ア　函館の五稜郭《ごりょうかく》に立てこもって戦っていた旧幕府軍が降伏した。

イ　広島藩が廃止され、新たに広島県が置かれた。

ウ　横浜に上陸したアメリカの使節との間で、日米和親条約が結ばれた。

エ　長崎港で新たにアメリカとの貿易が許可された。

オ　大阪放送局がラジオ放送を開始した。

（２）日本とアメリカに関わる次の事がらを、古い順に記号で並べかえなさい。

ア　アメリカの仲介により、日本とロシアが講和条約を結んだ。

イ　サンフランシスコ平和条約の締《てい》結と同時に、日本はアメリカと安全保障条約を結んだ。

ウ　アメリカで始まった世界恐慌《きょうこう》は、日本にも深刻な影響をもたらし、軍の方針に変化を与えた。

エ　日本のフランス領インドシナへの進出に対し、アメリカは対日石油輸出禁止に踏み切った。

オ　石油危機後、アメリカとの貿易摩擦《まさつ》が深刻化した。

問２　近代水道創設のきっかけの一つは、汚《お》染された水を介して広がる伝染病が流行したことにあります。

世界的に認められる研究をおこなった日本の学者について述べた文として、正しいものを１つ選び、記号で答えなさい。

ア　志賀潔《きよし》はインフルエンザの治療《りょう》法を発見した。

イ　野口英世は結核菌《かくきん》の研究で世界的に認められた。

ウ　北里柴《しば》三郎は破傷風の治療方法を発見した。

エ　森鷗《おう》外は狂《きょう》犬病の研究所を創設し、教育活動にも貢献《こうけん》した。

7．一定の速さで流れる川の上流にＡ地点，下流にＢ地点があり，２つの船Ｊ,Ｇが Ａ地点とＢ地点の間を往復するとき，次の①～③のことが分かっています。ただし，流れのないところで２つの船の進む速さはそれぞれ一定で，どちらの船も Ａ地点，Ｂ地点に着くとすぐ折り返します。

① ２つの船が同時にＡ地点を出発し，Ｊが初めてＢ地点に着いたとき，Ｇは Ｂ地点の 1920 m 手前にいます。

② ２つの船が同時にＢ地点を出発し，Ｊが初めてＡ地点に着いたとき，Ｇは Ａ地点の 2400 m 手前にいます。

③ ２つの船が同時にＡ地点を出発すると，出発してから 27 分後に Ｂ地点から 960 m 離《はな》れた地点で初めてすれ違《ちが》います。

(1) 船Ｊの下りと上りの速さの比を最も簡単な整数の比で表すと，□：□です。

(2) 船Ｇの下りの速さは分速□m，川の流れの速さは分速□mで，

Ａ地点とＢ地点は□m離れています。

(3) 船ＪがＡ地点，船ＧがＢ地点を同時に出発するとき，１回目にすれ違うのは

□分後，２回目にすれ違うのは□分後です。

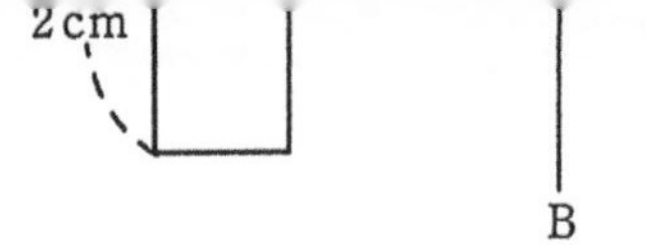


4．　はじめさんがA駅から家まで帰る方法は2通りあります。

| |
|---|
| 方法1：A駅から 20 km 先にあるB駅まで電車で行き，B駅から家までは自転車で行く |
| 方法2：A駅から 18 km 先にあるC駅までバスで行き，C駅から家までは歩いて行く |

電車は時速 75 km，バスは時速 40 km で進み，はじめさんが自転車で進む速さは，歩く速さよりも毎分 116 m 速いです。方法1と方法2のかかる時間はどちらも同じで，はじめさんが電車に乗る時間と自転車に乗る時間も同じです。また，B駅から家までと，C駅から家までの道のりは合わせて3263 m です。

C駅から家までの道のりは何 m ですか。

（式）

答え＿＿＿＿＿＿＿＿ m

| 得点 | 4 |
|---|---|
| | |



2024(R6) 女子学院中
K 教英出版

(4)　図のように，棒を使って正三角形と正方形を作ります。

①　100個目の正方形を作り終えたとき，使った棒は□本です。

②　棒が1000本あるとき，正三角形は□個，正方形は□個まで作ることができます。

(5)　クラスの生徒に消しゴムを配ります。全員に10個ずつ配ると32個足りないので，先生と勝敗がつくまでじゃんけんをして，勝った人には11個，負けた人には7個配ることにしました。勝った人は負けた人よりも5人少なかったので，消しゴムは9個余りました。

クラスの人数は□人，消しゴムは全部で□個です。

お詫び

著作権上の都合により、文章は掲載しておりません。
ご不便をおかけし、誠に申し訳ございません。

教英出版

お詫び

著作権上の都合により、文章は掲載しておりません。
ご不便をおかけし、誠に申し訳ございません。

教英出版

（大竹伸朗『見えない音、聴こえない絵』ちくま文庫より「斑模様の遠近法」）

問一　——①「「形」そのものとは別に、そこに「感じ」といった感覚がふと意識の中に入り込んだ」とありますが、ここでの「感じ」と最も近いものを次から選びなさい。

ア　内容を映し出していて心に響《ひび》く感じ

イ　全体からなんとなく受ける独特の感じ

ウ　自分の目で見た時にだけわかる感じ

エ　周囲の人々から受ける抵抗《ていこう》しがたい感じ

問二 ――②「一目置かれていた」とありますが、「一目置く」の意味として最も適切なものを次から選びなさい。

ア 抜きんでた能力がある人を羨《うらや》む
イ 相手の力を認めて気を遣《つか》う
ウ 最も秀《すぐ》でている人を称賛《しょうさん》する
エ 優れている相手に敬意を払う

問三 ――③とありますが、「友達の絵」と「自分の絵」を比較し、「形」と「雰囲気」について違いがわかるようにそれぞれ説明しなさい。

問四 ――④「それらはショッキングな出来事として心に焼き付いた」とありますが、「それら」としてあてはまらないものを次から選びなさい。

ア 少年なのに新聞配達という仕事をしていること
イ 新聞を雑に放り投げるという配達の仕方をしていること
ウ 自転車を乱暴に扱《あつか》って路上に投げ出したりすること
エ 少年が無地のバスケット・シューズを履いていること

問五 ――⑤「上履き入れに描いた絵」とはどういう絵ですか。最も適切なものを次から選びなさい。

ア 女の子の上履き入れにもとから描いてあった絵
イ 女の子が自分自身の上履き入れに描いた絵
ウ 筆者である「自分」が「自分」の上履き入れに描いた絵
エ 筆者である「自分」が女の子の上履き入れに描いた絵

---

問六 ――⑥「とんでもない異物に出会ったようなショックを受けた」とありますが、どういう点に「ショックを受けた」のですか。三十字以内で説明しなさい。

問七 ――⑦「近くて遠い「距離」があることを感じた」とありますが、どういうことですか。最も適切なものを次から選びなさい。

ア 賞を取るような絵はすぐに描けると思っていたのに、実際は簡単には描けず、厳しい世界だと感じた。
イ 賞を取った絵をすぐそばで見ていながら、自分の絵との違いがわからず、とまどいを感じた。
ウ その絵の作者は同じ地域で育った小学生であるのに、大人びた絵を描いており、敗北感を感じた。
エ その絵は自分の目の前にあるが、自分には描くことのできない絵であって、とうていかなわないと感じた。

問八 ――⑧とありますが、「□旗を掲げる」が「降参する」という意味になるように、空欄にあてはまる漢字一字を答えなさい。

問九 ――⑨とありますが、筆者が「腑に落ちた」ことはどのようなことか、最も適切なものを次から選びなさい。

ア 自分なりの遠近感を持たせることのできた絵は、単なる偶然《ぐうぜん》によって生み出されたものであり、意図的に作り出そうとしても作り出せないものであるということ。

イ 遠近感のある絵を前に自分の絵は劣《おと》っていると思ったが、これまでたどってきた経験は無意味ではなく、独自の遠近感はその経験があって生まれたものだということ。

ウ 子供のころに描いていた絵と今描いている絵は異なるものであったとしても、すべての絵が経験となって積み重なり、自分の目には遠近感が感じられたのだということ。

エ 失敗と思われていた絵からでももう一度塗り直して始めることによって、その失敗が生かされ、かつてあこがれたのと同じ遠近感のある絵にたどり着けたということ。

三 次のカタカナを漢字に直しなさい。

1 バスと電車がヘイコウして走る。

2 目でアイズを送る。

3 カテイと仕事を両立する。

4 米ダワラをかつぐ。

5 飛行機をソウジュウする。

6 シオドキを待って行動する。

受験番号〔　　　〕

氏名〔　　　〕

二〇二三年度

# 女子学院中学校入学試験問題（国語）

（40分）

一　次の文章を読んで後の問いに答えなさい。

１９９９年夏、私はハンガリーの草原に座っていました。皆既日食《かいきにっしょく》に合わせて開催《かいさい》された、若手研究会に参加させてもらったのです。

「日食」は、太陽の手前を月が横切って日光をさえぎる天体現象です。中でもすっぽりと太陽をかくしてしまう皆既日食は、昼の明るい空が完全な闇夜《やみよ》に変わる、珍《めずら》しいイベントです。

私も知識はありましたが、わかった気になっていたのかもしれません。それは初めて体験する、幻想《げんそう》的で、日常とは異質の風景でした。

まず、太陽に変化を感じない頃から肌寒《はださむ》くなります。じっとしていても汗《あせ》ばむほどの真夏だったのに、いつの間にか冷たい風が吹き始めて少し薄暗《うすぐら》くなってきました。

異変を感じたのか、馬が何頭もヒヒーンといななき、鳥や蝶《ちょう》が忙《いそが》しそうに低空飛行していきます。

そして、さらにあたりが暗くなって、ついに太陽の光が消えた瞬間《しゅんかん》――。

夏の昼は闇になり、３６０度の地平線は朝焼け色に染まって、空には星がいくつもキラキラ輝《かがや》き始めました。

馬はもう声も出さずに、じっとしています。暗くて鳥や蝶の姿は見えませんが、気配が消えています。

①いっぽう、人間は大さわぎです。

各国から集まった人たちからは歓声《かんせい》が上がり、ある人は口笛を吹き、ある人はカメラのシャッターを切り、カップルは抱《だ》き合っていました。

でも人間も、もし数分後には月が通り過ぎて再び太陽が顔を出すことを知らなければ、本当にびっくりするだろうし、世にも恐《おそ》ろしいことが起きたと感じることでしょう。

淡々《たんたん》と進む宇宙のできごとを前に、その時の私の感情が喜怒哀楽《きどあいらく》のどれだったかは、実はうまく表現ができません。

ただ、ひとすじの光が月の裏側からこぼれ出た瞬間に、夜は昼になり、夏が戻《もど》り、馬が声を上げ、蝶が舞《ま》い、鳥の姿が見えて、私はとっさに「生かされている」と感じたのです。近くにいたご婦人が私を見て、

「あら、あなた泣いているの」

と②私の背中に手を置いてくれたのを覚えています。

古代の人たちは、天を注意深く観察して③生活の役に立てていました。もちろん、時計もGPSもない時代です。

日の出入りや月の満ち欠けは、時間が流れていることを教えてくれました。いつも同じ方角にある星は、旅をする人に進む道はどっちかを教えました。

古代エジプトの人たちは、おおいぬ座の「シリウス」という星が日の出直前に見えると、もうすぐナイル川が氾濫《はんらん》する季節だ、というのを知りました。彼らは自然災害から身を守って、種まきのための栄養たっぷりの土がやってくるタイミングを星に教えてもらったのです。

星座の星たちとは天でのふるまいが違《ちが》う惑星《わくせい》は、うつろいやすい人間社会の運勢と結びつけられることもありました（現代の星占いは、このあたりから生まれたようです）。

空に尾を引く彗星《すいせい》（ほうき星）や日食など、突然《とつぜん》起こる空のできごとは、不吉の前触《まえぶ》れとも考えられました。

今ほど、迷信と科学がはっきり分かれていなかった時代です。古代の人たちにとって、空のできごとは今と比べものにならないほど神秘的でおごそかな現象として見えていたことでしょう。

ひるがえって現代の私たちは、日食がどうして起こるのかを科学的に知るようになりました。

太陽の位置を知らなくても時刻がわかるし、カーナビを使えば旅先で困ることも減ったし、わからないことはスマホやパソコンで検索《けんさく》すればあっという間にいろんな知識を教えてくれます。

考えたらすごいことです。

人に与えられた命の時間はせいぜい１００年足らず。あなたひとりや、私ひとりの力では④絶対にこうはなっていないのです。

人間がスペシャルなのは、ひとつには自分たちの⑤すごい知恵《ちえ》（英知《えいち》）を世代を超《こ》え

てリレーしているところです。

知恵のリレーの横には、必ず「記録(データ)」があります。

たとえば新しいスマホやテレビドラマ、コンビニのお弁当メニューでも、何でもいきなり完成品はできませんよね。

たくさんのテストを重ねて、失敗するたびに工夫し、その経験や記録をもとにして、人は少しずつ前へと進んできたのです。

その結果として、この日常があって、ここが岩の惑星の上だということを知り、⑥人は恐竜と違って「知らぬが仏」ではなくなってきているのです。

ふだんの生活ではあまり気にしないものですが、経験や記録というのは、⑦明日の自分のために極《きわ》めて大切だ、と知っておいたほうがよいものです。というのも、この世界では人類の英知を無視したり排除《はいじょ》したりということが、いとも簡単に起きてしまうからです。

たとえば、5世紀のアレクサンドリアにヒュパティアという学者がいました。とても聡明《そうめい》な人で、数学者、天文学者、教師として多くの人たちから尊敬を集めました。でも同時に、彼女の科学的で学術的な考え方や態度は、妬《ねた》みも生んでしまったようです。やがて信仰や思想がはずれていると追いつめられ、ついには暴徒におそわれてしまいました。とても残虐《ざんぎゃく》でむごい最期《さいご》だったと伝えられます。

近世のイタリアでは、地球や太陽が宇宙の中心ではない、と言ったブルーノという修道士が、教会の教えに背《そむ》いたという理由で火あぶりの刑《けい》になりました。

こうしたすぐれた知恵のもち主が、大勢の人の考えに合わないとか、権力をもった人の気に食わないという理由で消されてしまい、彼らがつなぐはずだった知恵のリレーは、その価値を理解できない人たちによって断ち切られてしまったのです。

英知そのものでもある書物を次の世代にリレーできない、ということもよく起きました。秦《しん》の始皇帝《しこうてい》が行った焚書《ふんしょ》(書物を焼いてしまうこと)もそのひとつです。同じ時代の古代アレクサンドリアでは、図書館にせっせと書物を集めていました。でもその図書館も数百年後には壊《こわ》されてしまいました。

ようやく手にした英知を、私たちは時代の流れの中に何度も落としたりなくしたりしてきたのです。

知恵をリレーするためには、あなたや私を含むたくさんの人がその価値を知って、意識的に管理したり保管したりする「空気」が必要なのです。もちろんこれは天文学にかぎった話ではありません。

天文の世界ではこんな知恵のリレーがありました。

高さ600kmの宇宙空間に浮かぶハッブル宇宙望遠鏡の名前になった、エドウィン・ハッブルといえば、銀河系の外にも宇宙が広がっていること、ほかの銀河が私たちからどんどん遠ざかっていることを見つけた天文学者です。

彼の発見は20世紀の大発見でした。

というのも、この発見より前は、私たちのいるこの銀河系こそが宇宙のすべてで、宇宙は動かず、始まりも終わりもない、と考える人が多かったからです。

それが「宇宙は広大で無常である」と知ってびっくり仰天《ぎょうてん》、人間の宇宙観はこの発見をきっかけにガラッと変わり始めました。

でも、世の中のあらゆる成果と同様、この大発見もハッブル一人のがんばりだけで実現したものではありませんでした。

何年も前の観測データ(記録)を貴重品として保管していた人や、自分のデータを惜《お》しまず公開したスライファーという研究者の存在があり、発見には「過去のデータ」が重要な役目を果たしたのです。

ハッブルが使った「天体の距離《きょり》を測る方法」も、先にリービットというものすごく根気強い研究者がいて、彼女が発見していたものでした。

加えて、「大きくて性能の良い望遠鏡」は、ハッブルが自由に使うことができる状態になっていました。

ハッブルの大発見は、みんなが少しずつリレーした知恵や工夫が、満《まん》を持《じ》して花開いたものだったのです。

天文学には「データベース天文学」という研究方法があります。

これは、過去のデータをきちんと管理して誰《だれ》でも使える状態にしておくことで、別のデータと組み合わせたり、誰かの発見を確認(検証)したりする研究方法のことです。

たとえば、宇宙に向けてパシャリと撮影《さつえい》した写真(データ)には、無数の星や銀河が写っています。それは宇宙のある瞬間、ある場所を写した唯一《ゆいいつ》無《む》二《に》の記録です。そこには最初の研究目的とは違う、大発見につながる思いがけない現象や、地球の危機を救う〝何か〟が写っているかもしれません。
でも、ただ放っておくと、貴重で膨大《ぼうだい》なデータは使い捨てになってしまいます。そうならないためにも、「データベース天文学」は華々《はなばな》しくこそありませんが、とても重要な研究方法なのです。
最近では、研究成果やデータを人類のために公開する「オープンサイエンス」という世界的な動きもあります。これはいわば、世界中で知識や情報や成果を共有して⑧一緒に前に進みましょう、という流れです。
その流れは、２０２０年、世界が新型コロナウイルス感染症（ＣＯＶＩＤ－19）で右往左往し始めたときにも見られました。
ウイルスの脅威《きょうい》によって、私たちは日々の何気ない暮らしだけでなく生命の危機にも直面してゴールの見えない状況に置かれました。そんな中、いち早く感染症に関係する研究データを国際的に共有しよう、という動きがあったのです。
研究者というものは、ふだんはじっくりと慎重《しんちょう》に時間をかけて結果を磨《みが》き上げていくものです。信頼できるデータかということも厳しく調べて、論文などで成果を世に出すまでは研究データを公開しないことが多いのです。
でも、人間のピンチを前にして、もたもたしているうちに消える命をなんとしても救うのだと、彼らは所属機関や国境や民族を超え、情報を共有して疫病《えきびょう》と戦い、⑨共に前に進もうとしました。
私たち人間は迷信の時代を抜《ぬ》け出そうと、たった今も模索《もさく》とチャレンジを続けているところなのです。
ふだん座っているその椅子《いす》も、灯《あか》りも、部屋も、この本も、平和な朝がやってくることも、たくさんの知恵のリレーに支えられているといえます。
そういう目で、もう一度まわりを一つひとつ見渡《わた》してみてほしいのです。
３６０度どこを見ても、あなたの暮らしの中にあたりまえは何ひとつないはずです。

（野田祥代『夜、寝る前に読みたい宇宙の話』）

---

問一　――①「いっぽう、人間は大さわぎです」とありますが、皆既《かいき》日食に対して、人間の反応が他の生き物たちと違《ちが》うのはなぜですか、理由を説明しなさい。

問二　――②「私の背中に手を置いてくれたのを覚えています」とありますが、それはなぜだと考えられますか、最も適切なものを次から選びなさい。

ア　人々がみな大さわぎしている中、一人涙《なみだ》を流していることを見知らぬ人に気付かれてしまったのがはずかしかったから。

イ　「生かされている」という感覚を理解してくれる人がいるということが、涙が出るほどうれしかったから。

ウ　同じ場所に身を置いて神秘的な体験を共有したことで、婦人との間に強い仲間意識が生まれていたから。

エ　強く心を動かされて涙を流している自分を、優しく気づかってくれる人がいたということに心が温かくなったから。

問三　――③「生活の役に立てていました」とありますが、「役に立つ」とはここでは具体的にどういうことですか。次の三つについて、空欄《くうらん》にあてはまる語句を、解答欄の字数以内で書きなさい。Ｂ、Ｃについては本文中の語を用いること。

・毎日の日の出入りや月の満ち欠けは、時計や（　Ａ　）のような役割があった。
・いつも同じ方角にある星から、（　Ｂ　）がわかった。
・日の出直前に見えるおおいぬ座の「シリウス」から、ナイル川の氾濫《はんらん》に注意すべき時期と（　Ｃ　）時期がわかった。

# 2023年度　女子学院中学校入学試験問題　（算数1）

※100点満点
（配点非公表）

| 得点 | 1 |
| --- | --- |
| | |

受験番号(　　　　　)　氏名[　　　　　　　　　　　　　　　　]

(40分)

＜注意＞計算は右のあいているところにしなさい。

1．(1),(2),(4),(5)は□にあてはまる数を入れなさい。

(1) $\left\{\left(4.5-\frac{1}{4}\right)\div 0.75-1\frac{2}{15}\right\}\times\left(40.375-35\frac{5}{12}\right)\div\left(\boxed{\phantom{00}}-\frac{11}{45}\right)=2023$

(2) □%の食塩水と□%の食塩水の重さの比を

3:2にして混ぜ合わせると，11.8%の食塩水になり，

1:3にして混ぜ合わせると，9%の食塩水になります。

(3) 下の□には数を，□には漢字を1文字ずつ入れなさい。

例：[4][以][下]

① 小数第2位を四捨五入して5になる数の範《はん》囲は

□[　][　]で□[　][　]です。

② ある整数を0.4で割った商の一の位を四捨五入すると5000になり，

同じ整数を6で割った商の小数第1位を四捨五入すると334になります。

このような整数をすべてあげると□です。

# 2023年度　女子学院中学校入学試験問題　（算数２）

受験番号(　　　　　)　氏名[　　　　　　　　　　　　　　　　　　]

| 小　計 |
| --- |
| |

| 得点 | 2 |
| --- | --- |
| | |

2(1)，３，４について［　］にあてはまるものを入れなさい。

**２．** 大きさの異なる３つの正方形が図１のように置かれています。

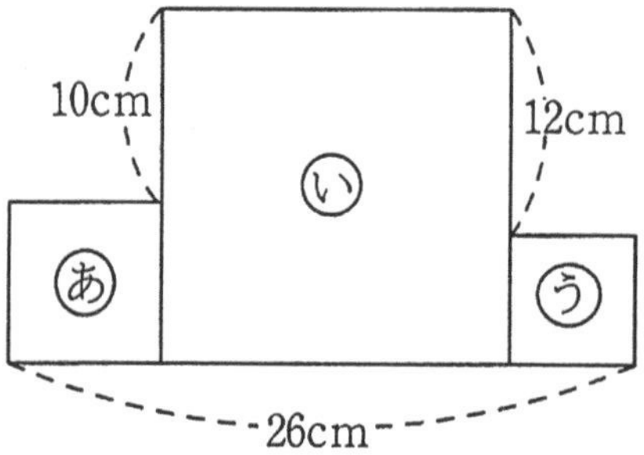


図１

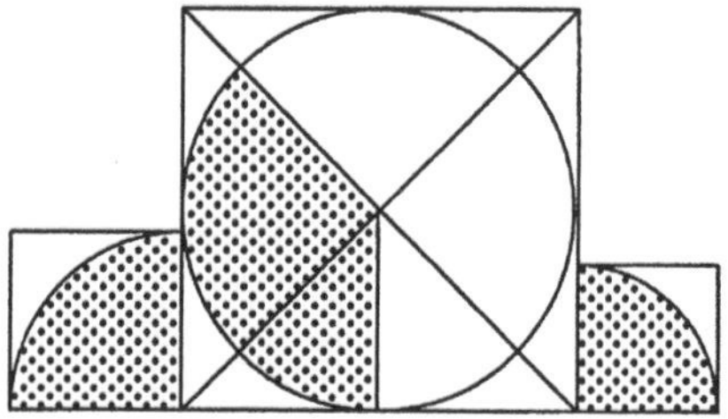

図２

(1)　正方形(あ)，(い)，(う)の１辺の長さは，それぞれ［　　］cm，［　　］cm，［　　］cmです。

(2)　図２のように，図１に直線や円をかき入れました。［網目］の部分の面積の和を求めなさい。
ただし，円周率は3.14として計算しなさい。
（式）

答え＿＿＿＿＿＿＿＿＿＿$cm^2$

# 2023年度　女子学院中学校入学試験問題　（算数3）

受験番号(　　　　　)　氏名[　　　　　　　　　　　　　　　　]

| 合　計 |
| --- |
| |

| 得点 | 5・6・7 |
| --- | --- |
| | |

5，6(1)(2)，7について□にあてはまる数を入れなさい。

**5．** 2023枚の折り紙をJ, Gの2人で分けるのに，同じ枚数ずつJ, G, G, J, J, G, G, J, J…の順に取っていき，最後にその枚数が取れなかった場合も順番通りの人が残りをすべて取ることにします。例えば，20枚ずつだとJは1020枚，Gは1003枚で，30枚ずつだとJは1003枚，Gは1020枚もらえます。

(1)　23枚ずつ取ると，Jは□枚もらえます。

(2)　□(あ)枚ずつだとJは1023枚もらえます。ただし□(あ)は素数です。

**6．** 図1のマス目のアの位置に，図2のようにさいころを置き，イの位置までマス目に沿って右または下に転がします。

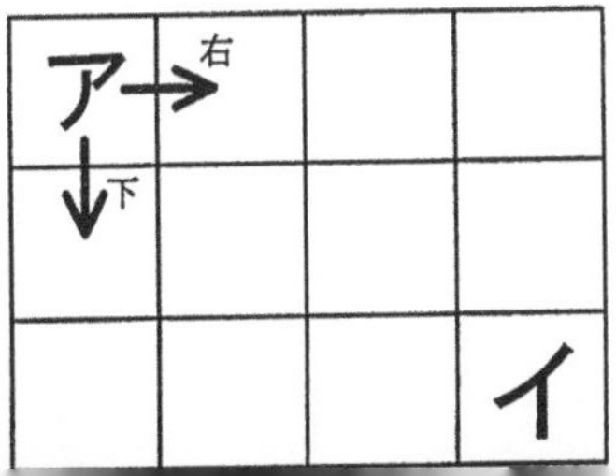


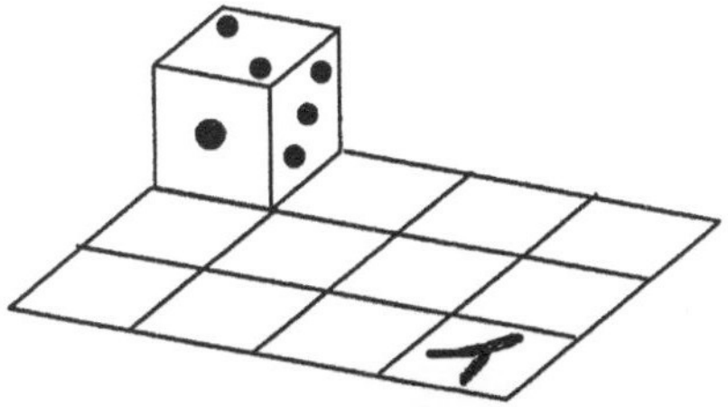


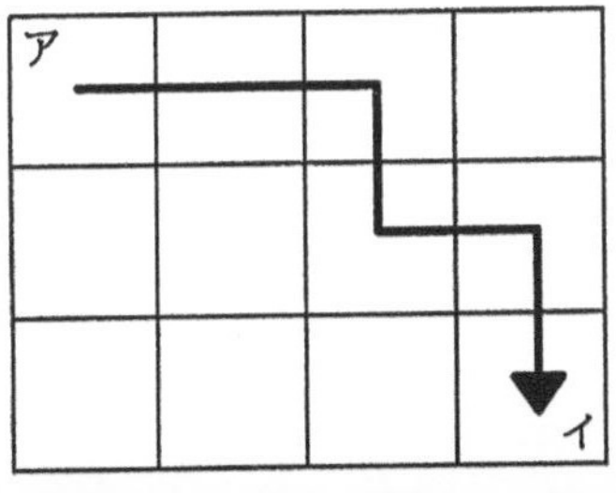

# ２０２３年度　女子学院中学校入学試験問題　（理　科）

受験番号　（　　　　　　）　　氏名［　　　　　　　　　　　　］

（答は解答用紙に書きなさい。選択肢《たくし》の問題の答が複数ある場合は、すべて答えなさい。）

（40分）

Ⅰ　太陽系には８個の惑《わく》星があり、それぞれが自転しながら太陽を中心とした円を描《えが》いて公転している。

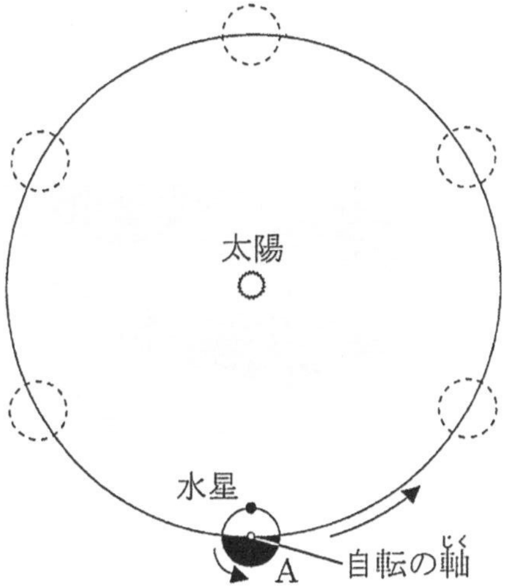


１　水星は、自転周期 59 日、公転周期 88 日で、それぞれ右図の矢印の向きに運動している。

以下の問いには、自転周期が 60 日、公転周期が 90 日であるとして答えること。

（１）水星が図中のＡにあるときから 45 日後の水星の位置を解答欄《らん》の ◌ から選び、太陽光が当たっていないところをぬりつぶしなさい。さらに、このときのＡの●で示した地点の位置を●で示しなさい。

（２）（１）で●で示した地点における太陽の見え方を次のア～エから選びなさい。

ア　地平線から昇《のぼ》ってくるところ　　イ　最も高く昇っているところ

ウ　地平線に沈《しず》むところ　　エ　沈んでいて見えない

（３）水星の１日（日の出から次の日の出まで）の間に、水星は公転を何回しますか。

２　金星は、自転周期 243 日、公転周期 225 日で、それぞれ右図の矢印の向きに運動している。

以下の問いには、自転周期と公転周期がともに 230 日であるとして答えること。

（１）金星の１日の長さ（日の出から次の日の出まで）は何日ですか。

（２）仮に金星の自転の向きが実際と逆向きだったとすると、図中の●で示した地点では、

# Ⅱ

1　地球上には多様な生物がいる。生物と生物の間には様々な関係があるが、その１つに「食物連鎖《しょくもつれんさ》」がある。食物連鎖は陸上だけでなく、水中でもみられる。

プランクトンとは、自力で長い距離《きょり》を泳ぐことのできない、水中を漂《ただよ》う生物のことである。植物プランクトンは光合成によって養分をつくり出す。光合成とは光エネルギーを使って養分をつくり出すはたらきである。すべての生物は養分から生きるためのエネルギーを得ている。水中では植物プランクトンを動物プランクトンが食べ、動物プランクトンを小さな魚が食べる、食物連鎖の関係がみられる。水中の食物連鎖が陸上の食物連鎖につながることもある。例えば、産卵のために生まれた川に戻《もど》ってくる［ 1 ］などの魚をヒグマが食べることがある。

近年、海洋プラスチックごみの増加が問題になっている。海洋プラスチックごみのうち、5mm 以下に細かく砕《くだ》けた物を［ 2 ］といい、<u>動物プランクトンや小さな魚が［ 2 ］を食べてしまうことがある。</u>

（１）文章中の［ 1 ］、［ 2 ］にあてはまる言葉を答えなさい。

（２）次のア～ウのプランクトンの名前を答えなさい。

ア

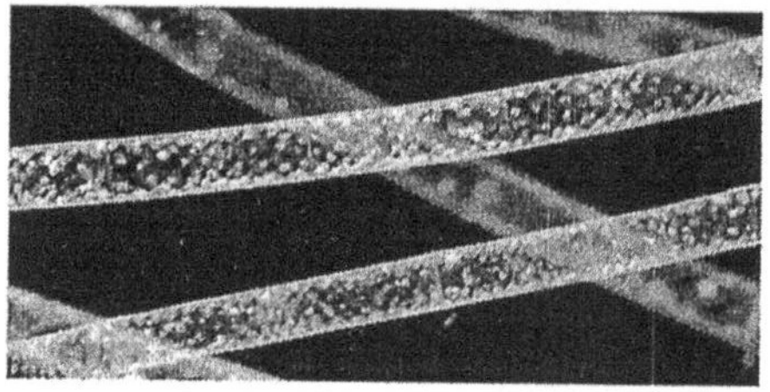

イ

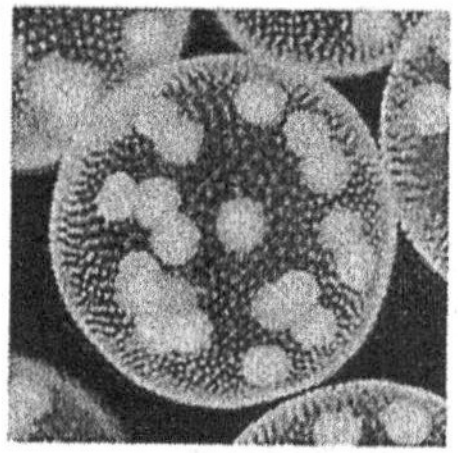

ウ

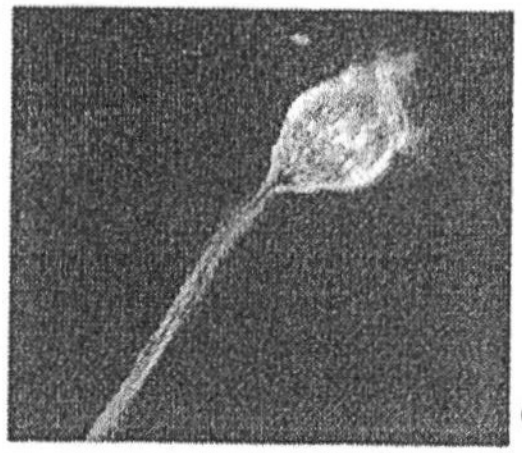

(NHK for School ミクロワールドより)

（３）（２）のア～ウから植物プランクトンを選びなさい。

（４）次のア～ケの生物を海の食物連鎖の関係になるように４つ選んで、食われるものから順に並べなさい。

ア　イカ　　イ　メダカ　　ウ　ワカメ　　エ　オキアミ　　オ　ケイソウ

カ　フナ　　キ　イワシ　　ク　カエル　　ケ　ザリガニ

（５）文中の下線部について、［ 2 ］を食べた動物プランクトンが受ける影響《えいきょう》を１つ挙げなさい。

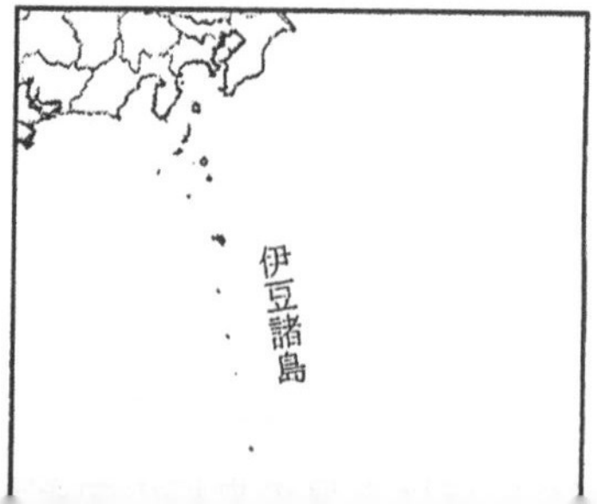


2　小笠原諸島は、図１のように東京 23 区から南におよそ 1000～1400km 離《はな》れた場所に位置している。約 30 の島々からなる小笠原諸島は海底火山の噴《ふん》火によって形成され、大陸や他の島と一度も陸続きに

## III

1　食酢《す》は、主に酢《さく》酸という液体が水に溶《と》けた水溶《よう》液である。

（1）酢酸のように水に溶ける液体の物質を１つ答えなさい。

（2）水溶液は水に物質が溶けたものであるが、固体や液体の物質が水に溶けないときには、それぞれどのようなことが観察されるか、答えなさい。

（3）次のア～オの文から正しいものを選びなさい。

ア　食酢にさびた銅板を入れても変化がない。

イ　食酢に卵の殻《から》を入れると泡《あわ》を出して溶ける。

ウ　食酢に生の魚の切り身を入れると白くなって固まる。

エ　BTB 液を加えた酢酸の水溶液にうすい塩酸を加えていっても、色は変化しない。

オ　酢酸の水溶液を加熱すると白い粉が残る。

（4）液体から固体になる温度は、水は 0℃、酢酸は 17℃であるが、液体を冷やし続けて固体になるまでの温度変化のグラフは水も酢酸も同じような形になる。液体の酢酸を冷蔵庫の中で静かに冷やし続け、冷やした時間と酢酸の温度との関係を調べたところ、下のグラフのようになった。このとき、17℃を下回ったのに固体が見られず、あるところ（図中の A 点）で一気にこおり始めた。グラフから考えて、次のア～オから間違《ちが》っているものを選びなさい。

ア　17℃より低い温度の固体は存在しない。

イ　液体だけのときは冷やしていくと温度が下がる。

ウ　液体から固体になるときに周りに熱を出す。

エ　AB 間は液体と固体が混ざっている。

オ　B 点で完全に固体になった。

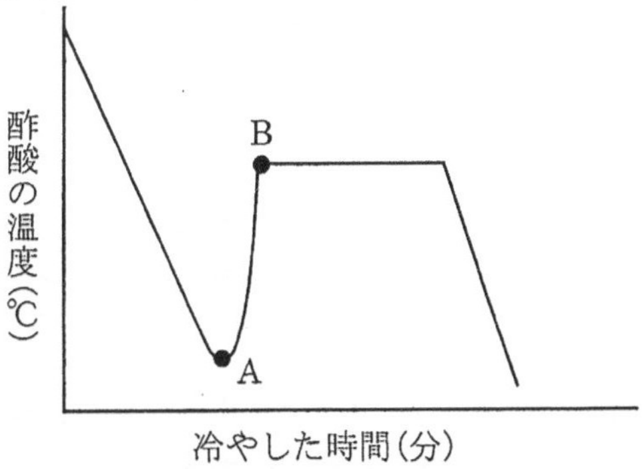


2　ガラスの粉、食塩、アルミニウムの粉が混ざったものを下図のようにして分けた。

# Ⅳ

1　同じ電池、電球を使って右図のような回路を作ったところ、2つの電球は同じ明るさで、電球に流れる電流の向きも同じであった。以下の問いには、電球は電流が強すぎてこわれることはないものとして答えること。

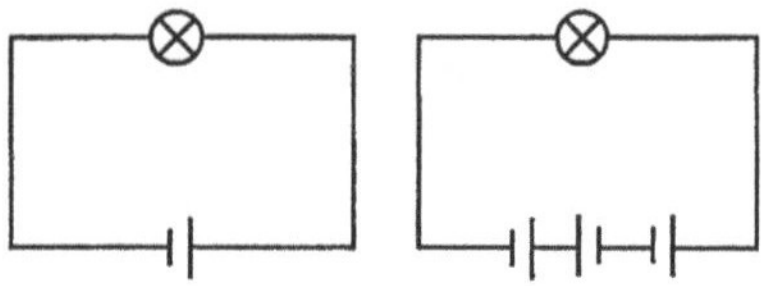

（1）次のア～オの回路について、電球Aをソケットから取り外したとき、電球Bがつくものを選び、明るい順に並べなさい。ただし、同じ明るさのものは（　）でくくること。　例：アイ（ウエ）オ

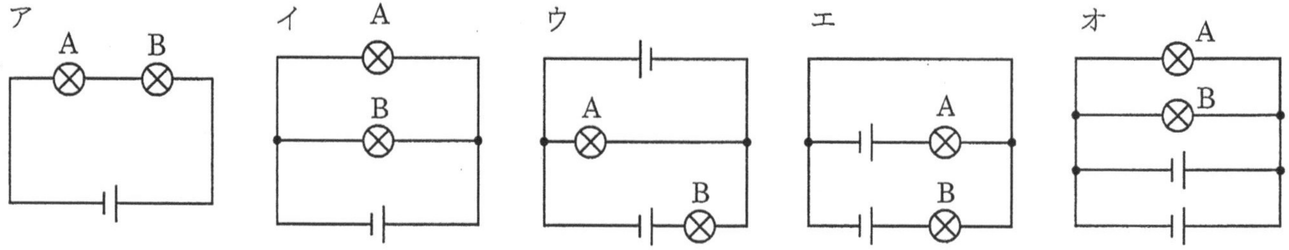


（2）右図のA、B、1～8は端《たん》子（導線をつなぐところ）を表している。1と2の間には図のように電池1個がつながれている。3と4、5と6、7と8の間には下のア～コのいずれかがそれぞれつながれている。使った電池は1と2の間の電池も含め、全部で4個である。

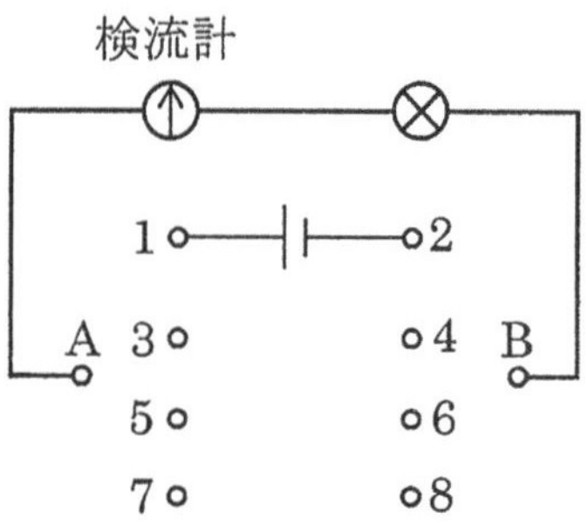


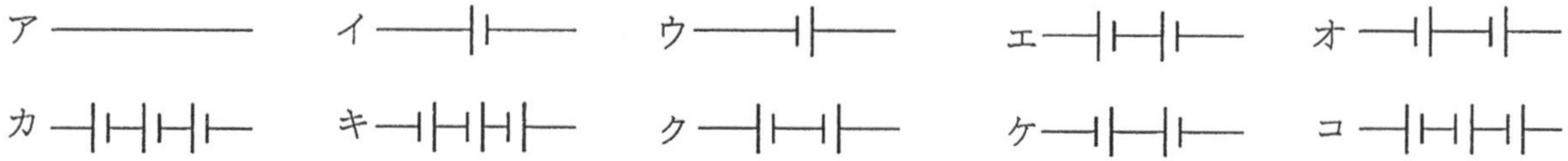


Aと1、2とBを導線でつなぐと検流計に右向きの電流が流れ、電球はついた。このときの電球の明るさを基準の明るさとする。下の表のように、つなぎ方を変えて検流計に流れる電流の向きと電球の明るさを調べた。

| つなぎ方 | 結果 |
|---|---|
| Aと3、4と7、8とBを導線でつなぐ | 検流計に右向きの電流が流れ、電球は基準と同じ明るさでついた |
| Aと1、2と7、8とBを導線でつなぐ | 検流計に電流が流れず、電球もつかなかった |

①Aと1、2と3、4と5、6と7、8とBをつないだときの検流計に流れる電流の向きと電球の明るさを下から選び記号で答えなさい。

・検流計に流れる電流の向き　【ア　右　　イ　左　　ウ　流れない】

・電球の明るさ　【ア　基準より明るい　　イ　基準と同じ　　ウ　基準より暗い　　エ　つかない】

# ２０２３年度　女子学院中学校入学試験問題（社会）

受験番号（　　　　　　　）氏名［　　　　　　　　　　　　　　　　］（語句はできるだけ漢字で書きなさい。）

（40分）

## Ⅰ

西陣《じん》織の起源は、①焼き物や②金属細工とともに、養蚕と絹織物の技術がもたらされた③５～６世紀にさかのぼります。④平城京が栄えた奈良時代を経て、⑤平安京に遷《せん》都後、朝廷《てい》の管理のもとで高級な絹織物作りが発達しました。⑥藤原氏など貴族の屋敷《しき》が立ち並んだ京には職人が集まる町もつくられました。やがて職人たちは自ら工房《ぼう》を立ち上げ、⑦室町時代には⑧座と呼ばれる組織を発展させました。15世紀後半に起こった⑨応仁の乱で町は壊滅《かいめつ》してしまいましたが、避《ひ》難していた職人たちが西軍の陣地であった地域に戻《もど》り、織物業を復活させました。⑩江戸時代、先に⑪染《せん》色した糸を用いて布を織る高級織物の産地となった西陣は、大変栄えました。桐生《きりゅう》など⑫北関東でも絹織物業が盛《さか》んになりました。西陣織は明治初期には原料の入手困難などによって衰《すい》退しましたが、その後⑬伝統産業として復興し、今日まで続いています。

問１　下線①について、瀬戸《せと》焼は日常の器として鎌倉時代には広く流通していました。瀬戸焼が鎌倉時代に流通したことは、文字の史料に記されている内容以外に、何によって確認できるでしょうか。20字以内で述べなさい。

問２　下線②について

（１）銅や鉄に関する次の文を、古い順に記号で並べかえなさい。

　ア　大王の名が刻まれた鉄剣《けん》がつくられた。　　イ　農具に鉄製の刃《は》が使用され始めた。

　ウ　朝廷が貨幣《へい》の発行を始めた。　　エ　朝鮮半島の王から朝廷に、金銅の仏像が初めてもたらされた。

（２）銅が主要な材料として使われることはないものを２つ選び、記号で答えなさい。

　ア　農具の鎌《かま》や鍬《くわ》　　イ　お寺の鐘《かね》や像　　ウ　電気や信号を送る電線ケーブル

　エ　鋳《ちゅう》造される貨幣　　オ　茶器や花器　　カ　飛行機の機体

問３　下線③の頃の東アジアについて述べた文として、正しいものを２つ選び、記号で答えなさい。

ア　分裂《れつ》していた中国を、隋《ずい》が統一した。

イ　日本は当時、百余りの小国に分かれ、複数の国が中国に使者を送っていた。

問８　下線⑦には、商人たちの自治が行われる都市が発展しました。
次のＡ、Ｂにあてはまる都市を、右の地図中の記号で答えなさい。

Ａ　戦乱で一時中断していた祇園《ぎおん》祭を、裕《ゆう》福な商工業者たちが中心となって復活させた。

Ｂ　貿易の拠《きょ》点として発展し、16 世紀半ばには町の人々が武士をおさえて自治を行ったが、やがて織田信長の支配下に置かれた。

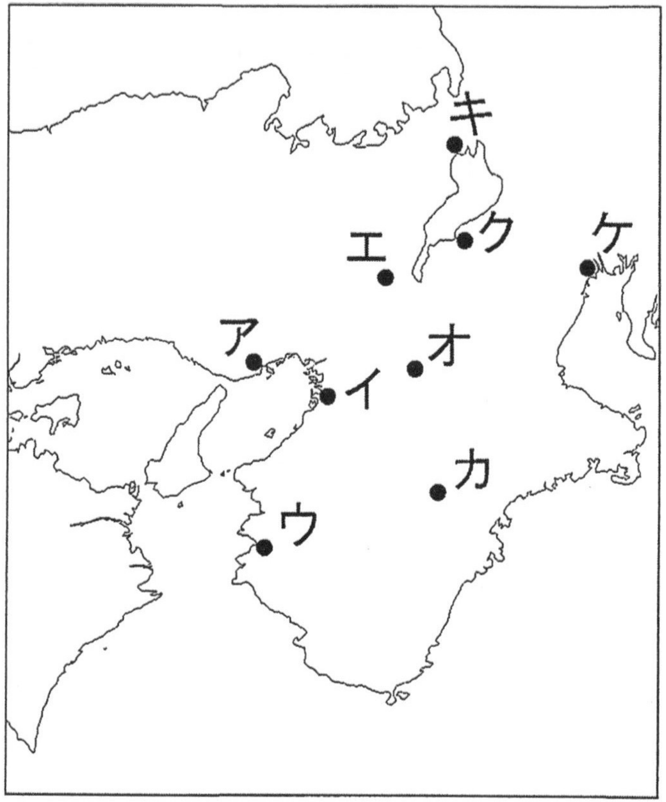


問９　下線⑧の廃《はい》止など、織田信長の経済政策によって急速に発展した城下町の位置を、右の地図中の記号で答えなさい。

問 10　下線⑨以降の変化について述べた文として、正しいものを２つ選び、記号で答えなさい。

ア　室町幕府の将軍が、地方への支配を強めた。

イ　村の人々が団結して領主に対抗する動きが拡大した。

ウ　金閣に象徴《ちょう》される、華《はな》やかな文化が開花した。

エ　戦いによって周りの大名を従える大名が登場した。

オ　寺院や貴族の荘園が一層広がった。

問 11　下線⑩の社会の変化について述べた文として、まちがっているものを２つ選び、記号で答えなさい。

ア　様々な職業が生まれ、互《たが》いに取引することで経済活動が活発になった。

イ　米の値段は常に安定していたため、年貢米を収入とする幕府の財政も安定していた。

ウ　町人文化が発展し、町人を読み手とする文学作品が登場した。

エ　江戸や大阪では、大名を上回る財力を持つ町人も現れた。

オ　経済発展によって貧しい民衆が減り、江戸時代後半には一揆《き》や打ちこわしが減少した。

問 12　下線⑪について、藍《あい》染めでは、染料の原料として藍のどの部分を使用しますか。

問 13　下線⑫について

（１）2020 年時点の北関東工業地域（群馬県・栃木県・茨城県）の特徴について、まちがっているものを１つ選び、記号で答えなさい。

## Ⅱ

日本で失業が①社会問題として認識されるようになったのは、②明治時代以降です。それまでは③職や地位が親から子へ受け継がれていました。1890 年代以降、製糸業や紡《ぼう》績業を中心に④工業化が進むと、⑤工場でやとわれて働く労働者が増えました。⑥製糸工場の労働者の多くは、若い女性でした。⑦重化学工業分野が発展すると男性労働者もさらに増加しました。加えて、大学卒業後、企業で事務の仕事をする労働者も現れ、⑧職業が多様化しました。企業にやとわれる形で働く人の増加により、失業に追い込まれる人も増えました。

問１　下線①に関連して、労務作業が義務付けられている懲《ちょう》役刑《けい》と、義務とはなっていない禁錮《こ》刑の区別を廃止し、拘《こう》禁刑として統一する刑法の改正が 2022 年に成立しました。この改正に関して述べた文として、まちがっているものを２つ選び、記号で答えなさい。

ア　再犯防止のためには、刑務作業だけでなく立ち直りのための教育が必要である。

イ　出所後の生活場所を提供して、仕事に就くことを支援《えん》することは、再犯防止に役立つ。

ウ　刑務所を出た後に再び罪を犯す人の割合が減少している。

エ　刑事裁判では、禁錮刑が選択されることは非常に少なく、懲役刑と区別することの意義が薄《うす》れた。

オ　受刑者に 65 歳以上の高齢《れい》者の占める割合が減少している。

問２　下線②について

（１）明治時代の制度について述べた文として、正しいものを２つ選び、記号で答えなさい。

ア　廃藩置県により、大名は知事となって県を治めた。

イ　北海道から沖縄に至る全国で、廃藩置県によって藩が一斉《せい》に廃止された。

ウ　義務教育の制度ができるとすぐに、ほとんどの児童が小学校に通うようになった。

エ　徴兵令が出されたが、徴兵された者はわずかで、引き続き各地の士族たちが政府の兵士となった。

オ　大日本帝国憲法の制定より前に、電信の技術や郵便制度などが導入された。

カ　政府が国会開設を約束したことがきっかけになり、自由民権運動が始まった。

キ　大日本帝国憲法では天皇が軍隊を率いるとされていた。

（２）戦争について述べた文として、正しいものを２つ選び、記号で答えなさい。

ア　日清戦争の結果、日本は当時の１年間の国家収入を上回る賠償《ばいしょう》金を得た。

（2）自動車産業について述べた文として、正しいものを１つ選び、記号で答えなさい。

ア　自動車工場は、同じ敷地内で細かい部品も含《ふく》め、すべての部品を組み立てる必要があるので広大な敷地面積となっている。

イ　2019 年、日本の自動車の生産台数は世界第１位である。

ウ　現在、日本国内で生産された自動車の８割は海外に輸出されている。

エ　2019 年の時点で、日本の自動車会社が生産する自動車の台数は、国内よりも海外工場で生産する台数の方が多い。

問５　下線⑤について、下のグラフは日本の大工場と中小工場の割合を示したものです。

Ａ　働く人の数　　Ｂ　工業生産額　　Ｃ　工場の数　にあてはまるものを、グラフからそれぞれ選び、記号で答えなさい。

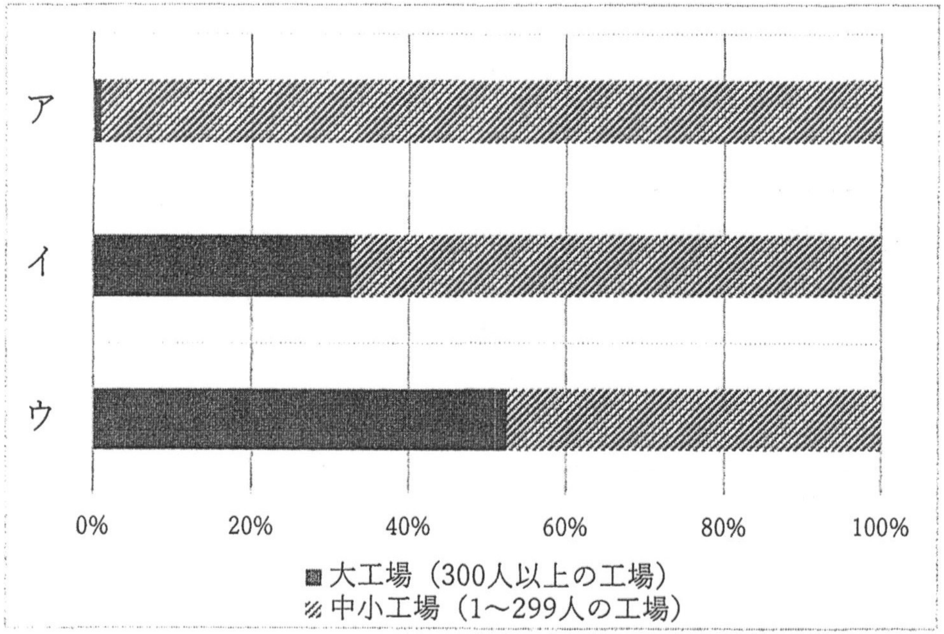


（日本国勢図会 2022/2023 より作成）

問６　下線⑤について、Ａ～Ｃの現在の工場分布図をそれぞれ選び、記号で答えなさい。

Ａ　ＩＣ工場　　Ｂ　自動車工場　　Ｃ　石油化学コンビナート

ア　　イ　　ウ

## Ⅲ

①第一次世界大戦の勃《ぼっ》発によって日本が好景気になると、労働者数は急増しました。1920年代に入ると一転して②景気は悪化し、1930～31年に恐慌《きょうこう》が発生して企業が倒《とう》産すると、③多くの労働者が失業しました。1925年に、政府は失業者に仕事を与える救済事業を始めました。一方、④失業者に給付金を支給する失業保険制度は、企業経営者からの根強い反対によって実現しませんでした。戦後、失業保険制度が導入され、1974年に失業対策だけでなく⑤雇《こ》用保険制度へと改められました。雇用対策は現在も重要な⑥民主政治の課題です。

問１　下線①の理由として、正しいものを２つ選び、記号で答えなさい。

ア　参戦国から船など軍需《じゅ》品の注文が増加したから。

イ　ヨーロッパから日本への工業製品の輸出が増加し、日本の競争力が高まったから。

ウ　好景気となったアメリカへ、自動車などの工業製品の輸出が増加したから。

エ　ともに戦ったヨーロッパの国から資金援助を受けて、官営の製糸工場を建設したから。

オ　中国への工業製品の輸出が増加したから。

問２　下線②について、不景気の時に一般的に見られる現象として、正しいものを２つ選び、記号で答えなさい。

ア　電気の使用量が増える。　　イ　会社の倉庫に商品が多く残る。

ウ　大型連休でも長期の旅行には行かなくなる。　　エ　土地が値上がりしてマイホームが買えなくなる。

オ　家やビルの建設が盛んになる。　　カ　企業が翌年納める法人税が多くなる。

問３　下線③に関して

（１）1929年～1932年の、日やとい労働者とそれ以外（常勤）の労働者の失業率（%）の変化を表すグラフを選び、記号で答えなさい。

ア

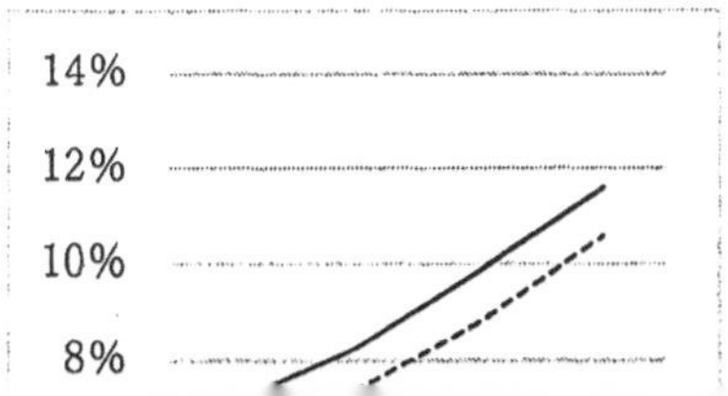


イ

ウ

エ

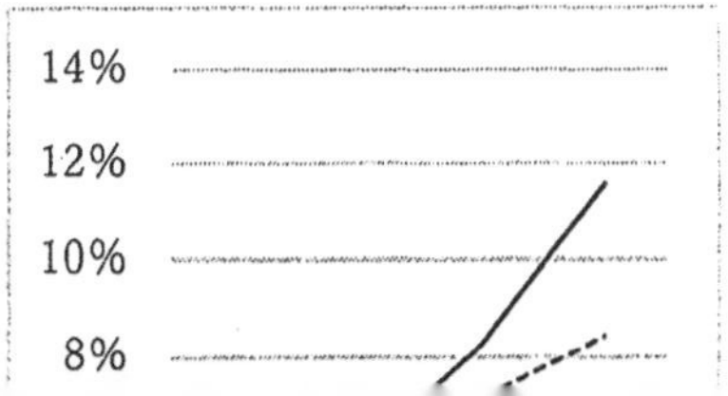

二

問一

問二

A

B

C

問三

問四

問五

問六

問七

三

1

2 ねる

3

4

5

6 まる

# 解答用紙（理科）

Ⅰ

1 (1)

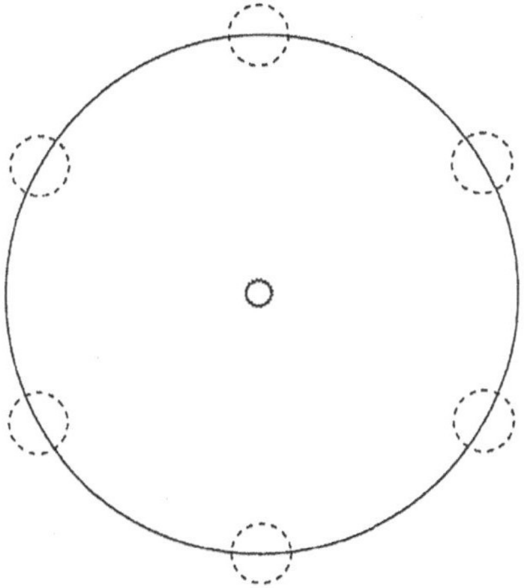

(2)

(3) 回

2 (1) 日 (2)

3 (1)

(2)

Ⅱ

1 (1) 1 2

(2) ア イ ウ (3)

(4) (5)

【解答

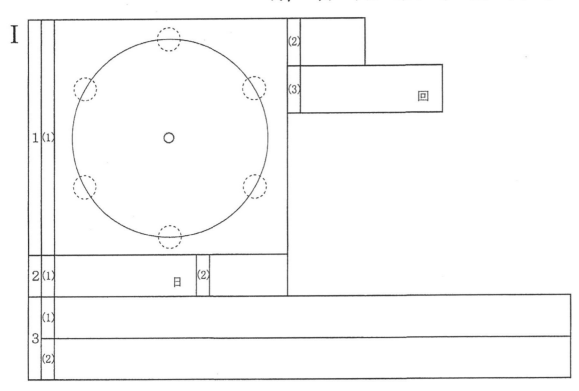

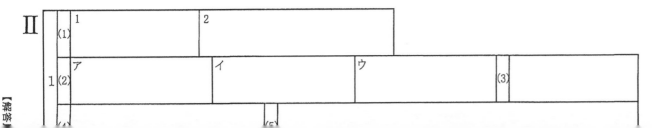

# 解　答　用　紙　（社　会）

## Ⅰ

問1

問2　（1）→　→　→　（2）

問3

問4

問5

問6　→　→　→　→

問7

問8　A　B

問9

問10

問11

問12

問13　（1）　（2）

問14

## Ⅱ

問1

問2　（1）　（2）

問3　（1）

問3　（2）

問3　（3）　A　B　C

問4　（1）　（2）

問5　A　B　C

問6　A　B　C

【解答】

| 問8 | (1) | (2) | 問9 | |
|---|---|---|---|---|
| | | | | |

III

| 問1 | | | 問2 | | |
|---|---|---|---|---|---|
| | | | | | |

| 問3 | (1) | (2) |
|---|---|---|
| | | |

| 問4 | | 問5 | | | 問6 | (1) | | |
|---|---|---|---|---|---|---|---|---|
| | | | | | | | | |

| 問6 | (2) |
|---|---|
| | |

受験番号（　　　　　）氏　名［　　　　　　　　　　］

| 得点 | ※100点満点（配点非公表） |
|---|---|

2 (5)

Ⅲ

1 (1)

(2) 固体 | 液体

(3) | (4)

2 (1) 1 | 2 | 3 | (2) C | D | (3) | (4) %

Ⅳ

1 (1) | (2) ①向き | 明るさ | ② Aと1、2と□、□と□、□とBを導線でつなぐ

2 (1) と | と | (2) と | と

3 (1) | (2) | (3)

受験番号（　　　　）　氏名〔　　　　〕

※100点満点
（配点非公表）　点

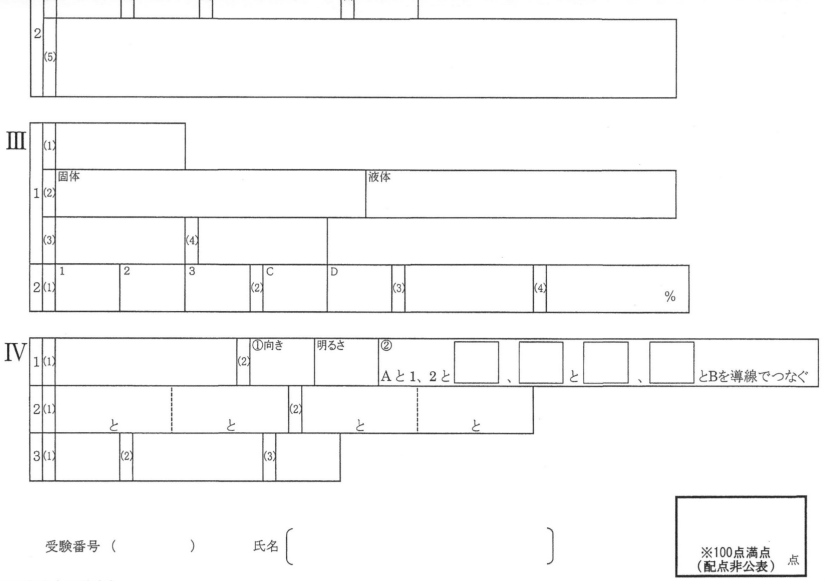

# 解答用紙（国語）

受験番号〔　　〕

氏名〔　　〕

※100点満点（配点非公表）

句読点は字数に入れること。

一

問一

問二

問三

A（5字）

B（12字）

C（10字）

問四

日常的に（　　）を用いて（　　）な暮らしを送っていること。

問五

問六

問七

問八

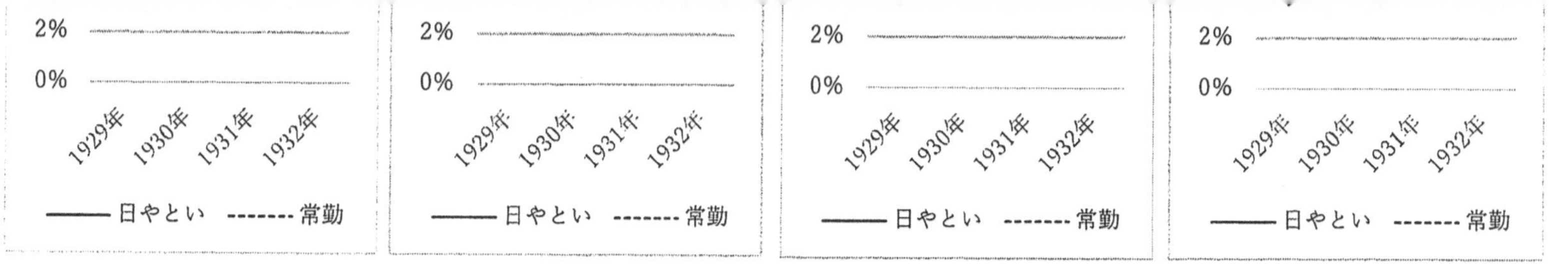


（労働運動史料委員会編『日本労働運動史料　第10巻』1959年をもとに作成）

（２）（１）で選んだグラフについて、なぜそのような変化になるのか考えて述べなさい。

問４　下線④について、経営者が制度に反対した主張として、もっともふさわしくないと考えられるものを１つ選び、記号で答えなさい。

ア　国が労働者に権利を与えると、労働者から経営者への要求が増えて、経営者と労働者との関係が悪くなる。

イ　失業しても生活が保障されていれば、厳しい労働条件で働く人がいなくなる。

ウ　企業が給付金の一部を負担することになれば、企業の利益が減少して、産業が衰退する。

エ　日本の労働者の労働条件は欧《おう》米と比べて良いにもかかわらず給付金を支給することで、国家の財政が悪化する。

オ　労働者が国に頼るようになり、怠《なま》け者になる。

問５　下線⑤の現在の内容として、まちがっているものを２つ選び、記号で答えなさい。

ア　この制度に加入するかどうかは、それぞれの企業の判断で決定する。

イ　失業中に、新たな資格を取るための受講料の一部が支給される。

ウ　アルバイトやパートタイム労働者は、一定の条件を満たしていれば加入できる。

エ　仕事を失ったときに備える保険なので、毎月の保険料は全額労働者が負担する。

オ　失業者への給付金は、全労働者に一律ではない。

問６　下線⑥では、国の権力を一つに集中させないしくみが大切です。

（１）そのしくみを担《にな》っている３つの国家機関の名称《しょう》を書きなさい。

（２）国民の権利と自由を保障するために、そのしくみを担う国家機関は互いにどうすることが必要ですか。

（日本国勢図会 2022／2023 より作成）

問７　下線⑥に関して、戦前の政府は、男性に比べ女性の失業を重大な問題とせず、職を失ったのに失業者とみなされていない女性も多くいました。政府が女性の失業を問題にしなかった理由を、考えて答えなさい。

問８　下線⑦に関して

（１）戦後の日本の製鉄について述べた文として、まちがっているものを１つ選び、記号で答えなさい。

ア　鉄鉱石の産地の近くで、製鉄が行われていた場所がある。

イ　現在、原料の鉄鉱石の７割を海外からの輸入に頼っている。

ウ　製鉄には、鉄鉱石だけではなく石炭も使われている。

エ　製鉄所で鉄をつくるためには、大量の水や電気が必要である。

（２）石油について述べた文として、まちがっているものを１つ選び、記号で答えなさい。

ア　製油所では、原油からガソリンや灯油などの石油製品をつくっている。

イ　騒《そう》音を防ぐため、製油所のまわりに緑地帯をつくる工夫をしている。

ウ　日本は、2019 年現在、原油の 99％以上を海外から輸入している。

エ　2019 年の時点で、ロシアは日本の原油輸入先の３位までに入る。

オ　石油は、燃料のほか、工業製品の原料としても使われている。

問９　下線⑧の中で、国が認定した資格が必要なものをすべて選び、記号で答えなさい。

ア　衆議院議員　　イ　国務大臣　　ウ　看護師　　エ　市長　　オ　弁護士　　カ　社長

エ　日露戦争の結果、ロシアは韓国（朝鮮）が日本の勢力の下にあることを認めた。

オ　日露戦争直後、日本では労働組合をつくる権利が認められた。

問３　下線③に関連して

（１）現在、日本国憲法で世襲と定められている地位を答えなさい。

（２）職業や地位を世襲することについて、日本国憲法で定められているもっとも関係の深い国民の権利は何ですか。憲法に書かれていることばで答えなさい。

（３）選挙の選出方法は、どのような議会を構成するかに影響《きょう》を与えます。たとえば、ア～エの選出方法で定数 100 人を選ぶ選挙を行ったとし、投票用紙には１人あるいは１つの政党名しか書けないこととします。A～Cにもっともなりやすい選出方法をア～エから１つずつ選び、記号で答えなさい。（同じ記号をくり返し使ってもかまいません。）

A　落選者に投じられた票が一番多くなる。

B　世襲議員（父母、祖父母など親族に国会議員がいる候補者）であることが当選に影響を与えにくい。

C　議席をほぼ二分する２つの政党が議会を占《し》める。

ア　政党に投票し得票数に応じて 100 議席を配分する

イ　１つの選挙区から１人を選出する

ウ　１つの選挙区から３人～５人を選出する

エ　１つの選挙区から 50 人を選出する

問４　下線④で発展した自動車産業について

（１）右のグラフから、日本の 100 人当たりの自動車保有台数の変化を表したものを１つ選び、記号で答えなさい。

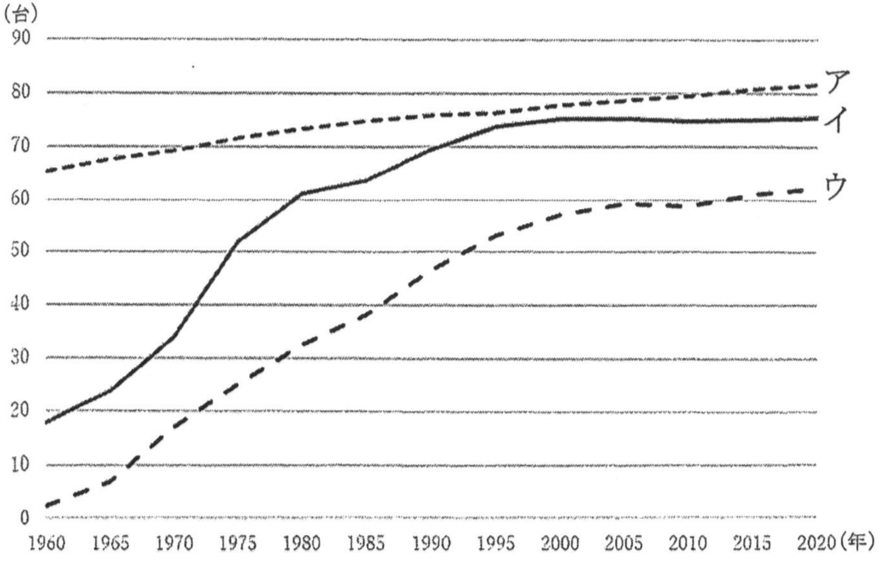


（日本国勢図会 2022/2023 より作成）

ウ　北関東工業地域全体の工業生産額は、京葉工業地域の工業生産額を上回っている。

エ　太平洋ベルトに位置する他の工業地帯・地域と比べて、食料品工業の工業生産額の割合が高い。

（2）次の表は群馬県前橋市・鳥取県米子《よなご》市・東京都大島町の月ごとおよび１年間の平均気温・降水量の合計です。群馬県前橋市にあてはまるものを選び、記号で答えなさい。なお、上の段の数値は気温（℃）、下の段は降水量（mm）を表しています。

| | 1月 | 2月 | 3月 | 4月 | 5月 | 6月 | 7月 | 8月 | 9月 | 10月 | 11月 | 12月 | 年 |
|---|---|---|---|---|---|---|---|---|---|---|---|---|---|
| ア | 4.7 | 5.1 | 8.2 | 13.2 | 18.2 | 21.8 | 26.2 | 27.3 | 23.0 | 17.5 | 12.2 | 7.1 | 15.4 |
| | 151.7 | 117.5 | 128.2 | 106.3 | 119.1 | 169.5 | 227.2 | 128.4 | 214.3 | 131.1 | 118.1 | 145.9 | 1757.2 |
| イ | 7.5 | 7.8 | 10.4 | 14.4 | 18.2 | 21.0 | 24.6 | 26.0 | 23.4 | 18.9 | 14.5 | 10.0 | 16.4 |
| | 137.3 | 146.0 | 238.4 | 247.4 | 256.5 | 328.8 | 255.9 | 191.7 | 341.3 | 405.2 | 192.8 | 117.6 | 2858.9 |
| ウ | 3.7 | 4.5 | 7.9 | 13.4 | 18.6 | 22.1 | 25.8 | 26.8 | 22.9 | 17.1 | 11.2 | 6.1 | 15.0 |
| | 29.7 | 26.5 | 58.3 | 74.8 | 99.4 | 147.8 | 202.1 | 195.6 | 204.3 | 142.2 | 43.0 | 23.8 | 1247.4 |

（統計は 1991～2020 年の平均　気象庁資料より作成）

問 14　下線⑬について、現代の伝統工芸品の特色としてあてはまらないものを２つ選び、記号で答えなさい。

ア　製作する技術を身につけるには長い年月が必要なため、若い後継《けい》者が少ない。

イ　原材料は天然のものが多いが、国内で自給できなくなり、輸入に頼《たよ》るものもある。

ウ　おもに手作業でつくられているので、生産に時間がかかり、機械で大量につくる製品に比べ価格が高くなりがちである。

エ　伝統工芸品は貴族文化の中で発展したため、日常生活においてあまり使用されていない。

オ　生産量が多くないため、海外にはほとんど輸出されていない。

問４　下線④に武蔵《むさし》国から税を運ぶためにかかる日数は、古代の史料には「のぼり２９日　下り１５日」と記されています。武蔵国から平城京に税を運ぶ通常の経路として、もっともふさわしいと考えられるものを１つ選び、記号で答えなさい。（地名は現在のものです。）

ア　東京湾から船で太平洋に出て、大阪湾から陸路で平城京へ

イ　利根川から船で太平洋に出て、伊勢湾に入り、上陸して東海道沿いに平城京へ

ウ　陸路で群馬、長野、岐阜と進み、福井から琵琶湖の北東岸へ移動して、平城京へ

エ　神奈川、静岡、愛知と太平洋岸の地域を陸路で進み、三重を通って平城京へ

問５　下線④の朝廷が手に入れていた塩について述べた文として、ふさわしいものを２つ選び、記号で答えなさい。

ア　中国地方の山間部で取れる岩塩を削《けず》り取って、製塩していた。

イ　税の調として、生産地から成年男性によって平城京に運ばれた。

ウ　若狭《わかさ》湾や志摩《しま》半島などの沿岸で、海水を煮《に》つめる手法で作られていた。

エ　国営の複数の荘《しょう》園内で、専門の職人を集めて生産された。

問６　下線⑤とその周辺で起こった次のできごとを、古い順に記号で並べかえなさい。

ア　関白になった豊臣秀吉の権威《い》を示す、豪《ごう》華な屋敷が建てられた。

イ　足利義政が東山に障子《しょうじ》やふすまを用いた書斎《さい》を建てた。

ウ　承久の乱によって、幕府は朝廷に対して優位な立場となった。

エ　唐に渡《わた》って仏教を学んだ最澄が、比叡《えい》山に寺を築いた。

オ　平清盛が太政大臣となり、政治権力を握《にぎ》った。

問７　下線⑥は10世紀後半から11世紀半ばに摂政・関白として、世襲《しゅう》（特定の地位や職が子孫に受け継《つ》がれること）で政治を運営しました。藤原氏が世襲で政治を行うことができた理由を述べた文として、もっともふさわしいものを１つ選び、記号で答えなさい。

ア　地方政治について摂政・関白が細かく指示を出し、全国一律のしくみで政治が行われており、混乱が起こりにくかったため。

イ　それまで各地で起きていた武士の反乱がおさまり、地方が安定していたため。

ウ　中国や朝鮮半島など東アジアの国々との外交で、新しい状況《きょう》への対応をせまられることが少なかったため。

エ　土地の支配力を強めた寺院勢力が力を伸《の》ばして朝廷に対抗《こう》しており、貴族が力を合わせて政治を行う必要があったため。

2　次のア～オのように、電池、モーター、プロペラ、軽い導線でプロペラカーを作った。

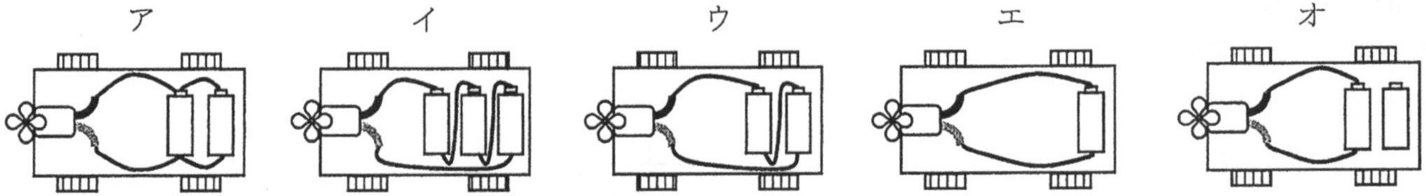


（1）プロペラカーの重さによって、速さが変わることを調べるためにはア～オのどれとどれを比べればよいか、２通り答えなさい。

（2）モーターに流れる電流の強さによって、速さが変わることを調べるためにはア～オのどれとどれを比べればよいか、２通り答えなさい。

3　光電池とモーターでソーラーカーを作り、野外で走らせた。

（1）ソーラーカーは、日なたで静止した状態からスタートした後、日かげに入った。このときのソーラーカーについて、横軸《じく》を時間、たて軸を速さとするグラフをかくとどのようになるか。次のア～エから最も適切なものを選びなさい。

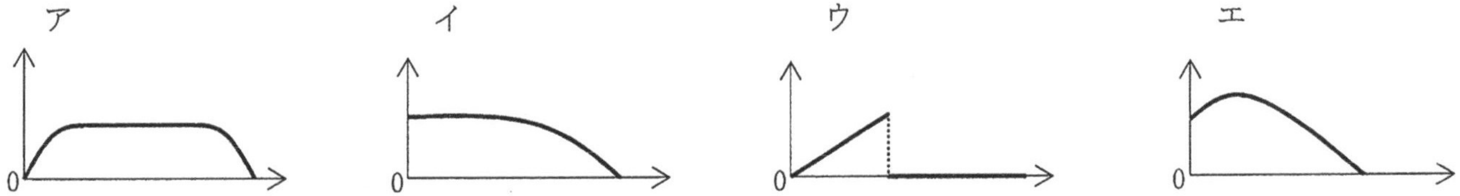


（2）実験中、右図のように太陽の光が光電池に当たっていた。このときの１秒間に光電池に当たる光の量を 100 とすると、この光電池の設置角度を 0°にしたときの１秒間に光電池に当たる光の量を答えなさい。

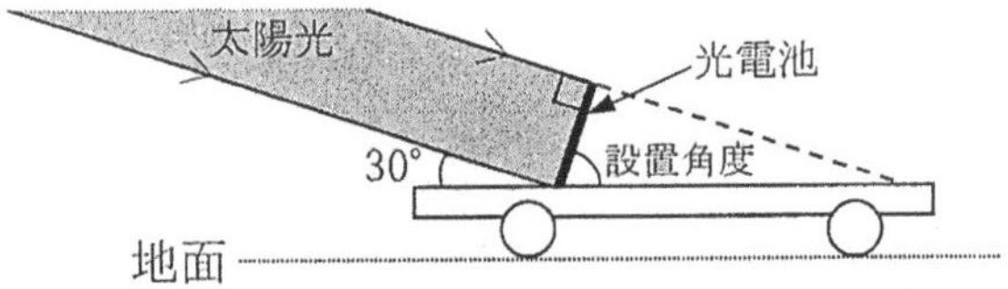


（3）年間を通して発電量が大きくなるようなソーラーパネルの設置角度は、東京では 35°である。北海道ではどのような設置角度にするのがよいか。次のア～ウから選びなさい。

ア　35°より小さい　　イ　35°　　ウ　35°より大きい

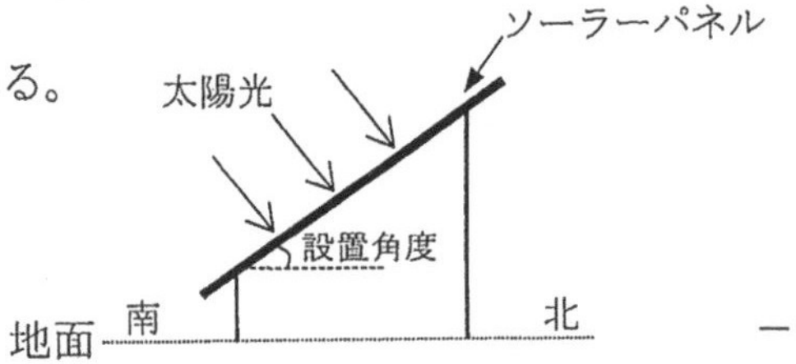

（1）操作1～3にあてはまるものを次のア～キから選びなさい。

ア　水を加えて混ぜ、ろ過する。

イ　石灰水を加えて混ぜ、ろ過する。

ウ　うすい塩酸を加えて混ぜ、ろ過する。

エ　試験管に入れてお湯であたためる。

オ　蒸発皿に入れて加熱する。

カ　冷蔵庫で冷やす。

キ　小さな結晶をつるし、1時間放置する。

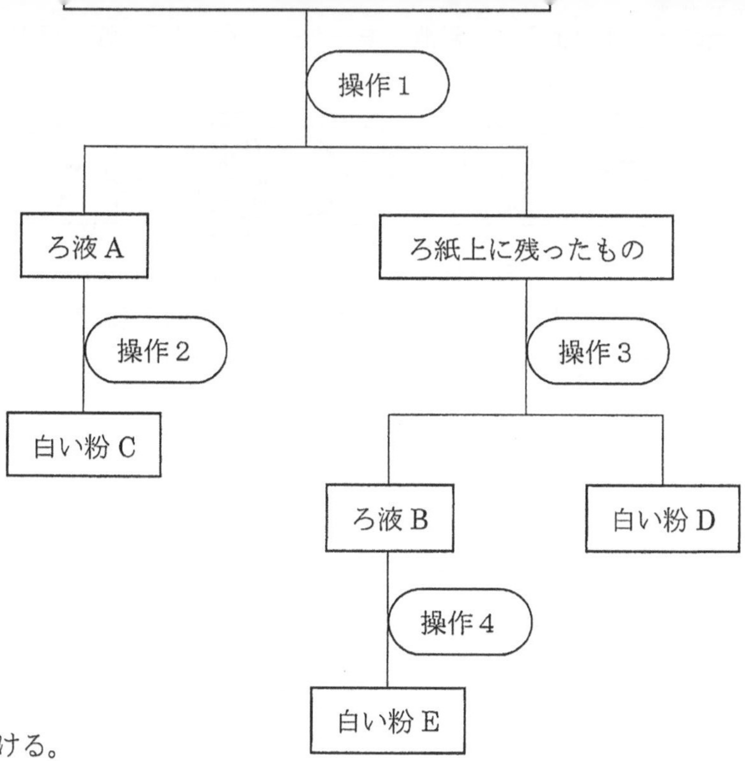


（2）白い粉C、Dはそれぞれ何か、次のア～ウから選びなさい。
あてはまるものがないときは×を書きなさい。

ア　ガラス　　　イ　食塩　　　ウ　アルミニウム

（3）白い粉Eについて、正しいものを次のア～オから選びなさい。

ア　水に溶ける。　　　イ　水に溶けない。

ウ　泡を出しながら塩酸に溶ける。　　　エ　泡を出さずに塩酸に溶ける。

オ　塩酸に溶けない。

（4）実験前のガラスの粉、食塩、アルミニウムの粉が混ざったものの重さは全部で12.0gであった。ろ液Aをしばらく放置したところ、1.0gの白い粉Cが沈殿《ちんでん》し、20gの水溶液が残っていた。操作3、4で得られた白い粉Dの重さは3.5g、白い粉Eの重さは9.9gであった。実験前に含まれていたアルミニウムの重さは全体の何%か、小数第1位を四捨五入して整数で答えなさい。ただし、この実験は20℃で行い、白い粉Cは20℃の水100gに38g溶けるものとする。

登録された。

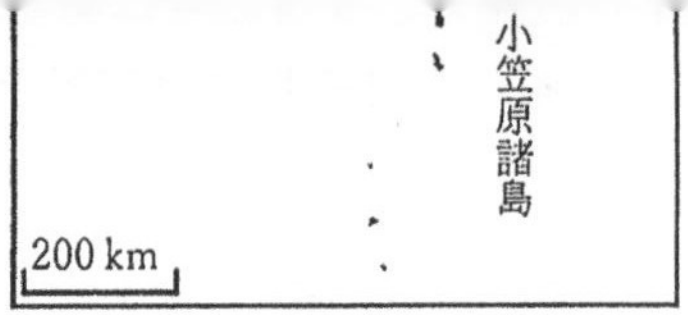


図1

小笠原諸島では第二次世界大戦中に放牧されていたヤギが野生化した。野生化したヤギ(ノヤギ)の増加により自然環境が大きな影響を受けた。

(1) ノヤギの増加によって起こったこととしてあてはまらないものを、次のア～エから1つ選びなさい。

ア　ノヤギを食べる大型動物が増えた。　イ　ウミドリの巣が、ふみ荒《あら》されて減った。

ウ　草が減って、地面がむき出しになった。　エ　土壌《じょう》が流出し、サンゴが減った。

父島では1970年代から、母島では1980年代から、本来、日本にいない北アメリカ原産の動物（動物A）がみられるようになった。動物Aの胃を複数調べてみると、【クモ類・バッタ類・カミキリムシ類・チョウ類】だけが含《ふく》まれていた。

(2) 図2は父島における「食う食われるの関係」を示したものである。

動物Aは図2の①～⑤のどれにあてはまるか選びなさい。

(3) 動物Aが北アメリカから父島に入ってきた経路として考えられるものを次のア～エから選びなさい。

ア　風に乗って飛んできた。　イ　ペットや観賞の目的で持ち込まれた。

ウ　コンテナにまぎれて運ばれた。　エ　海流に流されてきた。

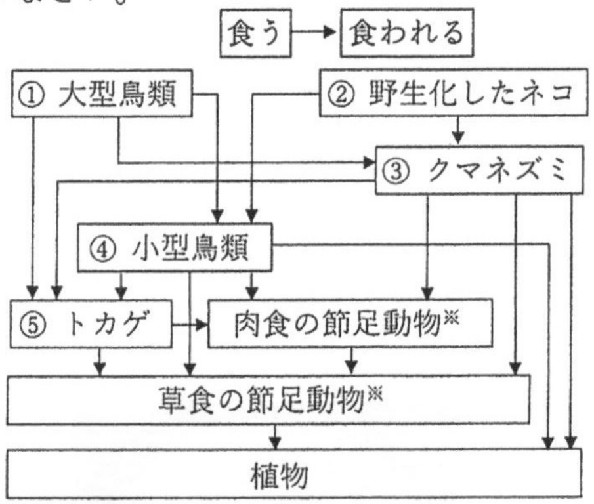


※節足動物とは昆虫やクモなど、あしに節がある動物のこと　(戸塚光彦 2014 を改変)

図2

母島では1980年代から1990年代にかけて、動物Aの影響で草食性の昆《こん》虫であるカミキリムシ類の数が図3のように大きく変化していた。

(4) 動物Aの特徴《ちょう》として考えられるものを次のア～ウから選びなさい。

ア　昼行性である。　イ　夜行性である。　ウ　昼も夜も活動する。

(5) 夜行性のカミキリムシ類が図3のように変化した原因を考えて述べなさい。

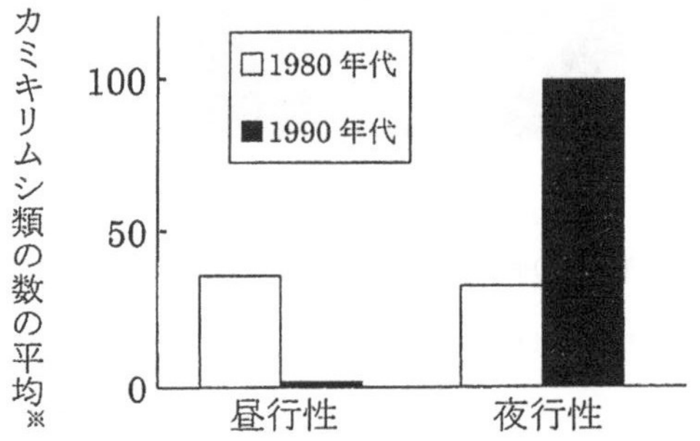


※数回にわたって同じ地点、期間、方法で採集したカミキリムシ類の数の平均　(横原寛ほか 2004 より作成)

図3

イ　１日の長さは実際と変わらないが、太陽が見えている時間が実際より長くなる。

ウ　１日の長さは実際と変わらないが、太陽が見えている時間が実際より短くなる。

エ　太陽が沈まなくなる。

オ　太陽が一度沈むと、昇ってこなくなる。

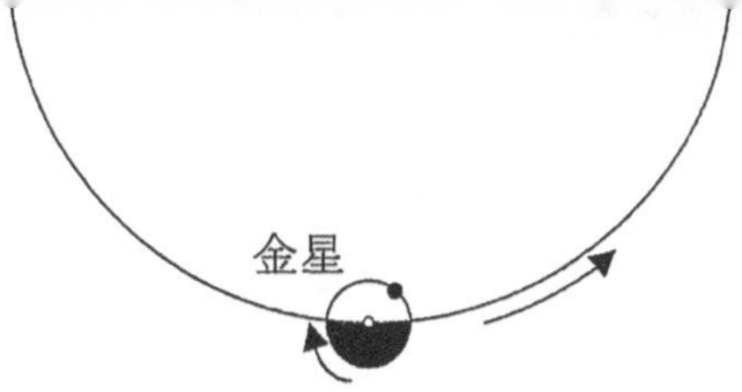


3　土星の自転周期は 10.5 時間、公転周期は 11.9 年で、自転と公転の向きは同じである。

（１）水星の自転周期は正確に計測できていたが、土星の自転周期を正確に計測することができたのは最近のことである。土星の自転周期を正確に計測するのが難しい理由を、下の水星と土星の写真から考えて述べなさい。

水星

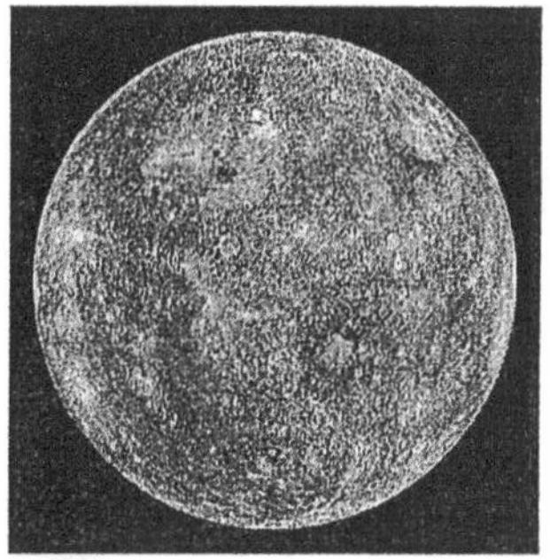

土星

（NASA　HP より）

（２）土星の１日の長さ（日の出から次の日の出まで）はおよそ 10.5 時間で、水星と異なり、自転周期とほぼ一致《ち》する。その理由を述べなさい。

(1)　さいころの転がし方は全部で□通りです。

(2)　図３のように転がすとき，さいころの上の面に現れる６つの目の和は□です。
ただし，さいころの向かい合う面の目の和は７です。

(3)　さいころの上の面に現れる目の和が，(2)と同じになる
他の転がし方を１つ，右の図に図３のようにかきこみなさい。

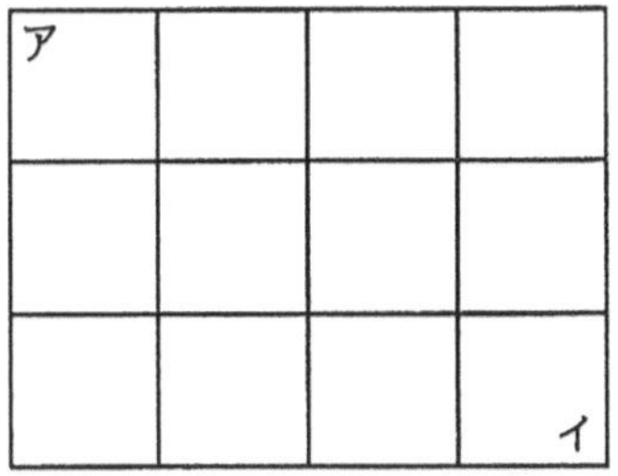


**7．**　１日に６分０秒の割合で遅れる時計Ａと，１日に一定の割合で速く進む時計Ｂがあります。

(1)　時計Ａは月曜日の18時00分に□時□分□秒を示しましたが，
同じ週の土曜日の10時40分に正しい時刻を示しました。

(2)　月曜日の18時00分に時計Ａは18時10分を示し，翌日の火曜日の８時00分に時計Ｂは７時50分を示しました。時計Ｂは１日に□分□秒の割合で速く進むので，同じ週の水曜日の20時00分に２つの時計は同じ□時□分□秒を示しました。

は消えています。このスイッチを

ます。例えば，10回目に押したスイッチはBで，そのときBとEのランプだけが点灯しています。

(1)　スイッチを□回押したとき，消えていたCのランプは10回目の点灯をします。

(2)　スイッチを150回押したとき，点灯しているランプをすべてあげると□です。

(3)　スイッチを200回押すまでの間に，点灯しているランプがBとCだけになるのは全部で□回あります。

**4．**　直角三角形と正方形が図のように直線上に置かれています。点Pは太線に沿ってBからGまで毎秒1cmの速さで進みます。このとき，AとP，BとPを結んで三角形ABPを作ります。下のグラフは点Pが進んだ時間（秒）と，三角形ABPの面積（$cm^2$）の関係を表したものです。

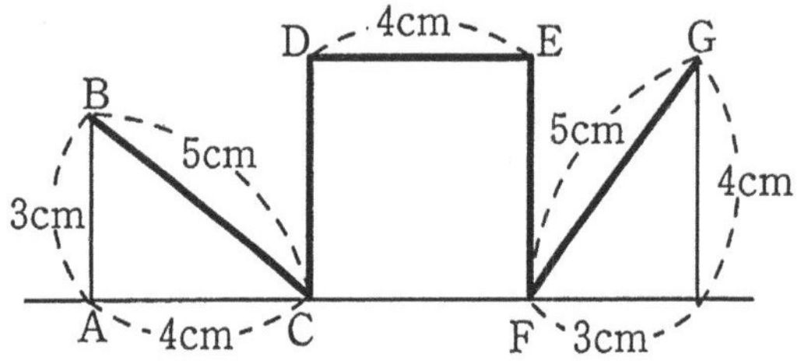


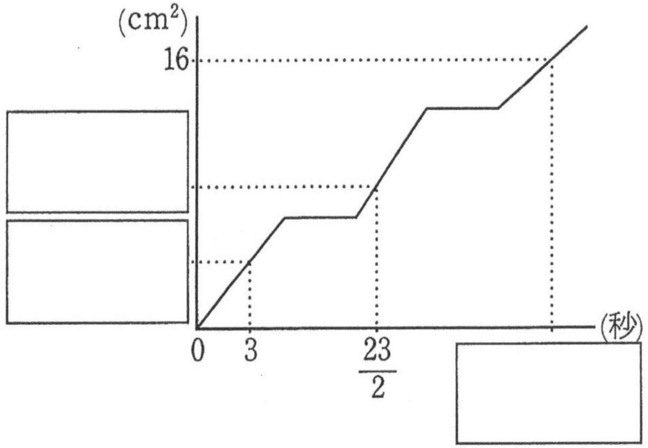




2023(R5) 女子学院中
教英出版

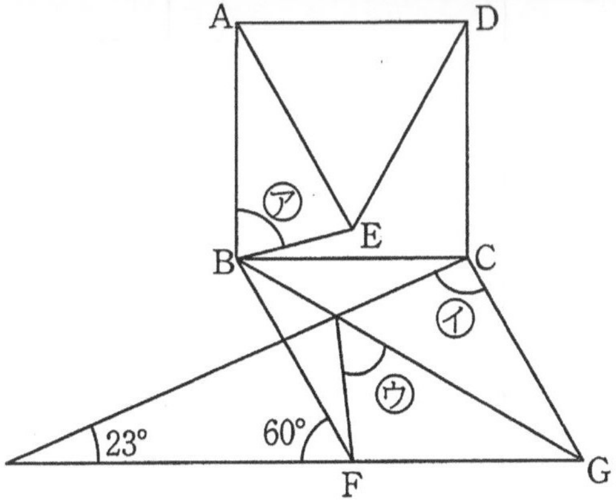


角㋐は　　　度

角㋑は　　　度

角㋒は　　　度

(5)　図のように，1辺の長さが1 cmの立方体を積んで立体を作ります。

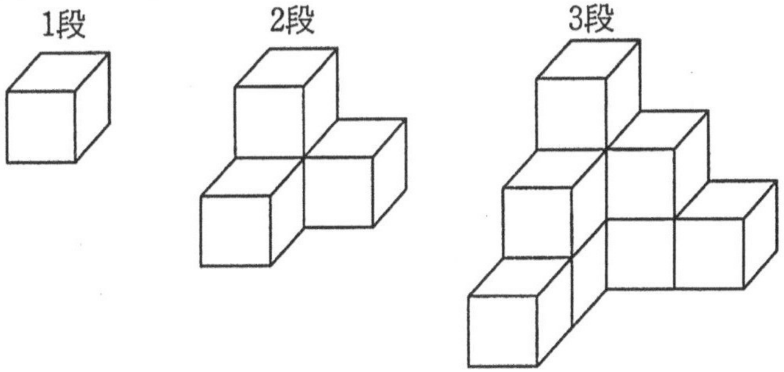


上から
1段目 1個
2段目 3個
3段目 5個

3段積んだときの立体の表面積は　　　$cm^2$，体積は　　　$cm^3$です。

同じ方法で立方体を10段積んだときの表面積は　　　$cm^2$，

体積は　　　$cm^3$です。



2023(R5) 女子学院中
K 教英出版

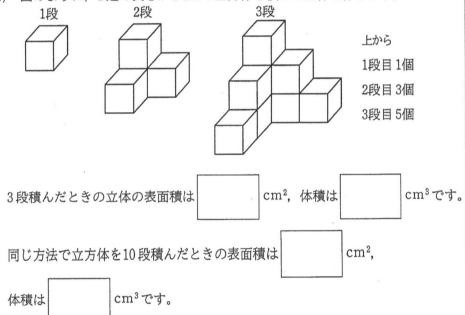

問四　―④「絶対にこうはなっていない」の「こう」とはどのようなことですか、次の空欄にあてはまる語を答えなさい。

日常的に（　　）を用いて（　　）な暮らしを送っていること。

問五　―⑤「すごい」の意味としてあてはまらないものを次から一つ選びなさい。

ア　すばらしい　　イ　恐《おそ》ろしい　　ウ　かなり多くの　　エ　偉大《いだい》な

問六　―⑥「人は恐竜と違って「知らぬが仏」ではなくなってきている」とはどういうことですか、最も適切なものを次から選びなさい。

ア　人間は、先人たちが積み重ねてきた経験や記録にもとづいて物事の理解を深めてきたのであり、科学的な知識を持たないまま生きていた恐竜とは異なり、予測される危機に対して何もしないではいられなくなったということ。

イ　人間は、自分たちの生きている世界の仕組みを知ってしまった唯一《ゆいいつ》の生き物であり、知ってしまった以上は、そのすべてを明らかにするために、過去から続いてきた知恵のリレーを途絶《とだ》えさせることはできなくなってしまったということ。

ウ　人間は、ふだんの生活の中で知恵を活用することによって生き延びてきたのであり、それは高度な知能が発達していくために必要なことであったが、本能のままに生きる動物と異なり、心の平穏《へいおん》がもたらされなくなってしまったということ。

エ　人間は、あっけなく滅《ほろ》んでしまった恐竜と違って、何代にも渡って知恵を継承《けいしょう》することで、失敗と成功をくり返し、工夫するたびに進歩してきた生き物であり、もはや誰《だれ》も人間の進歩を止めることはできなくなったということ。

問七　―⑦「明日の自分のために極めて大切だ、と知っておいたほうがよいものです」とありますが、なぜそう言えるのですか、最も適切なものを次から選びなさい。

ア　経験や記録というものは、自分が無視されたり、排除《はいじょ》されそうになったりしたときに我が身を守るのに役立つから。

イ　たくさんの経験をし、その記録を積み上げることのくり返しによって、明日の自分がより良いものになるから。

ウ　経験や記録を重んじ、これを守り伝える意識が共有されていかないと、人は手にした英知をすぐ失ってしまうから。

エ　現代の私たちが手にしている科学の発展は、過去の人々の経験や記録なしでは到達《とうたつ》することができないものだから。

問八　―⑧「一緒に前に進みましょう」、⑨「共に前に進もうとしました」とありますが、「一緒に／共に前に進む」とはどういうことですか、説明しなさい。

二　次の文章を読んで後の問いに答えなさい。　※本文中の〈　〉内の注は出題者による。

お詫び

著作権上の都合により、文章は掲載しておりません。
ご不便をおかけし、誠に申し訳ございません。

教英出版

お詫び

著作権上の都合により、文章は掲載しておりません。
ご不便をおかけし、誠に申し訳ございません。

教英出版

お詫び
著作権上の都合により、文章は掲載しておりません。
ご不便をおかけし、誠に申し訳ございません。
教英出版

お詫び
著作権上の都合により、文章は掲載しておりません。
ご不便をおかけし、誠に申し訳ございません。
教英出版

（ブレイディみかこ『他者の靴を履く』）

※出題者注　キー・ワーカー … 人々の生活に不可欠な仕事をする人。エッセンシャルワーカー。

問一　——①「とても面倒くさいことになったと思った」とありますが、どのようなことを感じたのですか、最も適切なものを次から選びなさい。

ア　まだコロナ感染者が少なかった時期なので、コロナ感染よりも、だれにも相談できないまま、親しい人や弱い立場にいる人の安全を守らなければならないことをたいへんだと感じた。

イ　まだコロナ感染者が少なかった時期なので、コロナ感染よりも、そのことが人に知られてしまい、地域の人々から仲間外れにされてしまうだろうことをおそろしく感じた。

ウ　まだコロナ感染者が少なかった時期なので、コロナ感染よりも、自分と関わる人にどのような影響《えいきょう》があるか一つ一つ考えなければならなくなったことを負担に感じた。

エ　まだコロナ感染者が少なかった時期なので、コロナ感染よりも、知らずに出歩いたことで自分が街で感染を広めてしまったかもしれないことに責任の重さを感じた。

問二　――②「わたしを起点として」とありますが、ウィルス感染をめぐって「わたし」が思い浮かべた人々を左の図のように表しました。Ａ～Ｃにあてはまる人物を、文中の語を用いて書きなさい。（―▶ で示したのは、そこから関わる人のことである。）

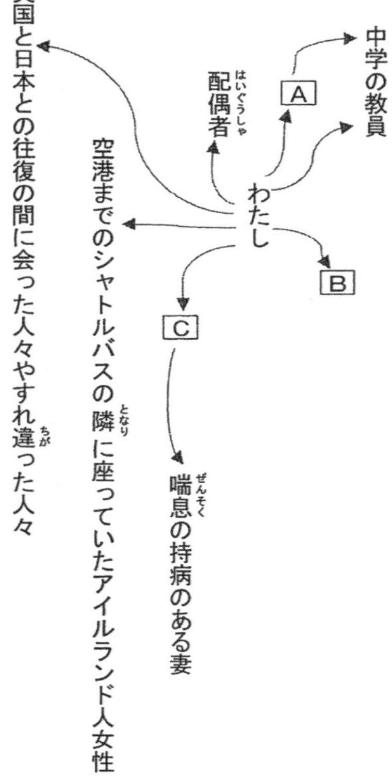


問三　――③「巨大な蜘蛛《くも》の巣」とはどのようなものの比喩《ひゆ》ですか、説明しなさい。

問四　――④「とりあえず、新型コロナ感染版の「人間分子の関係、網目《あみめ》の法則」は途切《とぎ》れた」とはどういうことですか、説明しなさい。

問五　――⑤「実は全然そうではなかった」とありますが、どのようなことに気づいたのですか、簡潔《かんけつ》に答えなさい。

問六　――⑥「これはシンパシーではなく、エンパシーである」とあるが、ここでいう「エンパシー」とはどのような心のはたらきであると考えられますか、最も適切なものを次から選びなさい。

ア　弱い立場の人に寄りそい、同情の気持ちで手を差しのべようとする心のはたらき

イ　自分とは違う存在に対して思いを巡《めぐ》らして、ともに生きようとする心のはたらき

ウ　生まれや育ちに関係なく、誰《だれ》に対しても平等で公平に接しようとする心のはたらき

エ　同じ体験をした人だけが共有できる仲間意識を大事にしようとする心のはたらき

問七　――⑦「いつもと違う貌《かお》を見せ始めていた」とありますが、街の人々はどのように変化しましたか、説明しなさい。

三　次のカタカナを漢字に直しなさい。

1　ヨウショウのころの夢。

2　鳥の世話を妹にユダねる。

3　とうもろこしをユニュウする。

4　ドウソウ会に呼ばれる。

5　カクシン的な発明。

6　痛みがオサまる。

# 二〇二二年度

# 女子学院中学校入学試験問題（国語）

（40分）

受験番号〔　　　〕

氏名〔　　　〕

2022(R4) 女子学院中

K 教英出版

一　次の文章を読んで後の問いに答えなさい。

それは、机の上の小さな虹《にじ》である。色鉛筆《えんぴつ》。父がつくった私の勉強机は、板の残りを利用した、引き出しもなければ飾《かざ》りもない、ただの机だった。

しかし、ニスだけはていねいにぬって、明るい茶色をしていた。はじめてもらう自分の机である。壁《かべ》ぎわに押《お》しつけ、何を置こうか①ひと思案した。小学校の三年か四年生ごろだったろうか。それまでは机らしいものは持たなかった。縁側《えんがわ》が、机の用をしていた。

母が所用で東京へ出かけるのは二、三か月に一度くらいの割合だったが、そのたび私は学用品をねだった。セルロイド（※プラスチックの一種）の筆箱、紙ばさみ、鉛筆、クレヨン、下敷《したじ》き。どれもこれも宝ものであった。わけても筆箱は、毎晩抱《だ》いて寝《ね》たいほど気に入っていた。机のない時代はそれら私の財産を、夜は枕元《まくらもと》に並べて、眺《なが》め入りながら眠《ねむ》りについたものだ。

②あたらしい机の上に、私はまず、筆箱を置いた。淡《あわ》いピンクのセルロイドがバラの花のように光った。十銭屋で買ったビーズのお財布ものせてみた。南京玉の指輪もひとつ。赤と白の玉が交互《こうご》につながったもの。水色の石けりの石。

③机を持った日から、私はすこしおとなになった。ある時、東京から帰った母は、十二色の色鉛筆をその机の上に置いた。ブリキの薄型《うすがた》の箱におさまった十二色の色鉛筆は、神々《こうごう》しいまでに美しかった。私の小さな机にはじめて虹が立った。

○

私より少し年下の女友だちに聞いてみた。私は※動員学徒世代、彼女《かのじょ》は学童疎開《そかい》世代である。しかし共通しているのは、（ ④ ）そのものが宝ものであり、わけても色鉛筆は、ぜいたくのひとつの極《きわみ》だったという思いである。色鉛筆にまつわる話を聞かせて、というと彼女は一瞬《いっしゅん》、声をとぎらせ、やがてこういった。

「それは、私の恥《はじ》を話すことになるの」

学童疎開で、家を離《はな》れる前日、小学校四年生だった彼女は、オルガンの先生にお別れを言いに行った。先生の一家はクリスチャンで、当時身をひそめるように暮らしていたが、オルガンを通して人々とかたく結ばれていた。神学校の生徒だったその先生

「りんご箱の一番下にその色鉛筆を入れて、疎開先へ行ったのですが、もうノート一冊、鉛筆一本、自由に買えない時代になっていたでしょ、疎開先で先生は私たちに、持ってきたものは全部出して、ノートも鉛筆も、みんなで使うようにしましょう、とおっしゃったの。何でも共用。そうやって助け合いましょうって……」

生徒たちは素直だった。持ちものは全部、着るものは別にしても、供出し、わけあって使った。

「でも……。私はオルガンの先生からいただいた十二色の色鉛筆を、どうしても、りんご箱の底からとり出すことが出来なかった。かくして出さなかった。あんなにきれいな色鉛筆。はじめての色鉛筆でした。ほんとうは出さなければいけない、でも出したくない。毎日、私は⑤自分を泥棒《どろぼう》のように思い、それでも、とうとう、色鉛筆をかくし通してしまったのです」

その疎開先の食糧《しょくりょう》事情が極端《きょくたん》に悪くなり、彼女たちは両親のもとへ再び帰されることになった。りんご箱に身のまわりのものを詰《つ》め、親元へ、送ってもらう手はずになった。

「けれども、とうとう、色鉛筆の入ったりんご箱は、戻《もど》らなかったのです。どこへどう消えたのか。そのとき私は、色鉛筆を約束を破ってかくした罪の、これが天罰《てんばつ》なのだと、⑥からだ中青ざめるほどのショックを受けました」

一度も使わない色鉛筆だった。彼女の虹は、はかなく消えてしまい、約束を守らなかった、裏切り者という恥の記憶《きおく》が、以後、消え難《がた》くしみついたのだという。

○

色鉛筆の虹を抱きしめて深く傷ついた私の女友だち。偶然《ぐうぜん》、何年か前、彼女の誕生日に私は色鉛筆をおくったことがある。絵を描《か》くのが好きなひとだからである。⑦知らず、傷にふれていたことになる。

机の上に、色鉛筆。⑧戦後三十七年目の夏。絵を描こうという気持ちからでもなく、あれば机の上がはなやぐだろうと思って、色鉛筆を買った。ゆたかになって誰《だれ》も、色鉛筆を宝と思わなくなった。しかし、⑨私にはやはり虹であり、宝のひとつである。さんらん（※美しくかがやく）の虹である。そして虹はいかにも消えやすい。この虹を再び失いたくない思いは誰よりも強くある。⑩戦中派の心模様である。

※動員学徒＝第二次世界大戦中に労働力不足を補うために強制的に労働に従事させられた中学校以上の生徒

※は出題者注

問一 ――①「ひと思案した」の意味を次から選びなさい。

ア しばしあれこれ考えた　イ ひとなみに想像した

ウ 一つのことに集中した　エ 軽く思いを寄せた

問二 ――②「あたらしい机の上に、私はまず、筆箱を置いた」のはなぜか、その理由として最も適切なものを次から選びなさい。

ア 引き出しも飾りもないそまつな机が恥《は》ずかしかったから

イ 真新しい机には新しい筆箱がよく似合うと思ったから

ウ 初めてもらった机をお気に入りでいろどりたかったから

エ すてきな筆箱を持っていることをみんなに見てほしかったから

問三 ――③「机を持った日から、私はすこしおとなになった」とありますが、この時の「私」の気持ちとして最も適切なものを次から選びなさい。

ア 大切な自分の財産をすべて並べられることが誇《ほこ》らしい気持ち

イ 縁側という子どもの遊び場から離れてせいせいする気持ち

ウ 本格的に勉強に取り組む年齢《ねんれい》になったことを自覚し緊張《きんちょう》する気持ち

エ 自分の自由にできる空間を初めて手に入れてうれしい気持ち

問四 （ ④ ）にあてはまる言葉を本文中から三字で抜《ぬ》き出しなさい。

問五 ――⑤「自分を泥棒のように思い、それでも、とうとう、色鉛筆をかくし通してしまったのです」とありますが、

(1) 色鉛筆は自分のものなのに、どういう点が「泥棒のよう」なのか、説明しなさい。

(2) 自分を泥棒のように思いながらも、女友だちが色鉛筆をかくし通したのはなぜですか。ていねいに説明しなさい。

問六 ――⑥「からだ中青ざめるほどのショックを受けました」とありますが、この時の女友だちの気持ちとして最も適切なものを次から選びなさい。

ア 約束を破ってまで手放したくなかった色鉛筆が、永遠に失われてしまったことを悲しく思う気持ち

イ たまたま手に入れたとても高級な色鉛筆を、一度も使用することなく奪《うば》われてしまったくやしい気持ち

ウ 自分の罪が実は誰かに知られていたのだということに気づき、恥ずかしさのあまりぼうぜんとする気持ち

エ みんなで協力し合って生きようとしていた人々を裏切った罪を、目の前に突《つ》きつけられたような苦しい気持ち

問七 ――⑦「知らず、傷にふれていたことになる」とありますが、

(1)「知らず」のここでの意味として最も適切なものを次から選びなさい。

ア 思い出せず　イ 気づかないうちに

ウ 関わりはないが　エ わきまえもなく

(2)「傷」とは何をさしていますか。本文から二十字程度で抜き出し、最初と最後の三字を書きなさい。

問八 ――⑧「戦後」とありますが、この戦争は何年に終わったか、西暦で書きなさい。

問九 ――⑨「私にはやはり虹であり」とありますが、色鉛筆は「私」にとってどのようなものですか。「虹」という言葉に着目して答えなさい。

問十 ――⑩「戦中派の心模様である」とありますが、筆者の心模様として最も適切なものを次から選びなさい。

ア 最近の人たちに、戦時中のように物を大切にする気持ちを受けついでほしい

イ 戦時中とは異なり、好きなものをだいじにできる世の中であり続けてほしい

ウ 戦時中と比べて物に困ることのない豊かな生活を二度と手放したくない

エ 戦時中の学校生活のように先生の言いつけが絶対であるべきではない

オ 子どもの心を傷つける戦時中の学童疎開のようなことはあってはならない

二　アイヌの文化の「カムイ」について述べた次の文章を読んで後の問いに答えなさい。

## 水のカムイ

水に対する見方も面白い。炎《ほのお》が火のカムイの衣裳《いしょう》であるように、水は水のカムイの衣裳である。夜、水を汲《く》む時の呪文《じゅもん》としてこんな言葉がある。

ワッカ　モーシモシ。　ワッカ　カプカラ　クス　ケクナー。

wakka　mos　mos　wakka　kapkar　kusu　k=ek na。

「水よ起きてください。水のお着物を①いただきにまいりましたよ」。

カムイというのは人間と同じように生活しているものと考えられているので、水もまた夜になれば眠《ねむ》る。だから、夜、川へ水を汲みにいって、いきなり手桶《ておけ》を突《つ》っ込《こ》んだりしたら、びっくりして飛び起きて水がにごってしまう。だから、まず声をかけて水のカムイを起こし、それから表面の着物の部分をそっといただいてくるのである。水を汲む仕事というのは女性の仕事であり、こんなふうに夜[a]リンジに汲んでこさせられるのは子供の役目だろうから、女の子が行かされることが多かっただろう。夜の闇《やみ》の中で心細く、「水の神様目をさまして私を守ってください」という気持ちも働いたかもしれない。そうやって呪文を唱えながら水を汲むことで、すべてのものに精神の働きを見るという気持ちが、知らず知らずのうちに育てられていったのに違《ちが》いない。

自然に対する②こうした見方は、現代人の目には単なる迷信としてしか映らないかもしれないが、非常に合理的な側面を持っている。水に精神があるものと見、その着物をそっといただいてくるという気持ちで水を汲めば、桶を乱暴に水に突っ込むようなこともなくなり、間違いなく水を濁《にご》さずに汲むことができるのだ。

それはまた川で洗濯《せんたく》をしないという習慣にも現れる。ふんだんに水の流れる川のそばで生活しながら、そこで洗濯をしない民族というのも珍しいのではないかと思うが、アイヌ人にとっては川にも精神があるのであり、それは人間と同じ感覚を持っている。人間にとって汚《きたな》いものは川にとっても汚いのである。（　A　）、汚《よご》れたものを川に流すなどということはしない。③そういう気持ちで以《もっ》て、川で洗濯することも、川に向かって立ち小便することもきつくいましめられるのであるが、それはもちろん必然的に下流に住む人々の飲み水を汚さないということにつながる。伝染病の蔓延《まんえん》をふせぐことにももちろんつながる。水を人と同じものと見るということが、社会生活を快適に営むための、こうした非常に合理的なシステムを支えているのである。

さて、それではかつてのアイヌ人は洗濯する時にどうやっていたのかというと、水を樽《たる》に汲んで、その樽で洗濯をしたのだった。（　B　）、樽で洗うにしたってなんにしたって、④汚れ水は必ず出る。その水はどうしたのかということはやはり疑問になるので、あるとき白沢ナベさんに聞いてみたことがあった。（　C　）、カムイのいないところに捨てるんだという。しかし、カムイのいないところといったって、それこそありとあらゆるものがカムイなのだから、いないところなんてないんじゃないのと聞き返したら、「だからそういうときは、『これから水をまかす（捨てる）から、カムイがいたらちょっとそこをどいてください』といって、それからまかすのさ」ということであった。

## あらゆるものが人間と同じ

身の回りのあらゆるものに人間と同じ感情を見出すというこうした発想こそ、アイヌ文化の[b]コンテイをなすものである。(あ)よくアイヌ文化について「自然との共存」とか「自然との調和」といった言い方を（自分でもときどき）するが、それは(い)キャッチフレーズ的にわかりやすく言っているのであって、アイヌ文化の特質をもう少し正確にいえば、「この世を動かしているすべてのものに人間と同じ精神の働きを認め、それらが人間と同じルールにしたがって、人間とともにひとつの共同社会を形成しているという思想に基づいた文化」ということになろうか。

だから、なにも自然物ばかりに敬意を払《はら》うわけではない。（　D　）物であっても、それが人間の役に立ってくれればピリカカムイ　pirka kamuy「善神」なのであり、人間に害を及《およ》ぼせばウェンカムイ　wen kamuy「悪神」ということになる。

穂別《ほべつ》町出身の大谷洋一氏は昭和三五年生まれで私よりも年が若いのだが、彼からこんな話を聞いたことがある。子供の頃《ころ》、暮れになると家族で餅《もち》つきをするのだが（これはもちろん和人の習慣）、そこで作った小さなお供え餅をおばあさんが洋一少年に持たせて、「お前が世話になったなと思っている神様に、これをあげておいで」という

# 2022年度　女子学院中学校入学試験問題　（算数１）

※100点満点
（配点非公表）

| 得点 | 1 |
|---|---|
| | |

受験番号（　　　　）　氏名［　　　　　　　　　　］

<注意>計算は右のあいているところにしなさい。円周率は 3.14 として計算しなさい。

(40分)

１．　次の□にあてはまる数を入れなさい。

（１）$5\frac{2}{3} \div 0.85 \times \frac{37}{4} \times \frac{17}{25} - \left(\frac{13}{15} + 5.25\right) =$ □

（２）0.125 の逆数は □ で，2.25 の逆数は □ です。

（３）図のように，中心角 90° のおうぎ形の中に正三角形 ABC と点 O を中心とする半円があります。

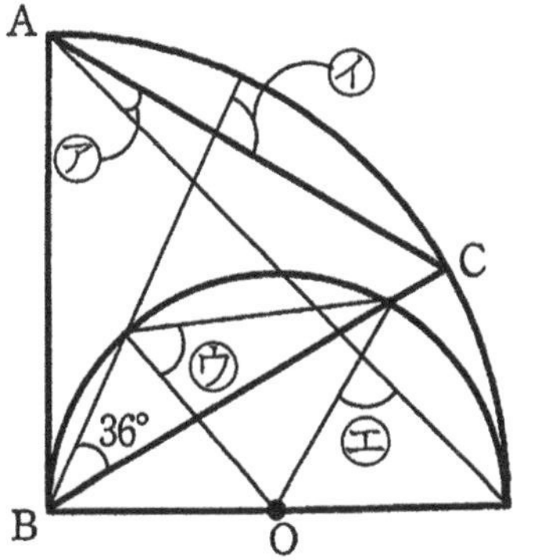


角㋐は □ 度

角㋑は □ 度

角㋒は □ 度

角㋓は □ 度

（４）図のように，点 O を中心とする円の中に，

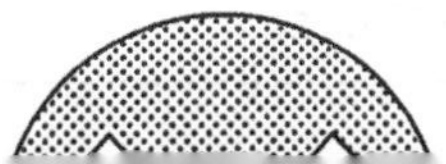

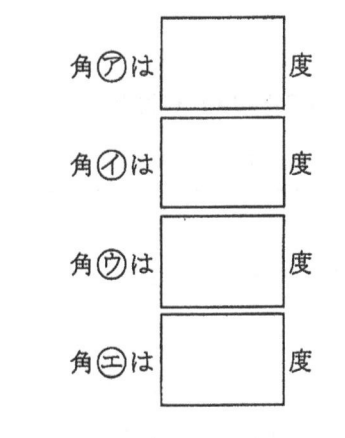

# 2022年度　女子学院中学校入学試験問題　(算数2)

受験番号（　　　　）　氏名［　　　　　　　　　　　　　　］

| 小　計 |
| --- |
| |

| 得点 | 2・3 |
| --- | --- |
| | |

2，3，4の各問いについて□にあてはまるものを入れなさい。

2．A，Bを整数として，A以上B未満の素数の個数をA★Bで表すとします。

（1）10★50＝□

（2）(20★A)×(A★B)×(B★50)＝9となるA，Bの組のうちAとBの和が最も大きくなるのはA＝□，B＝□のときです。

3．図のような的に矢を3回射って，そのうち高い2回の点数の平均を最終得点とするゲームがあります。J子，G子，K子がこのゲームをしたところ，次のようになりました。

・的を外した人はいませんでした。
・3回のうち2回以上同じ点数を取った人はいませんでした。
・K子の1回目の点数は1点でした。
・3人それぞれの最も低い点数は，すべて異なっていました。
・最終得点は，J子の方がG子よりも1点高くなりました。
・3人の最終得点の平均は4点でした。

# 2022年度　女子学院中学校入学試験問題（算数3）

受験番号（　　　　）　氏名［　　　　　　　　　　］

| 合　計 |
| --- |
| |

| 小　計 |
| --- |
| |

| 得点 | 5 |
| --- | --- |
| | |

5．　正四角柱（底面が正方形である角柱）の形をしたふたのない容器3つを図1のように組み合わせた水そうがあります。この水そうを上から見ると図2のようになり，㋐の部分の真上から一定の割合で水を注ぎました。グラフは，水を注ぎ始めてからの時間（分）と㋐の部分の水面の高さ（cm）の関係を表しています。グラフのDが表す時間の後は，水そうの底から毎分0.8Lの割合で排《はい》水しました。ただし，図2で同じ印のついているところは同じ長さを表し，3つの容器の厚みは考えません。

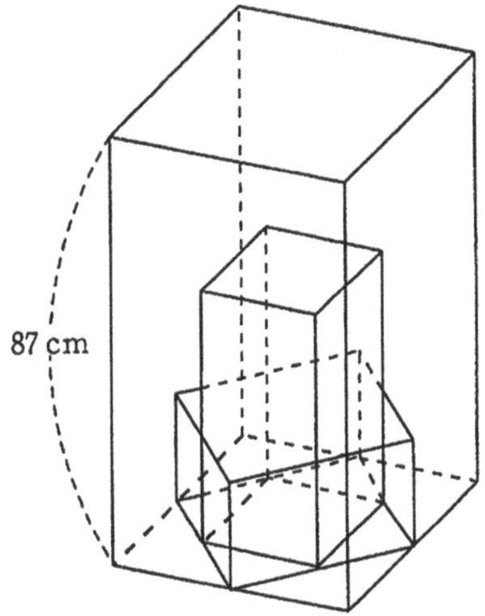


図1

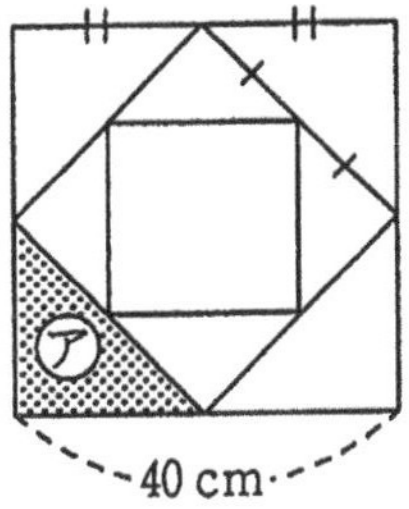


図2

B

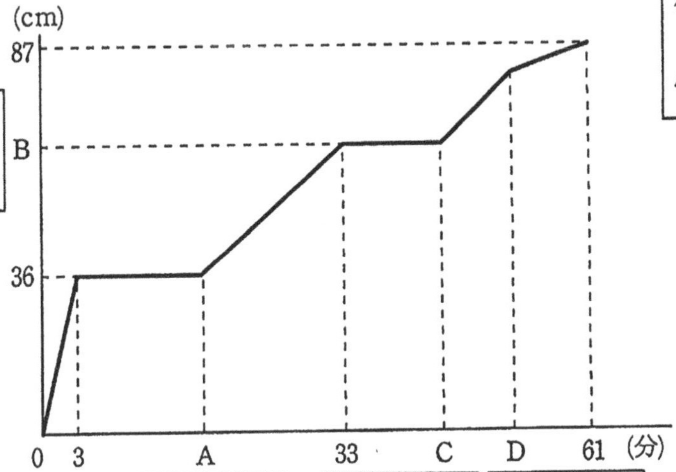


A

C

D

（1）水は毎分何Lの割合で注がれていたか求めなさい。

式：

# ２０２２年度　女子学院中学校入学試験問題　（理　科）

受験番号　（　　　　　）　　氏名（　　　　　　　　　　　　　）

（答は解答用紙に書きなさい。選択《たくし》肢の問題の答が複数ある場合は、すべて答えなさい。）

(40分)

## Ⅰ

1　図１は、冬に東京で、南に足を向けて寝《ね》そべって夜空を見たときの様子を示したものである。オリオン座の星Ａを中心として６つの１等星（星Ｂ～Ｇ）を結んでできる大きな六角形を見ることができる。これを「冬のダイヤモンド（大六角形）」という。

図２は、東京のある年の２月10日の星Ａと冬のダイヤモンドのうち３つの星の高度の変化を示したものである。高度とは地平線とその星との間の角度で、0°（地平線）～ 90°（天頂：観測者の真上の点）の値をとり、星の移動とともに変化していく。

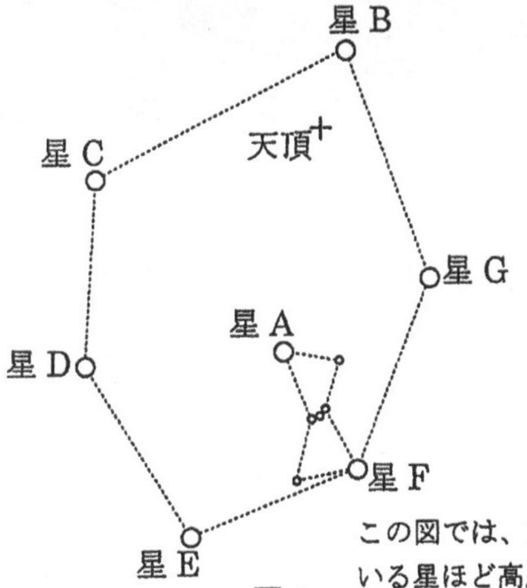


この図では、天頂から離《はな》れている星ほど高度が低い。

図１

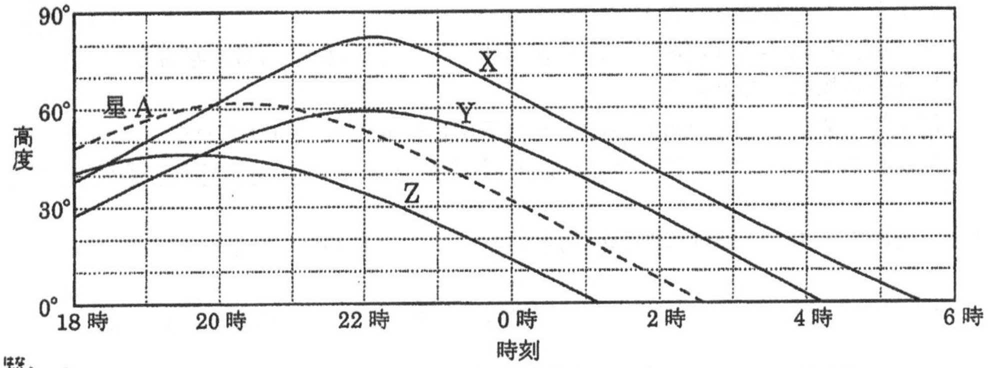


図２

（１）図１の星Ａ～Ｇから、「冬の大三角」をつくる星を選びなさい。

（２）星Ｂと星Ｆはほぼ同時に、それぞれ高度が最も高くなる。このとき、星Ｆの高度が46°、星Ｆと星Ｂの間の角度が54.5°であった。このときの星Ｂの高度を求めなさい。

（３）図２のＸ～Ｚは、図１の星Ｂ～Ｇのどの星の高度の変化を示したものか、それぞれ選びなさい。

# Ⅱ

1　次の問いに答えなさい。

（1）次の①～④にあてはまる植物を下のア～ウから選びなさい。あてはまる植物がない場合は×をかきなさい。

①育てるときに支柱が必要ない。　　②これら3種類の中で、最も種子が大きい。

③めしべのもとより上にがくがついている。　　④花びら同士がつながっている。

ア　アサガオ　　イ　アブラナ　　ウ　ヘチマ

（2）アサガオ、アブラナ、ヘチマの花のつくりの共通点を1つあげなさい。

（3）次の文章中の［①］～［③］にあてはまる言葉を答えなさい。

めしべの先に花粉がつくことを受粉と言う。受粉するとめしべのもとが［①］になる。［①］の中には［②］ができる。植物には、めばな と おばな を持つものがある。そのような植物の場合、受粉を行った後、おばな は［③］。

2　受粉した後、花粉にはどのような変化が起こるのだろうか。

J子さんは受粉した花粉のその後について本で調べたところ、次のようなことが分かった。

図1

（Boavida and McCormick 2007 を改変）

・受粉後、花粉からは花粉管という管が伸《の》びていく（図1　顕微《けんび》鏡写真）。これを花粉の発芽という。

・花粉管はめしべの中をめしべのもと（子房《しぼう》）に向かって伸びていく。

・花粉管の中では、精子にあたるつくりができる。その後、精子にあたるつくりは子房の中の卵にあたるつくりと合体する。

（1）上の文章中の下線部は動物の何という現象と同じか。現象名を答えなさい。

図2

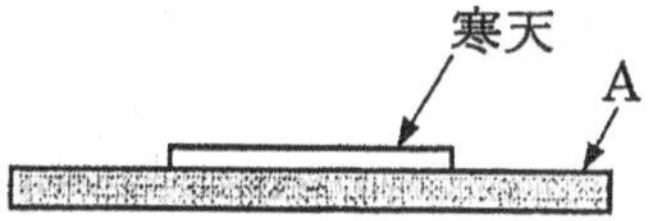


J子さんは次の方法で、ある植物の花粉の発芽の様子を顕微鏡で観察した。

方法　1　Aの上に、寒天を溶《と》かした液（寒天液）を薄《うす》く流し、固める（図2）。
　　　寒天液には花粉の発芽に必要な成分が含《ふく》まれている。
　　2　寒天の表面に花を優しくなでつけ、花粉をつける（図3）。
　　　これを、ぬらしたろ紙を敷《し》いた容器に入れ、ふたをする（図4）。
　　3　16時間後、顕微鏡で観察する。

図3

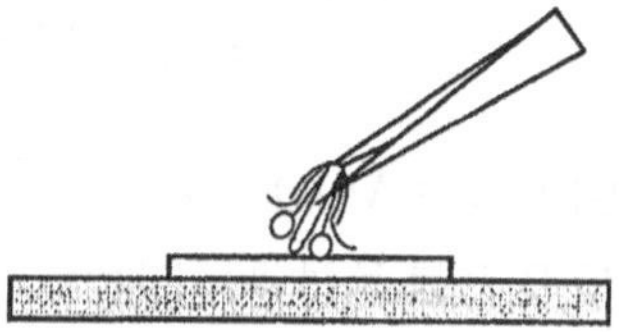

（2）方法1で用いたAの器具の名前を答えなさい。

図4

## Ⅲ

1　右図のように集気びんの中に火のついたろうそくを入れると、しばらくして火が消えた。

（1）ろうそくの火が消えた後の集気びんの中について正しいものを次のア～エから選びなさい。

ア　ろうそくを燃やす前より二酸化炭素は増えた。　　　イ　酸素はなくなった。

ウ　ろうそくを燃やす前よりちっ素は増えた。　　　　　エ　壁《へき》面がくもった。

（2）燃やしたときに二酸化炭素が生じないものを次のア～エから選びなさい。

ア　木　　　　イ　石油　　　　ウ　水素　　　　エ　スチールウール

2　次の実験について答えなさい。

| ボンベからの酸素 | 空気 |
|---|---|
| 25% | 75% |
| 50% | 50% |
| 75% | 25% |
| 100% | 0% |

【実験１】容積が異なる３つの集気びんA(150mL)、B(300mL)、C(600mL)に、火のついたろうそくを入れて火が消えるまでの時間を測ると、それぞれ7.5秒、15秒、30秒だった。

【実験２】集気びんAとBそれぞれに、右の表のような割合で酸素ボンベからの酸素と空気を集めた。そこに火のついたろうそくを入れて火が消えるまでの時間を測った。

（1）ボンベからの酸素を集気びんの容積の25%、空気を75%集めるには、どの図の状態からボンベの酸素を集めるのがよいか、最もふさわしいものを次のア～カから選びなさい。

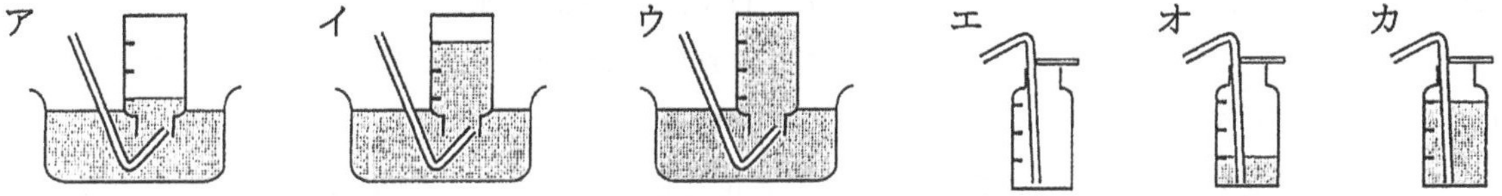


（2）（1）で集めた気体中の酸素の割合を求め、最も近い値を次のア～エから選びなさい。

ア　21%　　イ　25%　　ウ　30%　　エ　40%

（3）実験１、２の結果をグラフにすると右図のようになった。次の①～④について、グラフから考えて正しいものには○、間違《ちが》っているものには×をかきなさい。

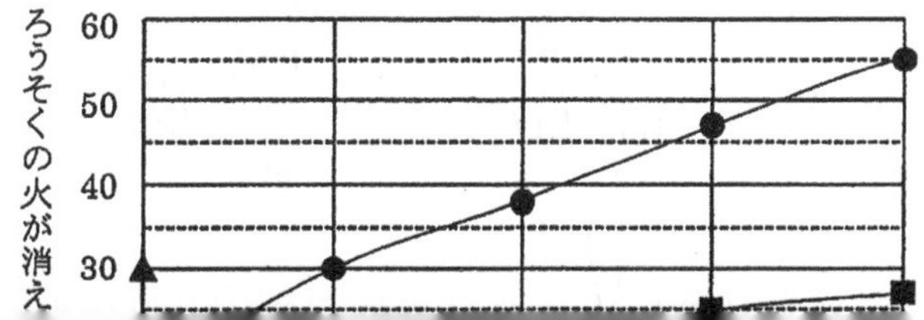


①空気だけが入った集気びんでは、集気びんの容積が2倍、3倍になるとろうそくの火が消えるまでの時間も2倍、3倍になる。

②集気びん中の酸素がどんな割合でも、集気びんの容積が2倍になると

# Ⅳ

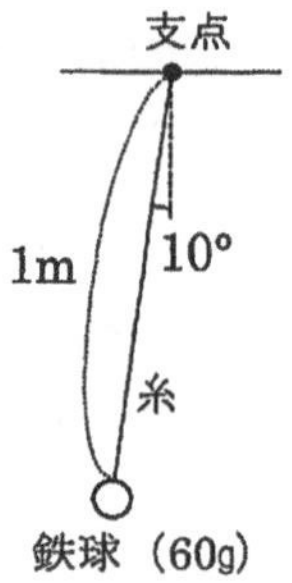

図1

1　図1のように、長さ1mの軽い糸におもり（60gの鉄球）を取り付け、ふれはば（角度）を10°にしたところで鉄球を静かにはなし、このふりこの周期（おもりが1往復する時間）を求めたい。

まず鉄球をA2往復させてから、その後、B10往復する時間を測り、その時間から周期を求める。

これをC複数の班で行い、それぞれの班で求めた周期の平均をとってこのふりこの周期とする。

（1）なぜA～Cのようにするのか、その理由として最も適したものをそれぞれ次のア～キから選びなさい。

ア　計算しやすくするため　　イ　動き始めは安定しないため　　ウ　規則性がある運動か確かめるため

エ　1往復の時間が短くて測りにくいため　　オ　動きが遅《おそ》くなってからの方が測りやすいため

カ　空気による抵抗《ていこう》の影響《えいきょう》を小さくするため　　キ　測り方のわずかな違いで結果が変わってしまうため

（2）5つの班でそれぞれふりこを作り、周期を求める実験をした。右の表はその結果を示したものである。

| 班 | 1班 | 2班 | 3班 | 4班 | 5班 |
|---|---|---|---|---|---|
| 求めた周期〔秒〕 | 2.005 | 1.997 | 2.024 | 1.788 | 2.009 |

①4班は実験方法を間違えたため、他班に比べて数値が小さくなっている。間違えとして考えられることをア～カから選びなさい。

ア　9往復の時間を測定してしまった。　　イ　11往復の時間を測定してしまった。

ウ　ふれはばを10°より小さくしてしまった。　　エ　ふれはばを10°より大きくしてしまった。

オ　糸の長さを1mより短くしてしまった。　　カ　糸の長さを1mより長くしてしまった。

②実験結果から、このふりこの周期を求めなさい。ただし、小数第3位を四捨五入して小数第2位まで求めること。

（3）次のア～オのふりこの周期を考える。ただし、ア～オのガラス球と鉄球は図1の鉄球と同じ大きさ、形である。

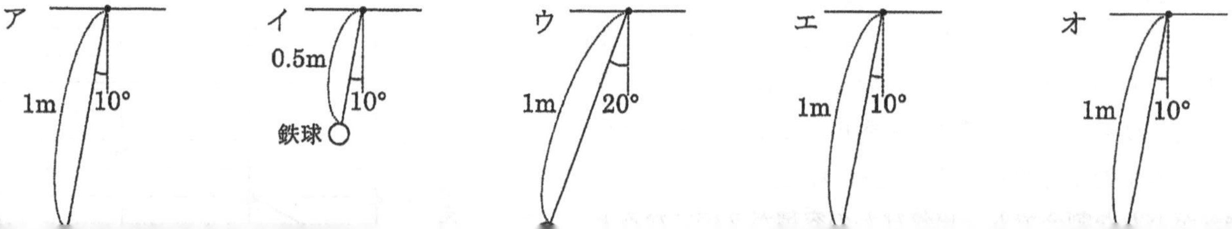

# ２０２２年度　女子学院中学校入学試験問題（社会）

受験番号（　　　　　　　）氏名［　　　　　　　　　　　　　　　　　　　］（語句はできるだけ漢字で書きなさい。）

（40分）

## Ⅰ

　昔から人々は様々な災害と向き合ってきました。日本各地の遺跡《せき》には①地震《しん》や津《つ》波、洪《こう》水などの跡《あと》があります。弥生時代の兵庫県塩壺《つぼ》遺跡の竪《たて》穴住居跡には、大地震によってできた（　X　）が見られ、岡山県久《く》田《た》原《ばら》遺跡からは洪水の様子が伝わります。②各地の古墳《ふん》には、墳丘《きゅう》に地震の跡が見られるものがあります。史料にも、多くの自然災害の記録が残されており、869 年に③陸《む》奥《つ》国で起きた貞《じょう》観《がん》地震では、津波が川をさかのぼったと書かれています。1293 年に関東地方南部で起きた地震では、鎌倉の建長寺をはじめ多数の神社仏閣が倒《とう》壊《かい》しました。④室町時代には 1498 年に津波が紀伊から房総の海岸を襲《おそ》い、1596 年の慶《けい》長伏見《ふしみ》地震では⑤豊臣秀吉が建てた伏見城も倒壊しています。⑥江戸時代も大規模な災害がしばしば起こりました。1657 年の⑦明暦《れき》の大火では江戸の市街の６割が焼失しました。1783 年の⑧浅間山噴《ふん》火では関東甲信越一帯に火山灰が降り、冷害が起こりました。

問１　下線①について、まちがっているものを３つ選び、記号で答えなさい。

　ア　日本列島の周辺には、断層やプレート境界があり、世界でも有数の地震多発地帯となっている。

　イ　太平洋側では津波が発生するが、日本海側では発生しない。

　ウ　海底が震源の地震が起きても、常に津波が発生するとは限らない。

　エ　何千キロも離《はな》れた場所で発生した津波でも、日本に被《ひ》害を及《およ》ぼすことがある。

　オ　大地震が発生した時は、湾の一番奥にいれば津波がやってくる心配はない。

　カ　１時間に 50 ミリ以上の降水量の発生件数は、1976 年～1985 年と 2011 年～2020 年を比べると増減の変化はあまりない。

　キ　土石流や地すべりなど、土砂災害警戒区域のある市町村は全国で６割を超える。

問２　文中の（　X　）の内容にあてはまる、地震の痕《こん》跡として最もふさわしいものを１つ選び、記号で答えなさい。

　ア　表面の土と、その下の層の土の色の違《ちが》い　　　イ　直径１メートルほどの丸い穴

　ウ　10 センチ以上の床《ゆか》面の段差　　　エ　地面の一部に付いた焼け焦げ

問３　下線②についての次の文章から考えられることとして、ふさわしいものを２つ選び、記号で答えなさい。

問６　下線⑤に関して述べた文として、正しいものを２つ選び、記号で答えなさい。

ア　二度にわたって朝鮮《せん》半島への出兵を命じた。

イ　将軍を京都から追放し、室町幕府を滅《ほろ》ぼした。

ウ　貿易の相手を中国とオランダに限定した。

エ　統一した基準で全国的な検地を行った。

オ　琵琶《びわ》湖のほとりに城を築き、城下町では商人が自由に営業することを認めた。

問７　下線⑥の人々の生活に関して述べた文として、まちがっているものを１つ選び、記号で答えなさい。

ア　村では、年貢《ぐ》の納入や犯罪防止のために連帯責任を負う五人組が組織された。

イ　村では、稲《いね》の刈《か》り取りに千歯こきが使われるようになり、農作業が早くなった。

ウ　都市では貧しい住民が中心となって打ちこわしを行うことがあった。

エ　ききんが起こると、百姓《しょう》一揆の件数が増えた。

問８　下線⑦からの復興や防災対策として、幕府がとった政策とは考えられないものを３つ選び、記号で答えなさい。

ア　町を再建する際、幅《はば》の広い道路や広場をつくる。

イ　消火に当たる人員を増やすため、幕府が消火部隊を設置する。

ウ　火元となりやすい大きな寺を江戸城の濠《ほり》（堀）の内側に移転させ監《かん》視する。

エ　家を失った被災者に粥《かゆ》を提供する。

オ　火災に強い町とするため、隅《すみ》田川にかかる橋を撤《てっ》去する。

カ　米の値段が下がるのを防ぐため、大火の直後に幕府が米を買い占める。

キ　新たに家を造る際、わらぶきの屋根にしないように命じる。

問９　下線⑧で大きな被害を受けた上野《こうずけ》国吾妻《あがつま》郡鎌原《かんばら》村は幕府が直接支配する領地でした。

（１）鎌原村の復興のために、幕府は耕地の再開発費用を負担しました。そして、近隣《りん》の有力な百姓を工事の責任者に任命し、鎌原村の生存者や近隣の村の人々を工事の労働者として雇《やと》いました。この復興策の利点とは言えないものを２つ選び、記号で答えなさい。

ア　災害で職を失った人が収入を得られる。

イ　工事の労働力を近場で確保できる。

問３　右の地図は、下線③の地形図です。

（１）地図中に見られる堤防（▬▬）を、このような形に築いた目的を、２つ考えて答えなさい。

（２）地図の地域に関する説明としてふさわしくないものを１つ選び、記号で答えなさい。

ア　川は北から南へと流れている。

イ　この地形図の範《はん》囲には、農地と住宅地が混在している。

ウ　「下高砂《しもたかすな》」付近には、寺や神社、郵便局がある。

エ　川の水を引いて、河川敷《じき》が水田として利用されている。

オ　「信玄堤《つつみ》」より東側は、川の西側より土地が低く、おもに水田として利用されている。

国土地理院　電子国土 Web より作成

問４　下線④に関する行政のかかわりとして、まちがっているものを２つ選び、記号で答えなさい。

ア　緊《きん》急地震速報は、気象庁が発表する。

イ　消防組織は国の消防庁が一括《かつ》管理しているため、すべての都道府県にあるわけではない。

ウ　大規模災害が発生した際には、都道府県知事が直接、自衛隊に災害派遣の命令を下す。

（2）被害を減らすための個人の取り組みとして、ふさわしくないものを２つ選び、記号で答えなさい。

ア　避難訓練はいろいろな状況を考えて何種類も行う。

イ　非常食は、１週間分程度は常に用意しておく。

ウ　ハザードマップで、現在いる地域の特性を知っておく。

エ　大きな揺れが来たらすぐ車で逃《に》げられるように、タクシーを呼ぶ方法を確認しておく。

オ　豪《ごう》雨の時の避難場所として、地下街への入り口を探しておく。

カ　公共交通機関が利用できない場合の帰宅経路や受け入れ施設を確認しておく。

## Ⅲ

原胤昭《たねあき》は、1876 年に女子学院の前身の一つ、原女学校を創設しました。原は女学校の経営を２年ほどで人に譲《ゆず》り、その後、政府による①自由民権運動への弾《だん》圧を批判したために投獄《ごく》されました。この経験をきっかけに受刑《けい》者のために働く決意をし、釈《しゃく》放後、1884 年に教誨《かい》師(服役中の人々に精神的な助言をする人)となりました。

当時、政府は受刑者を北海道へ送って鉱山の採掘や②道路建設を進めていました。教誨師として北海道に渡った原は、受刑者たちの悲惨《さん》な状況を目の当たりにし、待遇《ぐう》改善を訴《うった》えました。③政府も原の意見を一部受け入れました。1897 年に原は刑期を終えて出所した人を保護する寄宿舎を設立し、出所した人と共に生活し、身元引受人(保証人)となって就職をあっせんする事業を始めました。④1923 年に ⑤関東大震災が起きた時、自分の家が焼けても、世話をした人たちを守りました。原は⑥太平洋戦争中に亡くなるまで、⑦秩序を守ることを優先した政府とは異なり、⑧人権保障を通じて安全な社会の実現をめざす人でした。

問１　下線①の頃の出来事を、古い順に並べかえなさい。

ア 西郷隆盛らが西南戦争を起こした。　　　　イ 政府は 10 年後に国会を開設することを約束した。

ウ 大日本帝国憲法が発布された。　　　　　　エ 徴《ちょう》兵制度や学校制度が定められた。

問２　下線②について、右の図のような環《かん》状交差点（ラウンドアバウト）の通行ルールが 2014 年に導入されました。信号機のある交差点に比べて、環状交差点の特徴としてふさわしくないものを３つ選び、記号で答えなさい。

ア　出入口が何か所もある交差点でも円滑《かつ》に対応できる。

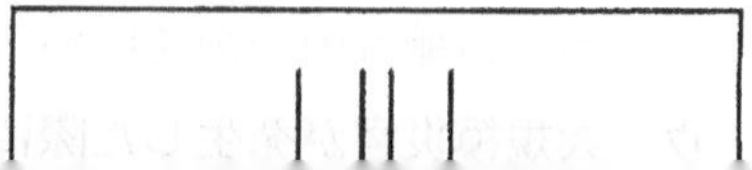

イ　１日１万台以上通行する交通量の多い交差点に適している。

問８　下線⑥の後に設立された国際連合について述べた文としてまちがっているものを２つ選び、記号で答えなさい。

ア　加盟国数は 2022 年１月現在で、約 50 ヵ国である。

イ　総会にはすべての加盟国が参加し、一国一票ずつ投票権を持っている。

ウ　国際連合の専門機関が予防接種の普及を進めたことで、天然痘《とう》が撲滅《ぼくめつ》された。

エ　国際連合は、各国政府だけでなく NGO とも協力して、様々な活動を行っている。

オ　日本は 1956 年に加盟した後、国際連合で採択《たく》された条約をすべて批准《じゅん》している。

問９　下線⑦に関して

（１）治安維持法が、①制定された時期　②廃《はい》止された時期を、それぞれ下の（　あ　）～（　き　）から選び、記号で答えなさい。

1894　日清戦争の開戦
（　あ　）
1914　第一次世界大戦のぼっ発
（　い　）
1928　初の男子普通選挙の実施
（　う　）
1931　満州事変のぼっ発
（　え　）
1937　日中戦争の開始
（　お　）
1945　第二次世界大戦の終結
（　か　）
1951　サンフランシスコ平和条約の締《てい》結
（　き　）
1964　東京オリンピック・パラリンピックの開催

（２）人やものが日本へ入国する際に行われることとして、まちがっているものを１つ選び、記号で答えなさい。

問一
(1
(2
問二
(1
問二
(2)
問三
A
B
C
問四
問五
問六
あ
い
問七
問八
問九
問十
問十一
問十二
問十三
1
2
3
4
問十四
1
水を
2
水に
問十五
a
b
c

三

1 びる
2 く
3 える
4

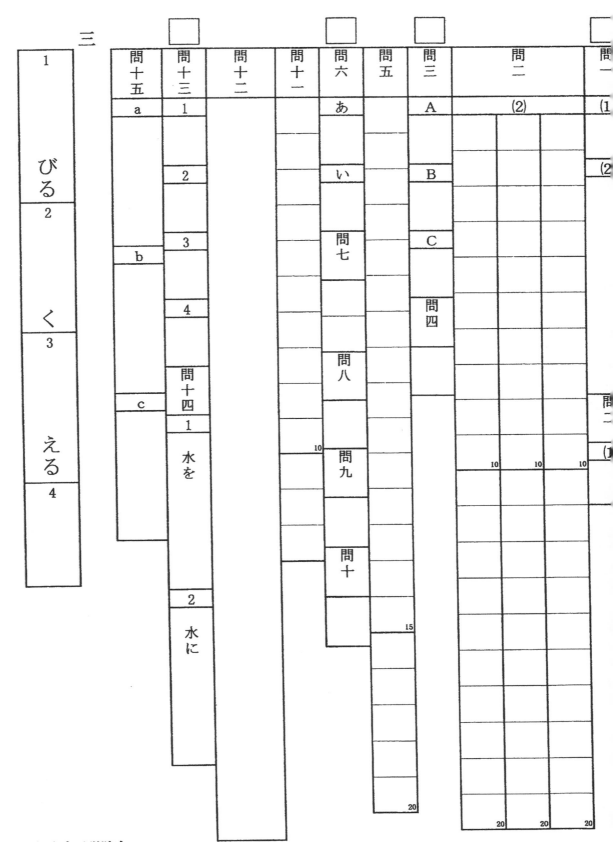

# 解答用紙（理科）

## Ⅰ

1

(1)

(2) °

(3) X　Y　Z

(4) ①　②　③

(5)

(6)

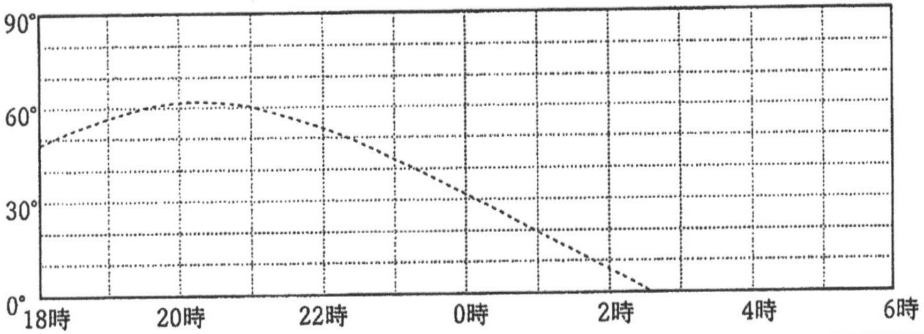


(7) 15　25　30

2

(1) ①　②

(2)

## Ⅱ

1

(1) ①　②　③　④

(2)

(3) ①　②　③

(1)

(2)

(3)

【解答用

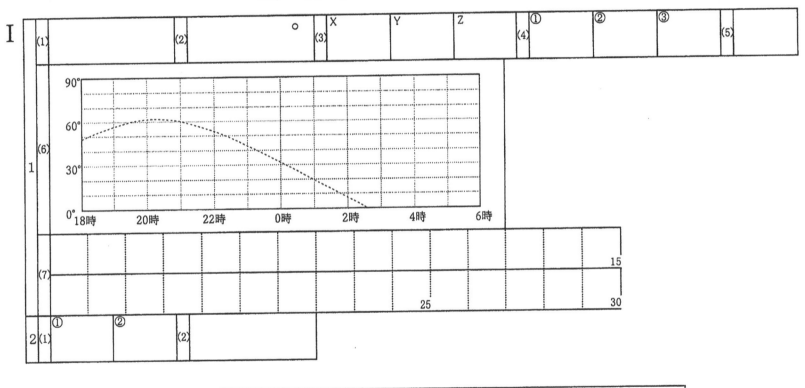

# 解　答　用　紙　（社　会）

Ⅰ

| 問1 | | | | 問2 | | 問3 | | |
|---|---|---|---|---|---|---|---|---|

| 問4 | (1) | (2) | 問5 | |
|---|---|---|---|---|
| | → → → | | | → → → |

| 問6 | | | 問7 | | 問8 | | | | 問9 | (1) | | (2) |
|---|---|---|---|---|---|---|---|---|---|---|---|---|

Ⅱ

| 問1 | | | 問2 | | |
|---|---|---|---|---|---|

| 問3 | (1) |
|---|---|
| | 目的1 |
| | 目的2 |

| 問 | (2) | 問4 | | | 問5 | | | 問6 | | 問7 | (1) | | (2) |
|---|---|---|---|---|---|---|---|---|---|---|---|---|---|

【解答用

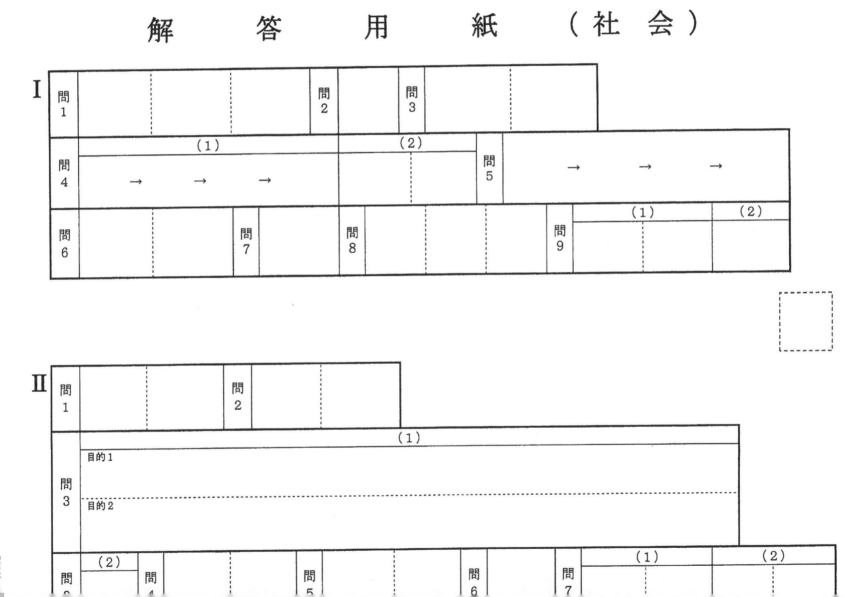

Ⅲ

| 問1 | → → → | 問2 | | | |
|---|---|---|---|---|---|

| 問3 | |
|---|---|

| 問4 | | 問5 | |
|---|---|---|---|

| 問6 | (1) | (2) |
|---|---|---|
| | | |

| 問7 | | 問8 | | | 問9 | (1) ① | (1) ② | (2) | 問10 | |
|---|---|---|---|---|---|---|---|---|---|---|

受験番号（　　　　　　）氏　名［　　　　　　　　　　　　　　　　　］

| 得点 | |
|---|---|

※100点満点
（配点非公表）

| | | | | | | | | |
|---|---|---|---|---|---|---|---|---|
| (5) | | (6) | | (7) | | | | |

## III

| | | | | | | | | | |
|---|---|---|---|---|---|---|---|---|---|
| 1 | (1) | | (2) | | | | | | |
| 2 | (1) | | (2) | | (3) | ① | ② | ③ | ④ |
| 3 | (1) | ア | イ | ウ | エ | オ | | | |
| | (2) | メタン L | 水蒸気 L | (3) | | | | | |

## IV

| | | | | | | | | |
|---|---|---|---|---|---|---|---|---|
| 1 | (1) | A | B | C | (2) | ① | ② 秒 | |
| | (3) | ① | ② | (4) | | 理由 | | |
| 2 | (1) | ① | ② | ③ | (2) | | (3) | (4) |

受験番号（　　　　）　氏名（　　　　　　　　）

| |
|---|
| 点 |

※100点満点
（配点非公表）

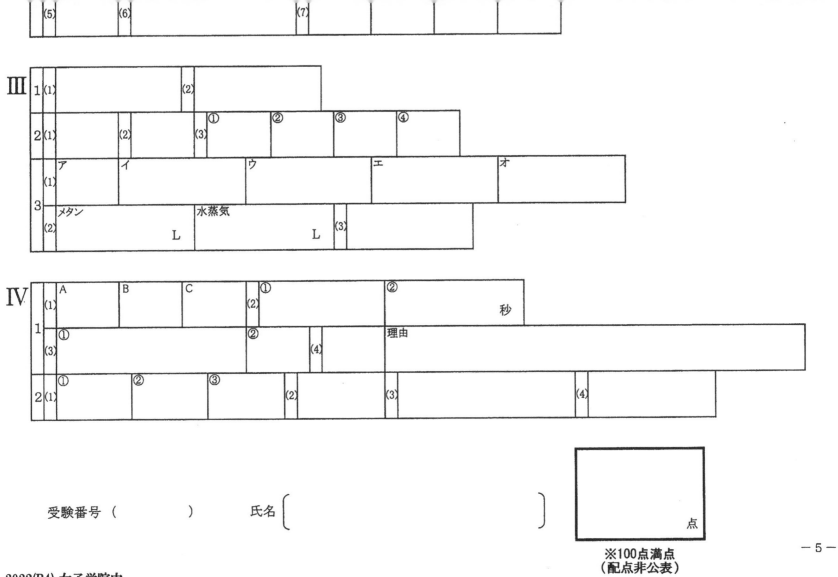

# 解答用紙（国語）

受験番号〔　　　〕

氏名〔　　　〕

句読点は字数に入れること。

※100点満点（配点非公表）

一

問一

問二

問三

問四

問五
(1)
(2)

問六

問七
(1)
(2)
〜

問八
年

問九

問十

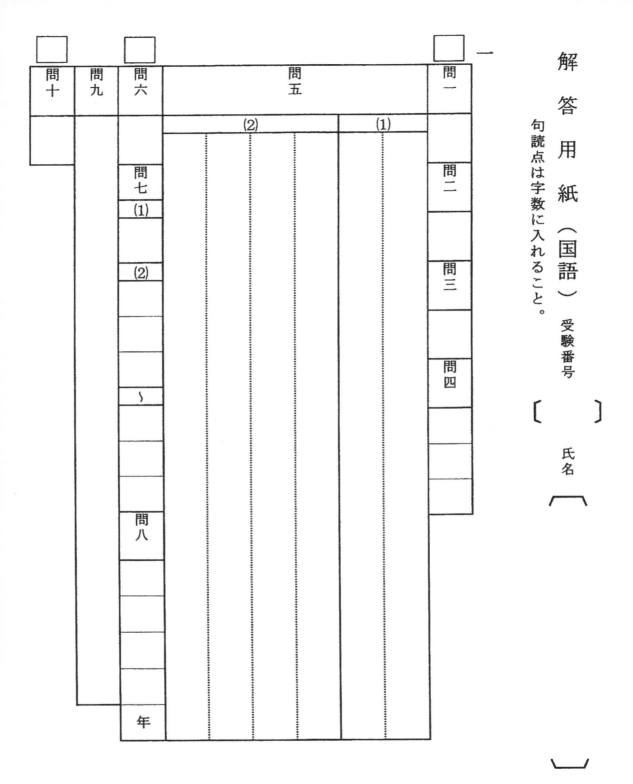

な古墳には女性首長の埋葬例は見当たらず、女性首長の棺によろいやかぶとを納めた例もない。はにわには男女をかたどった様々な形のものがある。（国立歴史民俗《ぞく》博物館　『性差（ジェンダー）の日本史』　2020年　図録より）

ア　女性の首長が政治を行っていた地域がある。

イ　まじないは女性のみが担当した。

ウ　女性の首長は、常に男性の首長の補佐《ほさ》役として政治に関わった。

エ　儀《ぎ》式やまつりの場から、女性は排《はい》除されていた。

オ　軍事力による政治の主導が必要となった時には、男性首長が選ばれた。

問４　下線③に関して

（１）次の文を古い順に記号で並べかえなさい。

ア　現在の宮城県にあたる地域に国分寺が建てられた。

イ　中尊寺が建てられた。

ウ　源頼朝が奥《おう》州（東北）を支配下に置いた。

エ　桓武《かんむ》天皇が派遣《けん》した軍が蝦夷《えみし》をおさえ、北上川流域を支配下に置いた。

（２）陸奥国には現在の岩手県が含《ふく》まれます。岩手県について述べた文として、まちがっているものを２つ選び、記号で答えなさい。

ア　面積は、北海道に次いで第２位である。

イ　太平洋側では、寒流の親潮《しお》の上を通る夏のやませの影響《えいきょう》で、冷害が起こることがある。

ウ　リアス海岸が広がっており、漁港に適した地形になっている。

エ　青森県との県境に十和田湖が位置している。

オ　日本最深の湖である田沢湖は、県の中部に位置している。

問５　下線④について、次の文を古い順に記号で並べかえなさい。

ア　徳政を要求する一揆《き》が連続して起こるようになった。

イ　武田信玄《しんげん》が甲斐《かい》を支配した。

ウ　足利義満の支援《えん》を受けた世阿弥《ぜあみ》が能で活躍《やく》した。

エ　足利尊氏《たかうじ》が征夷《せいい》大将軍となった。

オ　被災地の状況をよく理解した復興対策がたてられる。

（２）幕府は、石見《いわみ》や佐渡《さど》島も直接支配しました。その理由として最もふさわしいものを１つ選び、記号で答えなさい。

ア　鉱山があるから　　イ　交通の要所であるから　　ウ　貿易の拠《きょ》点だから　　エ　防衛の重要な拠点だから

## Ⅱ

たび重なる洪水への対策は、①各地方で行われてきました。例えば②濃尾《のうび》平野では多数の輪中がつくられ、富士川やその上流の③甲府盆《ぼん》地では、しばしば洪水が発生し、堤《てい》防をつくる工事が繰《く》り返されました。日本は④自然災害が多いですが、自然は私たちに多くの恵《めぐ》みも与《あた》えてくれています。⑤火山の周辺には多くの温泉が存在し、火山灰は、長い年月の間に土となり、多くの農作物を育《はぐく》んでいます。河川は徐《じょ》々に山を削《けず》り、その土砂で平野をつくりました。幾多《いくた》の災害を超えて、私たちの今の生活の土台がつくられたとも言えます。私たちは、⑥自然災害の被害を最小限にとどめながら、自然と共に生きることを考えていく必要があります。

問１　下線①に関して、地方公共団体が行っていることとして正しいものを２つ選び、記号で答えなさい。

ア　警察庁を設置して、犯罪者を逮捕《たいほ》し、治安の維《い》持を図る。

イ　地方裁判所を設置し、不正行為《い》を行った裁判官をやめさせる。

ウ　その地方にだけ適用される特別の法律を立案し、国会に提出する。

エ　地方銀行を設置し、紙幣《へい》を発行する。

オ　水道局を設置し、水道水を供給する。

カ　保健所を設置し、感染症《しょう》の拡大防止に努める。

問２　下線②に関して述べた文として、正しいものを２つ選び、記号で答えなさい。

ア　輪中がつくられたのは現在の愛知県内のみである。

イ　濃尾平野では、洪水対策のために以前は合流していた複数の大河川を分離《り》させる工事が行われた。

ウ　輪中は洪水に強いので、戦後、大きな被害を出した伊勢《いせ》湾台風の後、急速に数が増えた。

エ　輪中の土地の多くは周囲の川の水面よりも低く湿《しめ》った土地なので、農業は稲作しか行われていない。

オ　輪中には、食料や避《ひ》難のための舟《ふね》が備えられた水屋がつくられてきた。

問５　下線④で被災した人たちへの支援に関する説明として、まちがっているものを２つ選び、記号で答えなさい。

ア　東日本大震災では、GDP(国内総生産)上位国からのみ、人的、物的、金銭的支援がよせられた。

イ　地方自治体はボランティアセンターの管理などについて、非営利の活動団体（NPO）と連携《けい》して支援を行うことができる。

ウ　豪《ごう》雪地域では、雪処理の担い手を地域外からも確保している。

エ　被災地では、ボランティアの安全確保を図るよう配慮《りょ》する。

オ　電気通信事業者と協力して、災害用伝言サービスを実施《し》している。

カ　防災行政無線は日本中の市町村すべてに整備され、放送内容は全国一律である。

キ　住宅の損害程度に応じて国から支援金が支給されるが、被災者に一律に給付されるわけではない。

問６　下線⑤について述べた文として、正しいものを１つ選び、記号で答えなさい。

ア　火山は定期的に噴火するので、次の噴火がいつ起きるか予想できる。

イ　太平洋に面した都道府県にだけ、活動が活発な火山が存在する。

ウ　海底にも火山が存在する場所がある。

エ　すべての火山は、頂上に登ることが禁止されている。

オ　日本で、噴火活動が常時観測されている火山は５つである。

問７　下線⑥について

（１）被害を減らすための国や自治体の取り組みとしてまちがっているものを２つ選びなさい。

ア　高台から遠い海沿いの低地に津波避難タワーを建設する。

イ　避難場所を増やすため、大河川の堤防上も津波からの一時的な避難場所とする。

ウ　過去に津波の被害が大きかった場所の住宅を高台に移転させる。

エ　大きな災害があった場所に「自然災害伝承碑《ひ》」を建て、地形図にも地図記号を記載《さい》する。

オ　警戒《かい》レベルが最高（レベル５）の緊急安全確保が発令されてから、避難誘導を開始する。

オ　災害に強い交差点である。

カ　維持管理費が少なくて済む。

キ　一般的に、二酸化炭素の削《さく》減効果は小さい。

ク　地域の景観の維持に役立つ。

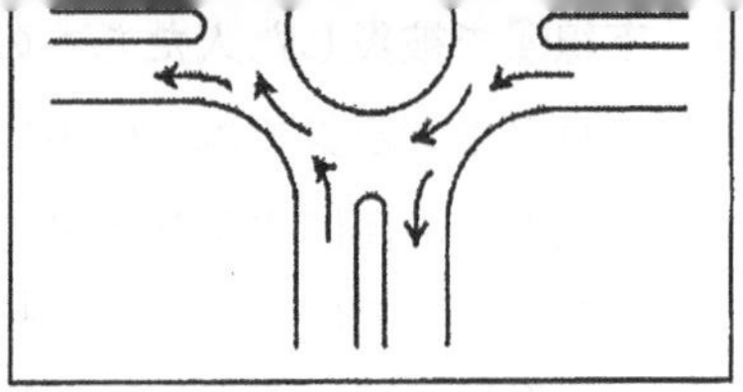

問３　下線③は、1880年代の外交上の問題解決につながるとの考えが背景にありました。当時の事情にふれて、政府が囚《しゅう》人の待遇を改善したねらいとして考えられることを説明しなさい。

問４　下線④に関して、1920年代の日本社会のようすについて述べた文を１つ選び、記号で答えなさい。

ア　新聞や雑誌が発行されるようになり、ざんぎり頭や洋装がもてはやされた。

イ　綿織物などをつくる民間の工場が増える一方、政府は官営八幡製鉄所を建設した。

ウ　農村の中学校や高等学校を卒業した若者が集団で上京し、大都会の工場や会社に就職した。

エ　多くの人々が日本から満州に移住して農業を営んだり、会社を経営したりするようになった。

オ　都会ではデパートに買い物に行く人々が現れる一方、農村では生活に苦しむ小作人も多くいた。

問５　下線⑤に関して、震災直後の混乱と社会不安の中で命を奪《うば》われる人も少なくありませんでした。とりわけどのような人々が多く犠牲《ぎせい》となったか答えなさい。

問６　下線⑤からの復興をめざす中で再建された小学校は、避難所以外にも地域社会の中心としての役割を果たすようになりました。次の（１）（２）に対応して、体育館としても使える講堂はどのような役割を担うようになったか、具体的に答えなさい。

（１）都市での人口増加　　（２）国民の政治参加要求の高まり

問７　下線⑥の戦争中や戦争直後、台風による水害でも各地で多くの犠牲者が出ました。その理由としてまちがっているものを１つ選び、記号で答えなさい。

ア　軍需《じゅ》産業の必要から森林の伐《ばっ》採が進み、植林も遅《おく》れていたため。

イ　戦争の被害により、気象観測を行いデータを送ることが困難だったため。

ウ　資材が不足し、十分な水害対策が行われなかったため。

エ　政府や軍部が気象情報を重視せず、天気図が作成されなかったため。



2022(R4) 女子学院中

ウ　国内の人々の健康に害を及ぼすことのないよう、輸入された食品の残留農薬などを検査する。

エ　政府を批判する活動をした日本人が日本に入国することのないよう、思想や言動を審《しん》査する。

オ　絶滅のおそれのある野生動物が違《い》法に取引されることのないよう、取り締《し》まりが行われる。

問 10　下線⑧に関して、自由な表現活動が他の人の権利を脅《おびや》かす事例があります。そのような事例ではないものを１つ選び、記号で答えなさい。

ア　外国にルーツをもつ人を侮《ぶ》辱《じょく》する言動やうその情報が広まり、偏《へん》見が広がる。

イ　多くの人の目にふれる形で、他人に知られたくない個人の情報が公開される。

ウ　著名人に対する誹《ひ》謗《ぼう》中傷が、インターネット上で集中的に寄せられる。

エ　要職にある政治家の差別的発言が報道され、辞任に追い込まれる。

オ　犯罪の加害者やその家族などの個人情報が公開され、更《こう》生や立ち直りが難しくなる。



2022(R4) 女子学院中
K 教英出版

例：(ア イ) ウ エ オ

②図１と同じ周期のふりこの中で、最下点でのおもりの速さが最も速いものをア～オから選びなさい。

（４）図２のように、水を少量入れたペットボトルでふりこを作り、周期を求めた。水の量を増やすと周期はどうなると考えられるか、次のア～ウから選びなさい。また、その理由も書きなさい。

ア　長くなる　　イ　短くなる　　ウ　変わらない

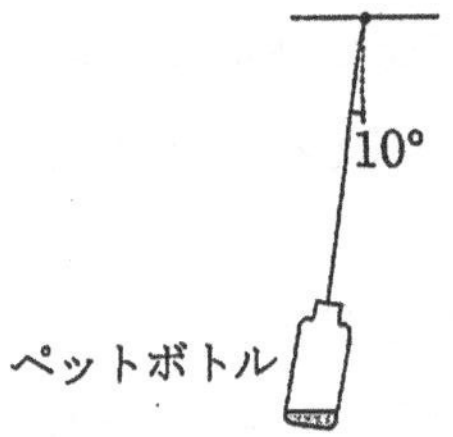

図２

２　下図のように、なめらかな曲面上のＰ点に鉄球を置き、静かに手をはなすと鉄球は曲面を下り、水平面上のＱ点にあるふりこのおもり（60gの鉄球）に衝突《しょうとつ》した。その後、おもりはふりこの運動をし、最高点に達した。右の表は「Ｐ点に置く鉄球の重さ」、「糸の長さ」、「Ｐ点の高さ」を変えたときの「最高点の高さ」を示したものである。

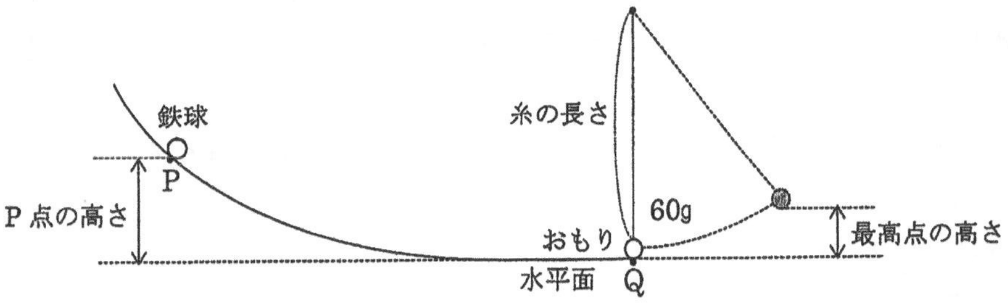


| | 鉄球の重さ〔g〕 | 糸の長さ〔cm〕 | Ｐ点の高さ〔cm〕 | 最高点の高さ〔cm〕 |
|---|---|---|---|---|
| ア | 20 | 25 | 4 | 1 |
| イ | 20 | 25 | 20 | 5 |
| ウ | 20 | 100 | 4 | 1 |
| エ | 20 | 100 | 20 | ① |
| オ | 60 | 25 | 4 | 4 |
| カ | 60 | 25 | 20 | 20 |
| キ | 60 | 100 | 4 | ② |
| ク | 60 | 100 | 20 | ③ |

（１）表の①～③にあてはまる数値を書きなさい。

（２）衝突直後から最高点までのおもりの移動距離《きょり》が最も長いものを表のア～クから選びなさい。

（３）衝突してからおもりが最高点に達するまでの時間がアと同じものを選び、衝突直後のおもりの速さが速い順に、アも含めて並べなさい。ただし、同じ速さになるものがある場合は（　）でくくりなさい。

（４）おもりの最高点の高さを高くするためにはどうすればよいか、次のア～カから選びなさい。

ア　鉄球の重さを重くする　　イ　鉄球の重さを軽くする　　ウ　糸の長さを長くする　　エ　糸の長さを短くする

オ　Ｐ点の高さを高くする　　カ　Ｐ点の高さを低くする



2022(R4) 女子学院中
教英出版

消えるまでの時間は20秒以上である。

④集気びんの容積が違っても、酸素の量が同じときにはろうそくの火が消えるまでの時間も同じである。

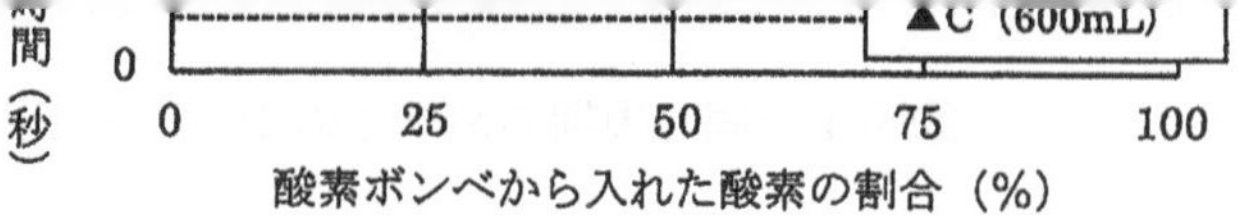


3　ものが燃えるときの炎《ほのお》の様子は、燃えるものや燃え方によって異なる。

ガスコンロでは通常は青色の炎がみられるが、酸素が少ないときはオレンジ色の炎がみられることがある。このときの燃え方を「不完全燃焼」といい、酸素が十分にあるときの「完全燃焼」と比べると炎の温度は低い。メタンやプロパンはよく燃える気体であり、燃料などに利用される。

右下の図は、ろうそくの炎の様子を示したものである。図のA～Cのうち、最も温度が高いのは[ア]のところである。ろうは、ろうそくのしんから[イ]して燃える。Bのところにガラス板を入れるとガラス板の表面に黒色の固体がついた。この固体は[ウ]である。火が消えたときにみられる[エ]は、固体になった[オ]である。

（1）文章中の[ア]～[オ]にあてはまる言葉を答えなさい。ただし、[ア]はA～Cの記号で答えなさい。

（2）メタン1Lを完全燃焼させると二酸化炭素1Lと水蒸気2Lが生じる。また、プロパン1Lを完全燃焼させると二酸化炭素3Lと水蒸気4Lが生じる。

メタンとプロパンを混合した気体10Lを完全燃焼させると二酸化炭素は11L生じた。燃焼前の気体に含まれるメタン、燃焼により生じた水蒸気はそれぞれ何Lか、答えなさい。

（3）ガスバーナーについて正しい文を次のア～オから選びなさい。

ア　点火するとき、ガス調節ねじを開いてからマッチの火を横から近づける。

イ　点火するとき、他の人にガス調節ねじを回してもらってはいけない。

ウ　ガス調節ねじだけが開いていて、火がついているときは不完全燃焼である。

エ　おだやかに加熱したいときは、空気調節ねじを閉じて、オレンジ色の温度が低い炎で加熱するとよい。

オ　高温で加熱したいときは、空気調節ねじの限界まで回して空気を多く送り込むとよい。

図5、6はそれぞれ実験開始時および10時間後の顕微鏡観察の結果である。
J子さんは花粉管が1mm以上伸びたときを花粉の発芽とみなして、発芽率（%）を求めることにした。

図5

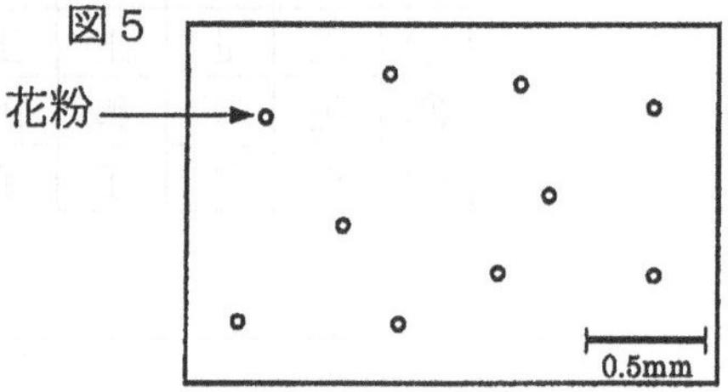


図6

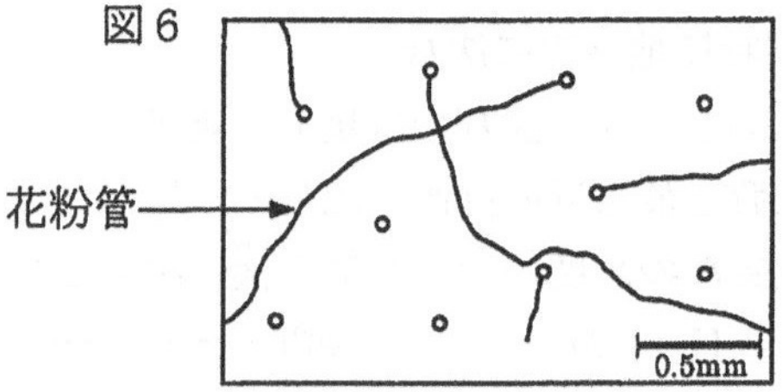


（4）図5、6から、J子さんは花粉の発芽率（%）を『2÷8×100』と計算した。なぜ『2÷10×100』と計算しなかったのか。その理由を答えなさい。

次にJ子さんは、BTB液を加えたときの色が異なる寒天液を4種類作った。4種類の寒天液それぞれで何回か方法1～3をくり返して、発芽率の平均を求めた。右の表はそれぞれの寒天液にBTB液を加えたときの色と花粉の発芽率の平均をまとめたものである。

| BTB液の色 | 発芽率（%） |
|---|---|
| 青色 | 71 |
| 少し緑がかった青色 | 81 |
| 緑色 | 60 |
| 黄色 | 44 |

(Boavida and McCormick 2007を改変)

（5）J子さんは表の結果をグラフにしてみた。どのような形式のグラフで表すとよいか。最もふさわしいグラフを次のア～ウから選びなさい。

ア　棒グラフ

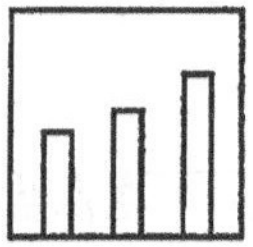

イ　柱状グラフ

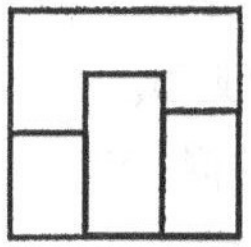

ウ　折れ線グラフ

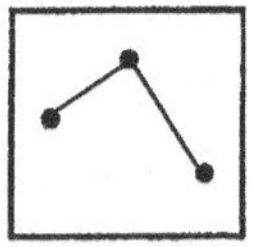

（6）（5）で選んだグラフの横軸《じく》は何か答えなさい。
（7）次の①～④の文について、実験結果から正しいと判断できるものにはA、誤りと判断できるものにはB、正しいとも誤りとも判断できないものにはCを書きなさい。

①花粉管の長さが最も長くなるのは、寒天液が中性より少しアルカリ性のときである。
②BTB液の色が少し緑がかった黄色になる寒天液を用いて実験すると、発芽率が52%になる。
③寒天液が強いアルカリ性であるほど、発芽率は高くなる。
④花粉管は他の花粉を避《さ》けるように曲がって伸びる。

③高度が最も高くなってから地平線に沈むまでの時間が一番長い星

（5）次の①～③の文の正誤の組み合わせとして正しいものを右のア～クから選びなさい。

①星Ｂと星Ｆは、ほぼ同時に地平線に沈む。

②星Ｅが地平線に沈んだあと、次に沈むのは星Ｆである。

③星Ａが地平線に沈む位置と最も近い位置で沈むのは星Ｄである。

| | ア | イ | ウ | エ | オ | カ | キ | ク |
|---|---|---|---|---|---|---|---|---|
| ① | 正 | 正 | 正 | 正 | 誤 | 誤 | 誤 | 誤 |
| ② | 正 | 正 | 誤 | 誤 | 正 | 正 | 誤 | 誤 |
| ③ | 正 | 誤 | 正 | 誤 | 正 | 誤 | 正 | 誤 |

（6）図２の日から１ヶ月後の星Ａの高度の変化を解答欄《らん》に図示しなさい。

（7）図３は、図２と同じ日の星Ｈ、Ｉの高度の変化を示したものである。星Ｉの見え方（動き）を星Ｈの名前を使って30字以内で説明しなさい。

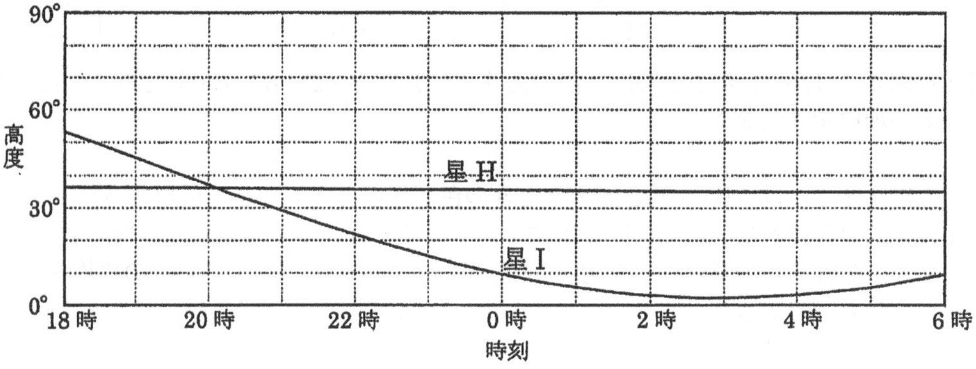


図３

2　右下の表は、日本の５つの都市における1991年～2020年までの30年間の「１月」における５つの気象データの平均値をまとめたものである。表の①～④は次のイ～オのいずれかのものである。

ア　雲量…空全体を雲が占《し》める割合。0～10までの11段階で表す。

イ　日照時間（時間）…直射日光が雲などにさえぎられずに地表を照射した時間の１ヶ月間の合計

ウ　降水量（mm）…降水量の１ヶ月間の合計

エ　雪日数（日）…雪が降った日の日数

オ　真冬日の日数（日）…最高気温が０℃未満の日の日数

| | 札幌《さっぽろ》市 | 新潟《にいがた》市 | 千代田《ちよだ》区 | 福岡《ふくおか》市 | 那覇《なは》市 |
|---|---|---|---|---|---|
| 雲量 | 8.2 | 9.0 | 4.3 | 7.4 | 7.7 |
| ① | 90.4 | 56.4 | 192.6 | 104.1 | 93.1 |
| ② | 29.1 | 22.7 | 2.8 | 6.3 | 0 |
| ③ | 108.4 | 180.9 | 59.7 | 74.4 | 101.6 |
| ④ | 16.7 | 0.2 | 0 | 0 | 0 |

気象庁HP「過去の気象データ検索」より作成

（1）表の①、②に当てはまる気象データを上のイ～オから選びなさい。

（2）上のア～ウのうち、千代田区における「７月」の数値が１月のものより大きくなるものを選びなさい。

答え　　　　　　　　L

（2）グラフのA，B，C，Dにあてはまる数を□に入れなさい。

6． 次の□にあてはまる数を入れなさい。

A，B，Cの3台の機械は，それぞれ常に一定の速さで作業をします。BとCの作業の速さの比は5：4です。

ある日，A，B，Cで別々に，それぞれ同じ量の作業をしました。3台同時に作業を始め，Bが$\frac{1}{4}$を終えた6分後にAが$\frac{1}{4}$を終えて，Aが$\frac{2}{3}$を終えた12分後にCが$\frac{2}{3}$を終えました。作業にかかった時間は，

Aが□時間□分，Bが□時間□分でした。

次の日，前日に3台で行ったすべての量の作業をA，Bの2台でしました。

2台同時に作業を始めてから，□時間□分□秒ですべての作業が終わりました。

| 得点 | 6 |
|---|---|
| | |

４．　J子さんは正八角柱（底面が正八角形である角柱）を辺にそって切り開いて展開図を作ろうとしましたが，誤って右の図のように長方形Ⓐだけ切り離《はな》してしまいました。正しい展開図にするには長方形Ⓐの辺をどこにつけたらよいですか。辺「あ」～「ふ」の中からすべて答えると

［　　　　　　　　］です。

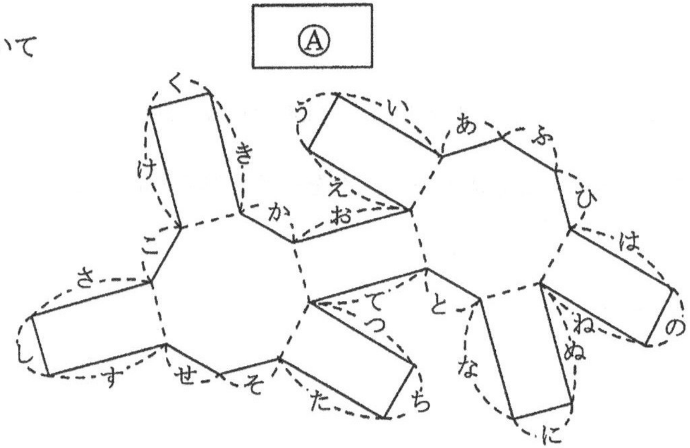


角柱を切り開いて展開図を作るとき，いくつの辺を切ればよいか，まず，三角柱の場合について考えてみます。

図１のように面をすべて切り離すと，すべての面の辺の数の和は［　　］です。

そのうち［　　］組の辺をつけると図２のような展開図ができます。

立体の１つの辺を切るごとに，他の面とついていない辺が２つできるので，

三角柱の場合は展開図を作るときに切る辺の数は［　　］です。

同じように考えると八角柱の場合は切る辺の数は［　　］で，

三十角柱の場合は切る辺の数は［　　］です。

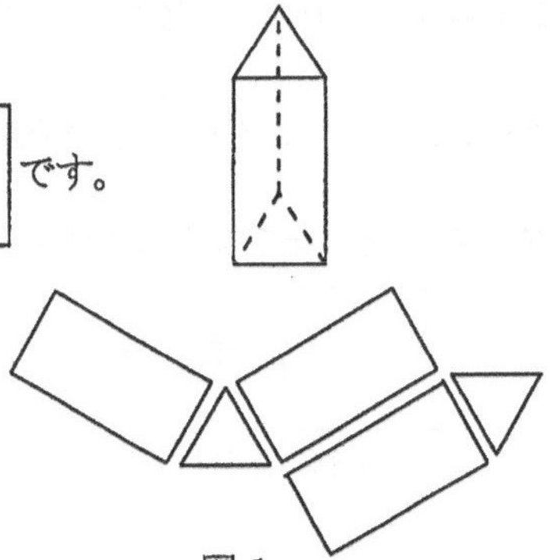

図１

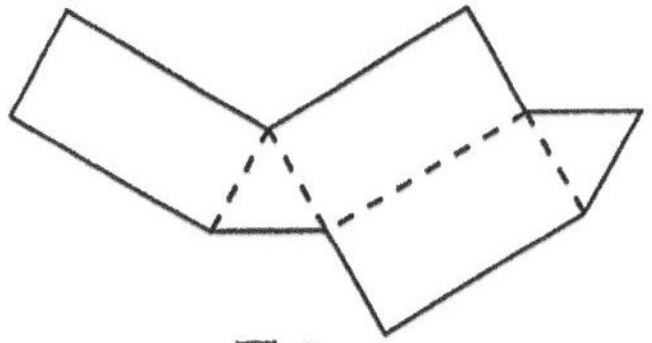

図２

| 得点 | 4 |
|---|---|
| | |

（5）図の四角形 ABCD は正方形で，同じ印のついているところは同じ長さを表します。影をつけた部分の面積は □ $cm^2$ です。

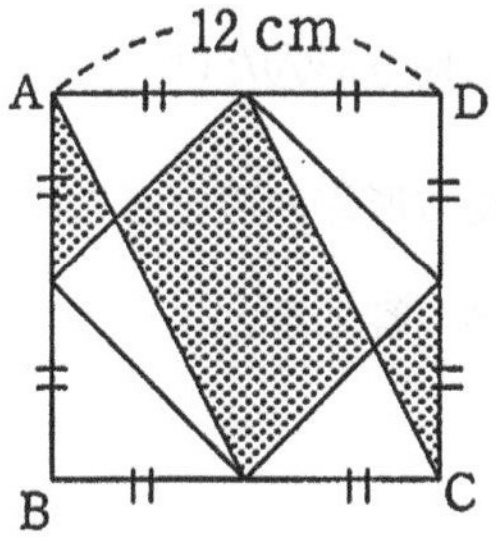


（6）J 子さんの家から駅までは 1995m あり，J 子さんは家から駅に向かって，父は駅から家に向かって 11 時に同時に歩き始めました。J 子さんは途《と》中の公園まで分速 □ m で 4 分間歩き，公園で 5 分間遊んでから，それまでより毎分 7 m 速い速さで駅に向かいました。父は途中の店まで分速 80 m で □ 分間歩き，店に 3 分間立ち寄ってから，分速 75 m で家に向かいました。2 人は 11 時 19 分に出会い，その 10 分 16 秒後に父は家に着きました。

のだそうだ。そこで洋一少年は何にそのお餅を乗せたらよいのかわからないながら納《な》屋《や》へ行き、これも神様かな、あれも神様かなと考えつつ、馬の[c]シリョウ桶やら、農器具やら、自転車やらにそのお供え餅を乗せて戻《もど》ってくる。すると、おばあさんはしばらくしてから納屋へ見にいき、洋一少年が何にお供えしてきたか確認して、⑤ニコニコして戻ってきたというのである。これは学校に上がる前から小学校の中ぐらいまで続いた習慣だというが、これによって道具にも魂《たましい》があって、自分もその世話になっているという観念を、自然に体で覚えさせられたと大谷氏はいう。

農器具やら自転車やらもまたカムイであるとするならば、現代の都会生活の中でもカムイの観念を生かし、アイヌの伝統的な精神に即《そく》した生活をするのは、不可能ではないはずだ。かつては和人だとて、自分の使う道具などに対しては⑥同じような気持ちを抱《いだ》いて生活していたはずである。私自身も子供の頃には、⑦はきふるしてよれよれになった靴《くつ》でさえ愛着があって、捨てずに飾《かざ》っておいた覚えがある。あの時の気持ちがどういうものであったか明確には思い出せないが、もしかしたらそれがかつてのアイヌ的精神と同じものであったかもしれない。それがいまや、そんなことを言っている私自身が、狭《せま》い家の中にものばかりあふれかえっている生活を送り、邪魔臭《じゃまくさ》くなるとどんどん捨ててしまっている。私自身は日本の伝統文化もアイヌの伝統文化も、昭和四〇年代の高度成長期に壊滅的《かいめつてき》なダメージを受けたと考えているのだが、それは物質的な生活が豊かになることによってものの精神性が失われ、⑧ものがものとしてしかとらえられなくなってきたからではあるまいか。そう考えると、⑨カムイという観念を見つめることによって、われわれが本来そうであったはずの精神にわれわれ自身を戻すということが、できるのではないかという気がするのである。

（中川裕『アイヌ語をフィールドワークする』より

Ⅱ「アイヌ文化のキーワード　1　カムイ」）

---

問一　――①「いただきにまいりました」について、

(1)　敬語の説明として最も適切なものを次から選びなさい。

ア　尊敬語と謙譲《けんじょう》語が使われている

イ　謙譲語と丁寧《ていねい》語が使われている

ウ　丁寧語と尊敬語が使われている

エ　尊敬語と謙譲語と丁寧語が使われている

(2)　敬語を使わない、ふつうの言い方に直しなさい。

問二　――②について、

(1)　「迷信」の意味として最も適切なものを次から選びなさい。

ア　道理に合わない言い伝え　　イ　人々を混乱させるたくらみ

ウ　明確ではない考え方　　エ　ひとりよがりの思いこみ

(2)　「非常に合理的な側面を持っている」とありますが、「こうした見方」はどのような合理的な結果をもたらしていますか。本文中から十字～二十字で三点抜《ぬ》き出しなさい。

問三　（　A　）～（　C　）にあてはまる語をそれぞれ選びなさい。

ア　つまり　　イ　また　　ウ　しかし　　エ　すると　　オ　だから

問四　――③「そういう気持ちで以て」とありますが、どういうことを大切にする気持ちですか。最も適切なものを次から選びなさい。

ア　神を尊いものとして敬う　　イ　相手の立場に立って考える

ウ　まちがったらすぐ改める　　エ　集団生活のルールを守る

問五　――④「汚れ水は必ず出る」とありますが、アイヌの人は、汚れ水をどこに捨てるのですか。次の（　　）に十五字～二十字の語句を入れて、説明を完成させなさい。

カムイのいないところはないので、（　　　　　　　　　　　　）場所

問六 ＝あ「よく」・い「キャッチフレーズ的に」のここでの意味として最も適切なものをそれぞれ選びなさい。

あ「よく」

ア たくみに　イ たやすく

ウ みごとに　エ しばしば

い「キャッチフレーズ的に」

ア イメージが定まった印象的な言葉で

イ 今現在流行しているはでな言葉で

ウ 以前から使い古された言葉で

エ 強い主張をこめたりっぱな言葉で

問七 （ Ｄ ）にあてはまる漢字二字の熟語を考えて書きなさい。

問八 ―⑤「ニコニコして戻ってきた」とありますが、おばあさんはなぜニコニコして戻ってきたのですか。その理由として最も適切なものを次から選びなさい。

ア 洋一少年が道具にまで餅を供える優《やさ》しさを持つことがうれしかったから

イ 洋一少年が予想外に様々なものに餅をお供えしていることが面白かったから

ウ 洋一少年が自分なりに考えて餅をお供えできていたことに満足したから

エ 洋一少年が納屋であれこれ悩《なや》んだあとが見えることがほほえましかったから

問九 ―⑥「同じような気持ち」とはどのような気持ちか、最もあてはまらないものを次から選びなさい。

ア 自分のために働いてくれたという感謝の気持ち

イ ずっとそばにあったものへの親しい気持ち

ウ 役に立つので手放せないという愛着の気持ち

エ 生活を支えてくれたものへの謙虚《けんきょ》な気持ち

問十 ―⑦「はきふるしてよれよれになった靴でさえ」とありますが、この「さえ」と同じ働きの「さえ」を次から選びなさい。

ア 自然の恵みだと思えば、長い雨さえありがたく感じる。

イ 台風で、風に続いて雨さえ本格的になってきた。

ウ 強い雨さえ降らなければ、明日の遠足は決行です。

エ 気温が低いうえ、雨さえも降る寒い夜だった。

問十一 ―⑧「ものがものとしてしかとらえられなくなってきた」とありますが、このことによって現代人はどのような行動をとると筆者は考えていますか。十字程度で答えなさい。

問十二 ―⑨「カムイという観念」とはどういう考え方ですか。本文から読み取って説明しなさい。

問十三 次の1～4のうち、本文の内容と合っているものには○を、間違っているものには×をつけなさい。

1 アイヌの人たちは、他の文化の影響《えいきょう》を受けず、アイヌの文化だけを守り続けている。

2 カムイとはこの世の全てのものに宿っており、どれも人間の役に立ってくれる存在である。

3 アイヌの人たちは、いつもカムイを感じているが、人間からカムイに働きかけることはない。

4 カムイと共に生きる精神を生かして生活することは、アイヌ以外の人にもよいことだ。

問十四　次の意味になるように（　）にあてはまる言葉をひらがなで書きなさい。

1　じゃまをする　　→　水を（　　）

2　なかったことにする　→　水に（　　）

問十五　a「リンジ」・b「コンテイ」・c「シリョウ」を漢字に直しなさい。

---

三　次のカタカナを漢字に直しなさい。

1　外に出て日光をアびる。

2　長々しい説明をハブく。

3　出番を待ちカマえる。

4　山のイタダキに雪が残る。

受験番号〔　　　　〕

氏名〔　　　　　　　　〕

二〇二一年度

# 女子学院中学校入学試験問題（国語）

（40分）

2021(R3) 女子学院中
教英出版

一　次の文章を読んで後の問いに答えなさい。



著作権に関係する弊社の都合により
本文は省略いたします。

教英出版編集部

（梯久美子『好きになった人』所収「風船スケーターの不条理」ちくま文庫）

問一 ――①とありますが、

（１）「あの感じ」とはどういう感覚か、文中の言葉を用いて四十字以内で答えなさい。

（２）なぜ筆者は「懐《なつ》かしさ」が込《こ》み上げたのか、最も適当なものを次から選びなさい。

ア 競技スケートをしていたことがあるから。

イ オリンピックの開会式にスケーターで参加したから。

ウ フィギュアスケートの選手にあこがれていたから。

エ 一時期スケートに慣れ親しんでいたから。

問二 ――②「見よう見まね」の言葉の意味として、最も適当なものを次から選びなさい。

ア 他人のやり方を見て自分でもできるようにすること

イ 先生にならって一生懸《けん》命練習して身につけること

ウ 見た目だけをまねをしてうまいふりをすること

エ 上手な人を意識して見るようにして上達すること

問三 ――③とありますが、「製氷を行う」とはどうすることか、本文から読みとって説明しなさい。

問四 ――④とありますが、「本格的」の反対の意味を表す言葉として、最もふさわしくないものを次から選びなさい。

・㋐簡素なすまいで生活する。

・昨年の降水量は㋑異常だった。

・㋒略式の服装で参列する。

・質問に㋓適当に答えてはいけない。

問五 ――⑤「目と鼻の先」とありますが、

（１）「目と鼻の先」の意味を五字以内で書きなさい。

（２）「目」が使われている次の慣用句のうち、「目」の意味が他と異なるものを一つ選びなさい。

ア 目でものを言う　　イ 目を合わせる

ウ 目の上のたんこぶ　　エ 目もくれない

問六 ――⑥「迷った末に、私は手を挙げなかった」とありますが、この時の「私」の気持ちの動きを説明しなさい。

問七 ――⑦とありますが、なぜ「得意そう」に見えたのか、最も適当なものを次から選びなさい。

ア ほかの生徒よりもスケートの技術に自信があるから。

イ 授業よりも練習を優先させていいと特別に言われたから。

ウ 貴重な経験をさせてもらう機会を勝ち取ったから。

エ 開会式に出るという晴れやかな役目を負っているから。

問八 ――⑧「私は裏切られたような気持ちになった」とありますが、「裏切られたような気持ち」とはどのような気持ちか、ていねいに説明しなさい。

二　次の文章を読んで後の問いに答えなさい。

著作権に関係する弊社の都合により
本文は省略いたします。

**教英出版編集部**

著作権に関係する弊社の都合により
本文は省略いたします。

**教英出版編集部**

# 2021年度　女子学院中学校入学試験問題　（算数１）

※100点満点
（配点非公表）

| 得点 | 1 |
| --- | --- |
| | |

受験番号（　　　　）　　氏名［　　　　　　　　　　　　］

＜注意＞計算は右のあいているところにしなさい。

(40分)

**１．** 次の□にあてはまる数を入れなさい。

（１）$7\frac{2}{5} \div 2.4 \times \frac{3}{4} - \left(4.66 - 3\frac{3}{25}\right) \div \frac{7}{6} =$ □

（２）$2 \div \left(1\frac{2}{5} + 0.3\right) = \frac{\text{あ}}{\text{あ} - 33}$　　　　㋐にあてはまる数は □

（３）図の四角形ABCDは正方形で，曲線は点Cを中心とする円の一部です。

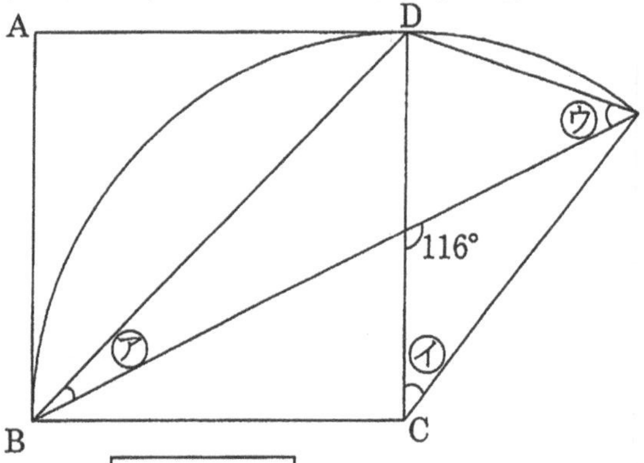


角㋐は □ 度

角㋑は □ 度

角㋒は □ 度

（４）原価 □ 円の品物に，A店では１割の利益を見込んで定価をつけ，特売日に定価の20%引きにしました。B店では1620円の利益を見込んで定価をつけ，特売日に定価の30%引きにしたところ，A店の特売日の価格より180円安くなりました。

# 2021年度　女子学院中学校入学試験問題（算数2）

| 小　計 |
| --- |
| |

受験番号（　　　　）　　氏名［　　　　　　　　　　　　　　　　　　］

２，３，４（1）の各問いについて□にあてはまる数を入れなさい。

２．2つの整数(あ)と(い)の最大公約数は48で，和は384です。(あ)が(い)より大きいとき，

(あ)にあてはまる数をすべて求めると，□です。

３．ある店でケーキの箱づめ作業をしています。はじめにいくつかケーキがあり，作業を始めると，1分あたり，はじめにあったケーキの数の5%の割合でケーキが追加されます。3人で作業をすると20分でケーキがなくなり，4人で作業をすると□分でケーキがなくなります。また，3人で作業を始めてから□分後に4人に増やすとケーキは16分でなくなります。どの人も作業をする速さは同じです。

| 得点 | 2・3 |
| --- | --- |
| | |

４．円周率は3.14として，計算しなさい。

（1）底面が半径6cmの円で，高さが5cmの円柱の側面の面積は□$cm^2$です。

（2）図のように，（1）の円柱の形をした容器Aと，高さ10cmの正十二角柱（底面が

# 2021年度　女子学院中学校入学試験問題　（算数3）

受験番号　（　　　　　）　　氏名［　　　　　　　　　　　　　　　　　　］

| 合　計 |
|---|
| |

5，　6の各問いについて□にあてはまるものを入れなさい。

5．　図のような立方体の展開図の面に1から6までの整数を1つずつ書きます。組み立てたとき，3組の向かい合う面の数の和がすべて異なり，いずれも7にならないようにします。面㋐に「6」を書いたとき，面㋑に書くことができる数をすべてあげると□です。

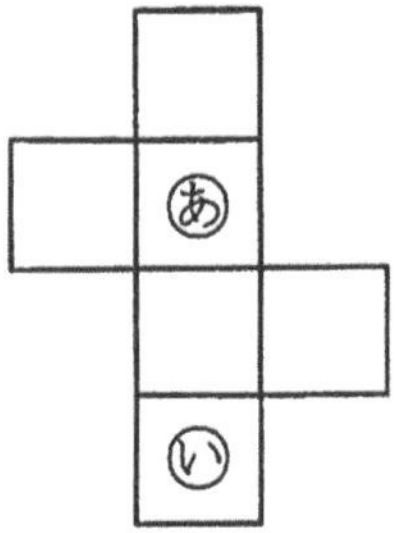


6．　右端《はし》から左端までが20mのプールを兄と妹が往復します。兄は一定の速さで泳ぎ，1往復するごとに10秒間休みますが，妹は一定の速さで泳ぎ続けます。2人は同時に泳ぎ始め，妹が16m泳いだときに初めて兄とすれちがい，兄がちょうど5往復したときに妹はちょうど4往復しました。

（1）「泳ぎ始めてからの時間(秒)」と「プールの右端との距離《きょり》(m)」の関係を，兄は ―――― で，妹は －・－・－ で途《と》中までグラフに表します。グラフ①からグラフ④のうち，正しいものはグラフ□で，㋐にあてはまる数は□です。

| 得点 | 5・6 |
|---|---|
| | |

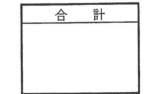

# ２０２１年度　女子学院中学校入学試験問題　（理　科）

受験番号　（　　　　　　）　　氏名　［　　　　　　　　　　　　　　］

（答は解答用紙に書きなさい。選択肢《たくし》の問題の答が複数ある場合は、すべて答えなさい。）

（40分）

**Ⅰ**　私たちの日常生活で使われている扇《せん》風機や洗濯《たく》機には、モーターが使われている。モーターの仕組みを調べよう。

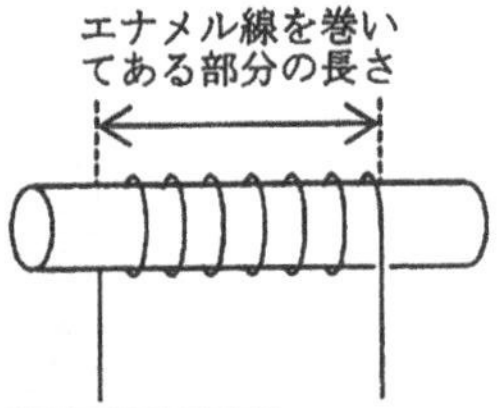


1　モーターには電磁石が使われている。まず電磁石の性質を調べるために、エナメル線を 100 回巻きつけたストローに鉄心を入れたものを用意した。これを電磁石Ａとする。他にも、Ａを作ったときと同じ長さのエナメル線を使って、巻き数、エナメル線を巻いてある部分の長さをそれぞれ変えた電磁石ＢとＣを用意した。Ａ～Ｃに電池２個を直列につないだときの、電磁石にくっつくゼムクリップの数を調べると、下の表のようになった。

| | 巻き数 | エナメル線を巻いてある部分の長さ | エナメル線の長さ | エナメル線の太さ | 鉄心の太さ | くっついたゼムクリップの数〔個〕 | | | |
|---|---|---|---|---|---|---|---|---|---|
| | | | | | | １回目 | ２回目 | ３回目 | 平均 |
| Ａ | 100 回 | | | | | 5 | 5 | 6 | 5.3 |
| Ｂ | Ａより多い | Ａと同じ | Ａと同じ | Ａと同じ | Ａと同じ | 7 | 8 | 7 | 7.3 |
| Ｃ | Ａと同じ | Ａより短い | Ａと同じ | Ａと同じ | Ａと同じ | 12 | 10 | 10 | 10.7 |

（１）Ａに電池２個を直列につないだとき、電流計で流れる電流の強さを調べると図１のようになった。このときの電流の強さを答えなさい。ただし、−《マイナス》端《たん》子は５Ａを使った。

（２）下線部のように実験条件をそろえるのは、何を同じにするためですか。

（３）上の表から考えて、エナメル線の長さと太さ、鉄心の太さ、直列につなぐ電池の数が同じとき、強い電磁石を作るにはエナメル線をどのように巻くとよいですか。

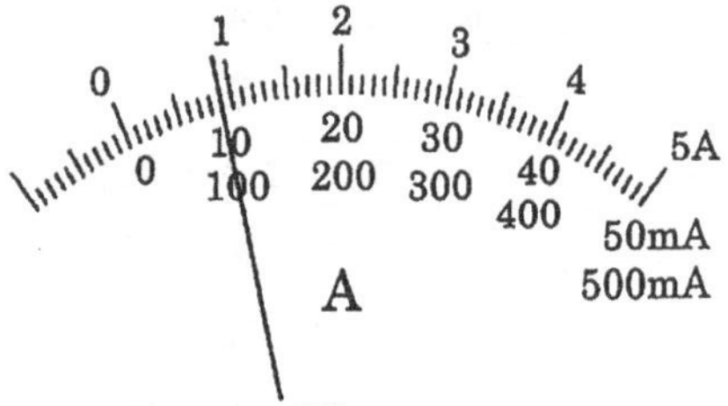

図１

次に、エナメル線の長さ、鉄心の太さをそれぞれ変えた電磁石ＤとＥを用意した。
Ｄ、Ｅに電池２個を直列につないだときの、電磁石にくっつくゼムクリップの数を調べると、下の表のようになった。

| | 巻き数 | エナメル線を巻いてある部分の長さ | エナメル線の長さ | エナメル線の太さ | 鉄心の太さ | くっついたゼムクリップの数〔個〕 | | | |
|---|---|---|---|---|---|---|---|---|---|

II　地球の半径を6350km、地球の自転周期を24時間として以下の問いに答えなさい。

1　国際宇宙ステーション（ＩＳＳ）は、高度約400kmを時速約28000kmで図1のように地球を周回している。ＩＳＳが地球を1周するのにかかる時間は約 ① である。その間に地球は自転するので、地上から見るとＩＳＳの軌《き》道は1周につき ② へ ③ °ずつずれていき、ある地点の上空にあったＩＳＳは ④ 周すると、つまり ⑤ 日後、もとの地点の上空に戻る。図2はある期間のＩＳＳの軌道を地図上に示したものである。

図1

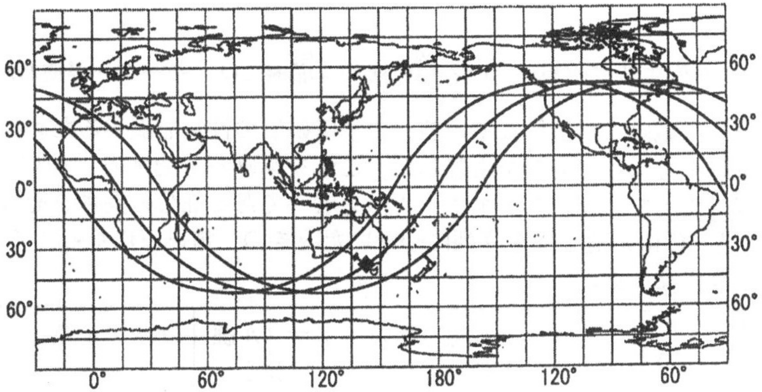


図2

（1） ① に入る時間を計算し、最も近いものをア～キから選びなさい。

ア　5分　　イ　30分　　ウ　45分　　エ　90分　　オ　150分　　カ　6時間　　キ　12時間

（2） ② に入る方角をア～クから選びなさい。

ア　北　　イ　北東　　ウ　東　　エ　南東　　オ　南　　カ　南西　　キ　西　　ク　北西

（3） ③ ～ ⑤ に入る数値を（1）で選んだ時間を用いて計算しなさい。

（4）ＩＳＳがその上空を飛行することのない大陸をア～オから選びなさい。

ア　ユーラシア大陸　　イ　北アメリカ大陸　　ウ　南アメリカ大陸　　エ　アフリカ大陸　　オ　南極大陸

（5）図2の◆の位置にＩＳＳがあったときから、1周後のＩＳＳの位置を解答欄《らん》の図に●で示しなさい。また、●から1周分のＩＳＳの軌道を図中の点線をなぞったり、必要があれば線をかき加えたりして図示しなさい。

（6）ある日の日没《ぼつ》時、ＩＳＳがちょうど真上に位置していた地点において、ＩＳＳはこのあとどのように見えるか、ア～エから選びなさい。

## Ⅲ　バッタについて以下の問いに答えなさい。

1　トノサマバッタについて正しく述べた文をア～カから選びなさい。

ア　卵→幼虫→さなぎ→成虫と育つ。　　イ　卵→幼虫→成虫と育つ。　　ウ　一度しか脱皮《だっぴ》しない。
エ　幼虫の体は頭・胸・腹に区別できる。　　オ　幼虫の食べ物と成虫の食べ物は同じである。　　カ　幼虫にははねがない。

2　トノサマバッタと異なる育ち方をする昆《こん》虫をア～カから選びなさい。

ア　カブトムシ　　イ　クワガタムシ　　ウ　セミ　　エ　ダンゴムシ　　オ　トンボ　　カ　モンシロチョウ

3　トノサマバッタはどのようなところに産卵するか、ア～オから選びなさい。

ア　枯《か》れ葉の裏　　イ　木の幹の皮の内側　　ウ　草の葉の裏　　エ　土の中　　オ　水の中

サバクトビバッタは、西アフリカから中東、インドまでの南西アジアにかけて広く分布するトノサマバッタの仲間である。サバクトビバッタは普《ふ》段は数が少なく、見つけるのが大変であるが、ある時突然大発生し、巨《きょ》大な群れを作る。普段のサバクトビバッタを孤《こ》独相、群れを作るサバクトビバッタを群生相という。孤独相の幼虫は緑色、群生相の幼虫は黒色であるほか、孤独相と群生相との間には体つきや色、習性などに様々な違《ちが》いがある。例えば、図１のＣ、Ｅ、Ｆの長さについて、孤独相の成虫と群生相の成虫では、「ＥをＦで割った値（Ｅ/Ｆ値）」、「ＦをＣで割った値（Ｆ/Ｃ値）」が異なる。群生相は孤独相と比べ、Ｅ/Ｆ値が大きく、Ｆ/Ｃ値は小さい。

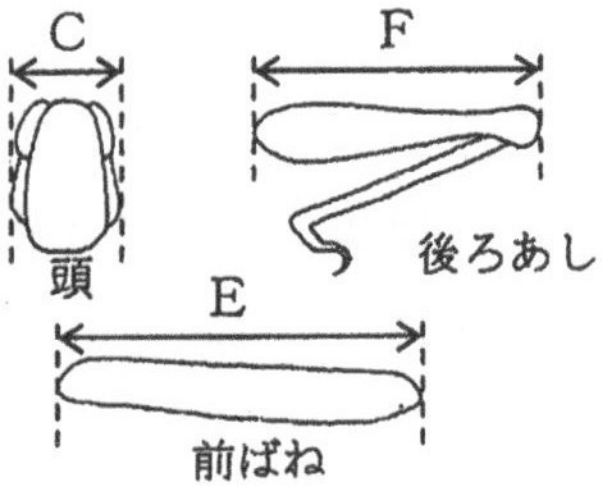


図１

4　Ｆの長さが同じ孤独相と群生相のサバクトビバッタがいたとする。この時、孤独相と群生相のバッタのＥ、Ｃの長さについて正しく述べた文をア～オから選びなさい。

ア　ＥもＣも、孤独相の方が長い。　　イ　ＥもＣも、群生相の方が長い。
ウ　ＥもＣも、群生相と孤独相とでそれぞれ同じである。　　エ　Ｅは群生相の方が長く、Ｃは孤独相の方が長い。
オ　Ｅは孤独相の方が長く、Ｃは群生相の方が長い。

サバクトビバッタを使って次の実験を行った。

【実験１】孤独相のメス成虫とオス成虫を交尾《び》のため一日一緒《しょ》にした後、メスを１匹《ぴき》だけにしておく（単独飼育）と、産卵した卵から緑色の幼虫が生まれてくる。しかし、交尾した後もメスをオスと一緒にしておく（集団飼育）と、黒色がかった幼虫も生まれてくる。そこで、幼虫を体色で５段階のグループに分けた。体色１は緑色、５は黒色を表す。図２は幼虫の体色とふ化時の体重（平均値）の関係を示したグラフである。

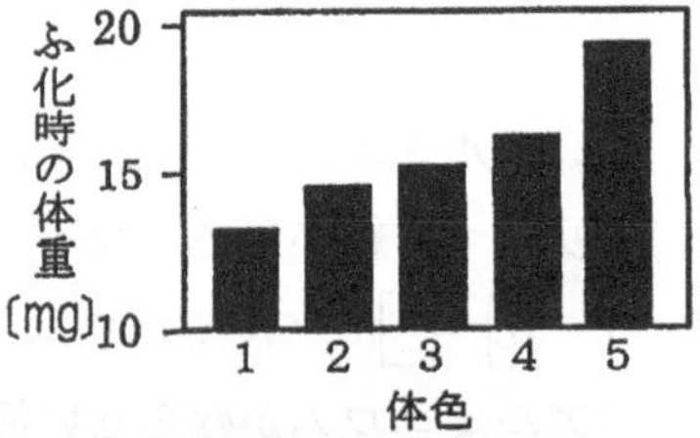

## Ⅳ　ある濃《のう》度の塩酸Aと水酸化ナトリウム水溶《よう》液Bについて次の実験をした。

【実験1】4つのビーカーにそれぞれ塩酸A 30cm³を入れ、その中にアルミニウムを加えて発生した気体の体積をはかった。
加えたアルミニウムの重さを変えて実験したところ、発生した気体の体積は下の表のようになった。

| | | | | |
|---|---|---|---|---|
| アルミニウムの重さ〔g〕 | 0.1 | 0.25 | 0.5 | 0.75 |
| 発生した気体の体積〔cm³〕 | 130 | 325 | 650 | 819 |

1　発生した気体の名前を答えなさい。

2　この気体の性質としてあてはまるものをア～カから選びなさい。

ア　空気中に0.04%含《ふく》まれる　　イ　無色である　　ウ　ものを燃やすはたらきがある

エ　刺激臭《しげきしゅう》がある　　オ　よく燃える　　カ　ろうそくを燃やしたときに生じる

3　塩酸A 30cm³と過不足なく反応するアルミニウムは何gですか。ただし、割り切れないときは小数第3位を四捨五入して答えること。

【実験2】7つのビーカーに塩酸Aと水酸化ナトリウム水溶液Bを下の表のように混ぜ、合計を30cm³とした。
えにBTB液を加えると緑色になる。

| | あ | い | う | え | お | か | き |
|---|---|---|---|---|---|---|---|
| 塩酸Aの体積〔cm³〕 | 30 | 25 | 20 | 15 | 10 | 5 | 0 |
| 水酸化ナトリウム水溶液Bの体積〔cm³〕 | 0 | 5 | 10 | 15 | 20 | 25 | 30 |

あ～きにそれぞれアルミニウム1gを加えたとき、発生した気体の体積をはかって、下のようなグラフをつくった。

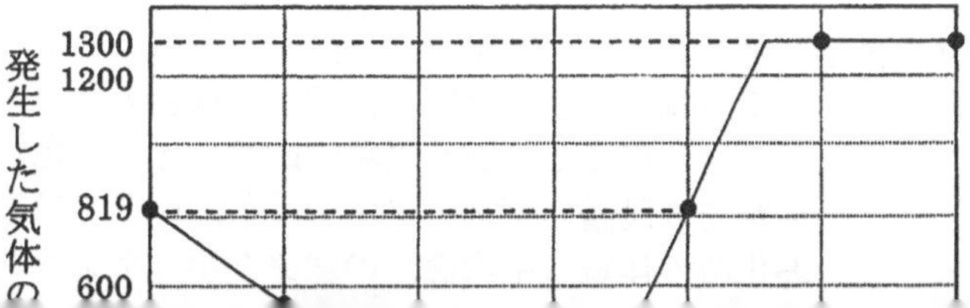


4　アルミニウムを入れる前の液を赤色リトマス紙につけるとリトマス紙が青色になる液をあ～きから選びなさい。

5　あ～きにアルミニウム1gを加え気体が発生しなくなったときに、アルミニウムが残らない液をあ～きから選びなさい。

# ２０２１年度　女子学院中学校入学試験問題（社会）

受験番号（　　　　　　）氏名［　　　　　　　　　］（語句はできるだけ漢字で書きなさい。）

（40分）

## Ｉ

日本列島は生物多様性に恵《めぐ》まれています。縄文時代以来、人々は①住居をつくり、狩《か》りや漁《りょう》をしたり、木の実などを採集したりしてきました。その後、水稲《とう》農耕が始まり、米が主要な食料に加わります。やがて②大和政権（朝廷《てい》）、さらに③律令《りょう》国家が成立するに至りました。

④平安時代までの食事は、食べる際に自分で塩などをつけて味付けするという単純なものでした。⑤鎌倉時代になると、ゴマ油や濃い調味料で味付けされた料理が作られるようになりました。鎌倉時代の僧《そう》、一遍《いっぺん》を描《えが》いた絵巻には、市に掘《ほっ》立て小屋が並び、米・魚・塩などが売られている様子が描かれています。また⑥14・15世紀の資料には、多様な食品が棚《たな》に並び、売られている様子が記されています。⑦昆布《こんぶ》やかつお節《ぶし》などは室町時代より「だし」として料理に使われるようになりました。また、醸《じょう》造業が発達し、酢《す》・みりん・（　X　）などの調味料が普及《ふきゅう》します。⑧16世紀には、⑨新大陸原産のカボチャやトウガラシ、油で揚《あ》げる料理、金平糖《こんぺいとう》やカステラなどの⑩砂糖を用いた菓《か》子が伝わりました。

⑪江戸時代には流通網《もう》が整備され、魚市場や青物市場に多様な食材や加工品が集まりました。城下町や宿場町には食べ物屋や料理店が並ぶ一方、⑫江戸時代になっても多くの農民はヒエ・アワなどの雑《ざっ》穀を主食にしていました。⑬食は、時代とともに変化してきました。

問１　下線①に関して、絵１と絵３では、家の建て方はどう変化しましたか。絵２にふれて説明しなさい。（絵は一部加工しています。）

絵１

平安時代の竪《たて》穴住居

絵２　室町時代　職人２人で大鋸（おが）を使って作業する姿

絵３　室町時代　京都の町家

問9　下線⑦に関して、現在、昆布の生産量とかつおの漁獲《かく》量がもっとも多い都道府県をそれぞれ1つずつ選び、記号で答えなさい。

（1）昆布　　ア　徳島県　　イ　鹿児島県　　ウ　佐賀県　　エ　北海道　　オ　福井県

（2）かつお　　ア　島根県　　イ　福岡県　　ウ　静岡県　　エ　新潟県　　オ　熊本県

問10　下線⑧の商工業者を描いた絵には、女性が酒、餅《もち》、ところてん、そうめんを売り歩く様子が見られます。

（1）ところてんの主な原材料を1つ選び、記号で答えなさい。

ア　ワラビ科の植物の地下茎《けい》　　イ　マメ類　　ウ　海藻《そう》のテングサ　　エ　動物の皮や骨に含まれるゼラチン

（2）そうめんの主な原材料を1つ選び、記号で答えなさい。

ア　ジャガイモ　　イ　カタクリ　　ウ　米　　エ　小麦

問11　下線⑨について、新しい食材や料理を伝えたのは、どこの商人ですか。代表的な国名を1つ答えなさい。

問12　下線⑩の原料であるサトウキビについて述べた文として、まちがっているものを1つ選び、記号で答えなさい。

ア　生育期は高温多雨、収穫《かく》期は乾燥《かんそう》する気候が、栽培《さいばい》に適している。　　イ　地下に深く根を張るので、台風などの強風や日照りに強い。

ウ　日本では、主に沖縄県と鹿児島県で栽培されている。　　エ　日本産の砂糖の大半は、サトウキビを原料としている。

問13　下線⑪の様子を述べた文として、まちがっているものを1つ選び、記号で答えなさい。

ア　様々な商品を取引した大阪や長崎は、幕府が直接支配した。

イ　各藩《はん》は、大阪や江戸などの大都市へ特産物を運んで売った。

ウ　武家諸法度《はっと》に違《い》反した大名は幕府に取りつぶされ、家屋敷《しき》は都市の商人に売り渡された。

エ　大名の家臣たちは、城下町に集められて住み、城の周辺に武家屋敷が立ち並んだ。

問14　下線⑫に関して、明治時代になると主食に米を食べる人の割合が増え、ヒエ・アワなどの雑穀を食べる人の割合が減りました。この変化の理由を述べた文として、まちがっているものを1つ選び、記号で答えなさい。

ア　海外から安価な米が輸入されるようになったから。

イ　品種改良の結果、米の収穫量が増えたから。

ウ　東京や大阪などの都市に住み、米を購《こう》入する人が増えたから。

エ　雑穀を育てていた畑を桑《くわ》畑に変え、養蚕で収入を得た農家が米を買うようになったから。

オ　農民に現金で税を納めさせるようになり、豊作のときには政府が税率を下げたから。

問15　下線⑬に関して、明治時代以降の食について書かれた文を、古い順に記号で並べかえなさい。

問３　下線③の戦中・戦後の食料に関して述べた文として、正しいものを２つ選び、記号で答えなさい。

ア　太平洋戦争が泥沼《どろぬま》化して食料や日用品が不足すると、まず農村から配給制が始められた。

イ　政府は国民に対して「ぜいたくは敵だ」などのスローガンによって倹《けん》約や節約を奨励《しょうれい》した。

ウ　配給所で食料や日用品を配給する作業は、すべて役人が行った。

エ　学童疎《そ》開先では、子どもの成長に欠かせない動物性たんぱく質が多く含まれた食事が提供された。

オ　配給量も不足したため、人々は空き地にカボチャやさつまいもを植えて自給に努めた。

カ　日本が連合国に降伏《ふく》して戦争が終結するとともに、配給制も終わった。

キ　家計に占める食費の割合は、1940 年代後半から 1970 年代にかけて大幅に増大した。

問４　下線④に関して述べた文として、まちがっているものを２つ選び、記号で答えなさい。

ア　隠岐《おき》諸島をはじめ多くの島々があり、アジやサバなどの漁獲量が多い。

イ　山がちで平野が少なく、活動が活発な火山がある。

ウ　1945 年８月９日、アメリカによって日本に２発目となる原子爆《ばく》弾が投下され、多くの犠牲《ぎせい》者が出た。

エ　殖《しょく》産興業の政策がとられる中で造船所がつくられ、明治時代に造船業が発展した。

オ　日米修好通商条約の締《てい》結後、それまで長崎で行われていたオランダ貿易と同じ制限のもと、欧米との貿易が行われた。

カ　戦国時代には宣教師による布教が行われ、キリスト教が広まった。

問５　下線⑤に関して、この公共事業によって、1997 年に一部が潮受け堤防で閉め切られた場所を次の中から選び、記号で答えなさい。

ア　八代《やつしろ》海　　イ　熊野灘《なだ》　　ウ　諫早《いさはや》湾　　エ　玄《げん》界灘　　オ　島原湾

問６　下線⑥に関して、次のうち、一般に水田として利用するのにもっとも適さない場所を１つ選び、記号で答えなさい。

ア　干拓《たく》地　　イ　扇《せん》状地　　ウ　湿《しつ》地　　エ　三角州《す》

問７　文中（　X　）にあてはまる水産物をひらがなで書きなさい。

# Ⅲ

飼料作物とは、①家畜《ちく》のエサとする作物のことです。②牧草のほか、③トウモロコシや大豆、④飼料用米、アワ、キビ、ヒエなどの雑穀と多くの種類があります。雑穀はかつて日本で⑤主食として重要であり、広く栽培されていました。「濡《ぬ》れ手で粟《あわ》」ということわざがあることからも、とても⑥身近な農作物だったことがわかります。今でも五穀米や十穀米などに含まれ、健康によい食品として利用されていますが、日本では⑦雑穀は昔よりも生産が少なくなっています。⑧日本の農業を考える上で、今後、⑨食料自給率を高めることが求められています。

問７　下線⑦の理由としてふさわしいものを２つ選び、記号で答えなさい。

ア　より高く売れる農作物を畑で生産するようになったから　　イ　日常生活であまり食べなくなったから

ウ　食糧《りょう》不足を補うため、外国からの輸入が戦後急速に増加したから　　エ　土地がやせて生産できなくなってしまったから

問８　下線⑧に関して

（１）日本の農業では、促《そく》成栽培など様々な工夫が行われています。通常、促成栽培でつくられていないものを２つ選び、記号で答えなさい。

ア　なす　　イ　ピーマン　　ウ　ごぼう　　エ　きゅうり　　オ　トマト　　カ　さつまいも

（２）農家の経営にとって、促成栽培の利点を説明しなさい。

問９　下線⑨について、グラフ１は米の自給率の変化を表しています。この変化にもっとも近いものを１つ選び、記号で答えなさい。

ア　りんご　　イ　鶏《けい》卵　　ウ　大豆　　エ　栗《くり》　　オ　マグロ　　カ　しいたけ

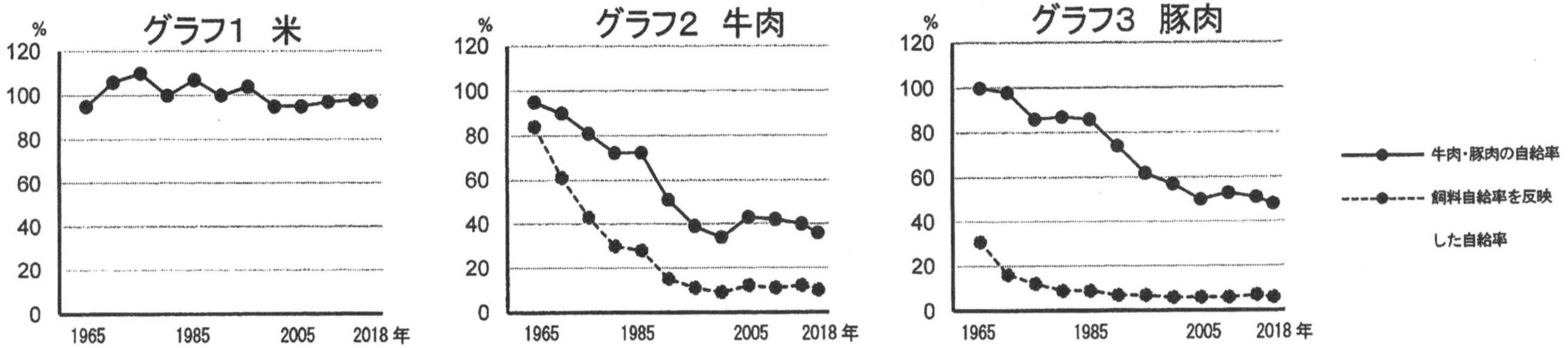


（農林水産省　食糧需給表より作成）

問10　下線⑨に関して、肉類には、通常の自給率と、飼料自給率を反映した自給率（国産のエサで育てられている割合）の２種類が公表されています。グラフ２・グラフ３は、牛肉・豚肉の自給率と飼料自給率を反映した自給率を表しています。グラフ２・グラフ３から分かることとして、まちがっているものを１つ選び、記号で答えなさい。

ア　自給率は豚肉の方が高い状態を保ってきた。

問２　市街地やその周辺において行われる農業を、都市農業といいます。

（1）都市の街づくりに農業が必要だとした都市農業振《しん》興基本法が 2015 年に成立しました。都市農業の役割には関係しないものを２つ選び、記号で答えなさい。

ア　高価格な農作物の開発　　イ　雨水の保水　　ウ　鮮《せん》度の高い作物の提供　　エ　景観の保全　　オ　住民や学童の農業体験の提供

カ　災害時の防災空間　　キ　大規模農業のための区画整理　　ク　ヒートアイランド現象の抑《よく》制

（2）都市農業振興基本法は国会議員によって法案が提出され、成立しました。その過程として正しいものを１つ選び、記号で答えなさい。

ア　参議院農林水産委員会で議決 → 参議院本会議で議決 → 衆議院本会議で議決・成立

イ　参議院本会議で議決 → 参議院農林水産委員会で議決 → 衆議院本会議で議決 → 衆議院農林水産委員会で議決・成立

ウ　参議院本会議で議決 → 衆議院農林水産委員会で議決 → 衆議院本会議で議決・成立

エ　参議院農林水産委員会で議決 → 参議院本会議で議決 → 衆議院農林水産委員会で議決 → 衆議院本会議で議決・成立

問３　アメリカでは、植物由来の肉を取り入れる様子が見られます。植物由来の肉についての説明として、まちがっているものを２つ選び、記号で答えなさい。

ア　植物由来の肉に切り替《か》えても、温室効果ガスは減少しない。

イ　カロリー面などの点から健康志向に合っている。

ウ　ハンバーガーショップなど飲食店でも提供されるようになった。

エ　アメリカ人の半分以上が宗教上の理由で牛肉を食べないことが開発のきっかけとなった。

オ　肉だけでなく、牛乳に代わる植物由来のミルクがすでに販《はん》売されている。

カ　フード（食品）とサイエンス（科学）をかけ合わせた食の技術革新が開発の背景にある。

キ　現在、植物由来の肉の実用化は他国でも進行している。

問４　2019 年 10 月に消費税が８％から 10％へ増税されました。この際には、酒類・外食を除く飲食料品の消費税率を８％に据《す》え置く軽減税率が導入されています。

（1）消費税について述べた文として正しいものを２つ選び、記号で答えなさい。

ア　年齢《れい》に関係なく広く国民から集めることができる。

イ　収入が少ない人ほど、税率の上昇により生活への打撃《げき》を受ける。

ウ　税率を上げると景気が良くなる。

二

問一 このままでは、（　　）かもしれないという危機感。

問二

問三

問四

問五 実際には、人間は（　　）のに、「やさしい」という語を用いて（　　）という印象を与えること。

問六

問七

問八

（　　）という考え方。

（　　）という考え方。

三

1 う

2

3

4

5

# 解答用紙（理科）

## Ⅰ

| | | | | | | | | |
|---|---|---|---|---|---|---|---|---|
| 1 | (1) | | (2) | | | | | |
| | (3) | | | | | | | |
| | (4) | | | | | | | |
| 2 | (1) 極 | (2) | ① | ② | (3) | | | |
| | (4) | | (5) | a 極 | b 極 | c 極 | 向き | |

## Ⅱ

| | | | | | | | | | |
|---|---|---|---|---|---|---|---|---|---|
| 1 | (1) | | (2) | | (3) | ③ | ④ 周 | ⑤ 日後 | (4) |
| | (5) | | | | | (6) | | (7) | |

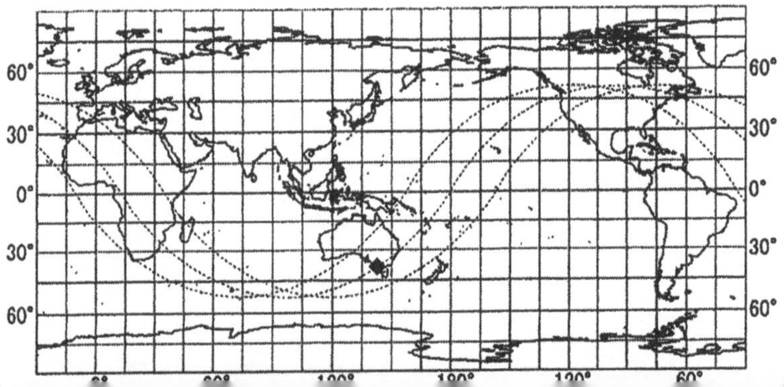


【解答用

# 解　答　用　紙　（社　会）

## Ⅰ

| | |
|---|---|
| 問1 | |

| | | | | | | | | |
|---|---|---|---|---|---|---|---|---|
| 問2 | | 問3 | | 問4 | | | 問5 | |

| | | | | | | | | |
|---|---|---|---|---|---|---|---|---|
| 問6 | | 問7 | | | 問8 | → → → | 問9 | (1) | (2) |
| | | | | | | | | | |

| | | | | | | | | | | | |
|---|---|---|---|---|---|---|---|---|---|---|---|
| 問10 | (1) | (2) | 問11 | | 問12 | | 問13 | | 問14 | |
| | | | | | | | | | | |

| | |
|---|---|
| 問15 | → → → |

## Ⅱ

| | | | | | | | | | | | |
|---|---|---|---|---|---|---|---|---|---|---|---|
| 問1 | (1) | (2) | 問2 | | | 問3 | | | 問4 | | |
| | | | | | | | | | | | |

| | | | | | |
|---|---|---|---|---|---|
| 問5 | | 問6 | | 問7 | |

【解答用

| | | | | |
|---|---|---|---|---|
| | (1) | (2) | | (1) |

| | | | | | | | | | |
|---|---|---|---|---|---|---|---|---|---|
| 問3 | (2) → → → | 問4 | | 問5 | | 問6 | | 問7 | |

| | | |
|---|---|---|
| 問8 | (1) | (2) |

| | | | | | |
|---|---|---|---|---|---|
| 問9 | | 問10 | | 問11 | |

Ⅳ

| | | | | | | |
|---|---|---|---|---|---|---|
| 問1 | (1) | (2) | 問2 | (1) | (2) | 問3 |

| | | | | | | |
|---|---|---|---|---|---|---|
| 問4 | (1) | (2) | 問5 | | 問6 | 制度 |

※100点満点
(配点非公表)

| | |
|---|---|
| 得点 | |

受験番号（　　　　）氏　名［　　　　　　　　］

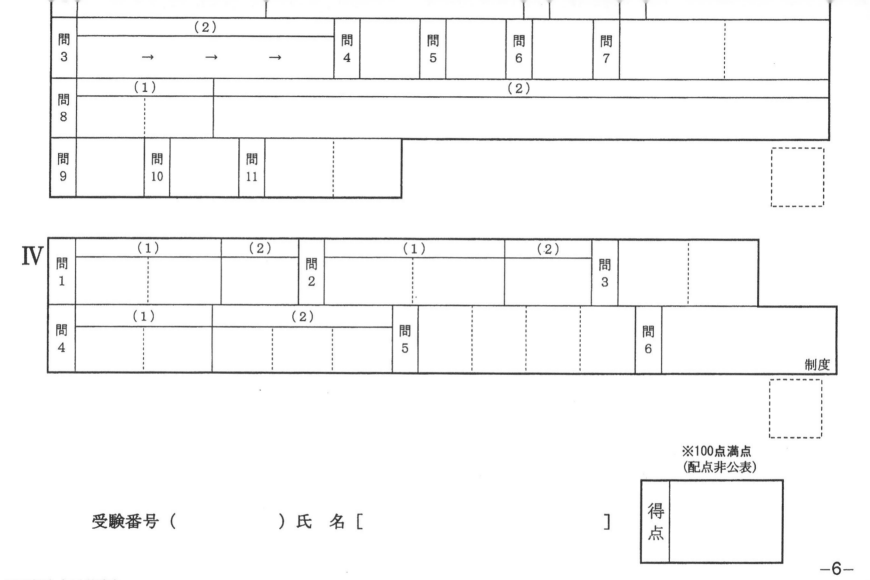

| | | | | | | |
|---|---|---|---|---|---|---|
| 2 | (1) | | | | | |
| | (2) | | (3) | ① | ② | ③ |

## Ⅲ

| | | | | | | | | | |
|---|---|---|---|---|---|---|---|---|---|
| 1 | | 2 | | 3 | | 4 | | 5 | |
| 6 | (1) | ① | ② | ③ | (2) | | | | |

## Ⅳ

| | | | | | |
|---|---|---|---|---|---|
| 1 | | 2 | | 3 | g |
| 4 | | 5 | | | |
| 6 | ① | ② | ③ | ④ | ⑤ |
| 7 | ① | ② | 8 | $cm^3$ | |

※100点満点
（配点非公表）

点

受験番号（　　　　　）　　氏名（　　　　　　　　　　）

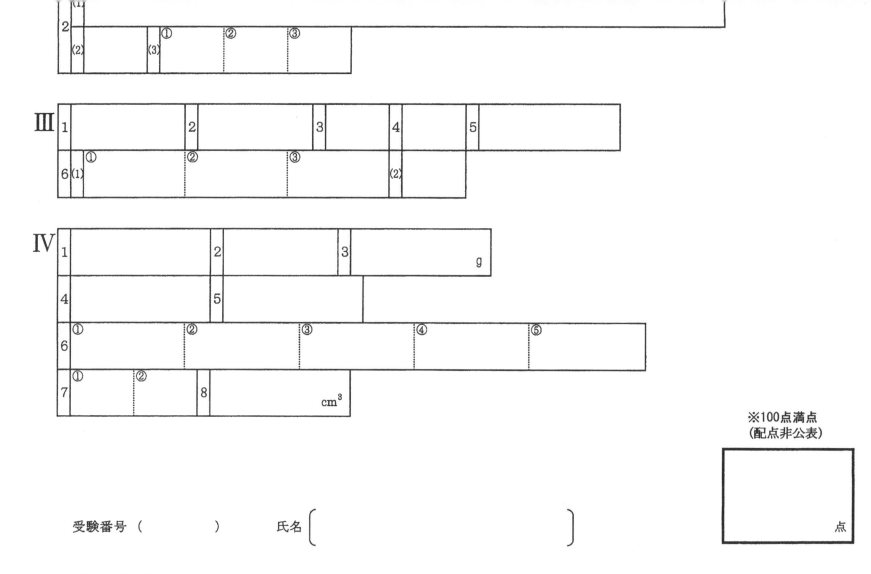

# 解答用紙（国語）

受験番号〔　　〕　氏名〔　　〕

※100点満点
（配点非公表）

句読点は字数に入れること。

一

問一　1　（20）（40）

問一　2

問二

問三

問四

問五　1　2

問六

問七

問八

（2）ものやサービスによっては、軽減税率が導入される以前から消費税がかからないものもあります。次のうち、消費税がかからないと考えられるものはどれですか。３つ選び、記号で答えなさい。

ア　車いす　　イ　自転車　　ウ　出産費用　　エ　住民票の発行　　オ　学校の制服　　カ　ランドセル

問５　家庭の食卓《たく》に食料が安定的に並ぶことは大切です。日本において食料供給が今後数十年にわたって滞《とどこお》る原因となると考えられるものを４つ選び、記号で答えなさい。

ア　輸出国で紛《ふん》争が起こり、輸送網が混乱した。

イ　農業や漁業に携《たずさ》わる人々の後継《けい》者が減った。

ウ　効率よく生産するため、年間を通して同じ畑で同じ作物を栽培する。

エ　輸出国の天候不順によって、凶《きょう》作が発生した。

オ　世界規模での温暖化が進行した。

カ　世界的に感染症《しょう》が発生し、農作業に従事する外国人労働者が激減する。

キ　農薬や化学肥料を大量に用いて、安く生産する。

ク　アブラムシが大発生し、虫害が起きる。

問６　企《き》業や家庭などが廃《はい》棄しようとしている食品を寄付してもらい、必要としている人に提供する民間の活動をフードバンクといいます。フードバンクのようなしくみが必要とされているのは、憲法に書かれている何という制度が不十分だからですか。

エ　豚は牛より国産の飼料の割合が高い状態が続いてきた。

問11　下線⑨に関して述べた文として、正しいものを２つ選び、記号で答えなさい。

ア　食料自給率が100%を超《こ》える国は、先進国の中には存在しない。

イ　Ｇ７の国の中で、この50年間に食料自給率の上昇《しょう》が持続した国がある。

ウ　国際連合には、食料や農業を扱う専門機関が存在する。

エ　世界の中には、穀物の自給率がゼロの国は１つもない。

# Ⅳ

政府の食料政策は、国民の食や農業に影響を与えてきました。また、毎日の生活の中で何をどのように食べるかということは、私たちの社会の現在、そして将来に関わっています。

問１　「健全な食生活を実践《せん》することができる人間を育てる食育を推進」することを目的とした食育基本法が 2005 年に制定され、小学校・保育園・幼稚《ち》園などで取り組みが進められています。

（１）法律は国会でつくられます。国会について述べた文として正しいものを２つ選び、記号で答えなさい。

ア　国民は、報道機関を除き国会を傍聴《ぼうちょう》することはできない。

イ　国会は選挙で選ばれた議員によって構成されるので、任期途《と》中で解散されることはない。

ウ　国会と内閣、裁判所の三権は分立しているので、国会が裁判官をやめさせることはできない。

エ　国会は、内閣の提出した予算案を審《しん》議し、１年ごとの予算を決める。

オ　国会議員でない者は、総理大臣にはなれないが、国務大臣にはなれる。

（２）この法律の理念とは合わない取り組みを１つ選び、記号で答えなさい。

ア　家庭で朝食をとることが難しい児童に対し、学校で朝食の提供を行う。

イ　小学校に栄養教諭《ゆ》を設置し、食育指導に当たる。

ウ　栄養や食事マナーに関する親子教室を開き、食育への取り組みを保護者に奨励する。

エ　給食を残さず食べてもらうため、素早く食べられる人気のハンバーガーを取り入れる。

問1　下線①について

（1）中国との外交や貿易で栄えたため、明治時代以前から豚《ぶた》の飼育が盛んに行われ、豚肉料理が伝統料理として定着している地域はどこですか。現在の都道府県名で答えなさい。

（2）牛乳や乳製品の生産に関わる次のできごとを、古い順に記号で並べかえなさい。

ア　徳川吉宗は、オランダ商館長から熱心に知識を取り入れ、その助言により乳牛の飼育を始めた。

イ　大宝律令で「乳《にゅう》戸《こ》」と呼ばれる酪《らく》農家が設けられ、牛乳の加工品がつくられた。

ウ　北海道開拓使による官営工場で、外国人技術者の指導の下、牛乳・乳製品の製造が行われた。

エ　藤原道長は、牛乳の加工品と蜜《みつ》を練り合わせ加熱したものを愛用していた。

問2　下線②は飼料作物として栽培されています。牧草地を示すと考えられる地図記号を次の中から選び、記号で答えなさい。

ア 　　イ 　　ウ 　　エ 

問3　下線③に関して

（1）トウモロコシと小麦を日本がもっとも多く輸入している国名を答えなさい。

（2）トウモロコシ・小麦・米など穀物の自給率が高い順に、国名を記号で並べかえなさい。

ア　中華人民共和国　　イ　サウジアラビア　　ウ　カナダ　　エ　日本

問4　下線④は、近年、政府の推《すい》進もあって生産量が増加しています。政府が生産を推進する理由としてまちがっているものを１つ選び、記号で答えなさい。

ア　主食の米を作っていた水田で生産が可能だから　　イ　耕作放棄《き》地の減少につながるから

ウ　農地の環境を維《い》持することができるから　　エ　今後の重要な輸出品として期待されているから

問5　下線⑤の米について述べたこととして、まちがっているものを１つ選び、記号で答えなさい。

ア　カロリー（熱量）を多く摂《と》ることができる。　　イ　通常、加熱して食事にとり入れている。

ウ　日本では数十年前と比べて一日の食事の中での割合が増えた。　　エ　菓子など様々な形態に加工されて利用されている。

問6　下線⑥に関して、次のうち、みかんの生産量がもっとも少ない県を１つ選び、記号で答えなさい。

ア　熊本県　　イ　広島県　　ウ　神奈川県　　エ　埼玉県　　オ　愛知県

ウ　第一次世界大戦で日本軍捕虜《ほりょ》になったドイツ人により、バウムクーヘンが日本に紹介《しょうかい》された。

エ　米の節約のため、水分を増し、大根などの野菜を加えた雑炊《すい》やすいとんが代用食とされた。

## Ⅱ

①昭和初期の不景気の中で、学校に弁当を持って行けず、②食事がとれない児童の増加など社会問題が起こりました。③日中戦争・太平洋戦争が終わった後、国は④長崎県に⑤広大な水田を造成する計画を立てました。その他の地域でも、⑥水田にする目的で新しい耕地がつくられました。長崎県の水田造成事業はその後、目的や規模が当初の計画から大きく変わりました。またこの事業の影響で、佐賀県では遠浅で干満の差が大きい海を利用した（　X　）の養殖など、漁業への影響が指摘《てき》されています。

問１　下線①に関して

（1）農民の生活向上に努め、この頃《ころ》「雨ニモマケズ」を書いた人物を次から選び、記号で答えなさい。

ア　石川啄木《たくぼく》　　イ　宮沢賢治《けんじ》　　ウ　金子みすず　　エ　新美南吉《にいみなんきち》

（2）下線①以降のできごとをすべて選び、記号で答えなさい。

ア　米騒《そう》動が全国に広がった。　　イ　アメリカが日本への石油輸出を禁止した。

ウ　足尾銅山鉱毒事件が起こった。　　エ　軍人が大臣らを殺害する二・二六事件が起こった。

オ　日本が韓国を併《へい》合した。　　カ　全国水平社が結成され、差別をなくす運動が展開された。

問２　下線②に関して、戦後、アメリカから給食用物資が日本に提供されたことをきっかけに、学校給食が広まりました。学校給食の説明として、まちがっているものを２つ選び、記号で答えなさい。

ア　戦後、海外からの脱脂《だっし》粉乳の支援《えん》があり、のちに学校給食で牛乳が出されるようになった。

イ　給食の普及は、子どもたちの栄養状態の改善を目指して進められた。

ウ　戦後、アメリカから日本に小麦粉が提供され、パンの給食が始まった。

エ　米飯が給食で頻繁《ひんぱん》に出されるようになったのは、輸入小麦粉が不足したからである。

オ　学校給食は全国的な制度であるが、各地で郷土料理が献《こん》立に取り入れられている。

カ　学校給食は費用を安く抑《おさ》える必要があるため、地元の産物ではなく安価な輸入食材がほとんどを占《し》めている。

「三十二番職人絵合」より

問２　文中空欄《らん》（　Ｘ　）にあてはまる、銚子《ちょうし》などで生産されてきた調味料をひらがなで書きなさい。

問３　上の文章の内容から、各時代の食材や料理としてふさわしくないものを含《ふく》む組み合わせを１つ選び、記号で答えなさい。

ア　縄文時代――木の実・焼いた肉・干した貝
イ　弥生時代――米・焼いた魚・木の実
ウ　平安時代――米・つくだ煮《に》・海草
エ　室町時代――米・ごま豆腐《ふ》・お吸いもの
オ　江戸時代――米・天ぷら・うどん

問４　下線②に関して、４世紀から６世紀のできごとではないものを２つ選び、記号で答えなさい。

ア　巨《きょ》大な前方後円墳《ふん》が各地に造られた。
イ　まわりを堀《ほり》やさくで囲んだ集落が初めて現れた。
ウ　「ワカタケル」と読める人名が漢字で記された。
エ　古事記や日本書紀がまとめられた。
オ　のぼりがまを用いて薄《うす》くてかたい土器がつくられた。

問５　下線③に関して、平城京には食材など様々な特産物が運び込《こ》まれました。各地の人々はなぜ、特産物を都に運んだのですか。

問６　下線④に都で既《すで》に行われていたことを１つ選び、記号で答えなさい。

ア　ぼんおどり　　イ　七夕《たなばた》　　ウ　能　　エ　歌舞伎《ぶき》　　オ　人形浄瑠璃《じょうるり》

問７　下線⑤について述べた文として、正しいものを２つ選び、記号で答えなさい。

ア　御《ご》家人は守護に任命され、米などの年貢《ぐ》の取り立てに当たった。
イ　御家人は、市の立つ土地を含めた領地の一部を、奉《ほう》公として幕府に差し出す義務を負った。
ウ　源氏の将軍は３代で絶え、北条氏が執《しっ》権として政治を行った。
エ　元の大軍と戦った時、幕府は防衛のため、朝廷に命令して博多湾《わん》沿岸一帯に石垣《がき》をつくらせた。
オ　陸上交通の便が良いところや、海や河の水運が使用できる場所に、市が立った。
カ　幕府は一遍など比叡《えい》山延暦《りゃく》寺の勢力を弾《だん》圧した。

問８　下線⑥の前後のできごとを、古い順に記号で並べかえなさい。

ア　朝廷が南朝と北朝に分かれて対立し、戦乱のため食料の確保に苦労する貴族もいた。
イ　木や石の配置に工夫をこらした庭園のある銀閣《かく》がつくられた。
ウ　六波羅《ろくはら》探題が滅《ほろ》ぼされ、町中が混乱して市での売買にも影響《えいきょう》が及《およ》んだ。
エ　幕府が明と貿易を開始し、珍《めずら》しい物産が輸入された。

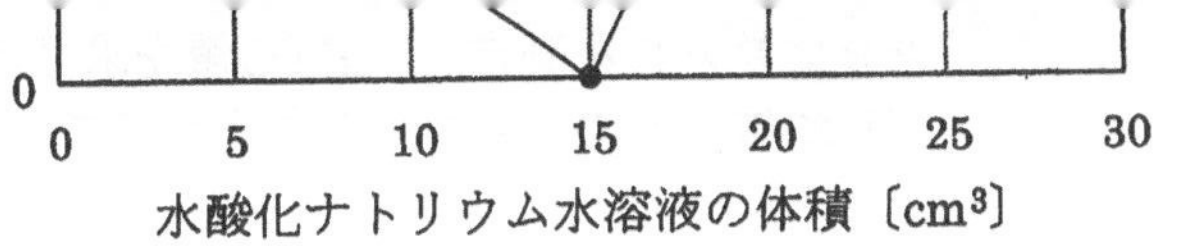


次の①～⑤の上澄み液をとって加熱し、水を蒸発させたときに残るものをア～エから選びなさい。残るものが何もないときは×をかきなさい。ただし、塩酸や水酸化ナトリウム水溶液にアルミニウムがとけたときには水に溶《と》ける固体ができる。

①アルミニウムを加える前の[あ]　②アルミニウムを加える前の[う]　③アルミニウムを加える前の[お]

④アルミニウムを加えて反応が終わった後の[う]　⑤アルミニウムを加えて反応が終わった後の[か]

ア　水酸化ナトリウム　イ　食塩（塩化ナトリウム）　ウ　塩酸にアルミニウムがとけてできたもの

エ　水酸化ナトリウム水溶液にアルミニウムがとけてできたもの

7　【実験２】を次の①、②のように変えて実験すると、グラフはどのようになるか、ア～コから選びなさい。

①アルミニウムを鉄にかえる。ただし、どれも最後に鉄は残っていた。

②水酸化ナトリウム水溶液をＢの２倍の濃度にする。

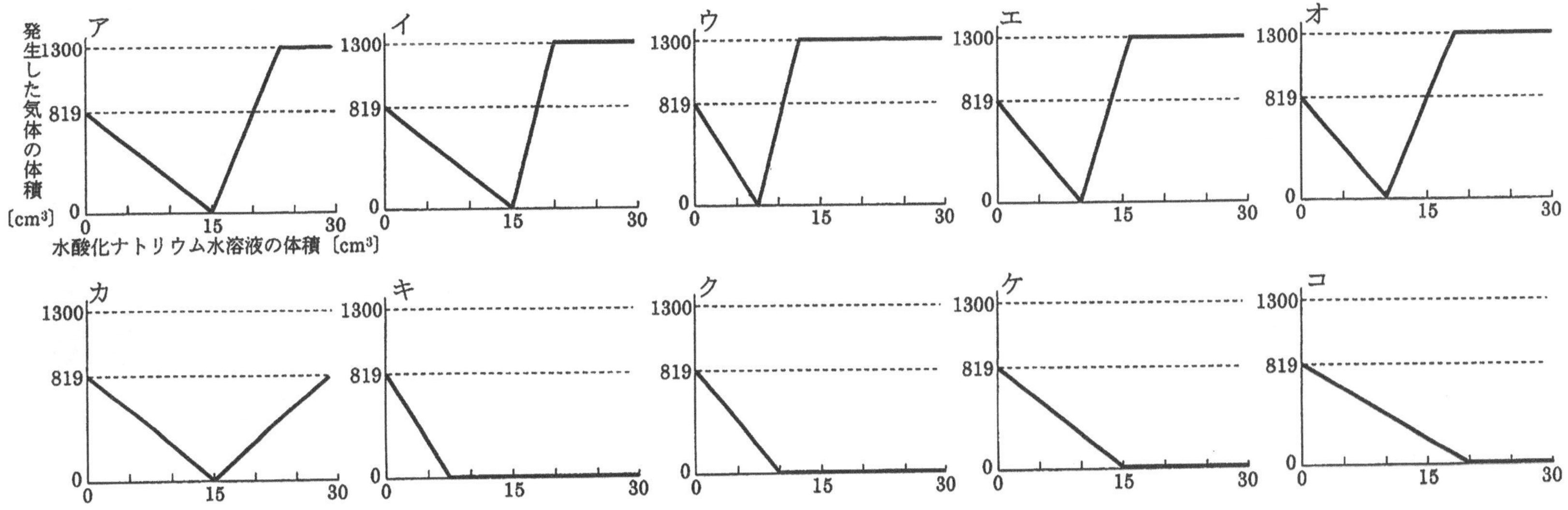


8　【実験２】をアルミニウム２ｇに変えて実験すると、[き]で発生する気体は何 cm³ ですか。

ときにFとCを測定し、F/C値を求めた。図3は、飼育条件ごとに幼虫の体色とF/C値（平均値）との関係を示したグラフである。

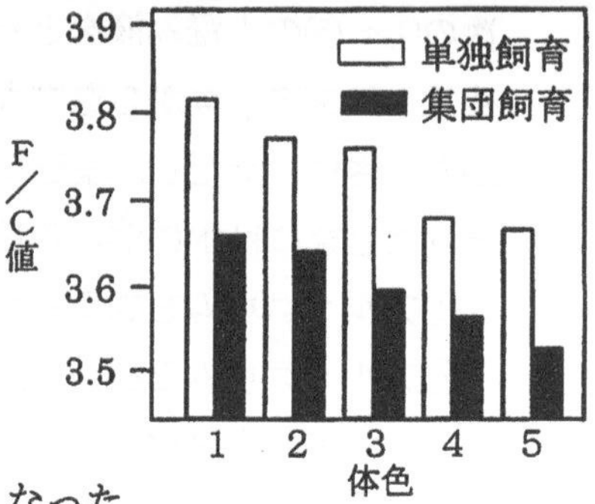

図3

5　図2、3の結果について正しく述べた文をア～カから選びなさい。

ア　単独飼育された成虫のF/C値は、集団飼育された成虫のF/C値より大きかった。

イ　ふ化時の体重の平均値が最も大きい幼虫グループを集団飼育すると、単独飼育した時と比べ成虫のF/C値は半分以下となった。

ウ　ふ化時の体重の平均値が最も大きい幼虫グループを単独飼育しても、ふ化時の体重の平均値が最も小さい幼虫グループを集団飼育した時より、群生相的な成虫となった。

エ　単独飼育の場合、ふ化時の体重の平均値が大きな幼虫グループほど、より群生相的な成虫となった。

オ　どの体色の幼虫グループでも、集団飼育すると単独飼育した時よりも群生相的な成虫となった。

カ　F/C値は幼虫の体色によって決まっていた。

6　単独飼育していたサバクトビバッタのメスの成虫を集団飼育すると、単独飼育していた時より大きい卵を産卵するようになる。メスが大きい卵を産卵する刺激《しげき》は何だろうか。視覚、におい、接触《しょく》のうち、どの刺激によってメスは大きい卵を産卵するようになるのかを調べた。

（1）単独飼育されたメス（交尾を終えたもの）に特定の刺激を与えるために、次の①～③のような実験装置を用意した。①～③の装置でメスに与《あた》えられる刺激をそれぞれア～ウから選びなさい。

ア　視覚　　イ　におい　　ウ　接触

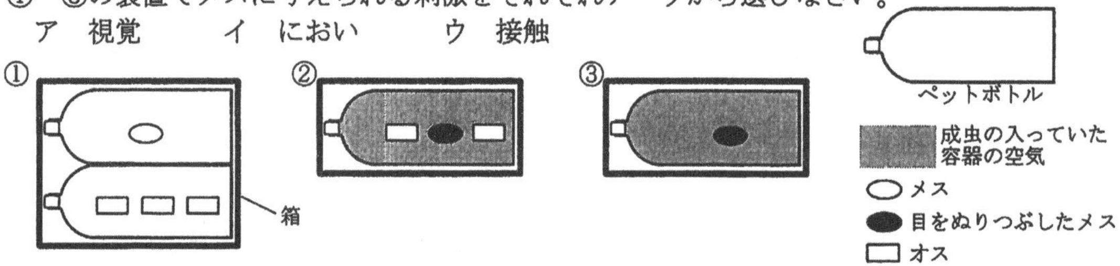


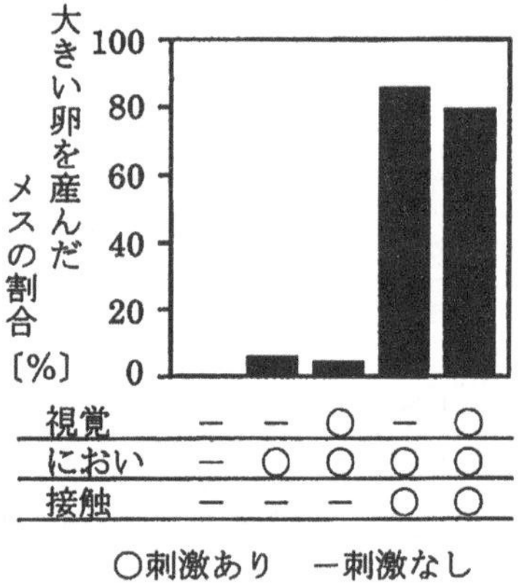

図4

（2）視覚、におい、接触を色々な組み合わせでメスに与え、その後大きい卵を産卵したメスの割合を調べた。図4はその結果である。この結果からメスが大きい卵を産卵することに最も大きくはたらく刺激は何と考えられるか、ア～ウから選びなさい。

ア　視覚　　イ　におい　　ウ　接触

（『孤独なバッタが群れるとき』　前野ウルド浩太郎　を改変）

（7）ＩＳＳにある日本の宇宙実験棟《とう》を何というか、ア～オから選びなさい。

ア　きぼう　　イ　ひかり　　ウ　はやぶさ　　エ　かぐや　　オ　ハッブル

2　日本の気象衛星「ひまわり」は、常に東経 140°の赤道上空にある。

（1）「ひまわり」が常に東経 140°の赤道上空にあるためには、どのように地球を周回すればよいか説明しなさい。

（2）「ひまわり」は小さく、はるか上空を周回するため地上から見ることができないが、仮に夜に日本で「ひまわり」が見えるとしたとき、その見え方として正しいものをア～オから選びなさい。

ア　真夜中に東から昇《のぼ》り、日の出前に南の空に見える。

イ　日没後、南の空に見えて、真夜中に西に沈《しず》む。

ウ　日没から日の出まで南の空から動かず、一晩中見える。

エ　日没から日の出まで真上から動かず、一晩中見える。

オ　日没後に東から昇り、日の出前に西へ沈み、一晩中見える。

（3）次の①～③は「ひまわり」で撮影《さつえい》された雲画像である。あとのア～オから、それぞれの日の天候を説明したものを選びなさい。

①

②

③

日本気象協会ＨＰ tenki.jp より

ア　梅雨前線が日本の南岸沿いにのび、九州から関東にかけて広い範《はん》囲で雨となった。

イ　発達した低気圧が本州の南岸から三陸へ進み、東北地方から北海道にかけて大荒《あ》れの天気となった。

ウ　太平洋高気圧に覆《おお》われ、全国的に晴れて猛《もう》暑となったが、各地で積乱雲が発生した。

エ　大型で非常に強い台風の上陸・通過により、東日本・北日本で激しい降雨となった。

オ　強い冬型の気圧配置となり、発達した筋状の雲が日本海を渡《わた》り、日本海側や北日本で雪となった。

（４）Ａに電池２個を直列につないだものを、より強くするにはどう変えればよいか、ア～カから選びなさい。

ア　エナメル線の長さを短くする　　イ　エナメル線の太さを細くする　　ウ　２個の電池を並列につなぐ

エ　鉄心をアルミニウムの棒にかえる　　オ　鉄心の太さを太くする　　カ　直列につなぐ電池の数を増やす

２　電磁石を図２のように方位磁針と並べて置いた。電磁石に電流を流すと方位磁針の針が振《ふ》れて、北を指していたＮ極が西を指した。

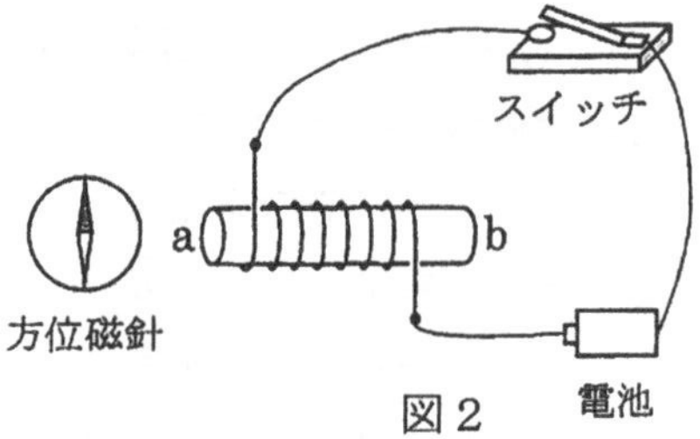

図２

（１）このとき電磁石のａ側は何極ですか。

（２）図２において、次の①、②のように変えて電流を流したとき、方位磁針のＮ極はどの方角を指すか、ア～エからそれぞれ選びなさい。

①電池２個を直列につなぐ　　②電池のつなぐ向きを変える

ア　北　　イ　東　　ウ　南　　エ　西

（３）図３のように、回転軸《じく》をつけ回転できるようにした電磁石を２つの棒磁石の間に配置して、矢印の向きに電流を流した。このときの電磁石の回転について、以下の文の□に入る言葉の組み合わせとして正しいものをア～エから選びなさい。

電磁石のａ側が［①］極になり棒磁石のＮ極と［②］あい、［③］回りに回転しはじめるが、１回転はできなかった。

| | ① | ② | ③ |
|---|---|---|---|
| ア | N | しりぞけ | 時計 |
| イ | N | しりぞけ | 反時計 |
| ウ | S | ひきつけ | 時計 |
| エ | S | ひきつけ | 反時計 |

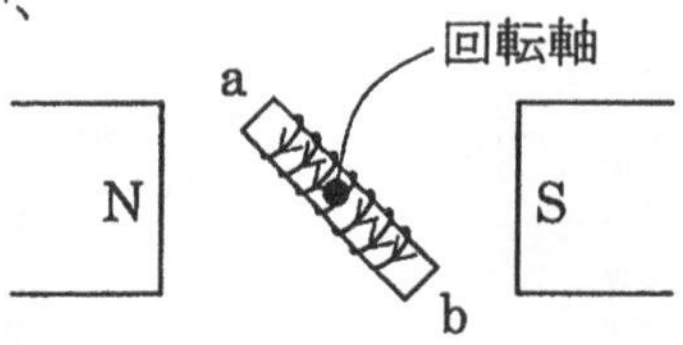

図３

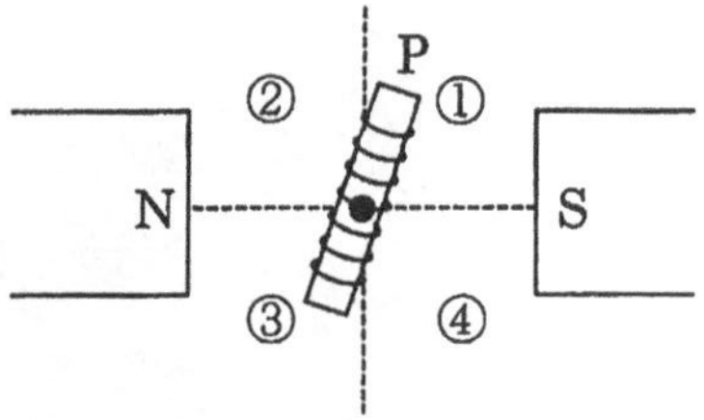

図４

（４）電磁石が回転を続けるためには、回転の途《と》中で電磁石に流れる電流の向きを変える必要がある。図４の電磁石のＰ側が、どこを通過するときに電流の向きを変えればよいか、ア～エから選びなさい。

ア　①と②の境界　　イ　②と③の境界　　ウ　③と④の境界　　エ　①と④の境界

（５）モーターには図５のように３つの電磁石を組み合わせて作ったものがある。電磁石にそれぞれ図の矢印の向きに電流が流れているとき、ａ側～ｃ側はそれぞれ何極になりますか。また、このときのモーターの回転する向きをア、イから選びなさい。

ア　時計回り　　イ　反時計回り

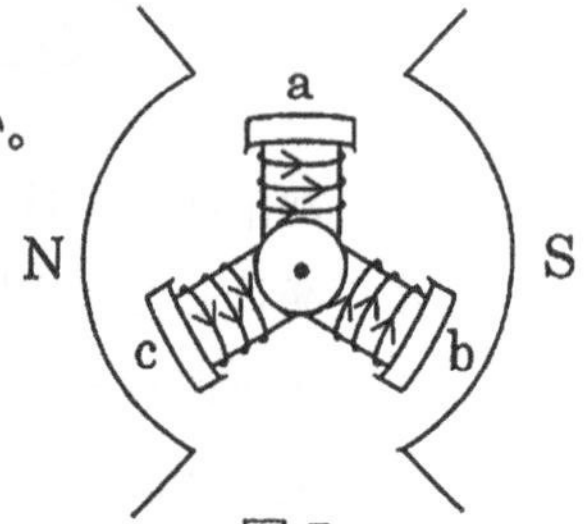

図５

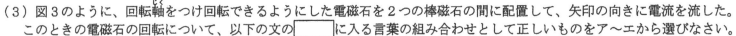

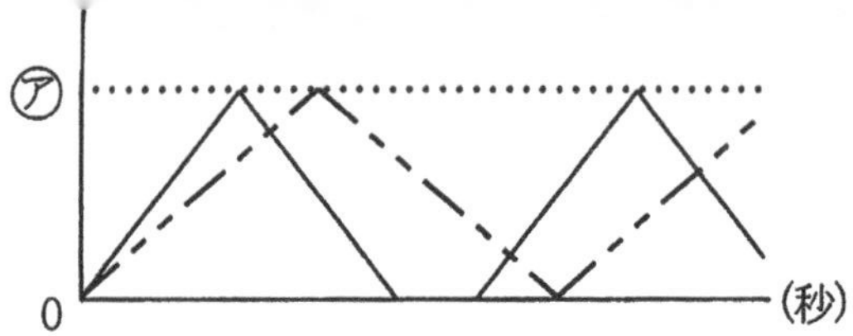


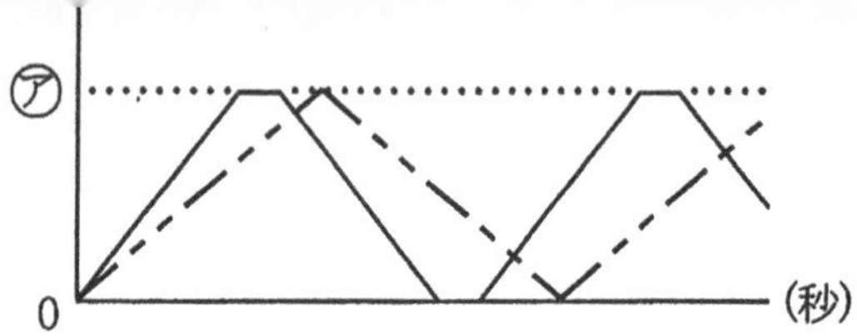


グラフ③

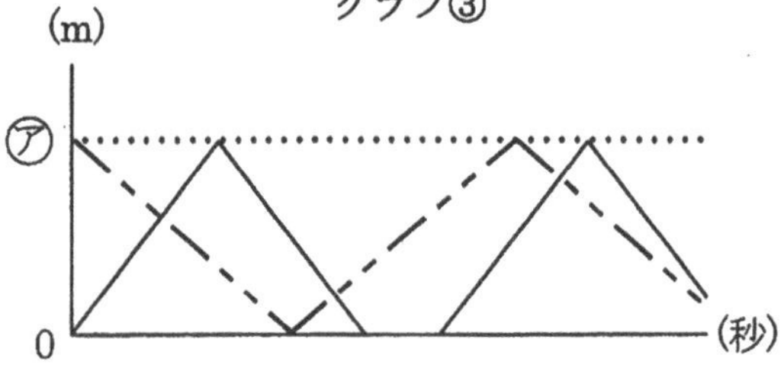


グラフ④

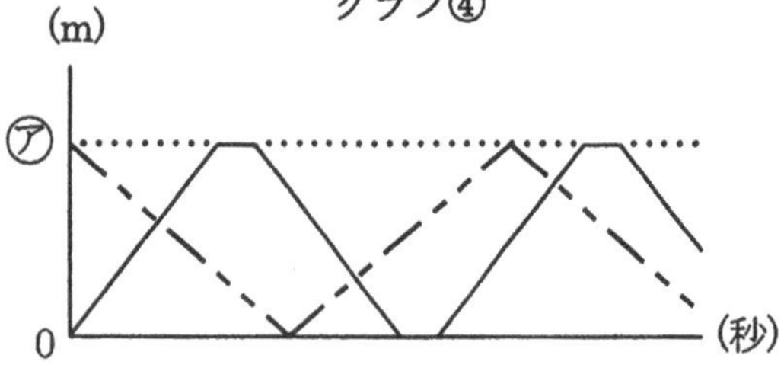


（２）妹は 20m 泳ぐのに ＿＿＿ 秒かかります。

（３）２人が２回目にすれちがうのは，泳ぎ始めてから ＿＿＿ 秒後です。

（４）２人が（３）ですれちがった地点と同じ地点で次にすれちがうのは，泳ぎ始めてから

＿＿＿ 秒後です。

します。

容器A

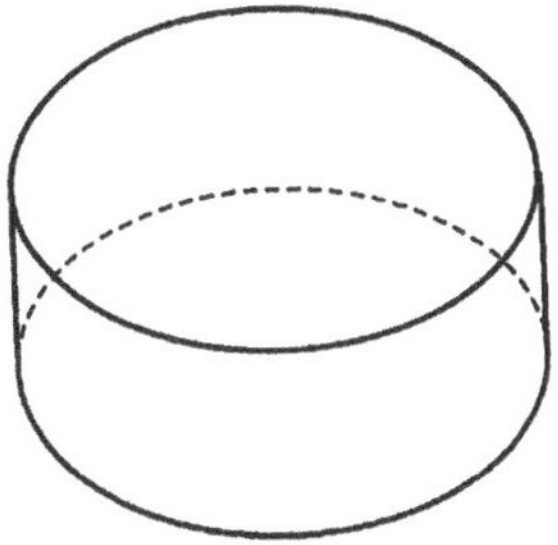

容器B

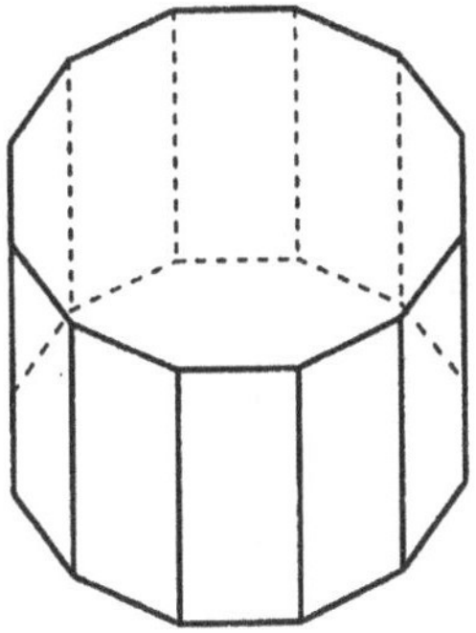

容器Bの底面

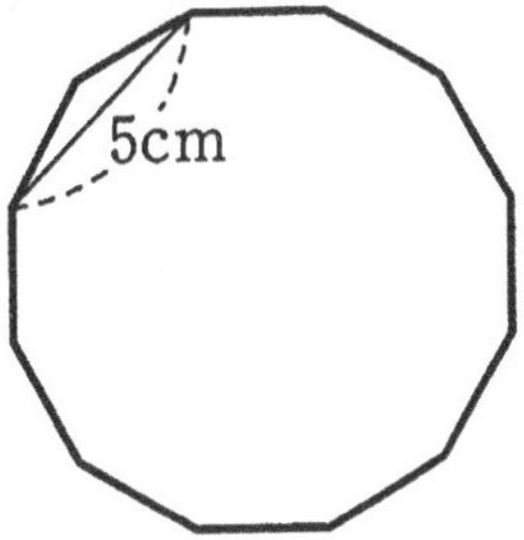


①容器Bの底面の面積を求めなさい。

式：

答え　　　　　　　　cm²

②容器Aにいっぱいになるまで水を入れた後，その水をすべて容器Bに移しました。

このとき，容器Bの水面の高さを求めなさい。

式：

答え　　　　　　　　cm

| 得点 | 4 |
|---|---|
| | |

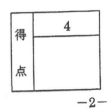

[1] 図1のように並べて，最後に黒い石を置いたら，

白い石だけが24個余りました。

図1

○○●●○○●●・・・

[2] 図2のように並べて，最後に黒い石を置いたら，

黒い石だけが30個余りました。

図2

●○○●○○・・・

[1]から，白い石は黒い石より □ 個または □ 個多いことが分かり，

[2]から，白い石の数は，黒い石の数から □ を引いた数の2倍であることが分かります。これらのことから，白い石の数は □ 個または □ 個です。

（6）図のように2つの長方形を重ねてできた図形があります。

AB : BC＝11 : 4 で，CD : DE＝1 : 3 です。

重なった部分の面積が 14.2 $cm^2$ であるとき，

太線で囲まれた図形の面積は □ $cm^2$ です。

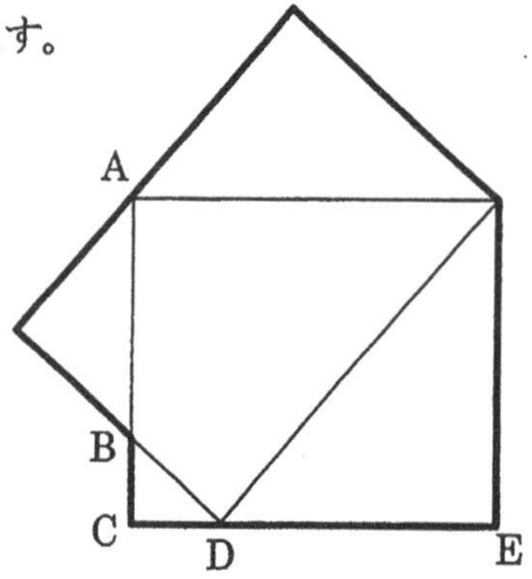

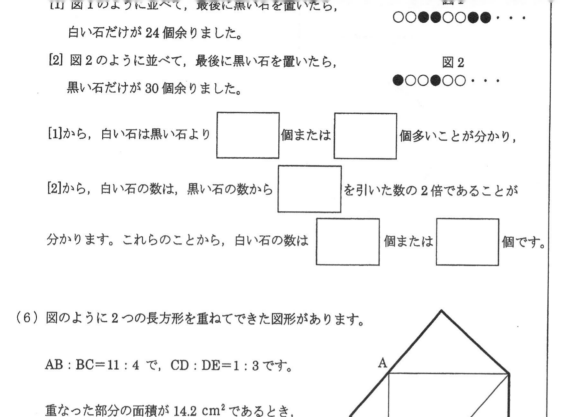

著作権に関係する弊社の都合により
本文は省略いたします。

教英出版編集部

著作権に関係する弊社の都合により
本文は省略いたします。

教英出版編集部

著作権に関係する弊社の都合により
本文は省略いたします。

教英出版編集部

（高橋敬一『昆虫にとってコンビニとは何か？』朝日新聞出版より
「昆虫にとって自然保護とは何か？」）

※ノスタルジック…遠く離《はな》れた故郷や、遠い過去の時をなつかしんであこがれる気持ちを感じるさま。
この文章では「ノスタルジー」も同様。

---

問一 ―①「危機感」とありますが、どういう危機感ですか。解答欄《らん》に適切な語句を十字前後で書きなさい。

問二 ―②「この場合の「自然」」にあてはまるものを、次から選びなさい。

ア 農業用に作られたため池
イ すべてが木材でできた民家
ウ ベランダで育てたトマト
エ 生息環《かん》境を再現した水族館

問三 段落 X と Y の関係を説明した文を次から選びなさい。

ア X の内容を Y で具体的に説明している。
イ X と Y は対比的な関係になっている。
ウ X の理由を Y でわかりやすく説明している。
エ X の内容を Y で簡潔に要約している。

問四 ―③「そうしたこと」とはどういうことですか、最も適当なものを次から選びなさい。

ア 人間が新世界に侵《しん》入したために、結果的には人間が存在できる自然の範《はん》囲が狭《せま》くなったこと。
イ 人間が未開の地に新たにやってきたことで、固有の動植物に変異が起きたこと。
ウ 人間が新しい地域に足を踏《ふ》み入れたことで、その地域特有の生き物の生息が損《そこ》なわれたこと。
エ 人間が外来種を世界各地に持ち込《こ》んだために、多様な生物が暮らせるようになったこと。

問五 ──④「人間の「やさしい」ふるまい」という表現からは筆者の批判が読みとれますが、どのようなことに対する批判ですか。解答欄の空欄を適切に埋《う》めなさい。

問六 ──⑤「ノスタルジックな感情から生まれてくる自然保護運動」についての説明としてあてはまらないものを選びなさい。

ア 保護する対象については、各々大切にするものが異なるが、形状や色彩《さい》などが目を引く種になる傾《けい》向がある。

イ 人間の手が全く入っていない本来の豊かな自然に戻《もど》すことを、最終的な目的とする。

ウ 自分と違《ちが》う世代に対しても、自分が保護したいと考えた種の保護の正しさを強く主張する。

エ 自分が慣れ親しんできた自然が、環境の変化により失われていくことを止めようとしている。

問七 ──⑥「二次的な風景」の具体例を本文中の──㋐～㋔の中から二つ選びなさい。

問八 最初の段落に「この二つのタイプ」とありますが、どのような考え方ですか。それぞれ二十～三十字で書きなさい。

---

三 次のカタカナを漢字に直しなさい。

1 暑い日に水分をオギナうことは大切だ。

2 各国のシュノウが集まる。

3 カンダン差の激しい地域。

4 食料をチョゾウ庫にしまう。

5 今度の土曜日にカンゲキに行く予定だ。

受験番号〔　　　　〕

氏名「　　　　」

## 二〇二〇年度

# 女子学院中学校入学試験問題（国語）

（40分）

一　次の文章を読んで後の問いに答えなさい。筆者は幼稚《ち》園の園長です。

子どもの世界にいると、いつも驚《おどろ》きや発見でいっぱいだ。私が幼稚園に入園、いや就《しゅう》任した入園式の時、こんなことがあった。年少児は初めての幼稚園に慣れず、そこら中で「ママー！」とか「やだー！」という叫《さけ》び声や泣き声が聞こえていた。そういう私自身も園児たちとの触《ふ》れ合いはほぼ初めてで内心はどう接してよいか①ドギマギしていた。

そんな時、入園したばかりの女の子が②何かを拾って私のところに駆《か》け寄り、③目をまん丸にして「これ、何？」といって見せてくれた。それは一枚の桜の花びらだった。園庭の桜が満開だったので、花びらが落ちていても珍《めずら》しくもないと思ったが、その子があまりに目を輝《かがや》かせて驚いているので、「きれい、なんだろね」と一緒《しょ》に驚いていると、他の園児たちも集まってきて、「きれいな色！」「かわいい！」などと騒《さわ》ぎはじめた。なかには「これは桜の花びらだよ」と分かっている子もいたが、はじめて桜の花びらを見る子どもにとっては、きっと宝物でも見つけたような気分だったのだろう。すると桜の花びらを持ってきてくれた子が、「これすごくきれいだから先生にあげるね」と言って、私にプレゼントしてくれたのだ。

桜の花は確かに美しいが、毎年当たり前に咲くと思っている大人の見方と、初めてその美しさを発見する子どもとで、その美しさはどう違《ちが》って見えるのだろう。

また、こんなこともあった。ある時、数人の園児が私の耳元に何かを持ってきて、「先生、ほら」と、カサカサと音をたてたのである。何かと思ったら、葉っぱや小枝をクルクルと回し、耳元でその音を聞いてケラケラと笑っているのだ。

大人である私なら、葉っぱは葉っぱ、枝は枝にしか見えないが、子どもはそれを一瞬《しゅん》にして［④］にしてしまう。

またある時、園庭の真ん中で園児が一人でピョンピョンと飛び跳《は》ねていた。それも時折リズムが違うので不思議に思っていたら、幼稚園近くの建築中の家から聞こえてくるトンカチの「トン・ト・ト・トーン……」という音にあわせて飛び跳ねていたのである。

子どもが音楽を聴《き》く時は、決して耳だけでは聴いていないのである。音に合わせて跳ねるかもしれない。手足をバタバタさせて地べたに転がるかもしれない。奇声《きせい》を発するかもしれない。頭のてっぺんから足のつま先まで、全身で自由に表現する。聴いた音を聴いたままに受け入れる。全身が音楽になりきってしまうのである。だから音楽の上手《うま》い下手もない。

大人の場合、音楽というのは、先《ま》ずそれが誰《だれ》の演奏か、何の楽器を使っているのか、技術はどうか、今流行《はや》っているのか、などの知識的な理解から入ろうとするが、子どもはそんなことは一切気にしない。彼らにとって音楽とは、大人がつくった既成《きせい》の楽器を演奏したり、童謡《どうよう》を歌ったりするだけではなく、身の周りで奏《かな》でられる音すべてが音楽であり、大人の音楽世界よりもずっとスケールが大きい。子どもの音楽世界は宇宙そのものであるといっても大げさではないように思う。

座《すわ》って腕《うで》組みしながら聴いて、隣席《りんせき》の人が拍手《はくしゅ》したのを見てあわてて拍手をするような大人と比べたら、⑤どちらのほうが音楽の楽しみを知っているだろう？　子どもは文字通り「音」を「楽」しむという音楽の本質を理解しているのだ。

（中略）

登園する前の私は、「今日はあれやんなきゃ、これやんなきゃ」と積み重なった仕事が心配で憂鬱《ゆううつ》な気分になることもあるが、⑥子どもたちと遊ぶだけで頭がカラッポになり、自宅に戻《もど》るときには「なんにも……」といった心境になる。すると、なんだか無条件に人生が満たされているような気分になるから不思議だ。

どうやって計測したか知らないが、幼児期の子どもは一日に平均三〇〇回笑うらしい。それに対して大人は一日に平均一五回だという。ちなみに私はこれを書いている本日午後三時の時点でまだ一回だけ……。平均値まであと一四回かと思うと、ますます笑えなくなる。

それはともかく、三〇〇対一五というのが子どもと大人の世界を分ける差だ。この大きな開きは一体何だろう。大人の世界はそんなにも楽しみが少ないのだろうか。それとも大人になると感受性が鈍《にぶ》くなるのか。

いや、大人だって子ども以上に人生の楽しみはあるし、感受性だって枯《か》れてはいない。むしろ子ども以上に人生を深く味わって生きているじゃないか。でも、笑う回数となると、確かに大敗を認めざるを得ない。

その差の理由はいろいろ考えられるのかもしれないが、⑦一番大きな理由は、「いまここ」を生きる子どもと「いまここ」に生きられない大人の差からくるのだろう。幼児心理学では、子どもには時間という概念《がいねん》が希薄《きはく》で、常に「今」だけを生きていると言われている。確かに自分の子どもの頃《ころ》を思い出すと、過去や未来を考えず、とにかく一日が永遠のように長く感じられた。だから笑う時には他のことは一切考えず、今楽しければ今笑う。

ところが、大人になるにつれて思考力が身につくと、「次はこれしなきゃ」「こうしてはいられない」と時間にとらわれて、今必要ではない別のことをあれこれ考えて深刻になってしまう。身体は「いまここ」にあっても、頭の中は先のことばかり。楽しいことがあっても笑えなくなってしまう。

（中略）

A次の絵をご覧いただきたい。私が幼稚園教員免許《めんきょ》を取得するために学んだ教科書に載《の》っていたものだ。今でも子どもと接するときには、常に念頭に置いている座右の書ならぬ、座右の絵になっている。

一体どんな絵かと言うと、ある幼稚園で三歳《さい》の子どもが書いた自画像だという。もし皆さんのご家庭に三歳の子供がいたとして、「これボクだよ」「ワタシだよ」と持ってきたらどんな反応を示すだろうか。

表面上は「うまく描《か》けたね」と言うかもしれないが、内心は、「なぜ白目なの？」「顔はもっと丸いでしょ」「はやく絵画教室に通わせなきゃ」などと思うかもしれない。

でも、担任の先生は、この子どもは何を伝えようとしているのかと思い、直接尋《たず》ねてみたところ、「ぼく、おひるねしたよ」という思いがけない言葉が返ってきたという。つまり、昼寝《ね》をしているのだから、当然、目の玉はなくていいのである。さらにこの子どもは、「寝ているときは横向きになっているよ」と言ったそうだ。それだから体が横に伸《の》びている。そしてまた「寝ているときはおしゃべりしないから口を閉じてるよ」「口は閉じていても鼻でちゃんと息をしてるから大丈夫だよ」と事細かく説明してくれたそうだ。

そう言われれば、一見稚拙《ちせつ》に見えるこの絵も、［　⑧　］様子をありありと描いた絵に見えてくる。もし大人の立場から「こう描きなさい」などと指導したら、いかに的外れなことだろうか。せっかくの表現力を大人の理解不足で台無しにしてしまいかねない。

教科書には、「この幼児は、顔という『もの』を描こうとしているのではなく、寝ていたという『こと』を表そうとして様々な工夫をしているのである」と説明がされている。

それでは逆に大人にはこのような絵は描けるだろうか？　大人の絵はつい知識や概念が先行してしまう。もし大人同士が集まって自分の似顔絵を描きましょうということになったら、みな真っ先に鏡を見たり、写真を見たりして、似てるか似てないか、上手く描けるか描けないかということを気にしだすだろう。そういう意識で描かれた絵は、それがいかに自分に似せて描けたとしても所詮《しょせん》はコピー、ニセモノでしかない。

その一方で、この子どもが描いた絵は、似てる似てない、上手い下手という次元を超《こ》えて、ありのままの真実である。ここに大人と子どもの世界の越《こ》えられない大きな壁《かべ》がある。

⑨ピカソは「子どものように描くのに一生涯《しょうがい》かかった」と言ったそうだ。ピカソの絵画活動とは、生涯をかけて子どもの世界を取り戻すことだったのかもしれない。

（阿《おか》　純章『「迷子」のすすめ』）

問一　――①とありますが、「ドギマギする」の意味を次から選びなさい。

ア　はじめてのことで照れている
イ　心配でおそれおののいている
ウ　落ち着きを失ってあわてている
エ　不安と期待で胸が高鳴っている

問二　――②「何か」とありますが、それは何ですか。文中の語を用いて十五字以上二十字以内で答えなさい。

問三　―③「目をまん丸にして」とありますが、このときの女の子についての説明として最も適切なものを次から選びなさい。
ア　あまりの楽しさにいきいきしている
イ　あまりの美しさに驚いている
ウ　あまりの不思議さに用心している
エ　あまりの騒がしさに緊張している
オ　あまりの珍しさに見入っている

問四　④ に二字の熟語を入れなさい。

問五　―⑤「どちらのほうが音楽の楽しみを知っているだろう？」とありますが、子どもはどのように音楽を楽しみますか。子どもの音楽の楽しみ方を二種類、それぞれ本文中の具体例をあげて説明しなさい。

問六　―⑥とありますが、「頭がカラッポになる」とはどういうことですか。最も適切なものを次から選びなさい。
ア　子どもの遊び方にあまり慣れていないので、体が疲《つか》れて気も抜《ぬ》けてしまう。
イ　子どもが実に楽しそうに遊ぶので、自分がつまらなく思えて情けなくなる。
ウ　子どもの遊び方が本当に自由なので、驚いて何のアイデアも浮かばなくなる。
エ　子どもがとても夢中になって遊ぶので、日々の心配事を忘れてしまう。

問七　―⑦とありますが、「「いまここ」を生きる子ども」の様子として、最も適切なものを次から選びなさい。
ア　明日素敵なペンを買ってもらうのを待てずに、棒きれでもよいので今地面に絵を描きたがる。
イ　大人になったらとても忙《いそが》しくなるので、今のうちに心ゆくまで遊んでおこうとする。
ウ　運動会で一等賞をとるために、本当はやりたくない練習でも毎日一生懸《けん》命がんばる。
エ　昨日弟におやつをあげてほめられたことがうれしかったので、今日は妹におやつをあげる。

問八　⑧ に、子どもの絵について説明する文を入れるとしたら、どのような文が入りますか。二十五字以上三十五字以内で書きなさい。

問九　―⑨「子どものように描く」とありますが、大人と子どもはそれぞれどのように絵を描きますか。説明しなさい。

問十　═A「次の絵」にあたるものを選びなさい。（出題の都合上、一部加工してあります。）

ア
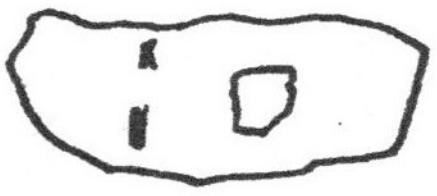

イ

ウ

エ

# 2020年度　女子学院中学校入学試験問題　（算数1）

※100点満点
（配点非公表）

（40分）

＜注意＞計算は右のあいているところにしなさい。円周率は 3.14 として計算しなさい。

１．（1）～（5）は□にあてはまる数を入れなさい。

（1）　$20 \div \left\{ \left( \square + \frac{5}{16} \right) \div 0.325 \right\} - 6\frac{2}{3} = 4$

（2）図のひし形 ABCD の面積は

□ $\mathrm{cm}^2$ です。

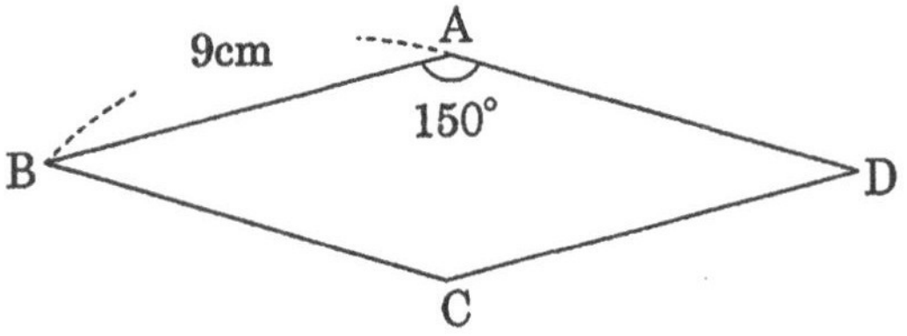


（3）図の四角形 ABCD は正方形で，曲線は円の一部です。

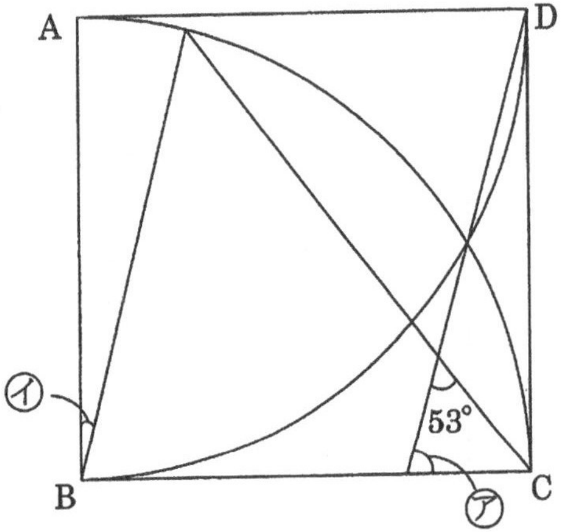


角㋐は □ 度

角㋑は □ 度

# 2020年度　女子学院中学校入学試験問題　（算数2）

| 得点 | 2 |
|---|---|
| | |

２．　図の四角形 ABCD は正方形で，曲線は円の一部です。（1）は□にあてはまる数を入れなさい。

（1）辺 AB の長さは □ cm です。

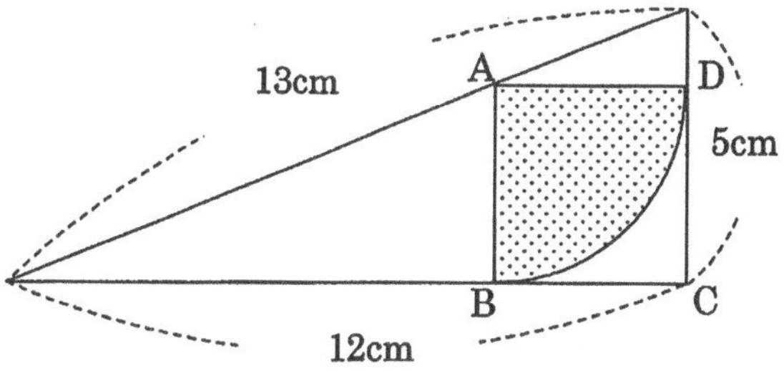


（2）図の影《かげ》をつけた部分の周の長さを求めなさい。

式：

答え＿＿＿＿＿＿＿＿cm

| 得点 | 3・4 |
|---|---|
| | |

３．　次の□に最も適切なことばや数を入れなさい。ただし，1マスに1字ずつ入ります。

（1）1以外の整数で，1とその数自身しか約数がない数を □□ といいます。

（2）2つの数の □ が □ となるとき，一方の数を他方の数の逆数といいます。

（3）円周率とは □□ が □□ の何倍になっているかを表す数です。

# 2020年度　女子学院中学校入学試験問題　（算数3）

５，６の各問いについて□にあてはまる数を入れなさい。

５．下のように，AからPまでに，ある整数が入っている表があります。この表に，次の規則に従って○か×の印をつけます。

① AからPまでの数の1つに○をつけ，その数と同じ行，同じ列に並んでいる印のついていない数すべてに×をつける。
② 印のついていない残りの数の1つに○をつけ，その数と同じ行，同じ列に並んでいる印のついていない数すべてに×をつける。
③ もう一度②を行い，残った数に○をつける。

| | 1列目 | 2列目 | 3列目 | 4列目 |
|---|---|---|---|---|
| 1行目 | A | B | C | D |
| 2行目 | E | F | G | H |
| 3行目 | I | J | K | L |
| 4行目 | M | N | O | P |

この表の一部の整数は，右のようになっています。

| | | | |
|---|---|---|---|
| A | 12 | C | D |
| E | 15 | G | 9 |
| 8 | J | 9 | L |
| M | N | 15 | 11 |

この表では，どこを選んで○をつけていっても，①から③の作業をした後に○のついた数の和がいつでも同じになることが分かりました。

（1）①から③の作業をした後に○のついた数は全部で□個あり，

それらの数の和はいつでも□です。

（2）Aに入っている数は□，Gに入っている数は□です。

（3）この表に入っている一番大きい数は□，一番小さい数は□です。

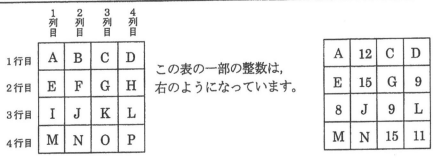

# ２０２０年度　女子学院中学校入学試験問題　（理　科）

受験番号　（　　　　　　）　　氏名［　　　　　　　　　　］

（答は解答用紙に書きなさい。選択《たく》肢《し》の問題の答が複数ある場合は、すべて答えなさい。）

（40分）

## I

だ液について次のような実験を行った。

| |
|---|
| 実験１　でんぷん液２mLと水0.5mLを入れた試験管Ａ、でんぷん液２mLと だ液0.5mLを入れた試験管Ｂを用意し、それぞれ40℃で30分保温した。その後、試験管にヨウ素液を加えたところ、試験管Ａではヨウ素液の反応が見られたが、試験管Ｂではヨウ素液の反応が見られなかった。 |

| |
|---|
| 実験２　だ液をそれぞれ0.5mL入れた試験管Ｃと試験管Ｄを用意した。試験管Ｃはふっとうした湯で20分加熱した。この間、試験管Ｄは室温に置いておいた。試験管Ｃが室温に戻《もど》ったのを確かめて、試験管Ｃと試験管Ｄにでんぷん液２mLを入れ40℃で30分保温した。その後、試験管にヨウ素液を加えたところ、試験管Ｃではヨウ素液の反応が見られたが、試験管Ｄではヨウ素液の反応は見られなかった。 |

1　でんぷん液はでんぷんをどのようなものに混ぜて作るか、ア～エから選びなさい。
　ア　20℃の水　　イ　20℃のエタノール　　ウ　80℃の水　　エ　70℃のエタノール

2　でんぷんの消化が起きた試験管をＡ～Ｄから選びなさい。

3　実験１で試験管Ａに水0.5mLを加えたのは実験条件をそろえるためである。その実験条件とは何ですか。

4　実験１で試験管Ａにヨウ素液を２滴《てき》入れた。試験管Ｂに入れるヨウ素液の量として最も適切なものをア～ウから選びなさい。
　ア　２滴　　イ　はっきりとした青むらさき色になるまで　　ウ　はっきりとした茶色になるまで

5　実験２から だ液の性質についてわかることを説明しなさい。

だ液にはアミラーゼという物質が含《ふく》まれている。だ液がでんぷんを消化するのは、アミラーゼのはたらきによる。アミラーゼは

## Ⅱ

1　図１は、同一経線上にある北半球のＸ地点とＹ地点（Ｙ地点の方が高緯《い》度にある）における春分の日、夏至の日、冬至の日の太陽の移動経路をそれぞれ示したものである。図１のように、太陽の移動経路は日や緯度によって変化する。

図２は、同じＸ、Ｙ地点において、「ある日」から１年間の太陽が真南に位置したときの地面から太陽までの角度（南中高度という）の変化をそれぞれ示したグラフである。

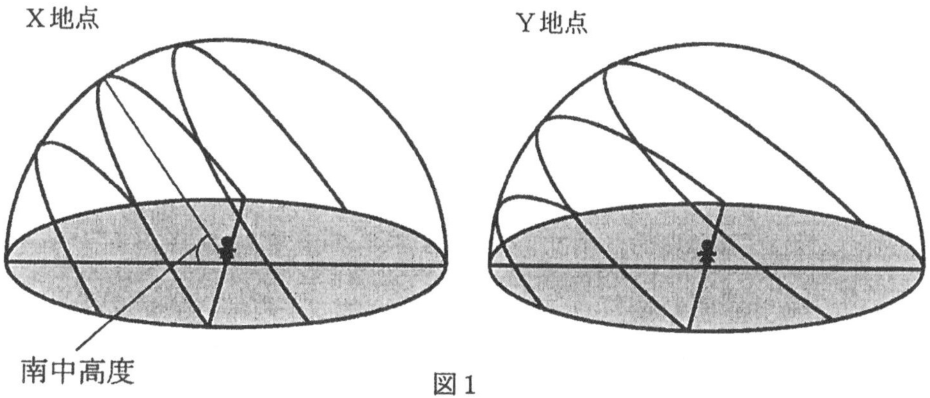

図１

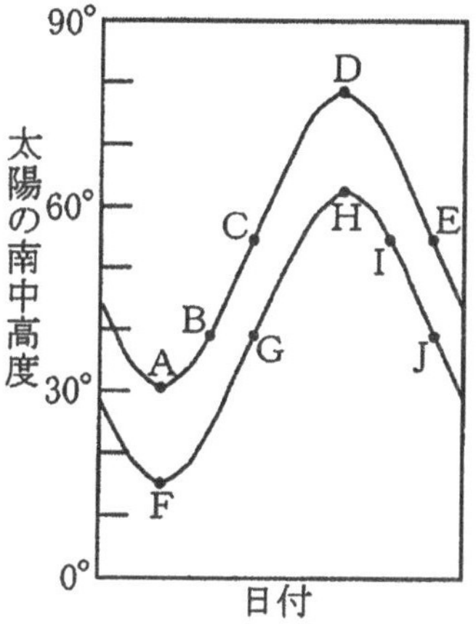

図２

（１）「ある日」とはいつか。次のア～エから選びなさい。

ア　春分の日～夏至の日　　イ　夏至の日～秋分の日　　ウ　秋分の日～冬至の日　　エ　冬至の日～春分の日

（２）次の文中の［　　］に当てはまる言葉を（　　）から選んで答えなさい。

図２のＡは、［①（ Ｘ ・ Ｙ ）］地点の［②（ 春分 ・ 夏至 ・ 秋分 ・ 冬至 ）］の日の南中高度を示している。

（３）図２のＡ～Ｊから、日の出の位置が真東より北寄りとなるものを選びなさい。

（４）次の表は、Ｘ地点とＹ地点の南中高度と昼の長さを比べたものである。①、③、⑤に当てはまるものを選択肢ア～ウから、②、④、⑥に当てはまるものを選択肢エ～カからそれぞれ選びなさい。

| | 南中高度 | 昼の長さ |
|---|---|---|
| 夏至の日 | ① | ② |
| 冬至の日 | ③ | ④ |

## Ⅲ

1　J子さんが海水について調べると「海水は、およそ96.6%が水で、3.4%の白色固体が水に溶《と》けた水溶《よう》液である」とわかった。そこで海水から白色固体を取り出すために、①ろ過してごみなどを取りのぞいた海水1kgを鍋《なべ》で煮《に》詰《つ》めた。液量がはじめの $\frac{1}{10}$ ほどになったとき②白くにごっていたのでそれを取りのぞいた。残った液を液量が $\frac{1}{2}$ ほどになるまでさらに煮詰めたところ③再び白くにごっていた。ここで加熱をやめてしばらく置いておくと、④鍋の底に白色固体がたまり、液は透《とう》明になった。

（1）ろ過の装置について正しいものをア～カから選びなさい。

（2）下線部①の海水について正しいものをア～エから選びなさい。

ア　透明でない。
イ　真水と同じ温度でこおる。
ウ　真水よりも温まりやすく、冷めにくい。
エ　同じ体積で比べたとき、真水よりも重い。

（3）J子さんは、内側が黒色の鍋を使った。この鍋を選んだ理由を答えなさい。

海水に溶けている白色固体について調べると、食塩以外のものもあることがわかった。白色固体について主なものを表にまとめた。

| 海水に溶けているもの | 白色固体中の割合（%） | 水100gに溶ける量〔g〕 | |
|---|---|---|---|
| | | 20℃ | 100℃ |
| 食塩（塩化ナトリウム） | 78 | 37.8 | 41.1 |
| 塩化マグネシウム | 10 | 54.6 | 73.3 |
| 硫酸《りゅうさん》マグネシウム | 6 | 33.7 | 50.4 |
| 硫酸カルシウム | 4 | 0.205 | 0.067 |

（4）上の表から考えて、水に溶ける固体の量と温度との関係について正しいものをア～オから選びなさい。

……溶ける量の差が最も大きいのは塩化マグネシウムである。

**Ⅳ**　３種類の重さが無視できる軽いばねA、B、Cがある。これらのばねをそれぞれ天井《じょう》につるし、30ｇのおもりを１個ずつつるしていったときのばねの長さを測定したところ、下の表のような結果になった。また、表からグラフ１～３を作った。ばねの長さ、ばねののびとは右図に示したものである。おもりの重さをさらに増やしていったときも、おもりの重さとばねののびの関係は変わらないものとする。

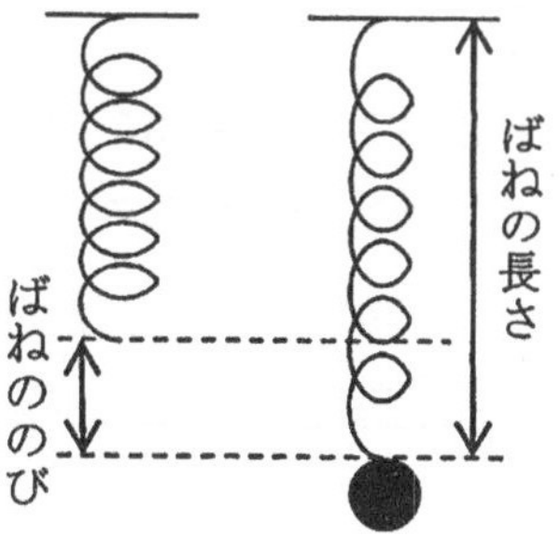


| おもりの重さ | 30ｇ | 60ｇ | 90ｇ | 120ｇ | 150ｇ |
|---|---|---|---|---|---|
| ばねAの長さ〔cm〕 | 10.0 | 12.0 | 14.0 | 16.0 | 18.0 |
| ばねBの長さ〔cm〕 | 9.0 | 12.0 | 15.0 | 18.0 | 21.0 |
| ばねCの長さ〔cm〕 | 13.5 | 15.0 | 16.5 | 18.0 | 19.5 |

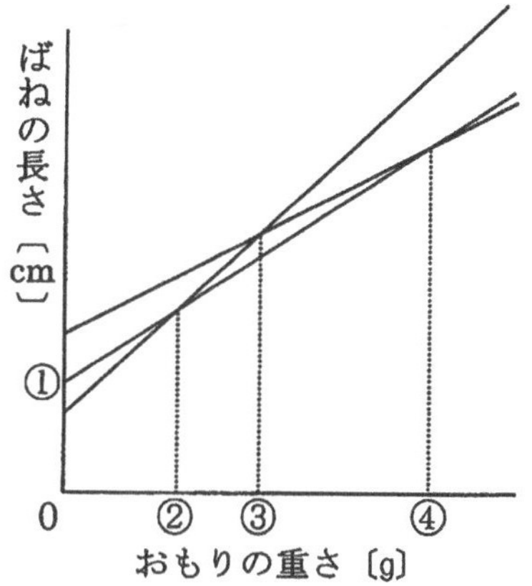


グラフ１

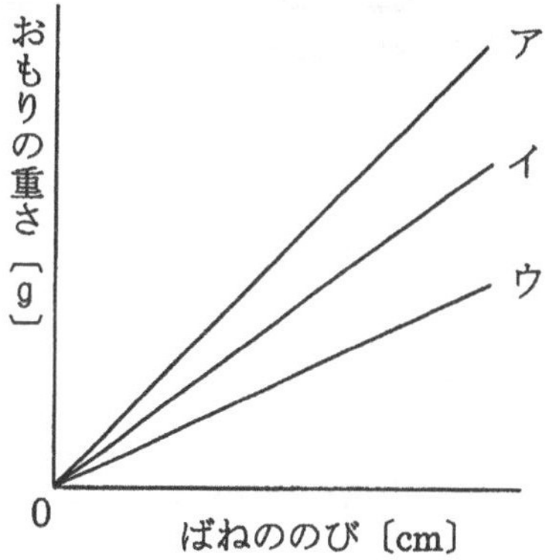


グラフ２

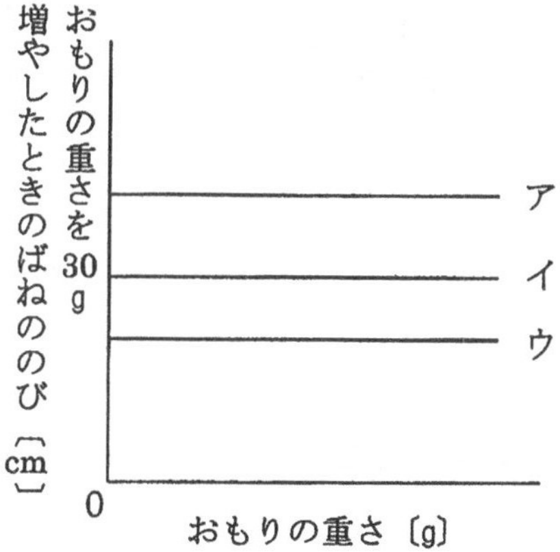


グラフ３

1　グラフ１の①～④の値を答えなさい。

2　グラフ２、３のア～ウは、それぞればねA、B、Cのどれですか。

3　ばねAを１cmのばすのに必要なおもりの重さを答えなさい。

# ２０２０年度　女子学院中学校入学試験問題（社会）

受験番号（　　　　　　）氏名［　　　　　　　　　　　　］（語句はできるだけ漢字で書きなさい。）

（40分）

**Ⅰ**　昔から馬や牛は、輸送をはじめとして人々の生活に深く関《かか》わってきました。馬は武士にとって戦いに欠かせないものでした。

問１　ＡとＢの会話文について問に答えなさい。

Ａ　古代では道が整備され多くの人や馬が行きかいました。①奈良時代には、いろいろな書物が編まれ、律令により戸籍《せき》と税のしくみも整いました。

Ｂ　税負担は重く農民はみな貧しい生活で、里長はひどい支配をしていました。万葉集にある山上憶良《やまのうえのおくら》という役人の和歌から、農民の実態がよく分かります。

Ａ　②和歌から、人々のくらしをそのように断定できるでしょうか。

Ｂ　そうですね。気をつけて考えた方がいいですね。

Ａ　戸籍には女性の数が不自然なほど多く、偽籍《ぎせき》（いつわりの戸籍）も多いのではないかと考えられているそうです。

Ｂ　なぜ戸籍をいつわるのでしょうか。

Ａ　律令制度での税は、（　　　Ｘ　　　）からだと考えます。

Ｂ　なるほど。それにしても、なぜ③国司《こくし》（国から地方に派遣された役人）は偽籍を見逃していたのでしょう。

Ａ　面白い視点ですね。

（１）下線①の１つである風土記について述べた文として、正しいものを１つ選び、記号で答えなさい。

　ア　各地の伝説を文章にまとめて保存することで、人々が地方ごとに団結できるようにした。

　イ　優れた和歌を各地で収集し、文学を国家全体でさかんにしようとの願いがこめられていた。

　ウ　山河《が》、海や平野の絵図を作成し、地方の人々が道に迷わないように役立てた。

　エ　天皇の命令で、地名や地形、産物や地域に伝わる昔話を報告させ、地域の様子を把握《はあく》しようとした。

（２）下線②について、断定できない理由を和歌の性質から述べなさい。

（３）空欄《らん》（　Ｘ　）にふさわしい文を１つ選び、記号で答えなさい。

　ア　男女両方に均等に与えられた田に課された

　イ　女性が多い家では、収穫《かく》量に対して租の税率が下がる問４　江戸時代には、幕府によって管理される五街道が定められ、街道の途中には宿場が整備されました。幕府が街道の管理や整備を行った目的として、ふさわしくないものを１つ選び、記号で答えなさい。

ア　江戸から地方の役人に、より速く情報を伝達するため

イ　地方で反乱が起こった際に、すぐに制圧するため

ウ　宿場《しゅくば》町を栄えさせ、商人の力を強めるため

エ　参勤交代の移動で使用するため

問５　江戸時代の交易や交流について、まちがっているものを１つ選び、記号で答えなさい。

ア　対馬藩《つしまはん》を通じて、朝鮮との貿易が行われた。

イ　出島のオランダ人を通して、幕府は海外の情報を手に入れた。

ウ　蝦夷《えぞ》地では、松前藩がアイヌの人々から米を買い入れた。

エ　薩摩《さつま》藩は、琉球王国を通じて中国の品物を手に入れた。

問６　現在、酪《らく》農がさかんな北海道について、問に答えなさい。

（１）釧路と札幌の８月の平均気温の差は４℃近くあります。釧路の８月の気温が低い理由として、ふさわしくないものを１つ選び、記号で答えなさい。

ア　千島海流の影響を受けるため

イ　海からの霧《きり》におおわれる日が多いため

ウ　流氷の南限に位置するため

エ　オホーツク海上空から吹き出す北東風の影響を受けるため

（２）下の表は、生乳処理量（工場で殺菌《きん》などの処理をされた量）の内訳を、北海道と関東で比較したものです。生乳処理量に関して述べた文として、ふさわしくないものを１つ選び、記号で答えなさい。

| | | 北　海　道 | 関　東 |
|---|---|---|---|
| 生乳処理量 | | 3,449,089 t | 1,343,075 t |
| 内訳 | 牛乳等向け | 548,156 t | 1,233,870 t |
| | 乳製品向け | 2,878,104 t | 98,644 t |

## Ⅱ　近代になると、ものや情報を伝達するためのしくみとして、郵便制度や鉄道が発達しました。

前島密《まえじまひそか》は1835年に越後《えちご》国頸城《くびき》郡（現在の①新潟県上越《じょうえつ》市）の豊かな農民の家に生まれました。前島は若い時に蘭《らん》学、英語、航海術などを学び、1865年に②薩摩藩に招かれ、英語を教えました。1870年に新政府の役人となり、③イギリスに出かけて近代郵便制度を学び、④社会全体のしくみを整えることが必要であると考えるようになりました。1871年に帰国するとさっそく、⑤官営（国営）事業として⑥郵便事業を始めます。また⑦万国郵便連合に加盟し、欧米諸国にならって郵便事業での国際協力を始めました。

問1　下線①に関する問に答えなさい。

（1）下の地図は上越市高田《たかだ》の25000分の1の地形図の一部を拡大したものです。地図から読みとれることとして、まちがっているものを2つ選び、記号で答えなさい。

ア　この地域は平野で、南に向かって川が流れている。

イ　高田公園一帯には、博物館や中学校などがある。

ウ　たかだ（高田）駅の北西には、寺院が集中している。

エ　畑もあるが、農地の大半は田で、耕地整理も進んでいる。

オ　高田公園を中心に、城下町の特徴を残している。

カ　たかだ（高田）駅の線路沿《そ》いには商業地が広がり、工場はない。

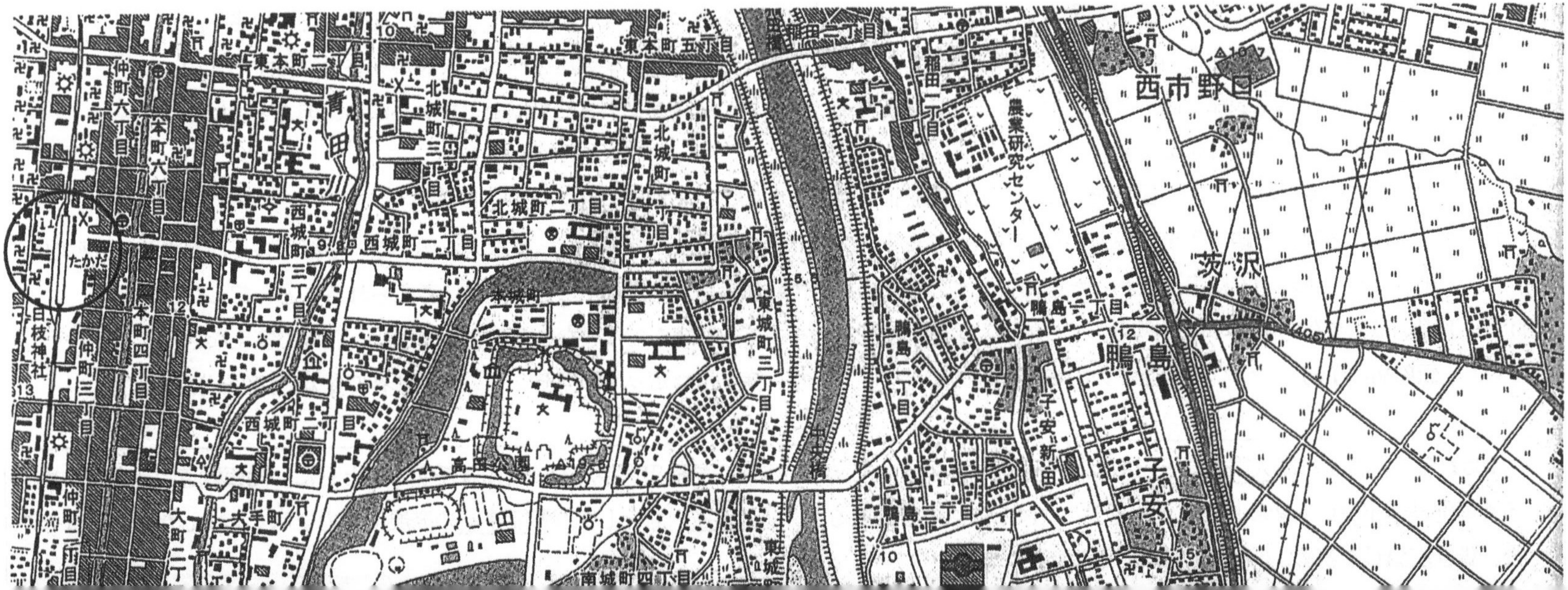

問３　下線③に関して、問に答えなさい。

（１）日本とイギリスの間でのできごとを、古い順に記号で並べかえなさい。

ア 日英同盟の締《てい》結　　イ 領事裁判権の撤廃《てっぱい》　　ウ ノルマントン号事件　　エ　共に国際連盟の常任理事国となる

（２）日本はイギリスから政治のしくみを取り入れました。現在の政治のしくみとしてまちがっているものを１つ選び、記号で答えなさい。

ア　イギリスの首相は、国会議員であることになっている。

イ　アメリカの大統領は、必ず国会議員であることになっている。

ウ　日本の内閣は、衆議院で内閣不信任案が可決されると衆議院の解散か内閣の総辞職かのいずれかを選択《たく》することになっている。

エ　アメリカの大統領は、直接国民に対して責任を負い、議会から独立した権限を持っている。

問４　国の予算案づくりは下線④に関わっています。国の予算の説明として、まちがっているものを１つ選び、記号で答えなさい。

ア　前年度に納められた税金の範囲内で、次年度の予算を決める。　　イ　国会は予算が使われた後に決算についても議決する。

ウ　国家の収入が不足する場合には、国債《さい》を発行している。　　エ　国の予算は、内閣が原案をまとめ、国会に提出する。

問５　下線⑤に関して、明治時代に政府が国営の工場をつくった目的としてふさわしくないものを１つ選び、記号で答えなさい。

ア　近代的な工業の技術を持っている人を養成するため　　イ　民間の産業発展を抑《おさ》え、政府が利益を独占《せん》するため

ウ　輸入していた工業製品を国内で製造できるようにするため　　エ　産業を発展させて輸出をさかんにし、国力を上げるため

問６　下線⑥に関して、問に答えなさい。

（１）江戸時代に、手紙などを運ぶ仕事をしていた人たちを何と呼びますか。ひらがなで書きなさい。

（２）戦地の兵士と家族を結ぶ軍事郵便という制度があります。太平洋戦争が始まった頃《ころ》から、受取人に届かない手紙が多くなりました。戦地から出された手紙が家族に届かなかった理由として、戦局の悪化で輸送手段が断たれたこと以外に、考えられることを記しなさい。

問７　下線⑦は、現在、国連の専門機関の１つです。国連が機関をつくって取り組んではいないものを１つ選び、記号で答えなさい。

ア　伝染病の予防　　イ　原子力の軍事利用の防止　　ウ　産業用ロボットの開発　　エ　世界の食糧《りょう》生産と分配の改善

1881 年、前島密は⑧大隈重信とともに政府を去り、東京専門学校（現在の早稲田大学）の校長に就任するとともに、関西鉄道会社をはじめ、多くの⑨鉄道事業にも関わりました。そして 1888 年に政府に戻《もど》ると、⑩逓信《ていしん》省次官として⑪電話事業の発展にも力を尽《つ》くしました。前島はその後、貴族院議員を務め、⑫1919 年に亡《な》くなりました。

**III**　現在の日本には、外国から働きに来ている人々もいますが、労働条件には問題があることも少なくありません。また外国との貿易をめぐって問題も起きています。

問１　働く人を守るために、日本の法律が雇《やと》い主に対して定めていることとして、まちがっているものを１つ選び、記号で答えなさい。

ア　原則として、労働時間は週 40 時間、一日 8 時間を超《こ》えてはならない。

イ　労働者を辞《や》めさせる時は、少なくとも 30 日前に伝えなくてはならない。

ウ　例外的な仕事を除いて、15 歳未満の子どもを働かせてはならない。

エ　毎週少なくとも二日以上の休日を与えなければならない。

オ　働く場所が安全で事故がおきないようにしなければならない。

問２　2019 年 4 月から、より多くの職種で外国人労働者の入国が認められるように法律が改正されました。外国人労働者に関して、正しいものを２つ選び、記号で答えなさい。

ア　大企《き》業の多くは、外国人労働者の受け入れ拡大に反対している。

イ　この改正には国内の深刻な労働力不足を補《おぎな》う目的がある。

ウ　同じ業務に就《つ》いていても、日本人と異なる安い賃金が認められている。

エ　建設現場や介護施設などでは高度な意思疎《そ》通が必要なため、外国人労働者を雇うことはできない。

オ　日本で働くすべての外国人は、家族と一緒に日本に滞《たい》在できる。

カ　外国人労働者の受け入れには本来、学んだ技能を持ち帰り、母国の産業育成を支援する目的がある。

問３　日本に暮らす外国人には一切認められていない権利を１つ選び、記号で答えなさい。

ア　平等権　　　イ　選挙権　　　ウ　集会の自由　　　エ　表現の自由

問４　1980 年代には日米間で自動車の貿易摩擦《まさつ》が深刻になりました。貿易摩擦の直接的な原因として、もっともふさわしいものを１つ選び、記号で答えなさい。

ア　自国の政府が関税を引き下げることで、輸出品の価格が下落する。

イ　燃料や原料の輸入価格が急激に上昇する。

ウ　ある商品が大量に輸入されることを防ぐため、輸入制限を行う。

エ　ある商品が大量に輸出されるため、国内の商品が品薄《うす》になる。

問５　近年、世界各地に工場をつくり、自動車などを生産するようになりました。現地生産について、まちがっているものを２つ選び、記号で答えなさい。

ア　日本国内でその商品を生産している人々の仕事が減る。

イ　関税をかけられずに現地で販売することができる。

ウ　賃金や土地の使用料などが比較的安く、生産に必要な費用を安くできる。

エ　自動車の部品はすべて日本から運んでくる。

【解答用

問十

子ども

二

問一

問二

問三

A

て

B

て

問四

問五

問六

問七

問八

問九

問十

問十一

問十二

問十三

三

1

2

3

4

ける

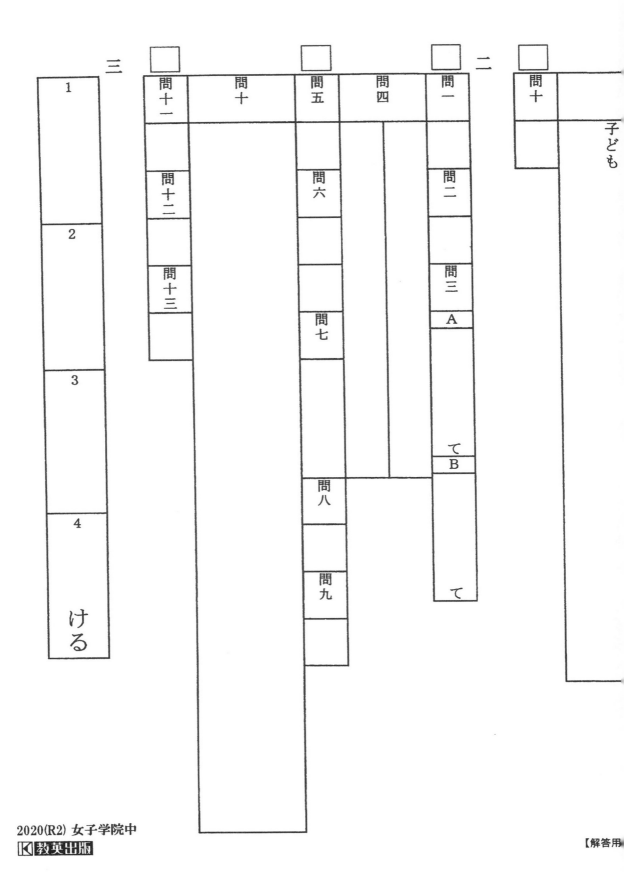

# 解答用紙（理科）

## Ⅰ

| 1 | | 2 | | 3 | | 4 | |
|---|---|---|---|---|---|---|---|

| | |
|---|---|
| 5 | |
| 6 | 理由 |
| 7 | |

## Ⅱ

1

| (1) | | (2) | ① | ② | (3) | |
|---|---|---|---|---|---|---|

| (4) | ① | ② | ③ | ④ | ⑤ | ⑥ |
|---|---|---|---|---|---|---|

| (5) | | (6) | ①方角 | 向き |
|---|---|---|---|---|

(6) ②

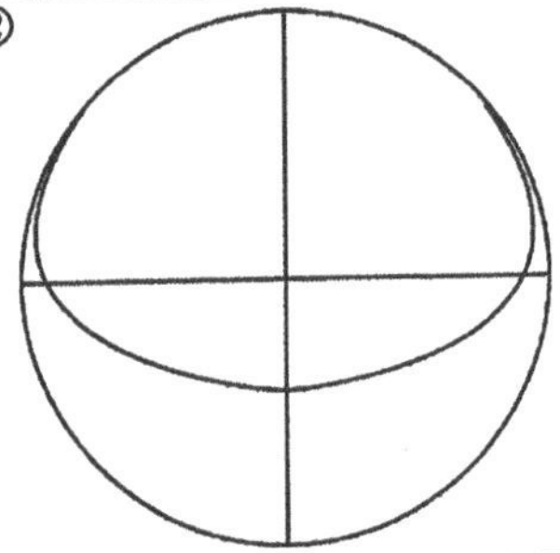

③

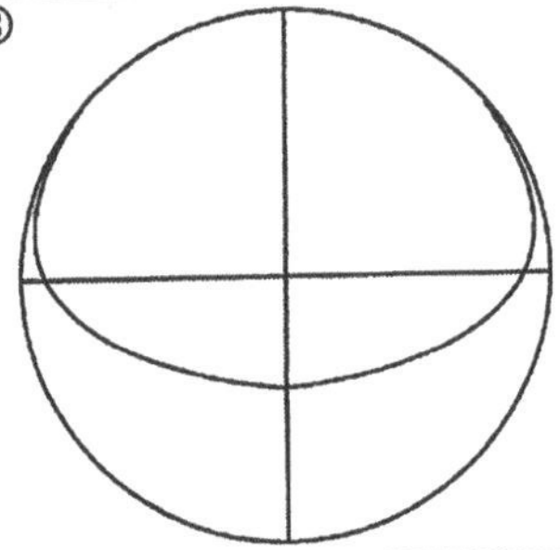

2

| (1) | |
|---|---|

(2)

15

25

30

【解答用

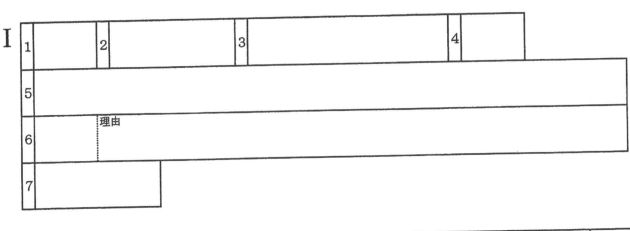

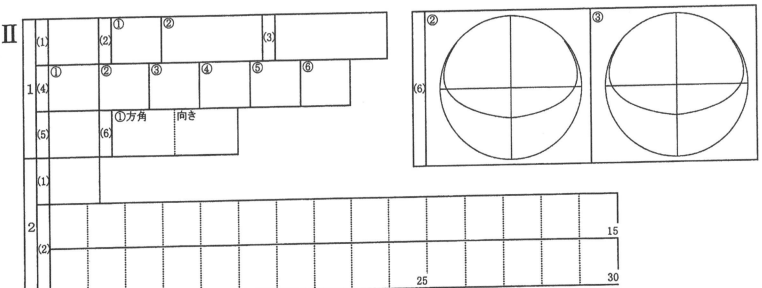

# 解　答　用　紙　（社　会）

## Ⅰ

問1　(1)　(2)　(3)　(4)

問2　→　→　→　→

問3　(1)　(2)

問4　問5　問6　(1)　(2)　(3)

## Ⅱ

問1　(1)　(2)　(3)　北陸　九州・沖縄

問2　問3　(1)　→　→　→　(2)　問4　問5

問6　(1)　(2)

問　問　問　(1)

【解答用

| | |
|---|---|
| 問9 | |

| | | | | | |
|---|---|---|---|---|---|
| 問10 | 省 | 問11 | | 問12 | → → → → |

III

| | | | | | | | | | |
|---|---|---|---|---|---|---|---|---|---|
| 問1 | | 問2 | | 問3 | | 問4 | | 問5 | |

| | | | | | | | |
|---|---|---|---|---|---|---|---|
| 問6 | 費 | 問7 | | 問8 | | 問9 | |

| | | | |
|---|---|---|---|
| 問10 | | 問11 | |

受験番号（　　　　　）氏　名［　　　　　　　　　　］

| | |
|---|---|
| 得点 | ※100点満点（配点非公表） |

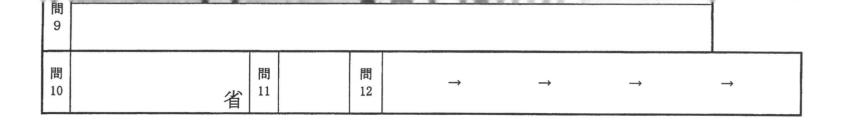

| | | |
|---|---|---|
| 1 | (3) | |
| | (4) | |
| | (5) | g |
| | (6) | ② |
| | | ③ |
| | (7) | |
| 2 | (1) | 食塩 |
| | | 石灰石 |
| | | ろう |
| | (2) | |
| | (3) | |

## Ⅳ

| | | | | | | | |
|---|---|---|---|---|---|---|---|
| 1 | ① cm | ② g | ③ g | ④ g | | | |
| 2 | グラフ2 | ア | イ | ウ | グラフ3 | ア | イ | ウ |
| 3 | g | 4 | | | | | |
| 5 | ① cm | ② cm | ③ cm | 6 | cm | | |
| 7 | (1) | 長さ cm | 重さ g | (2) | (3) ： | 8 | 長さ cm | 重さ g |

受験番号（　　　　）　氏名〔　　　　　　〕

※100点満点
（配点非公表）点



2020(R2) 女子学院中
K 教英出版

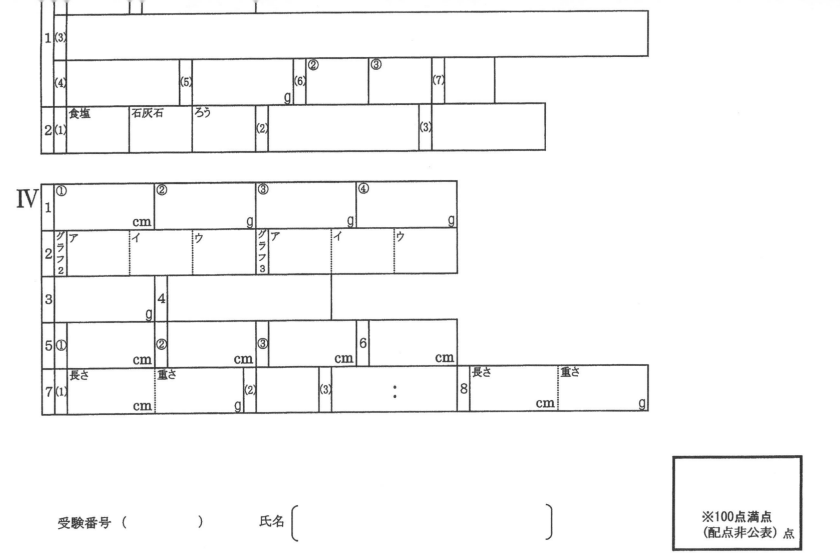

# 解答用紙（国語）

受験番号〔　　〕

氏名〔　　〕

※100点満点
（配点非公表）

句読点は字数に入れること。

一

問一

問二

問三

問四

問五

問六

問七

問八

様子

大人

問6　自動車の価格に含まれている費用は「原材料費」「製造・組立費」「宣伝費」「販売費」「研究開発費」の他に何がありますか。１つ答えなさい。ただし人件費、土地の使用料、税金は、それぞれの費用に含まれます。

問7　現在、日本はいくつかの国や地域と自由に貿易できる取り決めを結び、環太平洋パートナーシップ（TPP）協定にも参加しています。自由な貿易の推《すい》進にはつながらないことを１つ選び、記号で答えなさい。

ア　自国の関税を下げる。

イ　それぞれの国が、通貨の交換《かん》を互いに制限しない。

ウ　輸入する時の食品の安全基準を引き上げる。

エ　政治的対立があっても、貿易のルールを各国に等しく適用する。

問8　日本が自由に貿易できる協定を結んでいない国を１つ選び、記号で答えなさい。

ア　シンガポール　　イ　ベトナム　　ウ　フィリピン　　エ　イラン　　オ　タイ

問9　自由な貿易を推進する目的で1995年に発足し、現在、160を超える国・地域が加盟し、貿易に関する国家間の紛《ふん》争を解決する役割も担《にな》っている国際機関を答えなさい。（略称《しょう》でもよい）

問10　外国為替《かわせ》レート（外国の通貨との交換比率）が１ドル150円から１ドル100円になるとします。日本で1500円で売られている商品を、ドルに換算した場合、価格はどのように変わりますか。ふさわしいものを１つ選び、記号で答えなさい。

ア　５ドル上がる　　イ　５ドル下がる　　ウ　15ドル上がる　　エ　15ドル下がる

問11　2015年に日本を訪れる外国人の数が、海外旅行をする日本人の数を上回ったことがニュースになりました。日本を訪れる外国人が急増している原因とは言えないことを２つ選び、記号で答えなさい。

ア　日本に特別な手続きなく入国できる対象国を拡大すること

イ　アジアをはじめ、世界的に海外旅行者が増加していること

ウ　外国為替レートが１ドル100円から150円へではなく、80円へと変動すること

エ　飛行機の就航路線の新設や便数の拡大を行うこと

オ　日本は世界各国より物価水準《じゅん》が低いので、買い物や観光がしやすいこと

カ　ユネスコ無形文化遺産に和食が登録されるなど、日本への関心が高まること

キ　外国人旅行者を増やすため、日本政府が積極的に海外向けの宣伝に取り組むこと



2020(R2) 女子学院中
K 教英出版

ア 『学問のすすめ』を書いた　　イ 最初の内閣総理大臣になった
ウ 幕府を倒《たお》す運動に参加した　　エ 立憲改進党の設立に関わった

問９　下線⑨に関して、大正時代になると大都市の近郊《こう》で民間の鉄道会社による鉄道建設がさかんになりました。右の資料は 1936 年に鉄道会社が作成した広告です。（広告の中の横書きの文字は右から左へ読みます。）

（１）広告の中から、民間鉄道会社が鉄道事業以外に営んでいたと考えられる事業を２つ書きなさい。

（２）民間の鉄道会社が（１）のような事業を営んだ理由を、鉄道事業との関連をふまえて述べなさい。

問 10　下線⑩に関して、現在、郵便や電話などの通信事業を監督《かんとく》している省を書きなさい。

問 11　下線⑪や郵便事業が国営事業で進められた理由として、ふさわしくないものを１つ選び、記号で答えなさい。

ア　通信を発達させるため、郵便や電話を早く各地に普及《ふきゅう》させたかったから。
イ　国営事業なら、地域ごとに異なる料金が設定できると考えたから。
ウ　民間経営では、国家機密を守ることが困難だと考えたから。
エ　外国の企《き》業に頼《たよ》らずに、国内の通信事業を進めようとしていたから。

問 12　下線⑫以降の日本に関するできごとを、古い順に記号で並べかえなさい。

ア　東京オリンピックの開催《さい》　　イ　ラジオ放送の開始
ウ　財閥《ばつ》の解体　　エ　テレビ放送の開始
オ　太平洋戦争の勃《ぼっ》発

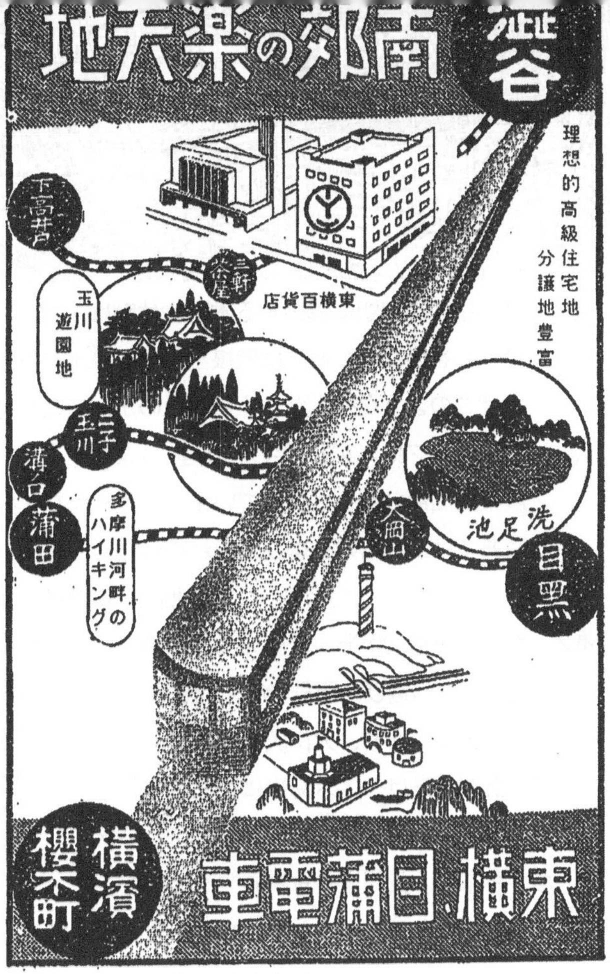


（『旅窓に学ぶ　東日本篇《へん》』ダイヤモンド社　1936 年　一部改変あり）

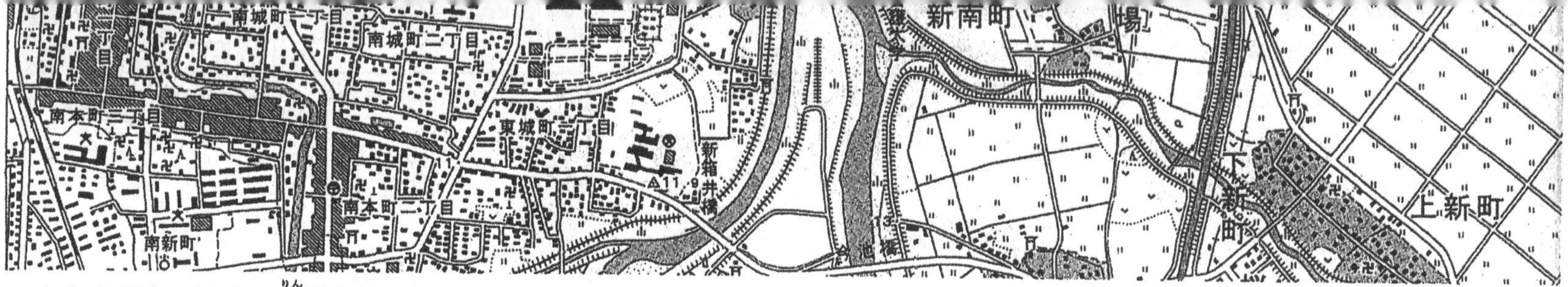


（2）地図中の高田駅に隣《りん》接する本町や仲町は、古くから商店が並び、建物のひさしをのばして通りに屋根をかける雁木《がんぎ》の町として知られています。なぜこのような雁木がつくられたのか、考えて答えなさい。

（3）右のグラフは、2017年の「北陸」「東北」「四国」「九州・沖縄」の地域別農業産出額の割合を表しています。ア～エのうち「北陸」と「九州・沖縄」にあてはまるものを選び、それぞれ記号で答えなさい。

※北陸（新潟県、富山県、石川県、福井県）

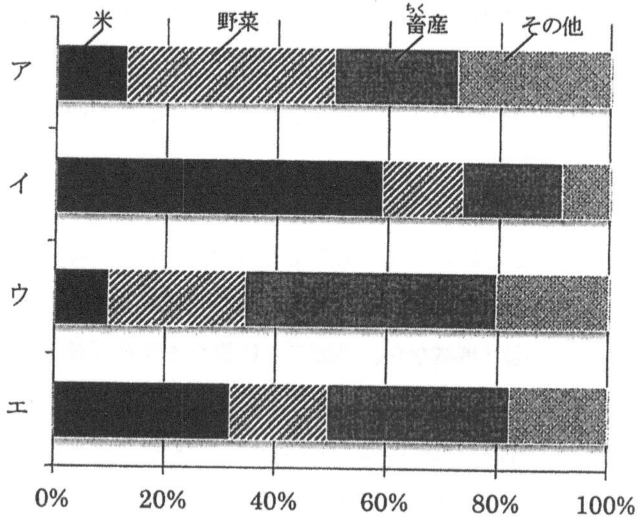


（『日本国勢図会 2019/20年度版』より作成）

問2　かつて下線②があった鹿児島県に関して述べた文として、まちがっているものを2つ選び、記号で答えなさい。

ア　活火山があり、火山灰土の台地が広がっている。

イ　薩摩半島はリアス海岸に囲まれている。

ウ　戦国時代に、鉄砲《ぽう》がいち早く伝わった。

エ　幕末に、長州藩と軍事同盟を結んだ。

オ　西南戦争が起こったが、政府の軍隊が鎮《ちん》圧した。

カ　九州でもっとも漁業生産額が多い。

（農林水産省　平成29年牛乳乳製品統計より作成）

ア　北海道は東京などの大消費地から遠いため、牛乳等向けの生乳処理量は少ない。

イ　北海道では日持ちのする乳製品向けの生乳処理量が多い。

ウ　北海道ではおみやげ品として、多くの生乳がチーズなどの乳製品に加工される。

エ　北海道には安い外国製の牛乳が入ってくるので、牛乳等向けの生乳処理量が少ない。

（３）北海道の地理について、まちがっているものを１つ選び、記号で答えなさい。

ア　南北方向に連なる日高山脈の南端《たん》には、宗谷岬《そうやみさき》がある。

イ　南東側に太平洋、西側には日本海、北東側にはオホーツク海が広がっている。

ウ　日本海に注ぐ石狩《いしかり》川の中流には上川《かみかわ》盆地、下流には石狩平野が開けている。

エ　北海道で２番目に広い流域面積をもつ十勝川は、太平洋に注いでいる。

（次ページに続く）

（4）平安時代の下線③について、正しいものを２つ選び、記号で答えなさい。

ア　担当の国で、税を集める責任者とされた。

イ　何世代にもわたって地域を支配し、武力で領地を広げた。

ウ　希望する国の国司になれるように、都の有力貴族にみつぎ物をした。

エ　地域の農民を集めて引率し、都で警備を行う義務があった。

問２　戦いに関わりのある次の文を、古い順に記号で並べかえなさい。

ア　将軍のあとつぎをめぐって、応仁の乱が起こった。

イ　二度にわたり九州地方に攻めてきた元軍と、御家人が戦った。

ウ　桶狭間《おけはざま》の戦いで今川軍が敗北した。

エ　承久の乱が、幕府によって平定された。

オ　壇《だん》ノ浦の戦いで平氏が滅ぼされた。

問３　鎌倉時代や室町時代には、農民や商人の中に、馬や牛車を用いた運送業を営む者が現れました。

（1）鎌倉時代と室町時代の農業や商工業に関する文として、正しいものを２つ選び、記号で答えなさい。

ア　米と麦の二毛作が各地に広まった。

イ　商工業者は座を作り、誰でも自由に商工業が行えるようにした。

ウ　土地を深く耕すことのできる備中ぐわが広く使われるようになった。

エ　銀閣寺を建てた足利義満は、明と勘《かん》合貿易を行った。

オ　田植えの時に農民がおどった田楽がもととなり、能や狂言へと発展した。

（2）馬を用いた運送業者は、しばしば一揆《いっき》の中心となりました。その理由としてふさわしいものを２つ選び、記号で答えなさい。

ア　運送業者は、農民と利害が対立していたので、幕府が農民の借金を帳消しにしたことに反発したから。

イ　各地を移動する運送業者は、いろいろな地域の人とつながりを持ち、協力することができたから。

ウ　安全に輸送するため、運送業者が地域の支配者に対して、関所で通行税を取ることを求めたから。

エ　運送業者は、輸送する品物を守るために武装することがあったから。

5　ばね２本と 30g のおもり２個を右図のようにして静止させた。（例）のときのばねＣ２本の長さの和は 30.0cm であった。①～③のばねＡとＢの長さの和をそれぞれ求めなさい。

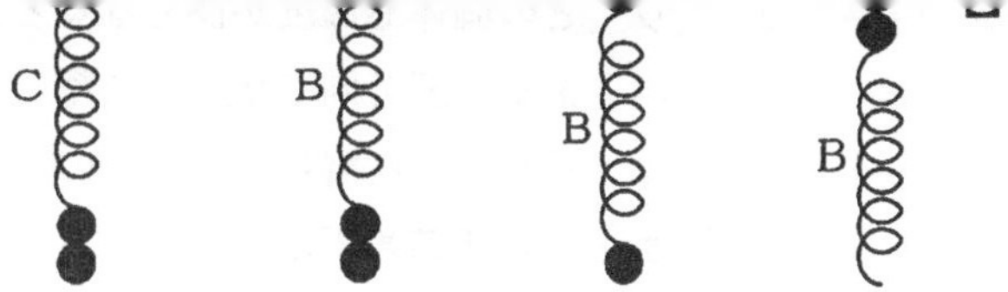


6　重さが無視できる軽い棒の両端にそれぞればねＡを取り付け、右図のように天井からつるした。棒の真ん中に 30g のおもりを１個つるしたときのばねの長さを求めなさい。

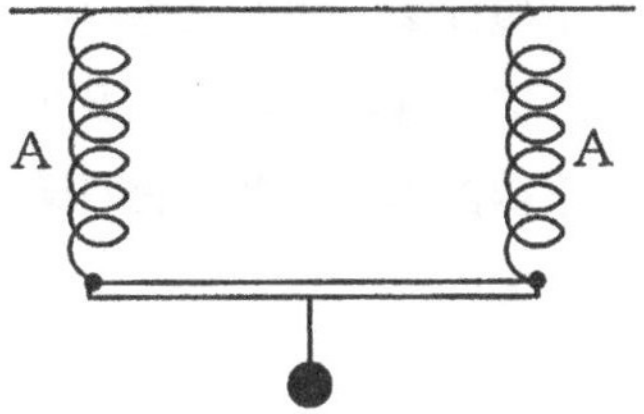


7　重さが無視できる軽い棒の両端にばねＢとＣを取り付け、右図のように天井からつるした。棒の真ん中に 30g のおもりを何個かつるしたところ、２本のばねの長さは等しくなり棒は水平になった。

（１）このときの、ばねの長さとおもりの重さを求めなさい。

（２）おもりをつるす位置は変えずに、おもりの重さを増やしたところ、棒は水平ではなくなった。棒は左右どちらが下がりますか。

（３）おもりの重さを 600g にして、ばねＢとＣの長さが等しくなり棒を水平にするためには、おもりはどの位置につるせばよいか。【棒の左端からおもりをつるす位置までの長さ】と【おもりをつるす位置から棒の右端までの長さ】の比を、最も簡単な整数の比で答えなさい。

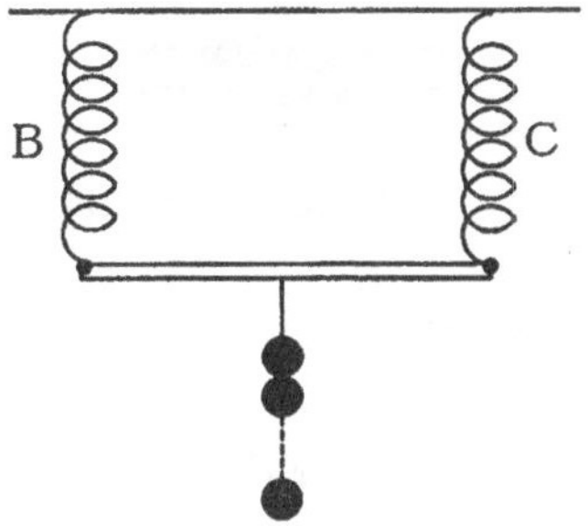


8　重さが無視できる軽い棒の両端にばねＢとＣを取り付け、右図のように棒の左端から６：５の位置に 30g のおもりを何個かつるしたところ、２本のばねの長さは等しくなり棒は水平になった。このときの、ばねの長さとおもりの重さを求めなさい。

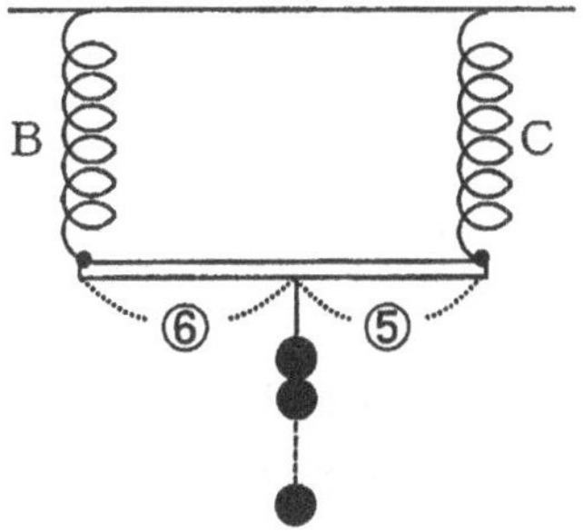

ウ　どの固体も温度が高くなると、水に溶ける量は大きく変化する。

エ　ある温度で同じ量の水に溶ける量が同じになるものがある。

オ　0℃の水に溶ける量は0gである。

（5）海水1kgを煮詰めて水の量を10gにし、20℃まで冷やしたとき、出てくる食塩は何gですか。ただし、食塩が水に溶ける量はほかの白色固体に影響《えいきょう》されないものとする。

（6）下線部②、③の白色のにごりはそれぞれ主に何か、上の表から考えて次のア～エから選びなさい。

ア　食塩（塩化ナトリウム）　　イ　塩化マグネシウム　　ウ　硫酸マグネシウム　　エ　硫酸カルシウム

（7）下線部④のときの液の様子を表しているものをア～エから選びなさい。ただし、図の液の色の濃《こ》さは水溶液の濃《のう》度を表している。

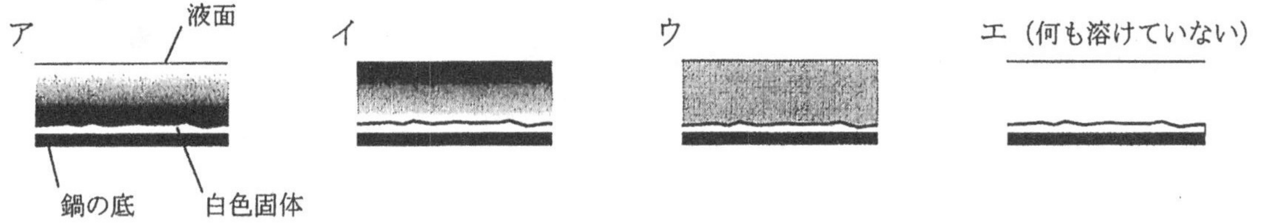


2　次の文章中のA～Eの固体は、アルミニウム、食塩、水酸化ナトリウム、石灰石、ろうのどれかである。

A～Eを水に入れてかきまぜるとA、Bはすべて溶け、Cは水に浮《う》かび、D、Eは沈《しず》んだ。Cを加熱するとすぐにとけ、やがて火がついた。このとき、Dにうすい塩酸を加えると発生する気体と同じ気体が発生した。また、この気体をA、Bの水溶液に通すとAよりもBの水溶液の方が気体が多く溶けた。

（1）食塩、石灰石、ろうはそれぞれA～Eのどれですか。

（2）Eにうすい塩酸を加えると発生する気体は何ですか。

（3）下線部のようになったのはBのどのような性質からか、正しいものをア～オから選びなさい。

ア　水に溶けやすい固体だから　　イ　吸湿《しつ》性がある固体だから

ウ　水溶液が酸性だから　　エ　水溶液がアルカリ性だから

オ　水溶液に金属を入れると金属を溶かすから

①、③、⑤の選択肢（　ア　X地点の方が大きい　　イ　Y地点の方が大きい　　ウ　同じである　）
②、④、⑥の選択肢（　エ　X地点の方が長い　　オ　Y地点の方が長い　　カ　同じである　）

（5）X地点とY地点の南中高度が同じときのそれぞれの昼の長さについて、正しいものをア～エから選びなさい。

ア　X地点の方が長い。
イ　Y地点の方が長い。
ウ　X地点の方が長い場合とY地点の方が長い場合がある。
エ　同じである。

（6）図3は、図1を真上から見たときのY地点の夏至の日の太陽の移動経路を示したものである。

①　図3中のアの方角を答え、太陽の移動の向きをイ、ウから選びなさい。
②　Y地点の冬至の日の太陽の移動経路を解答欄《らん》に図示しなさい（向きは書かなくてよい）。
③　X地点の夏至の日の太陽の移動経路を解答欄に図示しなさい（向きは書かなくてよい）。

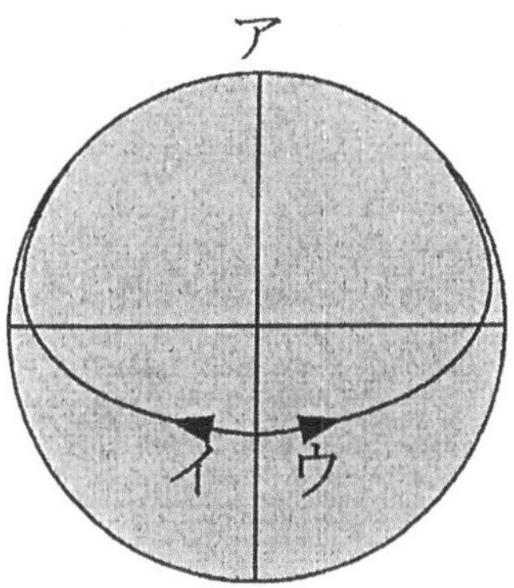

図3

2　図4は、日本のある地点で、「ある天文現象」が起こった日の午前中の気温の変化を記録したものである。
前日の夜には、晴れていたにもかかわらず、一晩中、月を見ることができなかった。

（1）下線部に関して、このとき、太陽から地球の方を見たときの地球と月の位置関係として正しいものをア～ウから選びなさい。
ただし、地球と月の大きさや、地球と月の間の距離《きょり》については考えなくてよい。

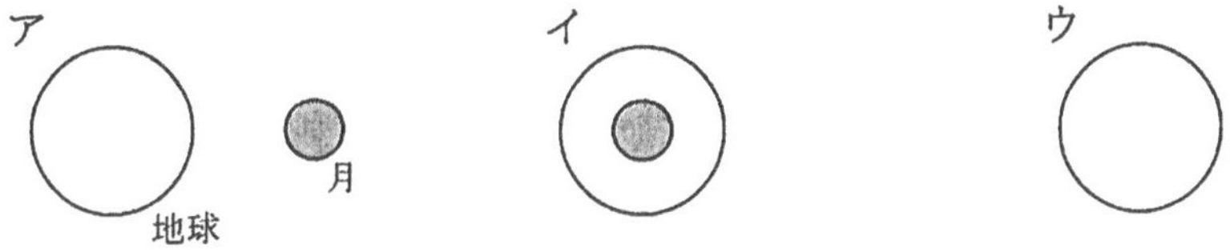


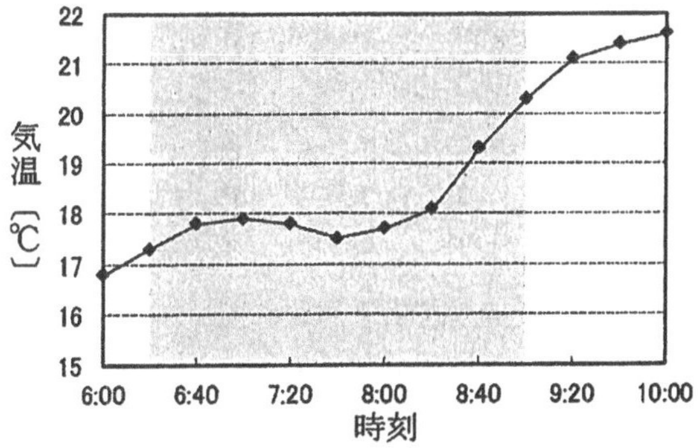

図4

（2）この日の午前中、気温以外の気象条件（雲の量や厚さ、風の様子など）に変化はなかったとしたとき、グラフ中の影《かげ》の範《はん》囲で起こった気温の変化の原因を、「ある天文現象」の名前を含めて25字程度で述べなさい。

図１はコムギの実のもみ殻《がら》を取りのぞき、内部の種《たね》の様子を表した図である。コムギの種の端《はし》には将来植物になる部分（胚《はい》）がある。コムギの種を図１のように点線で切断し、胚を持つ断片Ｘと、断片Ｙを作った。

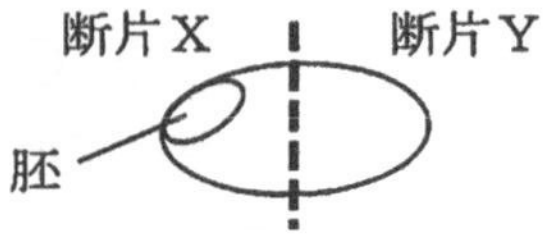

図１

次にでんぷんを混ぜて固めた寒天を３つ用意し、そのうち１つには断片Ｘを、もう１つには断片Ｙを、切り口を下に向けて図２のようにのせた。１つには何ものせなかった。寒天の上に水を加え３日おいた。

３日後、断片を取りのぞき、寒天をヨウ素液で染めたところ、図３のようになった。ただし、色のついた部分はヨウ素液の反応のあったことを示しており、点線は断片のあった位置と大きさを表している。

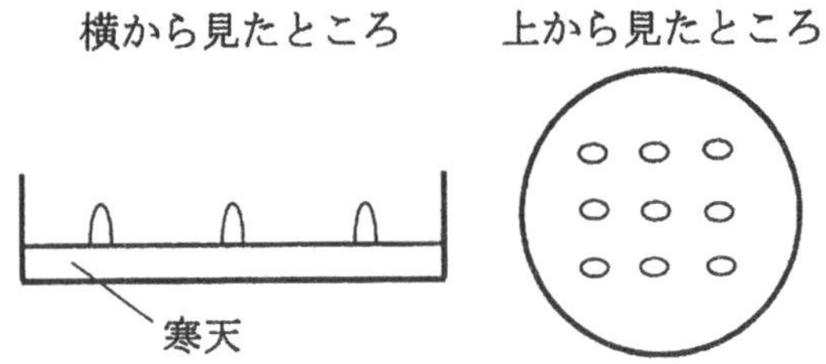

図２

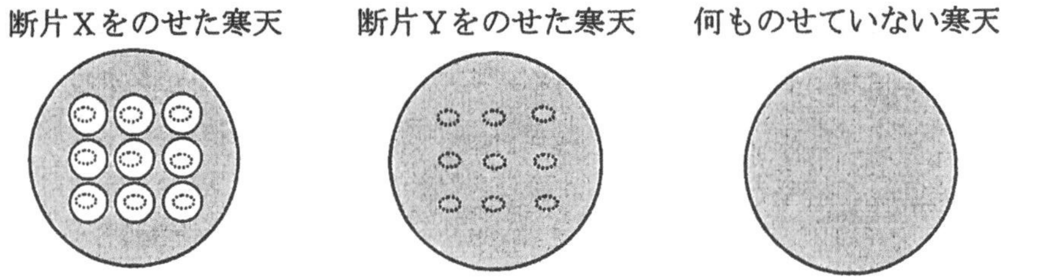

図３

6　下線部の水の量は、３日間どの程度に保つべきか。正しいものをア、イから選び、選んだ理由も書きなさい。

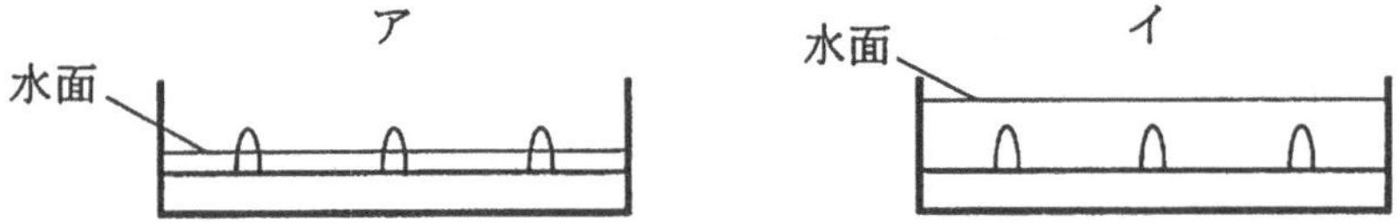


7　図３の結果から考えられることとして正しいものをア～オから選びなさい。

ア　胚があるとアミラーゼがはたらく。

イ　切断された種ではアミラーゼははたらかない。

ウ　種の外でもアミラーゼははたらく。

エ　実験開始３日後の断片Ｘに含まれるでんぷんの量は実験開始時とほぼ同じである。

オ　実験開始３日後の断片Ｙに含まれるでんぷんの量は実験開始時とほぼ同じである。

静水（流れのないところ）で，2人のボートの進む速さは，それぞれ一定です。

A地点とB地点は2.4km離《はな》れていて，川は毎分15mの速さで流れています。姉がA地点からB地点に向けて，妹がB地点からA地点に向けて同時に出発すると，A地点から1.8kmの地点で2人は出会います。姉がB地点からA地点に向けて，妹がA地点からB地点に向けて同時に出発すると，A地点から1.5kmの地点で2人は出会います。

（1）静水でボートの進む速さは，姉は毎分 □ m，妹は毎分 □ mです。

（2）ある日の8時10分に，姉はB地点を，妹はA地点をそれぞれ出発して

A地点とB地点の間を1往復しました。

2人が2回目に出会うのは □ 時 □ 分のはずでしたが，

姉がA地点を出発してから □ 分 □ 秒の間，ボートをこがずに

川の流れだけで進んだため，実際に2人が2回目に出会ったのは，

□ 時 □ 分で，A地点から1.2kmの地点でした。

| 得点 | 5・6 |
|---|---|
| | |

| 合　計 |
|---|
| |

受験番号（　　　　）　氏名［　　　　　　　　　　］

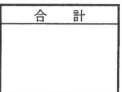

4．図のように，半径3cmで中心角が90°のおうぎ形と，[illegible]

図形を底面とする，高さが6cmの立体があります。点Pは，1→2→3→4→5→6→7→8→9→1の順で線に沿って動きます。点Pが6cmの辺上を動くときの速さは，3cmの辺上を動くときの速さの2倍です。下のグラフは，点Pが進んだ時間（秒）と道のり（cm）の関係を表したものです。

グラフのア，イ，ウの □ にあてはまる数を入れなさい。

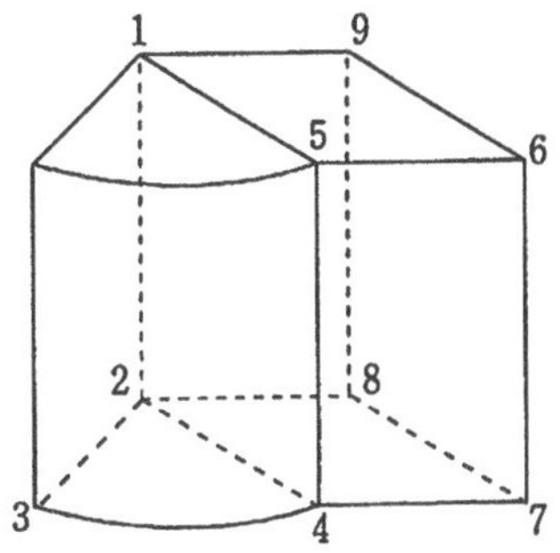


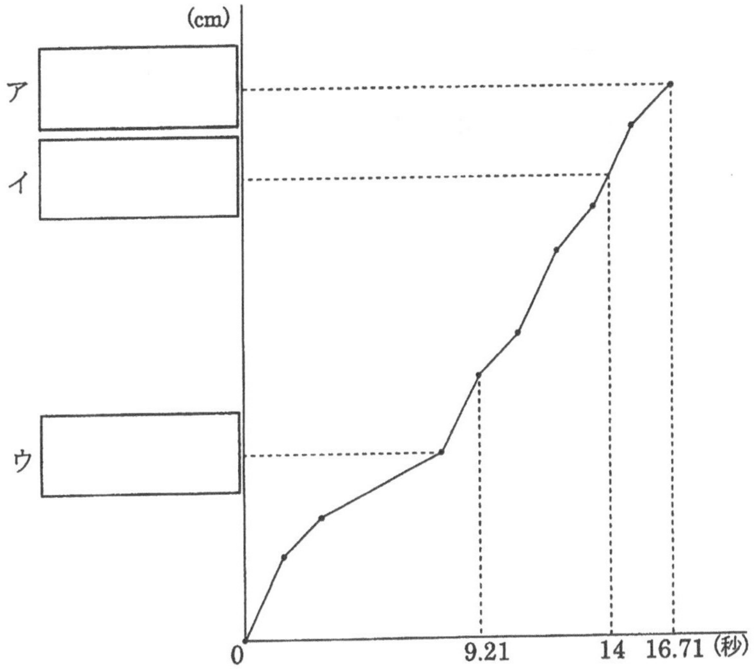


| 小　計 |
| --- |
| |



受験番号（　　　　　）　氏名［　　　　　　　　　　　］

なります。ジャガイモ1袋とニンジン8本は同じ値段です。ジャガイモを2個と1袋,

ニンジンを5本買うと合計754円です。

（5）Aさんは1日おき，Bさんは2日おき，Cさんは3日おきに，あるボランティア活動をしています。ある年の7月1日の土曜日に3人は一緒《いっしょ》に活動しました。次に，この3人が土曜日に一緒に活動するのは，同じ年の □ 月 □ 日です。

（6）図の四角形ABCDは長方形です。角㋐～角㋔のうち，46° である角に○を，そうでない角には×を表に入れなさい。

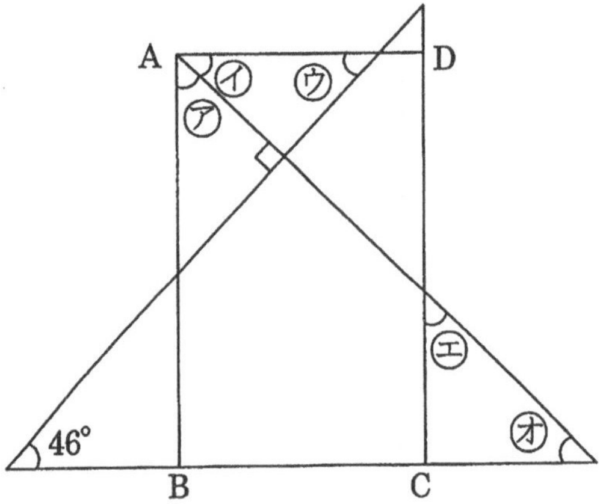


| ㋐ | ㋑ | ㋒ | ㋓ | ㋔ |
|---|---|---|---|---|
| | | | | |

| 得点 | 1 |
|---|---|
| | |

受験番号（　　　　）　氏名［　　　　　　　　　　　　　　］




2020(R2) 女子学院中

K 教英出版

二　次の文章を読んで後の問いに答えなさい。

わかりにくい言葉は〈　〉内に意味を付記しました。

居場所がない、①身の置きどころがない、ひとりはじき出されている感じがする、まるでじぶんの存在が消え入る点になったみたいに……。そんな心細い思いが、人をしばしば蝕《むしば》む。ずっと長くそんな不安な思いに沈《しず》み込《こ》んだままの人もいる。

存在のこうした萎縮《いしゅく》は、②人が「つくる」といういとなみから外れたところで起こるのではないかと、このところ思いはじめている。

人は生きるために、みなとともに生きのびるために、土を［A］て米や豆や野菜を作り、それに使う道具を作り、身につける衣装《いしょう》を作り、物を運ぶ車や船を作り、雨風と夜露《よつゆ》をしのぐ家を造ってきた。農作と工作、製作と造作。作ることは、生きることの基盤《きばん》をなすいとなみの一つである。

だから幼稚《ち》園でも小学校でも、子どもにはまず「つくる」ことを教えてきた。料理を作ったり、土を［B］て何かの形にしたり、木を削《けず》って棒を作ったり、紙で箱を作ったり。くりかえすが、作ることは生きることの基本である。

ここで忘れてならないのは、そういう製作が単独の仕事ではなく、③他人の仕事とのネットワークのなかでなされてきたということである。たとえば包丁一つ作るのでも、鍛冶《かじ》職人、刃付け職人、柄《え》作り職人、そして最後に銘《めい》を切り、柄をつけ、包丁に仕上げる産地問屋《どんや》というふうに、異なる人びとの繋《つな》がりがなくてはどうにもならない。

それにくわえて、いずれの職人も作るにあたって材料となる木や鉄がどのような性質をもっているかを知りつくしていないといけない。刃の当たるまな板の性質も、刃を研《と》ぐ砥石《といし》の性質も熟知していなければならない。さらにそれで野菜を切るのか肉を切るのか、肉でもどの部分を削《そ》ぐのかという用途もまたよく頭に入れておく必要がある。

こうした人の繋がり、④物との対話、用途の連なり、それらがあればこそ、わたしたちは、身を寄せられるもの、あるいは拠《よ》りどころとできるものの《たしかさ》に安らうことができる。⑤じぶんが生きる場の広がりを実感するようになるのだ。

ところが、「文明」の進化とともに、人は「つくる」ことの手間を省いて、「つくられた」ものを［C］ほうに、関心を移していった。家や車はもちろん、日用の道具も料理も、作るのではなく［C］ようになった。製造と流通のシステムに「つくる」ことのほとんどを託《たく》すことで、人はホモ・ファーベル〈作る人〉から⑥「消費者」へと座を移していった。

便利に、快適になった。が、そうしたシステムに漫然《まんぜん》とぶら下がっているうち、「つくる」という、生きる基本となる能力を損《そこ》なってしまった。気がつけば、調理すること、工作することは⑦おろか、排泄《はいせつ》物を処理することも、赤子を取り上げることも、遺体の清拭《せいしき》や埋葬《まいそう》も、みずからの手ではできなくなった、いのちを繋ぐために世代から世代へと伝えられてきた技《わざ》をも損なってしまった。⑧そんな技の根絶やし状態をとことん思い知らされたのは、大震災《しんさい》でシステムが停止もしくは破綻《はたん》したとき、つい6年前のことである。

一方で、「つくる」ことは「ものづくり」へと純化され、「創《つく》る」こととして神棚《かみだな》に上げられていった。匠《たくみ》の技として、道具が工芸品や美術品にまつりあげられる。用いられるはずのものが鑑賞《かんしょう》されるものになった。道具は、用いられるものとして、人びとの繋がり、物たちの連なりに根を生やしていたはずなのに。こうして⑨「つくる」ことがわたしたちから遠ざかっていった。

このことは「つかう」ことの痩《や》せ細りをも招いた。道具は人がじっくり使いこなすものではなくなり、「つかう」はお金を使うことに縮こまっていった。

「つかう」というのは何かを手段として利用するだけのことではない。人は物だけでなく他の人も使うが、それは簒奪《さんだつ》〈家臣が君主の位をうばい取ること〉や搾取《さくしゅ》〈資本家が労働者の利益を不当にしぼり取ること〉ばかりではない。⑩おんぶしてもらったり、もたれさせてもらったりもする。

「つかう」とは「つきあい」からくるもの、つまり「付《い》く」と「合う」の縮約形である。そして、道具を使うとは、道具の構造を受け容れることでそれにじわじわ馴染《なじ》みつつ、みずからの可能性を外へと拡《ひろ》げてゆくことであり、そのかぎりで「仕《つか》う」ことでもある。

さらに「つかう」には「遣《つか》う」の意味もある。人を遣わすとは、だれかをおのれの名代《みょうだい》として送ること。この者の言葉はわたしの言葉と思っていただいてよいと。そういう信頼《しんらい》が「遣う」の核《かく》にある。そういう「つかう」の多層的な意味もまた「つくる」の萎縮とともに失われていったのではないだろうか。冒頭《ぼうとう》にあげた⑪個々人の存在の縮こまりも、おそらくこのことと無関係でない。

（鷲田清一『濃霧の中の方向感覚』）

問一 ——①「身の置きどころがない」とありますが、「身の置きどころ」とはどのような場所ですか。最も適切なものを次から選びなさい。

ア 逃げてかくれられる場所
イ 心や体が落ち着いていられる場所
ウ 存在の基本を見つけられる場所
エ 周りがよく見わたせる場所

問二 ——②「人が「つくる」といういとなみから外れた」とはどういうことですか。最も適切なものを次から選びなさい。

ア 人がつくるという仕事を投げ出してしまう
イ 人がつくることの利点に関心がなくなる
ウ 人がつくることの影響《えいきょう》を忘れてしまう
エ 人がつくるという行動をしなくなる

問三 [A]、[B]にあてはまる動詞を解答欄《らん》に合わせてひらがなで書きなさい。

問四 ——③「他人の仕事とのネットワークのなかでなされてきた」とありますが、たとえば一冊の本ができあがるまでにどのような内容の仕事がありますか。「文章を書く仕事」以外に二つ書きなさい。

問五 ——④「物との対話」とは、どのようなことですか。最も適切なものを次から選びなさい。

ア 物を作る人が、ネットワークを通して材料の生産地をよく知ること
イ 物を作る人が、物のよさをひき出そうとみなでよく話し合うこと
ウ 物を作る人が、材料などに直接ふれてその性質をたしかめること
エ 物を作る人が、完成品の用途をきちんと使う人に伝えること

問六 ——⑤「じぶんが生きる場の広がりを実感するようになる」とありますが、小学生の感想として、本文の流れに合わないものを次から二つ選びなさい。

ア 何か一つのものを作るにも、さまざまな職種の人が関わっていることを知りました。
イ 物を作るときには、できるだけたくさんの店から材料を集めるのがいいと思います。
ウ 作る人が、自分の作ったものがどのように使われているのかまで考えているのに驚きました。
エ 職人が長い時間をかけてものの作り方を身につけてきたことに気づかされました。
オ せっかく物を作ったのなら、多くの人に知らせるようにするのがおもしろいと考えました。

問七 二か所ある[C]に共通して入る適切な語を書きなさい。

問八 ―⑥「「消費者」へと座を移していった」とはどういうことですか。最も適切なものを次から選びなさい。

ア 消費に気を取られて作ることを考えず、自然の恵みに目を向けない暮らしをするようになった。
イ 自分の欲望のままに消費するので、作っている他者への配慮《はいりょ》に欠けた暮らしをするようになった。
ウ 作ることを専門家に任せて消費に専念し、自分の役割のみを考えて生活するようになった。
エ 自分では作れないものも手に入れて消費できる、便利で安楽な暮らしをするようになった。
オ いつでも消費する一方であるので、作ることの意味を失ったまま生活するようになった。

問九 ―⑦「おろか」のここでの意味を次から選びなさい。

ア いいかげんにして　　イ いうまでもなく
ウ ばかばかしくて　　エ とるにたらなくて

問十 ―⑧「そんな技の根絶やし状態」とは、どのような状態のことですか。説明しなさい。

問十一 ―⑨「「つくる」ことがわたしたちから遠ざかっていった」とありますが、どういうことですか。最も適切なものを次から選びなさい。

ア 特別な技術を持つ人だけがものを作るようになったこと
イ 使うのではなく鑑賞するものばかり作られるようになったこと
ウ 職人たちが生産地からはなれてあちこちで作るようになったこと
エ 簡単に製品が手に入ることで作れるものを作らなくなったこと

問十二 ―⑩「おんぶしてもらったり、もたれさせてもらったりもする」とありますが、他の人に対してどのような関係であると考えられますか。最も適切なものを次から選びなさい。

ア どんな時も相手に甘《あま》えてしまう関係
イ 強いものが弱いものを助ける関係
ウ 何かを与える代わりに何かをもらう関係
エ 安心して相手を頼《たよ》っている関係

問十三 ―⑪「個々人の存在の縮こまり」と最も近い内容を持つものを次から選びなさい。

ア 自分以外の人や物と支え合ってお互いの存在を高めていくことができない状態。
イ 自分以外の人や物とふれあいながら自分が存在する世界を広げることができない状態。
ウ 自分以外の人や物と関わりながら自分の存在の意味を確かめることができない状態。
エ 自分以外の人や物と信じ合ってお互いの存在価値をみつけることができない状態。

三 次のカタカナを漢字に直しなさい。

1 今評判のお菓子のガンソはあの店だ。
2 近所の公園をサンサクする。
3 ハクガク多才な人。
4 教室に学級文庫をモウける。

受験番号〔　　〕

氏名〔　　〕

二〇一九年度

# 女子学院中学校入学試験問題（国語）

（40分）

一　次の文章を読んで後の問いに答えなさい。



著作権に関係する弊社の都合により
本文は省略いたします。

**教英出版編集部**

（『樹木たちの知られざる生活　森林管理官が聴いた森の声』
ペーター・ヴォールレーベン・著／長谷川圭・訳）

＊1樹冠…樹木の上部の、枝や葉が茂っている部分。
＊2リューベック…ドイツの都市。

問一　――①「人々は、間隔《かんかく》が狭《せま》いと光と水の奪《うば》い合いになる、と心配するようだ」とありますが、奪い合いになるのはどのような場所においてなのか、本文から十五字以内で抜《ぬ》き出しなさい。

問二　――②「ブナの木は〝公平さ〟に重きを置いている」と言えるのは、ブナ林がどのような状態にあるからですか。最も適切なものを次から選びなさい。
ア　どんな土壌に生えた木でも、葉一枚がつくる糖分量が等しい状態
イ　どんな太さの木でも、得られる光と水の量が同じである状態
ウ　どんな間隔で植えられた木でも、樹冠が均等に広がっている状態
エ　どんな気候で育った木でも、幹が均一なはやさで生長する状態

問三　――③「申し合わせたかのように」の意味として最も適切なものを次から選びなさい。

ア　互いに真似《まね》をしたかのように
イ　遠慮《えんりょ》しあっているかのように
ウ　前もって相談していたかのように
エ　誰かに命じられているかのように

問四　――④「その状態をよくないと考える林業従事者もたくさんいて」とありますが、なぜ林業従事者は「よくない」と考えるのか、理由として最も適切なものを次から選びなさい。

ア　木が養分と水分をうまく分配することができないから。
イ　病気の流行や害虫の発生により不健康な木になるから。
ウ　樹冠が小さく見た目がとてもみすぼらしくなるから。
エ　幹が伐採可能な太さにまでなかなか生長しないから。

問五　――⑤「そういう木は健康でよく生長するが、長生きすることはない」とありますが、

1、「そういう木」とはどのような木ですか。説明しなさい。
2、「長生きすることはない」とありますが、「そういう木」が長生きできない理由を二つに分けて説明しなさい。

問六　――⑥「連携《れんけい》を失った森」とありますが、

1、「連携」のことばの意味として、最も適切なものを次から選びなさい。
ア　連帯して互いに影響《えいきょう》を与えること
イ　連絡《れんらく》をとって共に物事を行うこと
ウ　連動させて目的を達成すること
エ　連続の中で周囲と関わりを持つこと
2、森の中の「連携」とはどのようなことですか。文中の言葉を使って説明しなさい。

問七　――⑦「本来ならありえないこと」とありますが、「ありえないこと」の内容を、文中の言葉を使って二十五字以内で書きなさい。

問八　――⑧「社会の真の価値は、そのなかのもっとも弱いメンバーをいかに守るかによって決まる」とありますが、筆者はどのような人間社会を価値があると考えていますか。解答欄《らん》に合わせて答えなさい。

# 2019年度　女子学院中学校入学試験問題　（算数１）

＜注意＞計算は右のあいているところにしなさい。円周率は 3.14 として計算しなさい。

(40分)

**１．** 次の□にあてはまる数を入れなさい。

（１）$\left(\frac{7}{37}+\frac{2}{185}\right)\times\left(0.5-0.18\div1\frac{2}{25}-\frac{1}{673}\right)=\square$

（２）図のように，半径 8cm，中心角 90°のおうぎ形の中に

半径 4cm の半円と，半径 2cm の半円があります。

影《かげ》をつけた部分の面積は□cm²です。

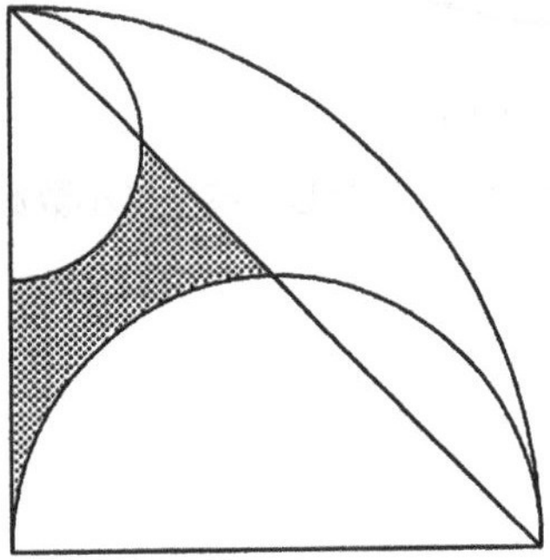

（３）ある数 X の逆数を，[X] で表すとします。たとえば，$[3]=\frac{1}{3}$，$[0.25]=4$ です。

①　$\frac{1}{1-[A]}=3$

②　$\frac{1}{1+\frac{1}{1-[6]}}=B$

A は，□

B は，□

# 2019年度　女子学院中学校入学試験問題　（算数2）

| 得点 | 2 |
|---|---|
| | |

２．　図1のように，半径1 cm の円をAからDまで太線に沿ってすべらないように転がしました。

ただし，AB＝5 cm，CD＝5 cm，BからCの曲線は半径4 cm の円の円周の一部です。

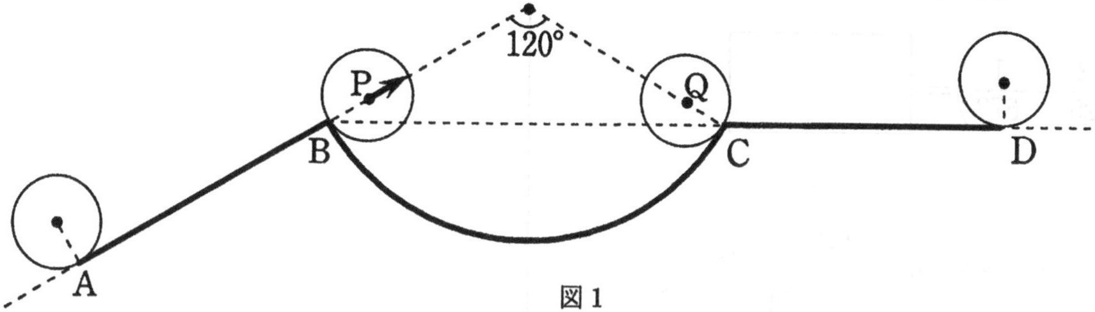


図1

（1）円の中心が動いてできる線の長さを求めなさい。ただし，答えは小数第2位を四捨五入しなさい。

式：

答え＿＿＿＿＿＿＿＿＿＿cm

（2）円の中心がPにきたとき，図1のように円に矢印をかきました。

# 2019年度　女子学院中学校入学試験問題　（算数3）

４，　５，　６の各問いについて□にあてはまる数を入れなさい。

４．　今，時計の長針は文字盤《ばん》の 1 ～ 12 のいずれかの数ちょうどを指していて，

今から $56\frac{4}{11}$ 分後に，長針と短針のつくる角が 180°になります。

今，長針と短針のつくる角は □ 度で，

時刻は 午前 □ 時 □ 分です。

５．　ある菓《か》子を箱につめて売ります。1 箱 12 個入りは 1500 円で，15 個入りは 1800 円です。12 個入りだけにすると菓子は 6 個余り，15 個入りだけにすると菓子は 9 個余ります。それぞれの場合で箱入りの菓子がすべて売れたとき，売り上げの差は 4500 円になります。菓子は全部で □ 個あり，

売り上げが最大になるのは，12 個入りを □ 箱と

15 個入りを □ 箱にして売ったときです。

# ２０１９年度　女子学院中学校入学試験問題　（理　科）

受験番号　（　　　　　）　　　　氏名［　　　　　　　　　　］

(40分)

（答は解答用紙に書きなさい。選択《たく》肢《し》の問題の答が複数ある場合は、すべて答えなさい。）

I　私たちが捨てるごみのうち、「資源ごみ」といわれるものの多くはリサイクルされている。資源ごみには様々なものがあるが、飲料の容器に使われているペットボトルもその一つである。

1　ペットボトルに火をつけると燃え、ドライアイスから出る気体と同じ気体ができる。この気体をＡとする。

（１）Ａの名前を答えなさい。

（２）Ａが水に溶《と》ける量について、正しいものをア～エから選びなさい。

ア　温度に関係なくほとんど溶けない　　イ　低温ほどよく溶ける　　ウ　高温ほどよく溶ける　　エ　温度に関係なくよく溶ける

（３）①～③にあてはまるものをア～キから選びなさい。ただし、香《こう》料などは入っていないものとする。

①　酸性の水溶《よう》液　　②　アルカリ性の水溶液で固体が溶けているもの　　③　酸性以外の水溶液でにおいを持つもの

ア　せっけん水　　イ　酢《す》　　ウ　塩酸　　エ　水酸化ナトリウム水溶液

オ　アンモニア水　　カ　さとう水　　キ　サラダ油

（４）Ａを通すと反応する無色透《とう》明の水溶液の名前と反応の様子を書きなさい。

（５）一般《ぱん》に、火を消すときには次にあげたア～ウの方法がある。①～④に最も関係が深いものをア～ウから選びなさい。

**Ⅱ**　テレビの天気予報を見ていると、「大気の状態が不安定のため、急な雷《らい》雨に警戒《かい》して下さい」といった言葉をよく耳にする。「大気の状態が不安定」とはどのような状態なのだろうか。

熱気球からわかるように、周りよりもあたたかい空気は自然に上昇《しょう》する。上昇した空気は、周囲の空気の温度と関係なく温度が下がり（空気は上昇すると膨《ぼう》張して温度が下がる）、空気中の水蒸気は水滴《てき》や氷の粒《つぶ》に姿を変え雲となり、成長した水滴や氷の粒は雨として落下する。「大気の状態が不安定」とは、空気が自然に上昇しやすい状態をいう。では、どのようなとき、「自然に上昇しやすい、周りよりもあたたかい空気」は生じるのだろうか。

高い山に登ると肌《はだ》寒く感じるように、大気下層（高度 約 11km 付近まで）の気温は高度が高くなるにつれ、低くなっていく。下図は、日本のある地点のある日（A、B、C）の気温の分布を示したものである。それぞれの日、高度 0 km にある空気を風船に入れて高度 1 km まで持ち上げたあと、風船がどのように動くか調べてみた。また、風船の中の空気の温度を測ると、周囲の空気の温度と関係なく 100m 持ち上げるたびに 1 ℃ずつ温度が下がっていった。ただし、この風船は自由に伸《の》び縮みし、その重さは無視できるものとする。また、いずれの日も高度 1 km までの範《はん》囲では雲は発生しなかった。

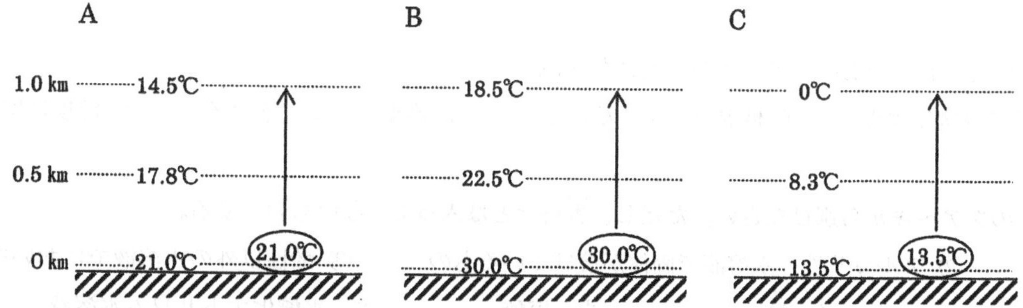


1　次の文章中の[ ① ]に入る温度を求め、[ ② ]、[ ③ ]に入ることばを下の選択肢から選びなさい。

Aの日、0 km にある 21℃の空気が入った風船を 1 km まで持ち上げた。このとき、風船の中の空気の温度は[ ① ]となり、周囲の空気の温度[ ② ]ため、この風船は[ ③ ]。

②（ア　より高くなる　　イ　と同じになる　　ウ　より低くなる）

③（ア　自然に上昇する　　イ　その場にとどまる　　ウ　自然に落ちる）

2　次の文章中の

# Ⅲ

1　メダカについて次の問いに答えなさい。

（1）メダカの飼い方について、次の①～③のA、Bからどちらが良いか選び、最もふさわしい理由をア～エから選びなさい。

①水そうは、（A　日光が直接当たる　　B　日光が直接当たらない）明るいところに置く。

［ア　中に入れた水草の光合成によって、水の中の酸素を増やすため　　イ　メダカの体についている細菌《きん》を、日光で殺菌するため

ウ　水の温度が大きく変化しないようにするため　　エ　日光によってメダカが日焼けしないようにするため］

②水そうの水をかえるときは、（A　水道水を２～３日置いておいたもの　　B　新鮮《せん》な水道水）を使う。

［ア　水がくさる前に使うため　　イ　水道水に溶けている薬品が空気中に抜《ぬ》けてから使うため

ウ　水道水に溶けている酸素が減らないうちに使うため　　エ　ゾウリムシやミジンコを水の中に発生させてから使うため］

③エサは（A　少なめに　　B　多めに）あたえる。

［ア　エサをあたえる回数を減らせるから　　イ　残ったエサがあると、水が汚《よご》れるから

ウ　エサが少ないと、メダカどうしがエサを取り合うから　　エ　メダカは食べ過ぎると太って病気になるから］

（2）めすが産んだ卵は、おすが出した精子と結びつくと育っていく。卵と精子が結びつくことを何といいますか。

（3）メダカの産卵行動について、次の①～⑥から正しいものを選んで行われる順に並べたものを、ア～カから選びなさい。

①めすが卵を産む。　　②めすが卵を腹につけてしばらく泳ぐ。　　③おすが卵を腹につけてしばらく泳ぐ。

④めすが卵を水草につける。　　⑤おすが卵を水草につける。　　⑥おすが卵に精子をかける。

ア　①②④⑥　　イ　①②⑥④　　ウ　①③⑤⑥　　エ　①③⑥⑤　　オ　①⑥②④　　カ　①⑥③⑤

（4）おすが卵に精子をかけるときにおすはひれをどのように使っているか、ア～エから選びなさい。

ア　出した精子を尾《お》びれで卵につける。　　イ　精子が卵の方に行くように、尾びれを動かし水の流れをつくる。

ウ　しりびれと背びれでめすの腹を包む。　　エ　精子が卵の方に行くように、胸《むな》びれと腹びれを動かし水の流れをつくる。

（5）メダカのめすが一度に産む卵の数はどれくらいか、ア～エから選びなさい。

ア　1～3個　　イ　10～40個　　ウ　200～300個　　エ　1000～2000個

（6）成熟したおすとめすはひれの形が異なっているが、ひれの他におすとめすのからだの形で異なるところがある。どこがどのように違《ちが》うか、おす、めすの違いがわかるように答えなさい。

（7）メダカのうろこをはがして見てみると、丸い形をしている。うろこは全部が表面に表れているのではなく、図1のように、他のうろこの下にもぐりこんでいる部分（被覆部《ひふくぶ》）の方が大きく、たくさんのうろこがかわら状に重なり合って体表をおおっている。図1のAの向きは体のどの部分に向いているか、ア～エから選びなさい。

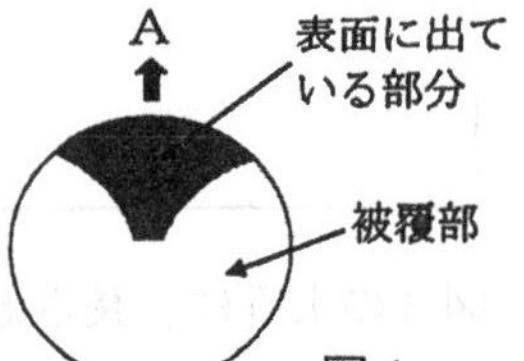


図1

# Ⅳ

1　5 cm ごとに穴のあいている実験用てこと1個20gのおもりがいくつかある。おもりは軽い糸でてこの穴につるすことができる。ただし、おもりは支点につるせない。

（1）図1のように、左のうでに3個のおもりをつるし、右のうでの支点から 25 cm の穴におもりを何個かつるしたところ、うでは水平になった。右のうでにつるしたおもりは何個ですか。

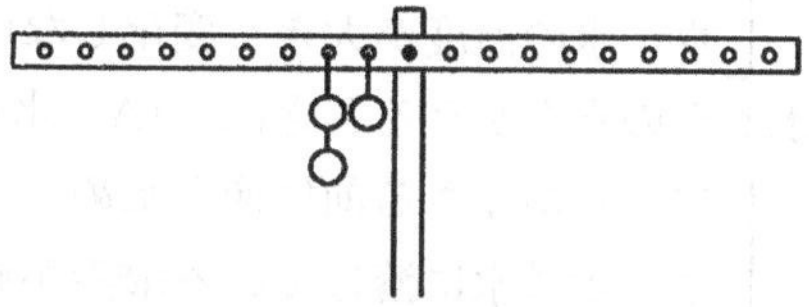

図1

（2）図2のように、左のうでにおもりを4個つるしてうでを水平にしたい。

①右のうでにおもりを1個つるして、うでを水平にするには、どこにつるせばよいか、支点からの距離《きょり》で答えなさい。

②右のうでにおもりを3個つるして、うでを水平にするには、どのようにつるせばよいか、例のように、支点からの距離で組合せをすべて答えなさい。

（例）30 cm のところに2個、35 cm のところに1個のとき⇒（30、30、35）

（　　　）内の数は小さい順に書くこと。

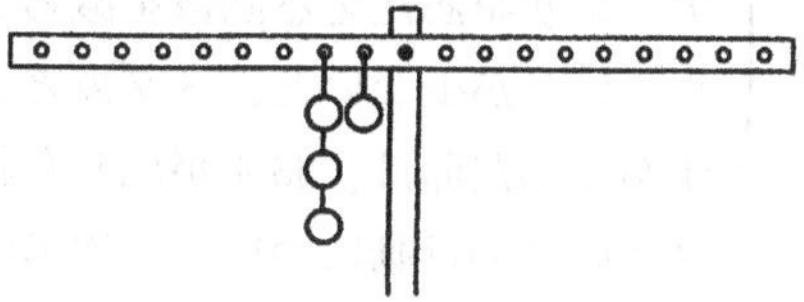

図2

2　つり合いを利用して重さをはかる道具に「さおばかり」がある。

| | | |
|---|---|---|
| さおばかり<br>（右の写真） | … | 皿に物をのせて、おもりの位置を動かして棒を水平にする。<br>棒には目盛りが記されており、おもりの位置の目盛りから<br>物の重さが分かる道具。 |

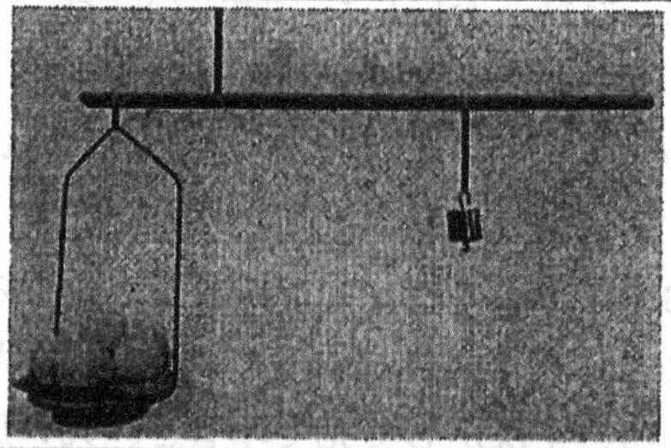

図3のように、長さ 80 cm の均質な棒の左端《はし》から 20 cm のところに支点があり、皿は左端

B　A

# ２０１９年度　女子学院中学校入学試験問題（社会）

受験番号（　　　　　　　）氏名［　　　　　　　　　　　　　　　　　　　　］（語句はできるだけ漢字で書きなさい。）

(40分)

## Ⅰ

①古代の人類が捨てた貝殻《から》などが、長い時間をかけて積み重なった遺跡《せき》からは、土器や動物の骨などが出土しています。②藤原京や平城京の遺跡からは、多くの③荷札が出土しています。藤原京跡《あと》から出土した④７世紀末の荷札は、⑤大宝律令制定までの地方行政の組織が、日本書紀に記されていた「郡」ではなく「評」であったことを明らかにしました。また荷札からは、⑥関東地方の魚や海草、布など、各地から平城京に物資が運び込《こ》まれていたことがわかります。多くのものが集まり、多くの人が集まって住む都市で、ごみの処理は今も昔も大きな問題です。

18 世紀の初め、江戸には 100 万人もの人々が生活していました。そのため、⑦江戸は様々な商品の大消費地でした。しかし、江戸時代に日本を訪れた西洋人は、都市がとても清潔であると記しています。⑧江戸では不要になったものが徹《てっ》底して再利用されていました。

問１　下線①を何といいますか。

問２　下線②の遺跡がある都道府県名を答えなさい。

問３　下線③に関して、紙の使用が広まる前に用いられた、木でできた札を何と呼びますか。

問４　下線④の時期までに中国大陸や朝鮮半島から伝わり、日本各地に広まったものを２つ選び、記号で答えなさい。

ア　禅《ぜん》宗　　イ　鉄器　　ウ　宋《そう》銭　　エ　漢字　　オ　木《も》綿

問５　下線⑤前後のできごとを、古い順に記号で並べかえなさい。

ア　大化の改新が始められた。　イ　仏教が正式に伝わった。　ウ　日本書紀が完成した。　エ　遣隋《けんずい》使が派遣された。

問６　下線⑥に関する文を、古い順に記号で並べかえなさい。

ア　平氏が、武力を背景に関東でも領地を広げた。

イ　北条氏が、周りの大名と関東で勢力を争った。

ウ　ヲワケという豪《ごう》族がワカタケル大王に仕えた。

エ　北条氏が執《しっ》権となり、幕府の政治を進めた。

## Ⅱ　鉄や石炭、石油といった鉱物資源は、歴史上大きな役割を果たしてきました。

問１　鉄を使用した武器に関する史料を読んで、下の問に答えなさい。

> 一、諸国の百姓《しょう》たちが、刀、弓、槍《やり》、鉄砲《ぽう》、その他、武器武具を所有することを厳しく禁止する。不必要な武器を手元に持って、年貢《ぐ》・税の納入をしぶり、一揆《き》をくわだて、けしからぬ行為をなす者たちは、もちろん厳しい罰《ばつ》を受けるだろう。そうなれば、（処罰された者たちの田畑は耕作されず）年貢が入らず、土地が無駄《だ》になってしまうため、地域の代官《だいかん》（役人）など徴《ちょう》税の責任者は、以上のような武具を全て取り集めて差し出すようにせよ。
>
> 一、（没《ぼっ》収して）取っておいた刀などは、決して無駄にされるのではない。今度、大仏が建てられるが、そこで、くぎなどの金具に使うように命令される。そうすれば、この世では言うまでもなく、死んでからの来世《らいせ》まで、百姓たちは救われることになるのである。
>
> 一、百姓は農具を持って耕作に集中していたならば、子孫まで長く栄えるであろう。百姓たちをいとおしむ心からこのように命じられたのである。誠《まこと》にこれは国土が安全無事で、全ての人々が快適に楽しく暮らせる基礎《そ》となるものである。（この命令の）考えを守り、おのおのが意味や目的をよく理解して、百姓は農耕・養蚕にはげむこと。
>
> 天正16（1588）年

（１）この史料の命令を発した人物を答えなさい。

（２）この史料の前後に起こったできごとを、古い順に記号で並べかえなさい。

　ア　朝鮮出兵　　イ　関ヶ原の戦い　　ウ　長篠《ながしの》の戦い　　エ　本能寺の変

（３）この史料から読み取れることとして、まちがっているものをすべて選び、記号で答えなさい。

　ア　この法令が出された目的は、百姓の一揆を防止することである。

　イ　百姓は耕作に集中し、きちんと納税をするべきである。

　ウ　没収された武器や武具は、大仏の金具に使うので、無駄にはならない。

　エ　農民は生糸などの生産を禁止されていた。

　オ　農民が一揆を企《くわだ》てた場合、中心人物のみが処罰される。

　カ　税を集める代官に、刀などの没収が命じられた。

（４）この史料で命令されたことが、実際に行われたかを調べるには、いろいろな方法が考えられます。次の文にはふさわしい方法が複数問7　1973年に、中東での戦争の影響《えいきょう》による石油の値上げで、国内の物価が急上昇《しょう》し、経済が混乱しました。

（1）このような経済の混乱を防ぐ政策として、ふさわしくないものを1つ選び、記号で答えなさい。

ア　企《き》業や家庭に対し、石油を効率的に使用し省エネルギーに努めるようにうながす。

イ　石油にかわる新しいエネルギーの開発を行う企業や研究所に、助成金を出す。

ウ　ガソリンなど、さまざまな商品の値上がりを防ぐため、所得税を減税する。

エ　できるだけさまざまな地域の国から石油を輸入する。

（2）1973年よりも後に起こったできごとを2つ選び、記号で答えなさい。

ア　阪神・淡路《あわじ》大震《しん》災が起こった。

イ　東京オリンピックが開かれた。

ウ　朝鮮戦争が勃《ぼっ》発した。

エ　日中平和友好条約が結ばれた。

## Ⅲ　東京都にある日《ひ》の出町《でまち》は、関東平野の西部から関東山地にまたがる町です。以下の問に答えなさい。

問1　図1は、日の出町の主な道路（都道《とどう》）やいくつかの施設を表したものです。（1）「日の出町役場」、（2）「工場が一番多くある地域」は、どの範《はん》囲にあると考えられますか。それぞれ選び、記号で答えなさい。（ただし、同じ記号を2回選ぶことはできません。）

ア　Aより西側　　イ　AとBの間　　ウ　BとCの間　　エ　Cより東側

図1

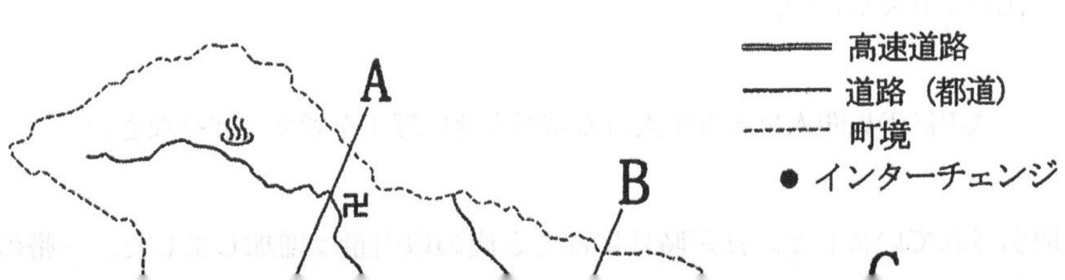


図2

問６　下の表は、日の出町や、女子学院のある千代田区などの昼夜間《ちゅうやかん》人口比率を表しています。

昼夜間人口比率は、常住《じょうじゅう》人口（住んでいる人の数）を100とした場合の昼間《ちゅうかん》人口（昼間その地域にいる人の数、ただし観光客などはふくまない）の割合です。通学者についても、「常住」・「昼間」の意味と昼夜間通学者比率の求め方は同様です。

| | 昼夜間人口比率 | 昼間人口（人） | 常住人口（人） | 昼間人口密度（人／km²） | 常住人口密度（人／km²） | 昼間通学者（人） | 常住通学者（人） |
|---|---|---|---|---|---|---|---|
| 東京都 | 117.8 | 15920405 | 13515271 | 7267 | 6169 | 1679335 | 1421603 |
| 千代田区 | | 853068 | 58406 | 73162 | 5009 | 69443 | 5654 |
| 中央区 | 431.1 | 608603 | 141183 | 59609 | 13828 | 10298 | 10667 |
| 世田谷区 | | 856870 | 903346 | 14761 | 15562 | 120823 | 93647 |
| 練馬区 | | 605084 | 721722 | 12585 | 15011 | 63681 | 79728 |
| 日の出町 | 98.6 | 17205 | 17446 | 613 | 622 | 1234 | 1943 |

「東京都の統計」ホームページ（2018年３月公表）より作成

（1）表を見て、次の文のうち、まちがっているものを２つ選び、記号で答えなさい。

ア　常住人口密度より昼間人口密度が高い市区町村は、昼夜間人口比率が100を超える。

イ　昼間人口と常住人口がともに上位である市区町村は、昼夜間人口比率も上位となる。

ウ　日の出町のように、昼夜間人口比率が100を下回ることは、23区内では起こらない。

エ　世田谷区と練馬区では昼間人口より常住人口の方が多いが、通学者は昼間、世田谷区では流入が多く、練馬区では流出が多い。

オ　中央区は、昼間に通勤してくる人が多いが、昼夜間通学者比率は100を下回る。

（2）千代田区の昼夜間人口比率としてふさわしいものを１つ選び、記号で答えなさい。

ア　46.6　　イ　460.6　　ウ　1460.6　　エ　14606

（3）千代田区の昼間人口と常住人口を他の区や町と比較した上で、千代田区の昼間人口と常住人口の差が大きい理由を考えて述べなさい。

日の出町の地域では、戦国時代、市が立ち①炭（木炭）などが取引されていました。江戸時代になると炭の取引量は増加しました。一帯の

## Ⅳ

日本では便利で豊かな生活を送ることができますが、これは第二次世界大戦後の急激な経済発展によりもたらされたものです。1956 年 5 月 1 日、熊本県の病院から「原因不明の中枢《すう》神経疾患《しっかん》発生」という報告が地元の保健所にありました。水俣《みなまた》病は、この日、公式に発見されたのです。①水俣病の患者とその家族は、水俣病の原因となった（　X　）を含む排《はい》水を行った工場を訴え、その後、国や県の責任を問う裁判も起こしました。水俣病の原因となった（　X　）は現在でも、蛍《けい》光灯など身近なところで使われています。2013 年、②「（　X　）に関する水俣条約」が採択《たく》されました。水俣市は、公害で苦しんだ経験から「環《かん》境モデル都市づくり宣言」をして、ごみの減量や分別収集などに取り組み、③環境や資源を大切にするまちづくりを進めています。

④廃棄物が大量に発生する「使い捨て」の時代から、大切な資源を有効に用いる「⑤循《じゅん》環型社会」の形成を目指す動きが始まっています。⑥循環基本法（循環型社会形成推《すい》進基本法）をはじめ、多くの法律も整備されています。

世界でも、環境を守りながら、限りある資源を有効に活用して開発を進める（　Y　）な社会の実現が求められています。将来にわたって⑦世界の人々がともに豊かに暮らすために、限りある資源から得られる利益を公平に分かち合えるしくみを考えることも大切です。2015 年に開催《さい》された「国連（　Y　）な開発サミット」では、「（　Y　）な開発目標」として１７の目標が掲《かか》げられ、2030 年までの達成に向けて各国で取り組みが進められています。2018 年に来日したアミーナ・モハメッド国連副事務総長は「持っているものを手放せと言われたら、誰でも惜《お》しくなるものです。それでも私たちは繁《はん》栄を分かち合うすべを見つけなくてはいけない。自分の生活が誰かに害を与えていないかを常に考えるべきなのです。」と語っています。

問１　文中の（　X　）には漢字２字、（　Y　）には漢字４字の語句が入ります。それぞれ答えなさい。

問２　下線①について、日本国憲法に基づいて考えると、本来、国や県にはどのような権利を守る責任があったのですか。日本国憲法に用いられている表現で答えなさい。

問３　下線②に関して、条約を締《てい》結する権限を持つ国の機関を答えなさい。

問４　下線③に関して、市町村の中には、産業廃棄物の排出や埋め立てに税金をかけることで、ごみの減量をすすめようとしているところもあります。このような市町村独自の税金の徴収を決める機関を１つ選び、記号で答えなさい。

ア　国税庁　　イ　国会　　ウ　市町村長　　エ　市町村の議会　　オ　税務署

問５　下線④に関連して、プラスチックごみについての説明として、正しいものを３つ選び、記号で答えなさい。

二

問一

問二

問三

問四

問五

問六

問七

1

2

問八

問九

1

2

問十

問十一

問十二

1

ア

イ

2

問十三

1

2

3

三

1

2

3

4

5

う

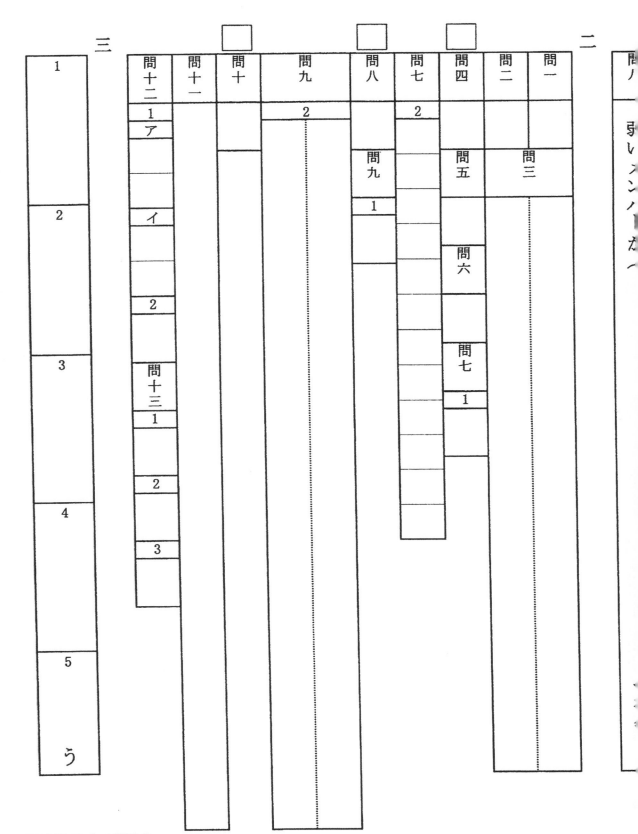

# 解答用紙（理科）

## Ⅰ

1
(1)　　(2)
(3) ①　②　③
(4) 名前　反応の様子
(5) ①　②　③　④　(6)

2　　3

4

## Ⅱ

1 ①　℃　②　③

2 ④　⑤　⑥　⑦　⑧

3 ⑨　⑩　⑪

⑫

【解答用紙

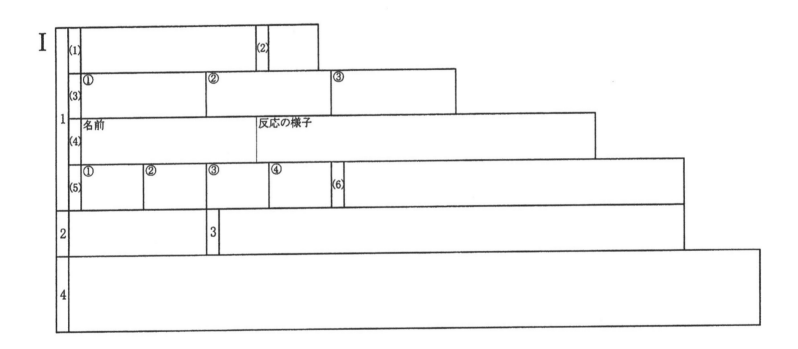

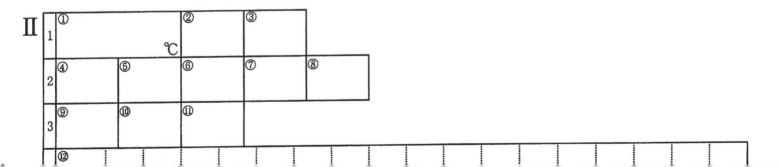

# 解　答　用　紙　（社　会）

## Ⅰ

| 問1 | | 問2 | | 問3 | | 問4 | ¦ | 問5 | → → → |
|---|---|---|---|---|---|---|---|---|---|

| 問6 | → → → | 問7 | | 問8 | |
|---|---|---|---|---|---|

| 問9 | 記号 | | 記号 | |
|---|---|---|---|---|
| | ¦ | | ¦ | |
| | 記号 | | 問10 | |
| | ¦ | | 問11 | |

## Ⅱ

| 問1 | (1) | (2) | (3) |
|---|---|---|---|
| | | → → → | |
| | (4) | | |
| | 記号 | | |

| 問2 | → → → → | 問3 | | 問4 | | 問5 | → → → |
|---|---|---|---|---|---|---|---|

| 問6 | | 問7 | (1) | (2) |
|---|---|---|---|---|
| | | | | ¦ |

Ⅲ

| 問1 | (1) | (2) | 問2 | | 問3 | | 問4 | | 問5 | | 問6 | (1) | (2) |
|---|---|---|---|---|---|---|---|---|---|---|---|---|---|

| 問6 | (3) |
|---|---|

| 問7 | | 問8 | (1) | (2) | (3) | 問9 | | 問10 | → → | 問11 | |
|---|---|---|---|---|---|---|---|---|---|---|---|

Ⅳ

| 問1 | X | Y | 問2 | |
|---|---|---|---|---|

| 問3 | | 問4 | | 問5 | | 問6 | | 問7 | |
|---|---|---|---|---|---|---|---|---|---|

| 問8 | 大臣 | 問9 | |
|---|---|---|---|

※100点満点
(配点非公表)

受験番号（　　　）氏　名［　　　　］

| 得点 | |
|---|---|



2019(H31) 女子学院中
教英出版

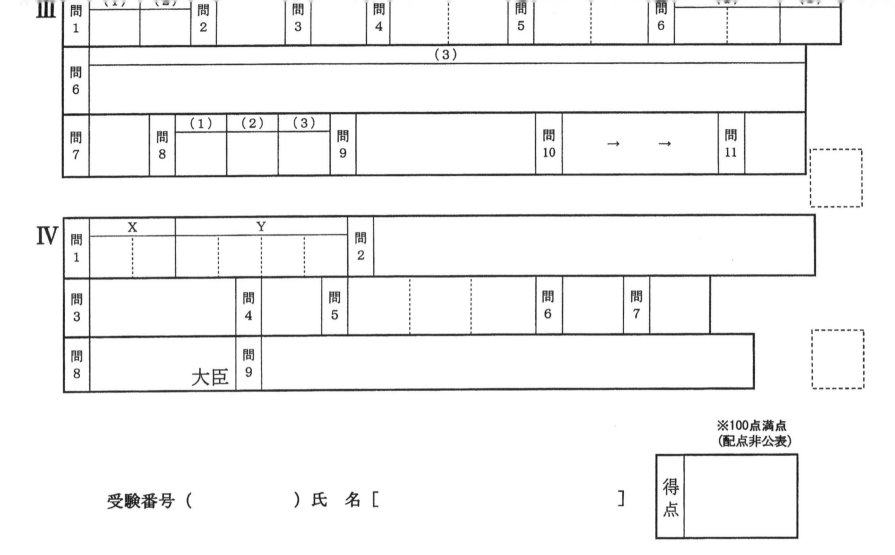

## III

| | | | | | | | | | | | | | | | | | |
|---|---|---|---|---|---|---|---|---|---|---|---|---|---|---|---|---|---|
| 1 | (1) | ① | 良い方 | 理由 | ② | 良い方 | 理由 | ③ | 良い方 | 理由 | (2) | | (3) | | (4) | | (5) |
| | (6) | | | | | | | | | | | | (7) | | | | |
| 2 | (1) | ① | | ② | | (2) | mm | (3) | | (4) | 日後 | | | | | | |

## IV

| | | | | | | | | | |
|---|---|---|---|---|---|---|---|---|---|
| 1 | (1) | 個 | (2) | ① cm | ② | | | | |
| 2 | (1) | ① | ② | ③ | (2) | ① g | ② g | | |
| | (3) | ① | ② | (4) | A | B | | | |
| 3 | ① | ② | ③ | | | | | | |

※100点満点
(配点非公表)

点

受験番号（　　　　）　　氏名〔　　　　　　　　　　〕

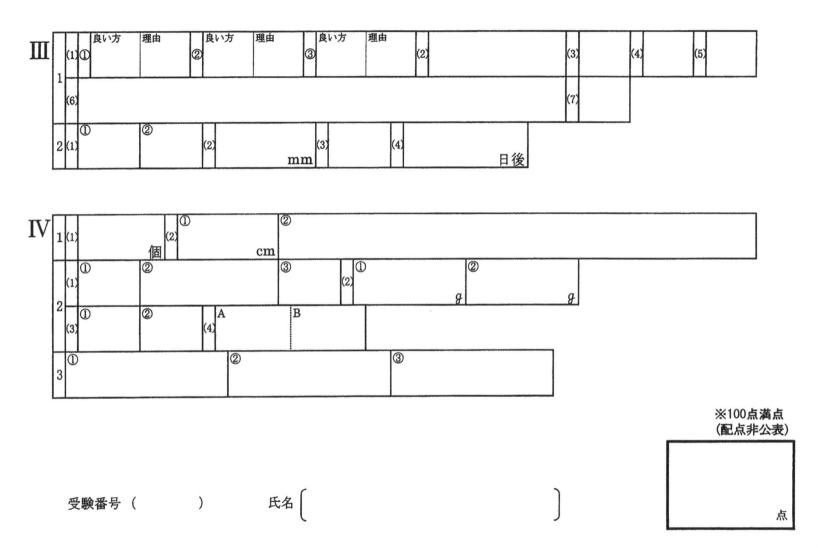

解答用紙（国語）　受験番号　　　氏名

※印欄には何も記入しないこと。

| 問一 | | | | | | | | | | | | | | | |
|---|---|---|---|---|---|---|---|---|---|---|---|---|---|---|---|

| 問二 | | 問三 | | 問四 | |
|---|---|---|---|---|---|

問五

1

2

3

問六

1

2

| 問七 | | | | | | | | | | | | |
|---|---|---|---|---|---|---|---|---|---|---|---|---|

# 解答用紙（国語）

受験番号〔　　　　〕

氏名〔　　　　〕

※100点満点
（配点非公表）

句読点は字数に入れること。

一

問一

問二

問三

問四

問五　1　2

問六　1　2

問七

こと

問８　江戸時代の人々の様子について述べた文として、まちがっているものを１つ選び、記号で答えなさい。

ア　町の運営は、町人から選ばれた町役人が行っていた。

イ　経済力では大名を上回る大商人もいた。

ウ　農民や町人からも、厳しく差別された身分の人々がいた。

エ　農村ではふだん、米のほか雑穀などを食べていた。

オ　歌舞《ぶ》伎《き》は江戸や大阪に限って上演が認められていた。

問９　次の職業から、下線⑧の方法には３通りあったことがわかります。ア~カを２つずつ組にして３つのグループに分け、それぞれどのように再利用したか述べなさい。

ア　古着屋：　古い着物を買い取り、洗ってから仕立て直して市内で売った。

イ　古傘《がさ》買い：　傘を買い取り、折れた骨をはずし、油紙は味噌《そ》や魚の包装紙として市内で売った。

ウ　灰買い：　まきなどを燃やして出た灰を買い集め、農村で売った。

エ　焼継《やきつ》ぎ：　欠けた陶《とう》器を、鉛《なまり》ガラスの粉末を使って接着し、再び焼いて市内で売った。

オ　肥《こえ》くみ：　人の小便・大便をくみとって買い取り、農村で売った。

カ　ほうき買い：　古くなったほうきを買い取り、タワシなどにして市内で売った。

問10　江戸時代、品物の再利用がさかんだった理由として、ふさわしくないものを１つ選び、記号で答えなさい。

ア　業者は修理すれば、わずかでも収入が得られたから。

イ　多くの品物は、新たに買うよりも修理する方が安かったから。

ウ　多くの品物は、比較《かく》的低い技術でも修理できたから。

エ　多くの品物はとてもじょうぶで、ほとんど壊《こわ》れることがなかったから。

問11　江戸時代後半になると、城下町などの都市と農村との間では、人や品物の行き来《き》がさかんになりました。その理由を述べた文としてふさわしくないものを１つ選び、記号で答えなさい。

ア　農家は作物を売って現金収入を得ることが必要になっていったから。

イ　武士が、出費がかさむ城下町を嫌《きら》い、農村に移り住むようになったから。

ウ　貧しい農民の中には、仕事を求めて農村から都市に働きに出る者が増えたから。

エ　有力な農民の中には作業場を建てて織物や酒などを作り、都市で売る者が現れるようになったから。

ア　1590年に作成された、複数の農民の所持物を書き上げた表を見る。

イ　この命令を発した人物が、周囲の人に書き送った和歌を調べる。

ウ　史料に述べられている大仏の金具がどのような形かを調べる。

エ　当時の代官の日記を読む。

オ　1603年に起こった一揆の回数を調べる。

問２　石炭と関わりのある次のできごとを、古い順に記号で並べかえなさい。

ア　本州にある主な炭鉱で、石炭の採掘《くつ》が行われなくなった。

イ　新橋と横浜の間に鉄道が開通した。

ウ　九州の炭鉱を含む産業施《し》設が、「明治日本の産業革命遺産」として世界遺産に登録された。

エ　長州藩《はん》は領内で石炭を採掘していた。

オ　筑豊《ちくほう》炭田の石炭と中国の鉄鉱石を用い、八幡《やはた》製鉄所が操業を開始した。

問３　明治以降の労働運動について述べた文として、正しいものを１つ選び、記号で答えなさい。

ア　明治時代の製糸工場で働く女性は、労働時間が短く、恵《めぐ》まれていたため、女性による労働運動は起こらなかった。

イ　治安維《い》持法は、労働者を取りまく社会や政治の仕組みを変えようとする運動を取り締《し》まった。

ウ　労働条件を改善するため、労働者による組合が日本で初めて結成されたのは、第二次世界大戦後である。

エ　第二次世界大戦後、労働条件を改善するために経済産業省が設置された。

問４　20 世紀初めに石油を燃料とする乗り物がアメリカで大量生産され、人々に広く使われるようになると、石油の消費は大幅《はば》に増えました。

この乗り物は何ですか。

問５　石油と関わりのある次の文を、古い順に記号で並べかえなさい。

ア　西洋から石油ランプが日本に輸入され、ろうそくにかわる明かりとして使われはじめた。

イ　天智《てんじ》天皇に「燃える水」が献《けん》上された。

ウ　石包丁《ぼうちょう》が使われるようになると、その接着剤《ざい》として、石油を原料とする天然のアスファルトが用いられた。

エ　満州国で油田の探索《さく》が行われた。

問６　1950年代の日本で「三種の神器《じんぎ》」と呼ばれた電化製品のうち、白黒テレビ以外の２つが人々に余暇《か》を楽しむゆとりを与えた理由を説明しなさい。

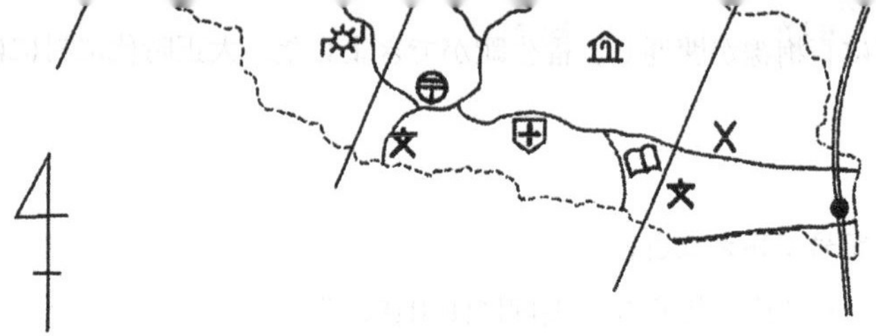

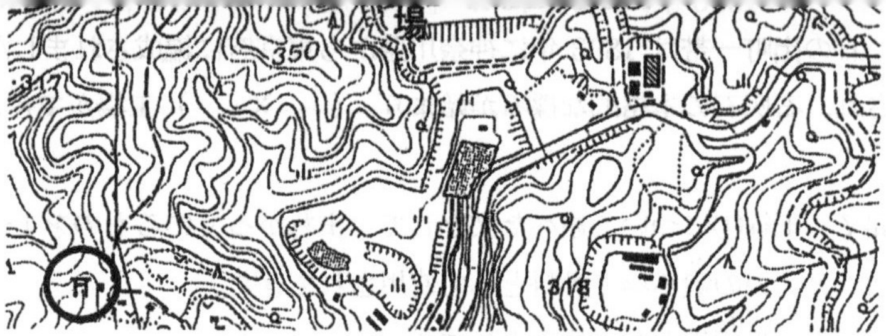


国土地理院　平成25年6月1日発行 1:25,000 地形図「武蔵御岳」より

問２　「町役場」を表す地図記号を書きなさい。

問３　図１の中にない施設を１つ選び、記号で答えなさい。

ア　病院　　イ　老人ホーム　　ウ　小中学校　　エ　消防署　　オ　寺院　　カ　交番　　キ　郵便局

問４　図２は日の出町にある廃棄《はいき》物処分場周辺の地形図です。図から読み取れることとして、まちがっているものを２つ選び、記号で答えなさい。

ア　廃棄物処分場は、日の出町と、となりの地方自治体との境界付近にある。

イ　廃棄物処分場は、北向きの斜《しゃ》面につくられた。

ウ　廃棄物処分場の周囲は森林に囲まれている。

エ　廃棄物処分場へは、自動車が通れるトンネルがある。

オ　○印の神社から、廃棄物処分場を見わたすことができる。

問５　ごみ処分の一般的な説明として、正しいものを２つ選び、記号で答えなさい。

ア　ごみ減量のため、家庭ごみの回収有料化を実施する市区町村が増えている。

イ　燃えるごみは清掃《そう》工場で焼却《きゃく》灰にしたのち、必ず埋《う》め立てなければならない。

ウ　燃えないごみの中からも、鉄やアルミなどを取り出してリサイクルしている。

エ　テレビやエアコンなどは資源化できるので、無料で市区町村が回収する。

オ　市区町村で出たごみは、それぞれの市区町村の中で焼却や埋め立てを行うことが決められている。

日の出町一帯は 1893 年に神奈川県から東京府に編成されました。翌年に青梅《おうめ》線が開通し、福生《ふっさ》駅ができました。大正時代に村には電灯が導入され、石灰石の本格的な採石が始まり、(　　X　　) 工場ができました。

問７　下線①について述べた文として、まちがっているものを１つ選び、記号で答えなさい。

ア　刀の鍛冶《かじ》場で燃料として使用されてきた。　　イ　魚や肉を焼くなど調理に使用される。

ウ　暖房《ぼう》用として使用されてきた。　　エ　砕《くだ》いて固めたものは書道で墨《すみ》として使用される。

問８　下線②に関して、問に答えなさい。

（１）国土に占《し》める森林面積の割合が日本に最も近い国を１つ選び、記号で答えなさい。

ア　エジプト　　イ　オーストラリア　　ウ　フィンランド　　エ　中国

（２）森林面積の割合が最も高い府県を１つ選び、記号で答えなさい。

ア　大阪府　　イ　千葉県　　ウ　香川県　　エ　秋田県　　オ　沖縄県

（３）森林の間伐《ばつ》について述べた文として、まちがっているものを１つ選び、記号で答えなさい。

ア　間伐をしていない森林が増えたため、日本では人工林が急速に減少している。

イ　間伐をしていない森林が増えた理由の１つとして、外国から値段の安い木材が多く輸入されるようになったことがあげられる。

ウ　間伐が滞《とどこお》っている理由の１つとして、林業で働く人が不足していることがあげられる。

エ　間伐した木を「木質バイオマス」として利用し、燃料として使う取り組みがある。

問９　下線③に関して、材木の値段は、江戸で冬に急上昇することがありました。それはどのようなことが起きた後でしたか。

問 10　下線④に関する次の文を、古い順に記号で並べかえなさい。

ア　板垣退助が政府の役人をやめ、国会を開くことを主張し始めた。

イ　伊藤博文を中心に憲法案が完成した。

ウ　政府は 1881 年に国会を開設することを約束した。

問 11　文中の (　　X　　) にふさわしい語句を１つ選び、記号で答えなさい。

ア　繊維《せんい》　　イ　陶磁器　　ウ　せっけん　　エ　セメント

イ　2018年のG7サミットでは、海のプラスチックごみ削減を盛り込んだ「海洋プラスチック憲章」にすべての参加国が署名した。

ウ　中国は、日本や米国、欧州などからプラスチックごみを資源ごみとして輸入していた。

エ　海に流れたプラスチックの多くは、波や紫《し》外線で砕け5ミリ以下に小さくなり、その後、短時間で溶《と》けてなくなる。

オ　魚がプラスチックごみを飲みこむと、食物連鎖《さ》により人体に悪影響を与える可能性が指摘《てき》されている。

カ　一人当たりのプラスチックごみ排出量で、日本は世界の国々の中で下位である。

問6　下線⑤の実現につながらないものを1つ選び、記号で答えなさい。

ア　空きびんを特定の場所に返却すると、返金される。

イ　古い電球を持っていくと、寿《じゅ》命の長いLED電球と交換《かん》してくれる。

ウ　電化製品の新型モデルが発売されると、新しいものに買い替《か》える。

エ　不要になったものをフリーマーケットで売る。

問7　下線⑥に定められていることは、私たちの生活にも関係しています。法律の内容としてまちがっているものを1つ選び、記号で答えなさい。

ア　廃棄物を燃やした際に発生する熱を、エネルギーとして地域で利用する。

イ　使い終わった製品の再利用や処分についての責任は、製造した企《き》業にはなく、買った人が負う。

ウ　国は自ら率《そっ》先して、再生品を使用する。

エ　製品を長期間使用して、廃棄物をできるだけ出さないようにする。

問8　下線⑥では、政策の基本的な計画を定めることとなっています。計画を定める中心となるのは、何大臣ですか。

問9　下線⑦について、利益を公平に分かち合うためには、日本で生活する私たちがチョコレートや衣料品などの商品を購《こう》入するときにどのようなことを考えて選べばよいか、述べなさい。

図３

このさおばかりの棒には、２種類の目盛りが記されている（ただし図にはかかれていない）。

このさおばかりで使用するおもりは 100gのおもり１つだけである。皿をＡにつるすと、おもりをつるさなくても棒は水平になった。

（１）棒が水平になる理由を説明した次の文の①～③にあてはまるものを選び、記号で答えなさい。
ただし、②はあてはまるものをすべて書くこと。

皿が棒を①（ア　時計回り　　イ　反時計回り）に傾《かたむ》けるはたらきと、
図４の棒の部分②（ア　ⓐ　　イ　ⓘ　　ウ　ⓤ　　エ　ⓔ）が棒を
③（ア　時計回り　　イ　反時計回り）に傾けるはたらきが同じ大きさだから。

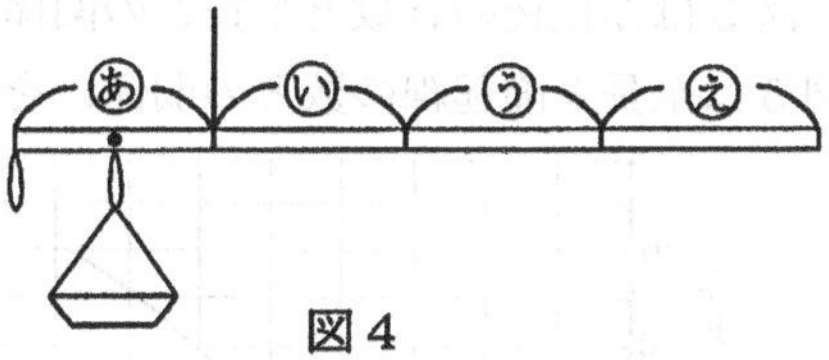


図４

（２）皿をＡにつるして使用したときの、①支点の位置の目盛り、②支点から 40 cm の位置の目盛り、はそれぞれ何gか答えなさい。

（３）皿をＢにつるして使用するときの、①０gの目盛りの位置、②０gと 100gの目盛りの間隔《かく》、はＡのときと比べてどのようになるか。
次のア～ウからそれぞれ選びなさい。

①　ア　左にずれる　　イ　変わらない　　ウ　右にずれる

②　ア　広くなる　　イ　変わらない　　ウ　せまくなる

（４）皿をＡにつるして使用するときと、Ｂにつるして使用するときを比べて、それぞれの利点として正しいものをア～エから選びなさい。

ア　はかれる範囲が広い

イ　はかれる範囲がせまい

ウ　軽いものをはかるときでも、おもりを０gの目盛りの位置から大きく動かすことになるので、より精密にはかれる

エ　重いものをはかるときでも、おもりを０gの目盛りの位置から少ししか動かさなくてよいので、より精密にはかれる

3　てこを利用した道具は、私たちの身のまわりにたくさんある。①～③のようなてこにあてはまる道具をア～エから選びなさい。

①支点が、力点と作用点の間にある　　②作用点が、支点と力点の間にある　　③力点が、支点と作用点の間にある

ア　栓《せん》抜き　　イ　ピンセット　　ウ　ペンチ　　エ　バール（釘《くぎ》抜き）



2019(H31) 女子学院中
K 教英出版

2　メナダは日本付近の海に生息し、全長が最大 100 cm になる魚である。うろこをよくみると図２のように環《かん》状の模様が何本もみられ、これを隆起線《りゅうきせん》という。メナダについて、ふ化からふ化後 80 日まで、魚の全長、うろこの大きさ、うろこの隆起線の数を調べた。うろこは胸びれの下の部分からとったものを用いた。また、うろこの大きさは図２のＢの長さで示す。

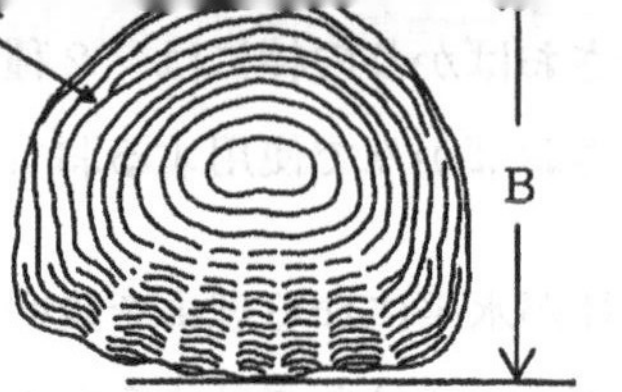

図２

図３はふ化後の日数と全長との関係、図４は全長とうろこの大きさとの関係、図５は全長と隆起線の数との関係、を示したものである。

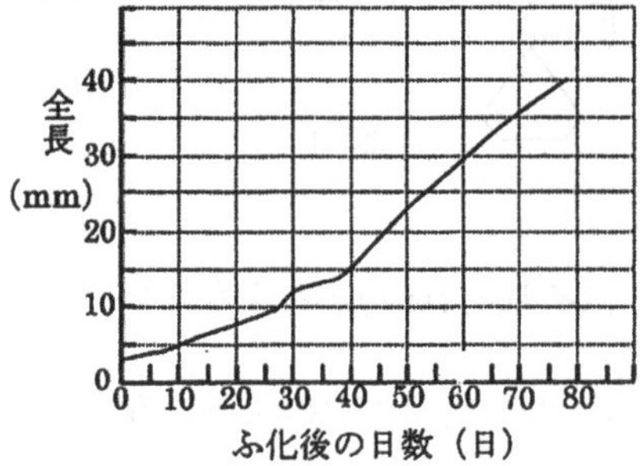

図３

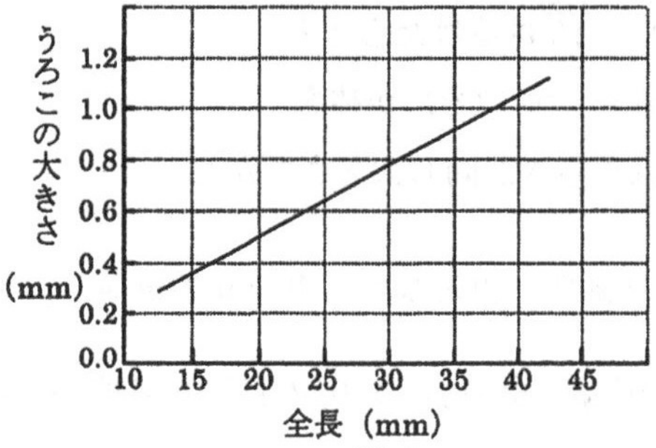

図４

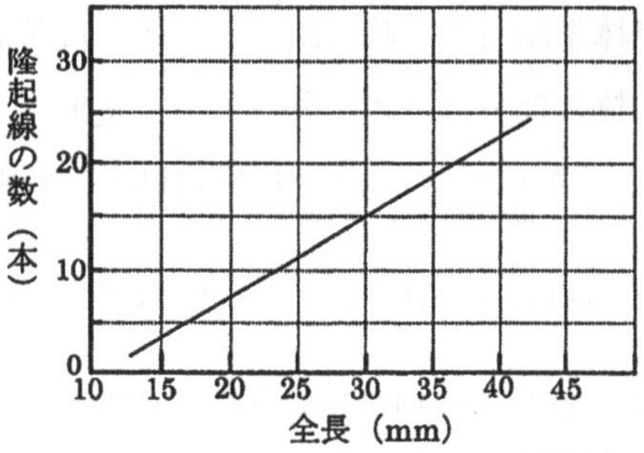

図５

吉松隆夫(1996)を参考に作成

（１）次の①、②について、【X：ふ化してから 20 日までの 20 日間】と【Y：ふ化後 50 日から 70 日までの 20 日間】とを比べた。図３から考えて、それぞれ正しいものをア～ウから選びなさい。

①20 日間での成長率（全長がもとの何倍になるか）　　　②１日あたりの全長の増加量

ア　X ＞ Y　　　イ　X ＝ Y　　　ウ　X ＜ Y

（２）ふ化後 50 日のうろこの大きさは何 mm か。最も近い数字を下の［　　］の中から選んで書きなさい。

［　0.2　0.4　0.6　0.8　1.0　1.2　1.4　1.6　］

（３）うろこの大きさが 0.2mm 大きくなるごとの隆起線の増える本数について、正しいものをア～エから選びなさい。

ア　うろこの大きさが大きくなると、隆起線の増える本数は多くなる。

イ　うろこの大きさが大きくなると、隆起線の増える本数は少なくなる。

ウ　うろこの大きさが大きくなっても、隆起線の増える本数は同じである。

エ　うろこの大きさが変わると、隆起線の増える本数は変わるが規則性はない。

（４）隆起線の数が 15 本のうろこは、ふ化してからおよそ何日後のメナダのものだと考えられますか。



2019(H31) 女子学院中
教英出版

周囲の空気の温度［④］ため、この風船は［⑤］。

Bの日の0kmと1kmでの気温差は、Aの日［⑥］。Bの日のような気温分布となるのは、強い日射であたためられた地表面によって地表付近の空気が［⑦］ためである。このようなとき、地表付近のあたたかい空気は持ち上がると［⑧］なりやすい。

④（ア　より高くなる　　イ　と同じになる　　ウ　より低くなる）

⑤（ア　自然に上昇する　　イ　その場にとどまる　　ウ　自然に落ちる）

⑥（ア　より大きい　　イ　と同じである　　ウ　より小さい）

⑦［ア　よくあたためられ、空気は熱を伝えやすいので、上空の空気も地表付近と同じようにあたためられる
　イ　よくあたためられるが、空気は熱を伝えにくいので、上空の空気は地表付近ほどあたためられない］

⑧［ア　温度が下がり、周囲の空気より温度が低く
　イ　温度が下がるが、周囲の空気より温度が高く］

3　次の文章中の［⑨］～［⑪］に入ることばを下の選択肢から選びなさい。

Cは、天気予報でよく耳にする「上空に強い寒気が入ってきた」日だった。この日、0kmにある13.5℃の空気が入った風船を1kmまで持ち上げた。このとき、この風船は［⑨］。

Cの日のような気温分布となるのは、上空に強い寒気が［⑩］ためである。このようなとき、地表付近のつめたい空気は持ち上がると［⑪］なりやすい。

⑨（ア　自然に上昇する　　イ　その場にとどまる　　ウ　自然に落ちる）

⑩［ア　入ってきて、空気は熱を伝えやすいので、地表付近の空気も上空と同じようにつめたくなる
　イ　入ってきても、空気は熱を伝えにくいので、地表付近の空気は上空ほどつめたくならない］

⑪［ア　温度が下がり、周囲の空気より温度が低く
　イ　温度が下がるが、周囲の空気より温度が高く］

4　次の文中の［⑫］に入ることばを15字程度で答えなさい。

以上をまとめると、空気が自然に上昇しやすいのは、［⑫］が大きくなっているときである。このような大気の状態を不安定という。

① 消火器につめたAを噴射すると火が消える。

② 紙でつくった鍋《なべ》に水を入れて火にかけると紙を燃やさずに湯を沸《わ》かすことができる。

③ 燃えているアルコールランプにふたをすると火が消える。

④ 火のついたろうそくの芯《しん》の根元（右図の矢印の部分）をピンセットでつまむと火が消える。

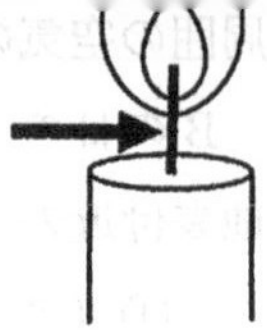

（6）燃えやすく、実験で発生させるときに注意が必要な気体に水素がある。反応させると水素が発生する２つのものの組み合わせをア～コから選んで例のように（　　）で囲んで答えなさい。ただし、同じ記号を何度使ってもよい。　例（ア イ）

ア　銅　　イ　アルミニウム　　ウ　スチールウール　　エ　二酸化マンガン　　オ　チョーク

カ　炭酸水　　キ　アンモニア水　　ク　過酸化水素水　　ケ　うすい塩酸　　コ　うすい水酸化ナトリウム水溶液

2　水素をエネルギー源として発電するときには有害なものが生じない。しかし、有害なものが排《はい》出される発電方法もある。そのような発電方法をア～カから選びなさい。

ア　水力発電　　イ　地熱発電　　ウ　原子力発電　　エ　太陽光発電　　オ　風力発電　　カ　火力発電

3　ペットボトル本体をつくるときに、日本では共通のきまりがある。それは、次の製品にリサイクルしやすくするためである。どのようなきまりか、予想して書きなさい。

4　アルミニウムとペットボトルの小さなかけら（同じ大きさ、形）が混ざっていたとき、重さの差を利用してそれぞれに分ける方法を考えて書きなさい。ただし、同じ体積で比べたとき、アルミニウムはペットボトルの2.5倍以上の重さで、両方とも水に沈《しず》む。

太線の図形は，直線 EF を対称《しょう》の軸《じく》とした線対称な図形です。

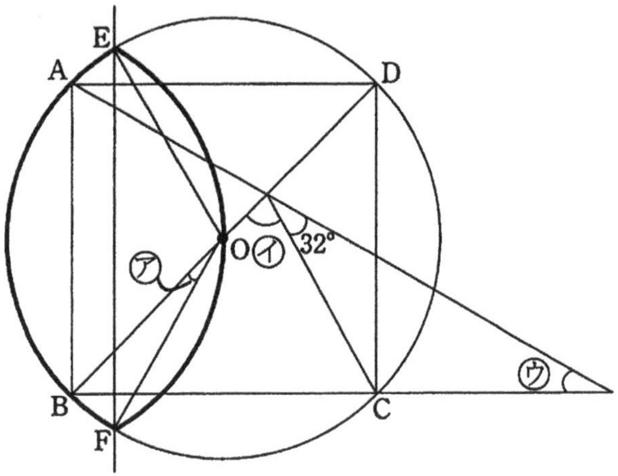


角㋐は　　　度

角㋑は　　　度

角㋒は　　　度

（5）青，赤，白の 3 つの円柱の形をした積み木があります。底面積は 3 つとも同じです。

赤の高さは白より 5cm 高く，青の上に白をのせたものと赤の高さの差は，青の高さの

$\frac{3}{5}$ です。青の高さは　　　cm または　　　cm です。

| 得点 | 1 |
| --- | --- |
| | |

受験番号（　　　　）　氏名［　　　　　　　　　　］



2019(H31) 女子学院中
教英出版

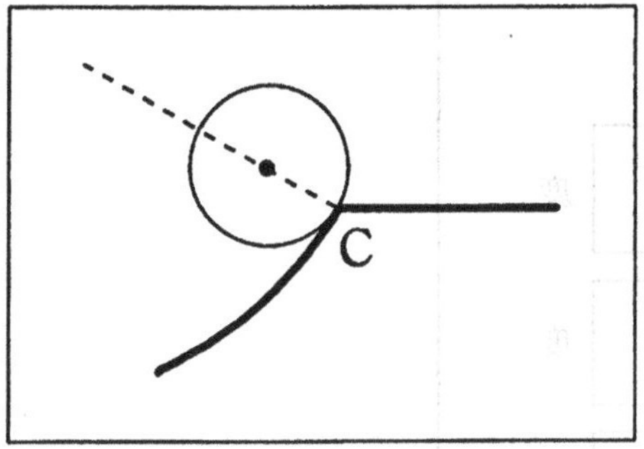

まに，矢印と点線との角度もはかります。

図 2

**3.** 図 1 のように，厚紙に同じ大きさの 12 個の正方形をかいて，1 ～ 12 の数を入れました。この厚紙の必要のない部分を切り取って立方体の展開図を作ります。

| | | | |
|---|---|---|---|
| 1 | 2 | 3 | 4 |
| 5 | 6 | 7 | 8 |
| 9 | 10 | 11 | 12 |

図 1

（1） 12 を使ってできる展開図は全部で何通りですか。

答え　　　　　　　　通り

（2） 展開図にかかれている数の和が一番小さいものを 1 つ作ります。使う数を図 2 に○で囲みなさい。

| | | | |
|---|---|---|---|
| 1 | 2 | 3 | 4 |
| 5 | 6 | 7 | 8 |
| 9 | 10 | 11 | 12 |

図 2

| 得点 | 3 |
|---|---|
| | |

| 小　計 |
|---|
| |



受験番号　（　　　　　）　　氏名［　　　　　　　　　　　　　　　　　　］

2019(H31) 女子学院中
教英出版

サッカー，卓《たっ》球の４つの競技で，１人１つまたは２つの競技に出場します。

あるクラスの生徒の出場は次の通りです。

（ア）サッカーと卓球の両方に出場する生徒はいません。

（イ）２つに出場する生徒は，９人です。

（ウ）バスケットボールとドッジボールの両方に出場する生徒の人数は，バスケットボールに出場する人数の $\frac{1}{5}$，ドッジボールに出場する人数の $\frac{1}{4}$ です。

（エ）バスケットボールに出場しない生徒は，20 人です。

（オ）バスケットボール，サッカー，卓球のうち，２つに出場する生徒は，ドッジボールのみに出場する生徒より３人少ないです。

バスケットボールとドッジボールの両方に出場する生徒は［　　　］人，

サッカーまたは卓球に出場する生徒は［　　　］人，

このクラスの人数は［　　　］人です。

| 得点 | 4・5・6 |
|---|---|
| | |

| 合　計 |
|---|
| ※100点満点<br>（配点非公表） |

受験番号（　　　　）　　氏名［　　　　　　　　　　　　］

二　次の文章を読んで後の問いに答えなさい。

頼《たの》むから家に帰らせてくれ、というのが、その老婦人の①切実な訴《うった》えであった。

早朝五時の救急外来である。

八十二歳の女性が、発熱と息切れで救急搬送《はんそう》されたのだが、検査の結果は立派な肺炎《はいえん》であった。酸素状態は悪くないものの、X線検査も血液検査も②なかなか派手な所見を示しており、当然入院して治療《ちりょう》すべき病状である。にもかかわらず、老婦人の訴えは微塵《みじん》もゆるがなかった。

「頼むから家に帰らせてくれ」と。

③理由はきわめてシンプルなものであった。「アスパラガス」である。

時節は五月、一般的《いっぱんてき》には連休以外に格別感興を起こさせない月かもしれないが、信州の片田舎では特別な存在感を持つ。この時期、長い冬を終えた信州は一足飛びに夏へと疾走《しっそう》を始め、一斉《いっせい》に開き始めた野花とともに④にわかに活発化するのが種々の農作業である。気温の上昇《じょうしょう》に呼応するかのように農道には軽トラが現れ、耕運機《こううんき》が国道を横断し、病院の待合室の話題も血圧や糖尿病《とうにょうびょう》の話から、農事に一変する。話題が一変するだけならよいのだが、これにかかわる患者《かんじゃ》さんたちの態度も一変する。要するに[A]のである。

農家にとっては田植えをはじめとする農作業が、生活における最優先事項《じこう》である。このためしばしば外来を無断で休み、ときに内服を忘れ、手術の日取りを延期し、肺気腫《はいきしゅ》だろうと変形性膝関節症《へんけいせいひざかんせつしょう》であろうと、お構いなしに作業に勤《いそ》しむようになる。これらが即《そく》、命にかかわるというわけではなかろうが、見守る主治医が気をもむことは言うまでもない。

そうした中でも⑤最大の難物のひとつが、アスパラガスの収穫《しゅうかく》である。この春の大地からの贈《おく》り物は、収穫のタイミングが早朝の数時間に限られている。半日違《たが》えるなど以《もっ》ての外で、二時間遅《おく》れただけでも一気に*1薹《とう》が立つのだそうだ。ゆえに刈《か》り入《い》れ時期は、肺炎だろうと心不全だろうと入院などしている場合ではないということになるのである。

こうした出来事にまだ不慣れであった数年前は、ずいぶん当惑《とうわく》させられ、ときに苛立《いらだ》つこともあった。命よりもアスパラが大事ですかと問えば、「もちろんだ」と即答《そくとう》する。しかし救急車を呼んだのでしょう?と告げても、「娘《むすめ》が勝手に呼んだのだ」と力説する。なんとか宥《なだ》めようと言葉を重ねても「こんな時間がもったいない」と遮《さえぎ》られ、しまいに⑥患者と喧嘩《けんか》になったこともあるのだが、最近になってようやく見えてきたこともある。この土地では、人は季節とともに生きている。生きるということは、ただ呼吸をするということではなく、何事かを営《いとな》むということと同義である。ゆえに今では、⑦状況《じょうきょう》さえ許せば、アスパラガスを優先することも少なくない。抗生剤《こうせいざい》を内服させ、収穫が終わったらすぐ戻《もど》ってくることを説明の上帰宅にする。そうすると、三時間もすれば、家族とともに皆《みな》病院へ帰ってくるのである。

「おかえりなさい」と私が告げた場所は、朝九時前の外来診察室である。娘に付《つ》き添《そ》われて戻ってきた老婦人は、誇《ほこ》らしげに新聞紙で包んだ大きなアスパラの束をさし出してくれた。さし出しつつ「明日の朝も行ってきていいかね?」と問うてくるのは、婦人の⑧策略というものである。私はとりあえず[B]顔をしてみるのだが、採れたてのアスパラの魅力《みりょく》に抵抗《ていこう》することは容易でない。やがて⑨ため息とともに苦笑すれば、老婦人は満足げに笑顔を浮《う》かべてうなずいた。どうやら明日も、この素敵な贈《おく》り物《もの》を届けてくれるらしい。

（「五月の贈り物」夏川草介　東京新聞２０１７年６月２日夕刊）

*1 薹が立つ…野菜が生長しすぎて、固くて食べられなくなってしまうこと。

問一 ——①「切実な」の意味として最も適切なものを次から選びなさい。

ア 長い間待ち続けていて大切な　イ 身に迫《せま》っていて重大な

ウ 分かりきっていて当然な　エ 突然《とつぜん》降りかかってきて緊急《きんきゅう》な

問二 ——②「なかなか派手な所見を示しており」とは検査の結果のどんな様子を表していますか。最も適切なものを次から選びなさい。

ア ずいぶん悪い　イ かなり不規則だ　ウ とても意外だ

エ 実にはっきりしている　オ わりと見やすい

問三 ——③「理由はきわめてシンプルなものであった」とありますが、その「理由」はなんですか。「アスパラガス」という言葉を使って説明しなさい。

問四 ——④「にわかに」の意味を次から選びなさい。

ア 突然　イ はげしく　ウ ゆっくり　エ 一気に

問五 [A]にあてはまることばとして最も適切なものを次から選びなさい。

ア 自分中心でわがままになる　イ 農業のことしか話そうとしない

ウ なんでも急いでしようとする　エ 心ここにあらずで落ち着かない

オ 医者の言うことを聞かなくなる

---

問六 ——⑤「最大の難物のひとつ」とありますが、どういう点で「難物」なのですか。最も適切なものを次から選びなさい。

ア 医師との対決　イ 収入の減少

ウ 農業での苦労　エ 治療の障害

問七 ——⑥「患者《かんじゃ》と喧嘩《けんか》になった」とありますが、

1、患者と喧嘩になったのは誰《だれ》ですか。次から選びなさい。

ア 娘《むすめ》　イ 医者　ウ 看護師《かんごし》　エ 救急隊員

2、1の人の主張を十二字以内で答えなさい。

問八 ——⑦「状況《じょうきょう》さえ許せば」とありますが、どのような状況になればよいのですか。最も適切なものを次から選びなさい。

ア 農家の人々の生活が苦しくない状況

イ 患者の病状がさしせまってはいない状況

ウ 本人と家族の意思が非常に強い状況

エ 病院のスタッフが農業に理解のある状況

問九 ――⑧「策略」とありますが、

1、「策略」の意味を次から選びなさい。

ア 相手の怒りをしずめるための機嫌《きげん》をとるようなふるまい

イ 相手の気をそらすためのその場にそぐわないふるまい

ウ 相手に自分の本心を知られないようにするためのはかりごと

エ 相手を自分の望んでいる事態《じたい》におちいらせるためのはかりごと

2、ここでの「策略」の内容を説明しなさい。

問十 [B] に入る最も適切な語を次から選びなさい。

ア もの悲しい　イ なさけ深い　ウ 気難《きむずか》しい　エ 堅苦《かたくる》しい

問十一 ――⑨「ため息とともに苦笑すれば」とありますが、この表情で「私」は「老婦人」に対してどのような思いを伝えていますか、書きなさい。

問十二 次の文学作品について以下の問いに答えなさい。

A ＃　倉田素香　＃教英出版 編集部 注 著作権に関係する弊社の都合により省略いたします。

B 山の唄《うた》アスパラガスを炒《いた》めつゝ(3)　藤田湘子

1、右の文学作品について述べた次の文の（ ）にあてはまる漢字二字の語を入れなさい。

このような文学の形式を（ア）といい、十七音で作ることと、「アスパラガス」のような（イ）を表す言葉を用いることが原則である。

2、ABの作品に共通していることとして最も適切なものを次から選びなさい。

ア せわしない日常にも満足している

イ 得意な料理をすることをよろこんでいる

ウ ほがらかな生活の場面を楽しんでいる

エ 現実から離《はな》れた美しさにあこがれている

オ 懐《なつ》かしい自然の風景を思い出している

問十三 本文中の「薹《とう》が立つ」は、慣用句として「何かをするのにちょうどよい年令をすぎてしまう」という意味でも使われます。次の意味になるような「…が立つ」という慣用句を、（ ）に漢字一字を入れて完成させなさい。

1 名誉《めいよ》が保たれる → （ ）が立つ

2 しゃくにさわる → （ ）が立つ

3 文章が上手だ → （ ）が立つ

三 次のカタカナを漢字に直しなさい。

1 祖母の言葉を人生のシシンにする。

2 カイシンの笑みを浮《う》かべる。

3 料金のサガクを支払《しはら》う。

4 姉の勉強に対するシセイを見習う。

5 目上の人をウヤマう。